CSSCI 来源集刊　2010年上卷　总第十八卷

经济法论丛
ECONOMIC LAW FORUM

漆多俊　主编

武汉大学出版社

图书在版编目(CIP)数据

经济法论丛/漆多俊主编. —武汉：武汉大学出版社,2010.7
ISBN 978-7-307-07859-8

Ⅰ.经… Ⅱ.漆… Ⅲ.国际经济法—文集 Ⅳ.D996-53

中国版本图书馆 CIP 数据核字(2010)第 102424 号

责任编辑：郭园园　　　责任校对：刘　欣　　　版式设计：马　佳

出版发行：武汉大学出版社　（430072　武昌　珞珈山）
　　　　　（电子邮件：cbs22@whu.edu.cn　网址：www.wdp.com.cn）
印刷：武汉理工大印刷厂
开本：880×1230　1/32　印张：15.25　字数：392 千字
版次：2010 年 7 月第 1 版　　2010 年 7 月第 1 次印刷
ISBN 978-7-307-07859-8/D·1020　　　定价：35.00 元

版权所有，不得翻印；凡购我社的图书，如有缺页、倒页、脱页等质量问题，请与当地图书销售部门联系调换。

《经济法论丛》编委会

常务编委(按姓氏笔画)：

王新红　王　健　冯　果　李国海　陈云良　郭振兰
张德峰　徐士英　蒋建湘　漆多俊　颜运秋

主　编：
漆多俊

本卷执行主编：
颜运秋

编辑部办公室主任：
张德峰(兼)

Members of Editorial Committee

Administrative Editor
Wang Xinhong
Wang Jian
Feng Guo
Li Guohai
Chen Yunliang
Guo Zhenlan
Zhang Defeng
Xu Shiying
Jiang Jianxiang
Qi Duojun
Yan Yunqiu

Editor-in-Chief
Qi Duojun

Executive Editor
Yan Yunqiu

Office Director
Zhang Defeng

卷首语

　　从2007年上半年开始，美国抵押贷款风险浮出水面，并迅速席卷整个世界，成为全球性金融危机，给世界经济带来极大影响。在经济全球化的今天，金融危机对我国的影响显而易见，也在考验和丰富着我们的经济法学理论研究，为我国经济法学理论研究提供了更多新的课题，开阔了视野，经济法有了更加广泛的发挥作用的空间。经济法是关于现代国家调节社会经济之法，社会经济出了问题，发生危机，同经济法的关系最为直接，从危机引发根源到各国"救市"措施，都包含着许多重大的经济法理论和应用问题，需要我们深入思考和研究。所以，我们专门开辟了"金融危机与经济法原理"栏目。

　　记得6年前，在本轮全球性金融危机还没有爆发的时候，漆多俊先生就在多种场合提醒我们要注重研究20世纪30年代那场世界经济危机和罗斯福新政，并挖掘其中所蕴涵的经济法原理。先生在《世界金融危机的经济法解读》一文中，运用"国家调节说"经济法理论，分析当前世界金融危机发生的深层根源，及各国"救市"措施的经济法机理；指出：市场缺陷以及既往国家调节的失误是导致危机发生的最基本根源。各国"救市"的实质是运用国家调节对市场缺陷的弥补和对既往国家调节（失误）的再调节。而各国的各种"救市"措施无非就是采取了"国家调节三方式"，此期间所颁布的经济法也分别属于"经济法体系三构成"。该文还针对中国情况，论述了金融危机对加强我国经济法治的启示,并指出了当前迫切需要研究的金融法治课题。

在此次危机中,资产证券化起到了风险传递和风险扩张的反面作用,因此不少人对资产证券化的存在价值产生了疑问。有鉴于此,王健教授撰文《资产证券化的发展与法律调控方式的演变——次贷危机的经济法思考》认为,本次危机不是资产证券化发展的必然结果,从法律的角度看,实际上是调控方式出了一些问题。在资产证券化的发展早期,单一的民商法调控足以应付,但随着资产证券化业务的扩张,传统民商法的局限性得到充分暴露,这种单一的法律调控方式越来越显得力不从心。为了应对资产证券化的危机,使资产证券化走上健康的发展道路,经济法应强力介入,并发挥其积极作用,与民商法一起构成新的法律调控秩序。古小刚博士的《金融自由化:金融危机的法律解读》一文在对金融自由化和金融危机关系的法律梳理过程中,发现危机产生的主要原因是对金融自由化的过度追求以及没有处理好金融自由化、监管和宏观调控的关系。其直接反映就是有关金融的民法、行政法和经济法的互不协调以及过度强调民法在自由化中的正作用,所以不仅要注意三法之间的互动协调,而且要加强经济法在金融自由化过程中对经济的宏观调控。

国家投资经营法是经济法的重要组成部分。美国"两房"自20世纪成立以来,经历了国家资本进入—退出—再进入的过程,每次进入都发生在严重经济危机时期。政府为挽救市场经济自身缺陷引发的"市场失灵"而不得不采取国家投资经营以调节经济。国家资本在经济活动中的进退受到国家投资经营法的调整。石金平博士和曹丽萍合作《从美国"两房"之兴衰谈完善我国国家投资经营法》一文强调,国家投资经营法调整下的国家投资经营行为应克服市场唯利性,引导并建立符合经济规律的市场,特别要规范国有企业投资行为,审慎对待国家资本退出。我国应尽快完善国家投资经营法律制度,以满足近年来对经济增长发挥举足轻重作用的国家投资行为的调整需要。

政治经济制度背景的差异决定了应对金融危机的策略可能会不同。朱时敏和强力教授以中国和德国为视角,分析两国应对金融危机策略的差异,及其所体现的经济法理念差异。他们在《中德金融危机应对策略比较法分析》一文中认为,中国曾经使用过的处理金融不稳定因素的方法有补充国有银行资本金、收购国有银行不良资产和收购个人债权及客户证券交易结算资金等策略,该策略体现了中国政府对经济积极主动管理的基本理念。德国在应对金融危机的过程中采取了设立金融稳定基金,该基金被用于为处于危险状态的金融企业提供担保、资本结构调整和从处于危险状态的金融企业购买资产权益,该策略体现了德国政府在市场需要时,在不妨碍市场竞争的原则下对市场干预的基本理念。

面对金融危机,虽然有诸多解决之策,但作为国际通行的维护金融安全的三大基石之一的最后贷款人制度,对于维护整个金融体系的安全,实现金融稳定的目标,则意义重大。华国庆教授《金融危机背景下的我国最后贷款人制度研究》一文,在分析我国最后贷款人制度存在问题的基础上,就如何完善我国最后贷款人制度提出了一些建议。

当下对金融危机与宏观调控法的结合研究较多,而对金融危机与竞争法的结合研究不够,其实,金融危机与竞争法制具有千丝万缕的联系,存在量变到质变的关系,所以,我们也专门开辟"金融危机与竞争法"栏目,以引起经济法学界的高度关注。

历史上的经济衰退总是伴随着竞争政策的放松甚至废弃,但是如今的这场危机并未在主要国家和地区造成竞争执法的实质性衰退,在有的国家如美国甚至明确地加强了竞争执法。应品广博士的《金融危机下竞争政策变化的比较考察和机理剖析》探究了其中的原因在于认识到了放松竞争执法可能给经济恢复造成的不利影响。竞争政策有必要成为一道维护市场竞争机制的防火墙,防止政府强化监管和加强调控给市场竞争带来的负面影响。面对我国短暂的竞争执法历史以及政府介入经济运行的一贯传统，在目前的形势下，更应该坚持竞争政策有效实施的底线，关注政府主导式的反竞争行为可能给竞争性市场结构带来的扭曲和影响。

在当前金融危机日益延伸至社会生活各个领域的背景下，各国、各地区的反垄断政策应是严厉，抑或是宽容，颇值得深入探讨。石英教授和袁日新博士在《金融危机背景下的反垄断政策分析》一文中提出，当前金融危机对我国的反垄断政策产生了一些消极影响。我国应当将严厉与宽容的反垄断政策有机结合起来。另外，刘桂清博士撰文《助推器抑或绊脚石——经济危机时期的反垄断法实施》指出，当经济危机爆发时，让反垄断法处于休眠状态，并以产业政策全面取而代之并非明智之举。但是，在经济危机这一特殊时期，反垄断法实施又需要保持一定的宽松性和灵活性。

金融危机的爆发以及金融危机救助行动的大规模开展，给经济法学的蓬勃发展提供了难得的机遇。虽然世界上金融危机频繁爆发，但作为应对金融危机的金融危机救助行为在过去似乎并没有引起人们关注的目光。刘大洪教授和殷继国博士在《金融危机救助的反垄断法思考》中分析认为，金融危机救助制度和反垄断法均以社会整体利益作为价值取向，救助失灵的存在是金融危机救助应当纳入反垄断法规制范围的根本原因，金融危机救助政策的实施不能以牺牲竞争政策为代价，科学的竞争政策是金融危机救助政策的前提和基础，金融危机救助政策的制定和实施应当纳入反垄断法的调整范围。

备受关注和争议的可口可乐并购汇源一案，是我国《反垄断法》实施以来被商务部否决的第一案。周亮博士和郑雯洁合作完成的《论我国企业并购反垄断审查中的利益考量——关于可口可乐并购汇源案的法律思考》，从该并购案着手，对其中涉及的民族品牌、投资和产业政策、审查程序、相关市场界定、传导效应等问题展开深入思考，研究了企业并购反垄断审查中所涉及的价值取向、正当程序、相关市场界定、反竞争效果分析等系列问题,并对商务部新近公布并公开征求意见的《关于相关市场界定的指南》(草案)、《经营者集中审查暂行办法》(征求意见稿)等五部配套规定,以及我国《反垄断法》中的相关法律规定,作出了评价和分析,提出要改变我国企业并购反垄断审查的执法问题,首先需要解决立法层面的审查标准模糊问题。钟刚博士在《我国反垄断法豁免的程序控制模式研究——事先控制,抑或事后控制》一文中提出,对于反垄断法豁免的控制模式而言,我国应该以事后控制模式为主,以预先审查的事先控制模式为辅,这将更符合我国对反垄断法豁免的控制要求。

企业社会责任越来越成为法学界的热点问题,经济法学者责无旁贷要研究企业社会责任,所以本卷设置"企业社会责任与法"专栏刊发三篇文章。颜运秋教授和彭敏在《公司社会责任法治化进程之比较分析》一文中认为,公司社会责任最初体现于人们的伦理道德层面的认识之中,而公司社会责任相关理论与实践从肇始至今都体现为道德责任向法律责任的过渡,这一过程为公司社会责任的法治化进程。新颁布的公司法对公司社会责任作了原则性的规定,但这只是公司社会责任法治化的开始,需要对国外立法和司法实践进行评析和借鉴。胡智强教授在《企业社会责任:浮动的社会需求与宽泛的法律规制》一文中进一步分析了金融危机对企业实现其社会责任的影响,提示人们必须从更宏观的角度考察企业社会责任和经济周期之间的关系。企业社会责任的内涵在总体上持续扩张的同时,又处于经常性的波动之中。企业社会责任的无限性和波动性决定了难以进行统一的立法,公司法设立社会责任条款符合历史规律。应以提倡性的规范为主,通过法定保护机制和契约性调整机制相结合的方式实现对企业社会责任的法律调整。刘芳雄和吴宗金副教授在《企业社会责任与法:从自治、管制到回应的演进》一文中提出,企业社会责任与法的相互积极作用,均以存在一个充满活力、富于自主精神的公民社会为必要前提。

本论丛历来关注域外经济法的介绍与研究。本卷特刊发二篇研究域外经济法的文章。黄文旭博士的论文《加拿大贸易救济法中的公共利益问题》认为，公共利益调查是加拿大贸易救济法的一个重要特征。加拿大国际贸易法庭在作出损害终裁后，可基于利害关系人的申请或依职权发起公共利益调查。价格问题、竞争问题以及消费者与公共健康问题是加拿大反倾销反补贴公共利益调查中考虑的核心因素。

汪吉友副教授在《关于"人民币"、"元"的正名问题》一文中提出，《中国人民银行法》规定中国法定货币的名称是"人民币"，法定货币单位名称是"元"，这是不科学的。"人民币"的称谓太过政治化，也没有使用货币发行国的国家名称或其简称（"中国"或"中"），而且货币的名称与货币单位的名称是二元的，有违于对本位货币以及货币单位命名的国际惯例，给中国货币单位的运用带来了麻烦和混乱。建议将中国本位货币的名称与货币单位名称加以统一，改为"中元"。文章小题大做，别开生面，给人耳目一新的感觉。

著名经济学家郎咸平说过："没有经过经济危机洗礼的民族，不可能是经济上成熟的民族；没有经过经济危机洗礼的企业家，不可能是成熟的企业家；没有经过经济危机洗礼的公民，不可能是市场上成熟的公民。"我们推而言之，没有经过经济危机洗礼的法学，不可能是成熟的法学，没有经过经济危机洗礼的经济法学，更不可能是成熟的经济法学。相信经历了这场金融危机的影响，中国的改革开放和市场经济发展将会取得更加令人瞩目的成绩，中国经济法学研究乃至整个法学研究将会迎来又一个争奇斗妍的春天。

本卷执行主编
2010 年 3 月

目 录

■ 金融危机与经济法原理

世界金融危机的经济法解读…………………………漆多俊（1）
资产证券化的发展与法律调控方式的演变
　　——次贷危机的经济法思考……………………王　健（15）
从美国"两房"之兴衰谈完善我国国家投资经营法
　　………………………………………石金平　曹丽萍（41）
中德金融危机应对策略比较法分析………朱时敏　强　力（63）
金融危机背景下的我国最后贷款人制度研究………华国庆（88）
金融自由化：金融危机的法律解读…………………古小刚（115）

■ 金融危机与竞争法

金融危机下竞争政策变化的比较考察和机理剖析
　　………………………………………………………应品广（140）
金融危机背景下的反垄断政策分析………石　英　袁日新（163）
金融危机救助的反垄断法思考……………刘大洪　殷继国（186）
助推器抑或绊脚石
　　——经济危机时期的反垄断法实施……………刘桂清（202）
论我国企业并购反垄断审查中的利益考量
　　——关于可口可乐并购汇源案的法律思考…周　亮　郑雯洁（225）

目 录

我国反垄断法豁免的程序控制模式研究
　　——事先控制，抑或事后控制？ ·········· 钟　刚（284）

■ 企业社会责任与法

公司社会责任法治化研究
　　··································· 颜运秋　彭　敏（305）
企业社会责任：浮动的社会需求与法律调整
　　——以金融危机为背景 ··················· 胡智强（333）
企业社会责任与法：从自治、管制到回应的演进
　　································· 刘芳雄　吴宗金（352）

■ 域外经济法制

加拿大贸易救济法中的公共利益问题研究 ········ 黄文旭（379）

■ 其他

关于"人民币"、"元"的正名问题 ············ 汪吉友（401）
GATS第6条中的正当程序与"良好"管制探析
　　··· 曾　炜（442）

CONTENTS

■ Financial Crisis and Principles of Economic Law

Economic Law Interpretation of the World Financial Crisis
.... Qi Duojun(1)

The Development of Asset Securitisation and the Evolution of the Method of Legal Regulation : Considering the Crisis of Sub-prime Mortgage under the Economic Law
.... Wang Jian(15)

Improving China's National Investment Business Act from the Rise and Fall of Fannie Mae and Freddie Mac in the United States .... Shi Jinping Cao Liping(41)

Comparative Analysis of Coping Strategies on Financial Crisis between China and Germany .... Zhu Shimin Qiang Li(63)

Research on Lender of Last Resort in China's System in the Context of Financial Crisis .... Hua Guoqing(88)

Financial Liberalization: Legal Unscramble of Financial Crisis
.... Gu Xiaogang(115)

■ Financial Crisis and Competition Law

Comparative Study and Mechanism Analysis of Competition Policy in the Context of Financial Crisis ... Ying Pinguang(140)

CONTENTS

The Analysis of Anti-Monopoly Policy under the Financial Crisis ·················· Shi Ying　Yuan Rixin(163)
Thinking over the Anti-Monopoly Law on Financial Crisis Relief ················ Liu Dahong　Yin Jiguo(186)
Booster or Stumbling Blocks: The Implementation of the Anti-monopoly Law during the Economic Crisis ·· Liu Guiqing(202)
On the Benefit Distribution Evaluation of the Antitrust Review in the Mergers and Acquisitions in China: Legal Consideration on Coca-Cola Huiyuan Case of Mergers and Acquisitions ············· Zhou Liang　Zheng Wenjie(225)
On the Control Mechanism of Exemption of Anti-monopoly Law in China ····································· Zhong Gang(284)

■ Corporate Social Responsibility and Law

On Corporate Social Responsibility Ruled by Law ································· Yan Yunqiu　Peng Min(305)
Corporate Social Responsibility: Floating Social Needs and Legal Regulation: From the Perspective of Finacial Crisis ·· Hu Zhiqiang(333)
Corporate Social Responsibility and Law: the Evolution from Self-government and Control to Response ······························ Liu Fangxiong　Wu Zongjin(352)

■ Oversea Economic Legal System

Study on Public Interest Issues in Canadian Trade Remedy Law ·· Huang Wenxu(379)

CONTENTS

■ **Others**

The Issue of the Rectification of the Names on "RMB"、
"yuan" ·· Wang Jiyou(401)
Due Process and "Good" Regulation in Article VI of the
GATS ··· Zeng Wei(442)

金融危机与经济法原理

世界金融危机的经济法解读*

漆多俊**

摘　要：本文运用"国家调节说"经济法理论，分析当前世界金融危机发生的深层根源及各国"救市"措施的经济法机理，指出：市场缺陷以及既往国家调节的失误是导致危机发生的最基本根源。各国"救市"的实质是运用国家调节对市场缺陷的弥补和对既往国家调节（失误）的再调节。而各国的各种"救市"措施无非就是采取了"国家调节三方式"，此期间所颁布的经济法也分别属于"经济法体系三构成"。文章还针对中国情况，论述了金融危机对加强我国经济法治的启示，并指出了当前迫切需要研究的金融法治课题。

---

* 本文根据作者 2009 年 5 月先后在中南大学经济法博士生研讨会和在广西师范大学学术讲座讲演稿整理。

** 漆多俊（1938— ），男，湖南祁阳人，中南大学法学院、武汉大学法学院教授、博士生导师，中国法学会经济法学研究会副会长。

关键词：金融危机　经济法　解读

当前世界性金融危机提出了许多重大问题，需要经济学、法学、社会学等多学科进行研究。经济法是关于现代国家调节社会经济之法，社会经济出了问题，发生危机，同经济法的关系最为直接，从危机引发根源到各国"救市"措施，都包含着许多重大的经济法理论和应用问题，需要我们深入思考和研究。许多年来我一直提醒我的学生要注重研究上个世纪30年代那场世界经济危机和罗斯福新政，并指出，经济学、政治学等各界很重视对它的研究，但法学界，特别是经济法学界却对此研究不够；而它对于经济法，特别是对美国经济法十分重要。如今正在我们眼皮底下发生和演变的这场金融危机，我们经济法学界一定要敏感，要高度重视对它的研究；不要等到若干年以后再来回首研究这段历史。下面我先讲讲我的一些初步思考，主要是想给大家一些启发，提出一些问题（课题），供大家研究。

一、金融危机的成因及各国"救市"的实质经济法分析

目前对于这次危机发生的原因和经过的描述性文章和资料很多，各有各的理解。我以为，对危机的过程可以从总体上作这样的概括：首先是由美国次贷危机引起，发展到金融危机（金融机构信用危机，流动性危机），最后影响到实体经济（整个社会信用危机，经济危机）；从地域范围说则是：由美国，再蔓延到欧洲、亚洲乃至全球各国，形成世界性危机。

对于美国次贷危机发生的直接原因，有人分析说是房价高企和只涨不跌的预期，这是主要的；金融衍生品（资产证券化）膨胀和缺乏法律规制，这是派生的。我以为，"总祸根"应当是：过度超前消费的社会心态，金融机构贪婪的赢利冲动，以及

当时国家未能妥善引导、约束和予以法律规制，对金融衍生品的"创新"和泛滥予以放任或规制不力。

美国2000年互联网泡沫导致经济衰退，美联储主席格林斯潘接连11次降息，联邦基准利率从6.5%降到1%，房地产价格上涨，按揭贷款上升，次级债泛滥。2003—2006年四年间美国房价上涨50%，1995—2006年翻了一番多。次级贷款市场迅速发展，至2007年年底，全美抵押贷款10万亿美元，其中次级抵押贷款1.5万亿。由于担心房地产市场泡沫，美联储自2004年6月起又连续17次加息。房地产价格开始出现负增长，抵押品价值下降。借款人、次级债抵押贷款机构、银行发生财务困难，面临破产。① 这样就由次贷危机发展到整个金融机构的信贷危机，并蔓延到整个经济领域。

人们过度超前消费的社会心态，以及金融机构放贷和"金融创新"的利益冲动，如从市场化角度说，总是难免的。社会上人们总会向往更好的生活消费；商人们也总是唯利是图，追求高利润，并为此而不惜采取各种手段诱导消费者和顾客，推销他们的"金融创新"产品。以上这些也就是我们经济法理论中所说的"市场唯利性、盲目性"等"市场缺陷"。市场缺陷本来是市场所固有的，问题是现代国家不能放任它，而应当予以适当引导和约束，即"国家调节"，以弥补和克服市场的消极后果。而美国政府当时未能这样做，缺乏妥善引导和约束；相反，通过接连的降息，鼓励和误导人们超前消费的心理，在次贷衍生品泛滥中又未及时监管和规制。这实际上就是一种"政府失灵"。一方面，存在着"市场缺陷"，另一方面，以往的国家调节又不得力或者有所失误。这两者相加，造成了危机的发生。

---

① 柳欣亚:《美国金融危机发生的机理》, http://www.shippingchina.com，[2008-11-12]。

由此可见，这次次贷危机和金融危机发生的原因，其实质还是市场与政府，即市场调节与国家调节的关系问题。危机发生以后，政府采取应对措施，"救市"实际上就是国家调节。这种国家调节既是对"市场缺陷"的弥补，也是对以往国家调节失误（政府失灵）的纠正，即对以往国家调节的一种再调节。在"救市"中的国家调节，需要引导和纠正社会上人们的消费心理，引导、约束和规制金融机构的金融创新行为，监管其信贷活动，包括信贷规模、信贷资金流向等；要纠正过去对于社会消费心理的放纵和误导，对金融机构赢利冲动规制不力的政策导向。同时，鉴于危机已经发生并造成严重损害后果，国家调节还需要采取措施克服社会经济已经出现的各种弊端，调整经济结构和运行机制，恢复和增强企业和市场自身机能。这里不只是消极应对，还需要积极改革和重建。因此国家调节需要从社会经济全局出发，综合运用多种方式和措施，包括综合运用金融、财税等各项经济政策实行引导调控；运用国家直接投资收购那些陷于财务困境和濒于破产而必须予以挽救的企业或它们的股权，或者新建一些必需的投资项目；运用市场规制方式对某些垄断企业的垄断行为进行规制，保护中小经营者和消费者合法权益等。政府的这些救市措施（国家调节）需要有相应立法作为依据，作为保障，并规制国家调节权力的滥用，为此需要颁布各种相关的经济法。所以，金融危机期间，经济法十分重要和发达。这种情况不仅当前如此，回顾近一百多年来每次经济危机期间都如此，以至我们可以说，经济法的产生和发展同经济危机（还有战争）往往有着密不可分的渊源关系。

二、"救市"措施与经济法体系三构成

以"国家调节说"为代表的经济法理论指出：由于现代国家的国家调节职能是基于市场调节机制的缺陷才产生的，而市场

机制有着"三缺陷",所以国家调节便有的放矢地分别采取"三方式",所以经济法体系便有"三构成"。在这次金融危机中,包括美国、中国在内的各个国家的"救市"措施也都基本上运用了"国家调节三方式",其经济法立法也分别包括了"三构成"。

（一）国家对经济的宏观引导调控是这次危机中各国所广泛运用的国家调节方式

各国运用财政税收和金融政策,颁布或修订相应的法律,扩大财政投入,增加货币供应量,缓解信用危机,挽救濒于债务困境的金融机构和其他大型企业。并且抑制社会过度消费心理（如美国）或者鉴于社会消费需求不足而采取鼓励消费措施（如中国）,等等。

在美国,为应对金融危机,及时出台了一系列救助计划及相关立法,其中最基本的法案是 2008 年 10 月布什总统签署的经由国会参、众两院分别通过的关于 7000 亿美元的金融救援计划的《2008 年紧急经济稳定法》（Emergency Economic Stabilization Act of 2008）,和 2009 年 2 月 17 日奥巴马总统签署的关于总额为 7870 亿美元的经济刺激计划的《美国经济复兴与再投资法》（American Recovery and Reinvestment Act）。前一法案通过剥离金融机构在地产和商业领域的问题资产（troubled assets）,使金融机构获得充实的资本金,进而提高信誉度和实力,向市场重新提供贷款,避免经济陷入衰退。在法案中,还具体规定了财政部长在决策时应全盘、审慎考量诸多因素,如保护纳税人的利益、协助一般家庭保有住宅并稳定社区、对以服务于中小阶层为主的金融机构提供协助、保障美国人民退休收入的安全性等。同时明文规定财政部长应接受司法审查,若被认定系属武断、任意、滥用权限或不符法律规定,应认为违法,作出的决策要被废弃。后一法案规定,联邦政府将拿出 7870 亿美元巨资,用于刺激美国经济复苏和创造就业机会,主要包括减税、鼓励企业投资、增加就业、用于公共开支项目等。

在上述法律和其他一些相关法律授权下，美国政府采取一系列措施，实行扩张性财政政策和货币政策紧急救市。2008年10月8日美联储大幅降息0.5个百分点；12月16日美联储将联邦基金利率从1%降至历史最低点0%~0.25%，这意味着美国已进入"零利率"时代。2008年11月25日美联储宣布投入8000亿美元，用于解冻消费信贷市场、住房抵押信贷以及小企业信贷市场，美国财政部也从7000亿美元金融救援计划中拨出200亿美元，支持美联储的上述行动。美联储还动用其在1929年股市大崩盘之后获得的特别授权，提供850亿美元贷款，帮助美国国际集团（AIG）摆脱倒闭厄运。为了促进市场流动性，它还创立了短期贷款拍卖机制，使商业银行获得了一个从中央银行获得短期贷款的新途径；不久又创立国债招标拍卖机制，使投资公司可以从美联储获得以往只有商业银行才能获得的紧急融资；之后还设立新机制，从货币市场共同基金购买商业票据，以改善短期债券市场流动性状况。据悉，美联储通过非常规渠道向金融市场注资1.75万亿美元。①

美国对金融机构采取救助与监管并举的措施。2009年6月17日奥巴马公布金融监管改革方案——《金融监管改革：重建金融监督和管制的新基础》（Financial Regulatory Reform: A New Foundation: Rebuiding Financial Supervision and Regulation）。这将是大萧条以来美国金融体系最大胆也是最彻底的一次改革。该法案旨在"弥补旧机制的漏洞，并确保未来不会再次发生类似于当前的危机"。这被华尔街称为"自上世纪30年代以来最为彻底的金融市场监管重组议案"。该法案从以下几个方面作了具体

---

① 《国际金融危机的冲击及各国应对措施综述》，http://www.hntj.gov.cn/fxbg/2009fxbg/2009jczx/200907020052.htm.[2009-03-25].

规定：（1）促进对金融企业的有力监管；（2）建立金融市场的统合监管体系；（3）保护消费者和投资者免受金融滥用的损害；（4）向政府提供其所需的金融危机管理工具；（5）提高跨国监管的标准并促进国际合作。①

美国还采取减税措施，继布什政府出台1680亿美元减税方案之后，在2009年2月17日美国总统奥巴马签署的总额为7870亿美元的一揽子经济刺激计划中，其中约35%将用于减税其余约65%用于投资。

美国还实施产业扶助政策。2009年2月16日，奥巴马宣布中小企业救援方案将通过多重措施，以提高贷款担保、减税、免除申请费等方式，增加中小企业的现金流量，让它们能够支付账单及员工的薪水；此外还将收购中小企业债券，活跃二级信贷市场。②

（二）国家直接投资经营，是一种不可或缺和见效快的国家调节方式

国家直接投资经营是一种不可缺少和见效快的国家调节方式，因此各国都及时加以采用，或者以财政资金收购那些濒于困境和破产企业的股权，实行国家控股；或者国家直接投资兴建某些建设项目。私营企业国有化是本次救市最突出的特点。

美国《2008年紧急经济稳定法》规定国家收购金融机构的问题资产，实行中采取了通过购买股权立即为金融机构注资的办法。2008年9月7日，美国政府宣布接管房利美和房地美这两大房屋贷款融资机构。2008年9月16日，美国政府决定接管在金融危机中处境艰难的美国保险业巨头美国国际集团（AIG）；11月，美国政府向它提供新的财政援助，其中包括注资400亿

---

① 《美国政府公布金融监管改革方案》，新华网，[2009-06-18].
② 《美国政府公布金融监管改革方案》，新华网，[2009-06-18].

美元收购 AIG 部分控股权。2009 年 1 月美国政府与美国银行达成一揽子救助协议。根据计划,美国政府向美国银行提供 200 亿美元的直接注资,并为其超过 1180 亿美元的资产提供担保,以帮助这家美国银行业巨头充分吸收来自美林的员工,同时使其避免受到全球性金融危机的进一步冲击。此外,美国政府还向通用汽车公司共注资 600 亿美元,并获得了新通用的实际控股权,其中的 500 亿美元全部转换化为对新通用公司的持股。①

(三) 各国在市场规制方面的主要做法

在市场规制方面,各国的做法主要表现在以下几个方面:加强对消费者权益保护,使之免受金融公司误导和欺诈;规制垄断企业滥用垄断力;对于企业合并的规制,特别是为维护金融稳定而加强对金融企业集中的反垄断审查。②

鉴于此次金融危机中金融借款人与金融贷款人的相互欺诈、金融投资机构对金融投资人的欺诈,美国非常重视针对金融市场的不正当的金融竞争行为和金融交易活动的监管。2008 年 3 月 31 日,布什政府的财政部长保尔森向国会提交金融改革方案《金融监管体系现代化蓝图》(The department of the treasury blueprint for a modernized financial regulatory structure),提出对金融监管体系进行结构性改革的用意之一就在于保护金融借款人与金融

---

① 本段资料引自:新华网:美国政府接管房地美、房利美,http://news.xinhuanet.com/fortune/2008-09/08/content_9846854.htm,[2008-09-08]. 南方网,国际新闻:美联储再向 AIG 注资 378 亿美元,http://news.southcn.com/international/zhuanti/mgjr/ggzz/content[2008-10-09]. 等

② 英国于 2008 年 10 月向国会提交《金融稳定法(草案)》,引入"金融体系稳定"这一新的公共事项,以干预哈利法克斯银行同劳埃德银行的集中案。意大利于 2008 年 8 月通过《危及企业重组的紧急措施》,干预金融企业集中反垄断审查。

贷款人。① 2009年6月的《金融监管改革：重建金融监督和管制的新基础》法案中，对保护消费者和投资者免受金融滥用的损害更作了明确规定，指出：为了重建市场信心，需要对消费者金融服务和投资银行进行有力和持续的监管，提供一个强大的框架来全面保护消费者和投资者。主要措施包括：（1）建立一个新的消费者金融保护局（CFPA），保护各种消费者，如信用、储蓄、支付和其他消费者的金融产品和服务，以及监管这些产品和服务的提供者，CFPA拥有一个较宽的司法裁判权；（2）改革消费者保护机制，提高金融消费市场的透明度、简易性和公平性；（3）加强投资者保护，提高信息披露的透明度、投资者参与的公平性，建议增设一个"金融消费者协调委员会"（FCCC）等。② 奥巴马政府认为，放松竞争执法是一个从经济危机刚开始就犯下的严重错误，现在政府能做的只有设法补救，不继续松懈执法。新政府采取了诸如加大违法处罚力度、慎用豁免制度等措施，加强竞争执法力度。③

对于"国家调节三方式"和"经济法体系三构成"理论，我国经济法学界有些学者尚存疑虑，主要在于有些学者不认同其中的国家投资经营及其法律也是当前国家经济职能活动的一个相对独立的方式，或是经济法体系中一个相对独立的基本法律。国家投资经营及其法律在国家调节职能活动和在经济法体系中的地位，这个问题以前是本不成其为问题的，但自西方国家于上世纪90年代掀起"私有化"浪潮和中国实行国有企业改革之后，有些人便认为它们不再是"三方式"和"三构成"之一了。这乃

---

① book.qq.com/s/book/0/16/16090/33.shtml 38K 2009-11-5《激起千层浪的美国金融监管体系现代化蓝图》。

② 新浪财经：《美国政府公布70年来最大规模金融监管改革方案》，http://www.sina.com.cn［2009-06-18］。

③ 新华网华盛顿10月22日电，记者：刘丽娜、刘洪。

是一种误解。即使在市场经济体制下，社会投资虽然以民间投资为主体，国家直接投资比重不能太大，但作为国家调节经济的一种基本方式，它总是需要的，不可废止，其特殊价值和功能其他方式是不能替代的。事实上，即使在"私有化"较为彻底的英国、美国，也仍然始终保持着一定的国家投资，并未被"私有化"彻底"化"掉。而如今在金融危机中，各国普遍性地又加大了这种调节方式的力度，运用国家直接投资或收购某些公司股权，实行国家控股，或投资兴建某些工程项目。如前所述，美国总统奥巴马签署的总额为7870亿美元的一揽子经济刺激计划中，其中约65%是用于投资的。

中国政府的4万亿元人民币救市计划中，大部分是用于国家直接投资的。其具体投向为：铁路、公路、机场城乡电网1.8万亿元；地震重灾区的恢复重建1万亿元；农村民生工程和农村基础设施建设3700亿元；生态环境3500亿元，保障性安居工程2800亿元，自主创新产业结构调整1600亿元，医疗卫生和文化教育事业400亿元。

在2008年第四季度1000亿的投资中，重点解决民生问题、基础设施问题、生态环保问题，也包括提前下拨救灾资金，加强灾后恢复重建。这1000亿涉及的建设工程，在其后两年中大体需要4万亿元投资。根据现行的投资体制和投资资金安排的方案，需要中央投资11 800亿元。国务院先后制定了十大产业振兴规划，包括：钢铁、汽车、船舶、石化、纺织、轻工、有色金属、装备制造、电子信息及物流产业。中央和各地方的上述投资，大量的是用于直接投资，举办工程项目。

当然，中国政府在十分重视运用国家直接投资经营这种（国家调节）方式的同时，也特别注重运用积极的财政政策和适度宽松的货币政策，以从宏观上引导调控经济。2008年11月以前的财政货币政策是从紧的。2008年11月召开的国务院常务会议提出：鉴于世界经济金融危机日趋严峻，为抵御国际环境对我国的不利影响,必须采取灵活审慎的宏观经济政策,以应对复杂多变的形势,当前要实行积极的财政政策和适度宽松的货币政策。从那时开始,我国政府宏观调控的基调已经全面转向放松,保增长成为宏观调控的主要目标。

中国政府为应对世界金融危机的影响而采取的措施和方式是积极的、全面的,国家经济调节职能是非常发达的;只是由于治国方略转型——法治建设进程问题,我国的救市措施并未能相应地引起经济法立法的跟进,使人们觉得救市似乎同经济法并无多大关系。

三、对加强我国经济法治建设的启示

经济法对于国家经济调节职能活动的一般作用在于:它是其法律依据,是其法律保障,也是对它的法律规制。国家经济调节如果没有相应的经济法,脱离法律原则和规则的规制,难免发生调节不当或权力滥用,使国家调节不但不能妥善地弥补市场调节的缺陷,反而搅乱正常经济结构和运行秩序。这种情况在现实生活中是常常出现的,例如这次美国次贷危机的发生和恶化,就同当时政府的政策欠妥相关。在这种情况下,后面实行的国家调节就不仅是对市场缺陷的弥补,也是对此前国家调节失误的纠正,即对过去的国家调节的再调节。但若后面的国家调节也难免失误。为保障国家调节正确、恰当地发挥积极作用而尽量减少失误,就需要立法机关事先制定相关法律,确立国家调节必须遵守的原则和规则。在有着法治传统和严格法制的国家,一般就是这样做的。虽然国家调节产生这样那样的失误在所难免,但可以尽量减少失误;在发生失误后也容易发现问题,追究有关当事人的法律责任,警戒以后的行为。但在非法治国家,往往行政权力膨胀而很少受法律制约,其国家调节失误的几率就更大,造成损失后果往往更为严重,并很难追究责任。

在此次金融危机中，中国决定采取4万亿元的救市措施，行动可谓果断及时，说明国家调节职能颇为发达；但4万亿元事先并未经过最高权力机关审议和立法；事后（如该决定作出并付诸实施的次年即2009年3月全国人大召开期间）也没有履行这样的程序。这同美国政府当时决定7000亿美元救市的做法显然不同。这说明中国的国家经济调节职能虽然发达，但因为治国方略转型进程问题，还未实现真正法治，所以经济法并不相应地发达。

有人说，这是我们国家一贯的政府权力行使方式，它及时，有效率，一年来事实表明效果不错。要相信我们中央领导人的英明正确。这种说法似是而非。在实行民主法治情况下，国家的重大决策是需要经过法定程序，也许有些"繁琐"，但如果不这样，仅凭少数领导人决定，失误的几率更大，落在广大纳税人头上的损失可能就更严重。如果领导人英明倒还好；但在无制度保障的情况下，把希望仅仅寄托在领导人英明上面未免风险太大了吧！事实上在当时4万亿元宣布后，接着就出现全国各省县纷纷上京"跑项目"的混乱局面，使得人们对4万亿元安排使用的合理性和效率不能不感到担忧。

看来国家的治国方略转型还得进一步引起重视。国家经济调节职能活动不能不加强法治，特别是加强经济法的立法和实施。

就应对当前金融危机，并进而"化危为机"，促进我国经济持续发展而言，当前我国的经济法任务繁重，其体系中的"三构成"——市场规制法、国家投资经营法和宏观引导调控法，都需要加强。仅在金融法方面，既要考虑应对国际货币体系改革、人民币国际化、人民币汇率、我国的外汇储备使用等方面的法律问题，尤其要注重加强金融监管法制。

世界金融危机警示我国迫切需要加强金融监管法制，包括：金融创新的监管、信贷监管、资金流动性监管、监管体制问题等。

金融创新的监管法律规制包含：(1) 在金融衍生品的创制方面的法律规范；(2) 在其流通方面的法律监管；(3) 对其中违反法律的责任的规范。

信贷监管方面包括：(1) 对社会消费的引导，信贷客户信用的监管；(2) 对金融机构信贷规模、结构和风险防范的监管；(3) 对信贷资金的实际流向、使用的监管。

资金流动性监管，除上面说的信贷资金流向外，还包括其他资金流动、跨国资金流动等问题。当代跨国资金流进、流出对目标国影响很大，例如会引起该国股市、楼市剧烈震动，而对其监管难度颇大，必须好好研究完善监管法制。

此外还有金融监管体制改革（包括国际金融监管体制改革对我国的影响）问题，也需要制定相应法律。

以上这些问题既是国家立法需要解决的，也是我国经济法学界需要深入研究的课题。

Economic Law Interpretation of the World Financial Crisis

Qi Duojun

(School of Law, Central South University, Changsha 410083)

Abstract: In this paper, it analyzes the root causes of the current world financial crisis and economic law mechanism of countries' "Rescue" measures according to economic law theory of "State regulation". Meanwhile, it points out that market imperfections as well as the mistakes of the past state regulation leading to the crisis are the basic causes. The substance of states to "rescue" is using state regulation to compensate for market failure and reregulating the past state regulation (mistakes). But the various "rescue" measures which the countries have taken are nothing more than "3 approaches of national regulation". Economic Law promulgated during this period also belongs to the "3 constitutions of Economic Law System." For the situation in China, it discusses the inspiration on strengthening the economic rule of law in China in the article, and it noted that we cry out for the research on financial rule of law.

Key words: Financial Crisis, Economic Law, Interpretation

资产证券化的发展与法律
调控方式的演变
——次贷危机的经济法思考

王 健[*]

摘 要: 在资产证券化发展的初期,单一的民商事法律规范足以调控市场秩序。随着资产证券化的快速扩张和异化发展,系统性风险集中爆发,引发了严重的次贷危机。此时,无论是风险隔离机制还是资产证券化安全港制度均没有能力加以有效化解,以个体利益为本位的民商法也无法通过进一步的制度创新来解决上述问题。为了促进资产证券化的健康发展,经济法应有所作为,与民商法一起共同构成新的资产证券化调控秩序。经济法既是应对危机、遏制危机的法律,也是超越危机、完善国家调节的法律。

关键词: 资产证券化 次贷危机 调控方式 民商法 经济法

2007年在美国率先爆发的次贷危机现已转化为金融危机,并进而引发了经济危机。其严重程度远高于2001年9月11日美

---

[*] 王健(1971—),男,浙江黄岩人,法学博士,浙江理工大学法政学院教授。

国纽约世界贸易大楼遭受恐怖袭击对全球金融与经济所产生的影响，也可与1929年开始一直延续到1930年代的经济大萧条相"媲美"。① 在此次危机中，资产证券化起到了风险传递和风险扩张的反面作用，因此不少人对资产证券化的存在价值产生了疑问。我们认为，本次危机不是资产证券化发展的必然结果，从法律的角度观察之，实际上是调控方式出了一些问题。在资产证券化的发展早期，单一的民商法调控足以应付，但随着资产证券化业务的扩张，这种单一的法律调控方式越来越显得力不从心，传统民商法的局限性得到充分暴露。为了应对资产证券化的危机，使资产证券化走上健康的发展道路，经济法应强力介入，并发挥其积极作用，与民商法一起构成新的法律调控秩序。

一、资产证券化的产生与单一民商法调控

（一）资产证券化产生的经济背景——金融自由化和去管制化

20世纪30年代席卷西方世界的严重经济危机导致西方金融体系的崩溃和重新整合。当时的经济理论和监管当局都认为是由于过度竞争才导致了不稳定和危机。为避免灾难的重新降临，必须要"限制竞争，保障安全"，以此作为反危机的措施，因此，主要西方国家都建立了以严密监管和专业化为特征的金融体制。② 进入20世纪70年代以后，西方工业国家强劲的经济增长势头逐步放缓，经济发展中的各种矛盾日益激化。经济现实的改变引起了经济学界主流思想的变化，经济自由主义又开始走上舞

---

① 林仁光：《金融危机与转机——谈金融服务业之整合规范》，《月旦法学》2009年第5期，第93页。

② 李世谦：《公开资本市场监管问题研究》，经济管理出版社1997年版，第148页。

台。受其影响,金融领域产生了金融自由化理论。该理论又称为金融深化理论,其主要观点是:实行金融自由化的改革将增加储蓄和投资,改善资源配置的效率,从而促进经济增长。其核心是反对政府干预管制,主张充分发挥市场机制作用。该理论得到了世界银行、国际货币基金组织以及许多国家的赏识。[1] 按照金融自由化理论的制度安排,必须要采取一系列解除或者说放松管制(deregulation)的措施。这种现象又被称为"去管制化"或"去规范化"。金融自由化和去管制化是一对孪生兄弟。不少发达国家如英国、加拿大、法国、丹麦、瑞典等都实施了一些放松金融管制的措施。20世纪80年代至90年代美国的银行改革和1999年《金融服务现代化法案》确立了鼓励创新、放松管制的基本方向。监管者笃信自由市场和金融机构的自律,金融自由化的基调成为监管制度的路径依赖[2]。发达国家的自由化和去管制化的总趋势为金融创新的横向拓展和纵向深入提供了广阔的舞台。以英国为例,从松绑外汇管制、因资本市场国际化而放宽证券交易所会员资格、取消证券商单一能力规定到证券商收取手续费费率的弹性化等,均凸显出去管制化是金融创新及市场进步之原动力。同样,美国对金融市场的规范也倾向于仰赖自律及市场机制,此种信仰来自于"金融创新永远领先法律规范"的理念。[3]

在这个大的经济背景下,资产证券化应运而生。在众多的金融创新活动中,资产证券化(Asset Securitisation)被视为最亮丽的风景线之一,"它引导了一场革命并改变了世界及美国的金融风貌"。作为金融创新成果的资产证券化,它集中体现了三方

---

[1] 张忠军:《金融监管法论》,法律出版社1998年版,第95页。
[2] 温馨:《从次贷危机看资产证券化的内在矛盾》,《金融法苑》总第78辑,第27页。
[3] 曾宛如:《金融海啸下金融监理之反思》,《月旦法学》2009年第5期,第84页。

面的创新——风险转移创新、提高流动性创新和引致信用创新。① 从理论上讲,资产证券化是指将缺乏流动性但能够产生可预见的、稳定的现金流的金融资产(如银行的信贷资产、企业的贸易或服务应收账款等),通过一定的法律和融资结构安排,对资产中的风险和收益要素进行分离与重组,在资本市场发行有金融资产支撑的证券(Asset-Backed Securities,ABS)的过程。其基本交易结构可以简单地表述为:资产的原始权益人(Originator,又称发起人)将资产出售给一个特设机构(一般称为特殊目的机构,Special Purpose Vehicle,SPV),该机构以这项基础资产的未来现金流收益为支撑发行证券,以证券发行收入支付购买资产的价款,以资产产生的现金流向证券的投资者支付本息②。资产证券化最初出现于20世纪70年代的美国,在国际资本市场上的流行则始于80年代。90年代,资产证券化正式进军亚洲市场。2005年3月,中国启动信贷资产证券化试点工作。美国有一个家喻户晓的广告——"证券化你的梦",能充分说明资产证券化在发达的市场经济国家中已经渗透到经济生活的各个领域。

(二)资产证券化的法律基础是民商法

资产证券化是一种债权利用的高级形态,是综合运用债权转让和权利证券化这两项技术的结果。③ 因此,从本质上来说,资产证券化主要应由民商法来进行调控。在一定程度上,资产证券化是发起人"自编、自导的非常规交易",同其他商行为一样是

---

① See Lamia Obey, Financial Innovation in the Banking Industry: the Case of Asset Securitization, Garland Publishing, INC. New York & London, 2000, p: 31.

② 参见李尚公、沈春晖:《资产证券化的法律问题分析》,《法学研究》2000年第4期,第19页。

③ 参见王健:《资产证券化的法律构造》,中国方正出版社2006年版,第50页。

契约的产物，来自于人们的自发的惯例式约束，并非基于法律的规范模式引导。① 资产证券化的每一个环节都涉及不同参与者的权利义务问题，需要通过契约来维系，通过法律来保障。资产证券化是一种结构性融资技术，它的最大特点是通过一系列的法律文件来保证交易结构的成功。因此，不同于其他融资方式，在资产证券化过程中，法律文件的起草、准备和有效性占有很重要的地位。② 如果把全球证券化市场比喻为自行车轮子，一个 SPV 就是毂，发起人、承销商、投资者和市场专业人员组成了轮胎的各个部分，证券化交易中形成的各个合同就好比是刹车。在一个特定的证券化交易中，SPV 是大多数合同的当事人。③ 这些合同主要包括：购买和销售协议、管理协议、承销协议、担保信托契约、与 SPV 发行的股份有关的信托声明以及募集说明书等。除了合同法以外，一个完整的资产证券化交易还涉及公司法、破产法、担保法、信托法、证券法等其他民商法律法规。

资产证券化最初是在美国普通法环境下发展起来的。在美国，没有专门针对资产证券化的立法，调整资产证券化的法律散见于传统的合同法、公司法、破产法、信托法、证券法等民商事法律中，同时也非常注重运用判例来解释和发展资产证券化。由于上述法律毕竟不是专门针对资产证券化的，在某些方面离资产证券化的要求尚有一段距离，因此，为了鼓励这种金融创新，美国采取了一系列立法和行政的"去管制化"措施，为资产证券

---

① 参见魏晓东：《从次贷危机看资产证券化监管规则的完善》，《辽宁大学学报》（哲学社会科学版）2009 年第 1 期，第 152-153 页。

② 于凤坤：《资产证券化：理论与实务》，北京大学出版社 2002 年版，第 131 页。

③ See Special Purpose Companies and their Importance within the Securitisation Markets, The International Comparative Legal Guide to: Securitisation 2005, Global Legal Group, 2006, p. 9.

化的自由发展扫除了法律上的障碍。例如，美国国会于1984年通过《加强二级抵押贷款市场法案》（SMMEA）。该法案确保所有已评级的抵押贷款支撑证券对几乎所有的投资者来说都成为合法的投资对象，为其提供了法律上的支持。紧接着，美国证券交易委员会（SEC）据此同意所有抵押贷款支撑证券均可以通过"暂搁登记"方式承销。这一规则的实行，大大简化了SEC的审查程序，降低了抵押支撑证券的发行成本。1986年，国会又通过《税收改革法案》，增加了房地产抵押投资渠道（Real Estate Mortgage Investment Conduits, REMIC）条款，该条款为房地产抵押支撑证券提供了合理的税收结构体系，并规定了相应的会计、税收和法律条件，清除了以前严重影响交易的税收障碍。当源于英美法国家的资产证券化技术于20世纪80年代向大陆法国家输出时，人们发现，将美国运转良好的法律结构移植到大陆法国家并不是一件容易的事。这主要是因为作为金融创新产物的资产证券化交易的许多方面的做法与大陆法的现行规定相冲突。大陆法法律体系严重地阻碍了资产证券化的自由发展，延缓了大陆法国家对资产证券化技术的吸收和消化。① 所以，在很大程度上，大陆法国家为了发展证券化市场必须要制定新的法律。② 这种新的专门立法可以消除既存法律制度中不利于资产证券化发展的限制，从而构建基础的证券化法律框架。③ 据笔者掌握的资料，自20世纪80年代以来，很多大陆法国家对资产证券化问题进行了

---

① Kevin T. S. Kong, Prospects for Asset Securitization within China's Legal Framework: The Two-Tiered Model, Cornell International Law Journal, Vol. 32, p. 243.

② Theodor Baums, Eddy Wymeersch, Asset-backed Securitization in Europe, Kluwer Law International, 1996, p. 5.

③ 参见洪艳蓉：《资产证券化法律问题研究》，北京大学出版社2004年版，第39页。

专门立法,这些国家主要有:意大利、法国、西班牙、葡萄牙、希腊、日本、韩国、印度、巴基斯坦、印度尼西亚、马来西亚、菲律宾、泰国、新加坡等,例如《意大利证券化法》、《韩国资产流动化法》、《日本资产流动化法》、《印度证券化、金融资产重组和担保物权执行法令》、《菲律宾证券化法》等。还有一些国家对资产证券化中的 SPV 进行了专项立法,例如《泰国关于证券化中特别目的法人的皇家法令》、《菲律宾 2002 年 SPV 法》等。①上述法律、法规主要涉及资产证券化交易中当事人的权利义务安排,在法律属性上基本上是民商事法律规范。

(三) 小结

资产证券化产生于金融自由化和去管制化时期,依赖和信奉的是市场机制,市场调节发挥着根本性的作用。按照漆多俊先生的观点,"与市场调节相适应,在调整经济关系的法律中,也基本上依靠民商法这一法律部门"。② 在这个阶段的资产证券化交易中,单一的民商事法律规范足以调控市场秩序,民商事法律规范成为资产证券化这一金融创新的法律基础。

二、资产证券化的扩张与民商法调控的局限性

(一) 资产证券化的扩张与市场调节机制的失灵

20 世纪 80 年代以后,资产证券化步入了快速发展的轨道。除了传统的住房抵押贷款证券化以外,可以证券化的资产已经扩张至汽车贷款、信用卡应收款、租赁应收款、工商企业贷款、贸易与服务应收款、公用事业和基础设施收入、设备和交通工具租

---

① 王健:《特殊目的公司法律制度研究》,法律出版社 2009 年版。
② 参见漆多俊:《经济法基础理论》(第 4 版),法律出版社 2008 年版,第 29 页。

赁费、保险费收入、消费品分期付款、知识产权带来的未来收益、足球队的未来门票收入、公园门票收入、保健费收入、俱乐部会费收入，各种有价证券（包括高收益/垃圾债券）组合等，甚至还出现了证券化的证券化。正如一个美国投资银行家所说的，"只要有一个稳定的现金流，就将它证券化"。在次贷危机爆发前，美国金融市场上的资产证券化产品发行规模出现了一个急速膨胀的发展过程。其住房抵押贷款证券化占住房抵押贷款的比重，从1981年的15%上升到1987年的74.7%。到90年代初，美国每年住房抵押贷款的60%以上是靠发行MBS来筹措。以1993年为例，美国银行业提供了2850亿美元的住房抵押贷款，其中2070亿美元都被证券化了。① 到1994年年底，全美MBS仅本金余额即达到16 839亿美元，相当于同期美国GDP的1/4。②2005年，美国资产证券化市场流通在外的金额高达7.9万亿美元，占整体债券市场的31.2%。政府国民抵押贷款协会、联邦国民抵押贷款协会以及联邦抵押贷款公司这三大代理机构的MBS发行余额在1980年年底为1 109亿美元，至2005年年底已增长至36 817亿美元，在25年的时间里增长了33.2倍。③

伴随着资产证券化的快速扩张，资产证券化呈现出了过度发展和异化发展的不良趋势。过度发展主要表现在产品设计日益复杂，出现了多重证券化。发行人把借款人的抵押贷款打包发行MBS，MBS又被打包发行CDOs（Collateralised Debt Obligations，抵押债务债券），甚至CDOs又被打包发行CDOs。有时，投资银

---

① 参见王开国等：《资产证券化论》，上海财经大学出版社1999年版，第15页。

② 参见邝国权：《评经合组织国家资产证券化》，《世界经济》1996年第7期，第34页。

③ 参见黄嵩等：《资产证券化理论与案例》，中国发展出版社2007年版，第89-90页。

行又将 CDOs 再转化为另一种衍生性金融商品"信用违约交换"（Credit Default Swap, CDS）。① 2004 年，全球 CDOs 的发行量为 1570 亿美元，到 2006 年，这一规模达到了惊人的 5520 亿美元。② 在多重证券化的过程中，大量的信用和风险被创造出来。③ 即便是对于资深的华尔街专业人士来说，理解这些复杂产品的风险依然困难。这些复杂的结构化金融产品被许多人指责导致了本次金融危机。④ 美国国际集团（AIG）之所以面临今天的困境，是因为其集团整体共承保了高达 4000 亿美元的巨额 CDS。

资产证券化的异化发展主要表现在次级抵押贷款证券化和资产证券化流程的滥用两个方面。所谓次级抵押贷款，是相对于优质抵押贷款而言的，此类贷款主要是面向信用记录较差和收入不高的借款人提供的，他们偿债能力普遍比较差原本不应该成为贷款的对象，但由于 20 世纪 90 年代后期美国房价的持续攀升、利率的不断下降，再加上这种贷款的利率高出一般贷款 2% ~ 13%，许多贷款机构由此放松了警惕加大了次级抵押贷款的力度。这些贷款机构认为，即便购房人的收入不够偿还贷款，通过对房屋的重新估值，房子增值的部分可以向银行或信贷公司抵押贷款，用以支付抵押贷款的本息。贷款机构为了筹集更多的资金，将大量的次级抵押贷款进行资产证券化。据统计，2003 年次级抵押贷款

---

① 林国彬：《保险业经营危机之处理及因应机制》，《月旦法学》2009 年第 2 期，第 51 页。

② 参见周茂清：《次贷危机背景下的我国资产证券化发展》，《理论视野》2008 年第 11 期，第 35 页。

③ 温馨：《从次贷危机看资产证券化的内在矛盾》，《金融法苑》总第 78 辑，第 21 页。

④ 参见吴晓鹏：《华尔街的变与不变》，《21 世纪经济报道》2009 年 9 月 18 日第 4 版。

规模只占美国抵押贷款发行总量的15%左右,到2006年达到了46%。① 然而,随着美联储2005年以来的17次加息,联邦基准利率从1%提升至5.25%,美国房地产市场迅速降温,很多次级抵押贷款的借款人无法按期偿还借款,进而导致基于次级抵押贷款的资产证券化及其他金融衍生产品贬值,最终导致危机爆发。这就是"次贷危机"。另外,传统的资产证券化的运作模式是先由贷款机构向借款人发放贷款,然后把已经产生的贷款资产出售给投资银行,再由投资银行打包成债券出售给投资人。但投资银行在高风险和暴利驱动下进行反流程操作,这使得资产证券化市场从"卖方市场"变为"买方市场",资产证券的发行规模从过去的由贷款机构控制变为由投资银行决定,风险控制要求也因此有所放松。② 这种滥用资产证券化流程的行为在扩大了发行规模的同时也放大了资产证券化的风险,成为次贷危机的帮凶。

在资产证券化过度扩张和异化发展过程中,法律和政府的管制并没有给予应有的重视,仍然信奉市场的作用和市场的约束机制,相信市场主体的理性,国家之手迟迟没有伸出来。美联储前主席格林斯潘甚至表示,出台新的监管措施有扰乱资本市场的风险。美国国会还于2000年通过了《商品期货现代化法》,彻底解除了对包括"信用违约交换"在内的金融衍生品的规制和监管。美国国会通过该法案正是基于对市场自我约束的考虑,认为投资者的自我选择可以有效约束金融机构,无需政府对金融机构日常经营的金融衍生品进行规制和监管。③ 资产证券化本来是为

---

① 参见邢嘉琦:《美国次级债危机的原因及给我国发展资产证券化带来的启示》,《中国商界》2008年第12期,第8页。

② 参见王亦平:《美国"次债"危机对完善我国信贷资产证券化制度的启示》,《法学论坛》2008年第3期,第141页。

③ 参见韩龙:《美国金融危机的金融法根源》,《法商研究》2009年第2期,第149页。

了分散资产流动性风险,然而,一旦"只要给我一个现金流,我就能把他证券化"成为座右铭,什么东西都拿来证券化,大家把这种风险分担当做投资乃至投机,通过金融杠杆无限放大,无疑又在创新狂欢中创造出了另外一种系统性的风险。① 当这种系统性风险集聚到一定程度时,泡沫破裂了,市场失灵了,问题成堆成堆显现出来:许多大型银行及非银行金融机构倒闭破产;全球股市急速下跌,平均达50%;商品价格,不论是原材料、黄金还是石油,也剧烈波动。② 目前,由次级抵押贷款导致的金融危机已从局部发展到全球,从金融领域扩散到实体经济领域,给世界各国经济发展和人民生活带来严重影响,对各国的金融安全和经济安全造成了重大损害。

(二)民商法调控的局限性

资产证券化虽然可以带来很多好处,但其发展和快速扩张所带来的风险更不能小觑。资产证券化的实质就是将原有资产的收益和风险通过一系列的操作,分散和转移到各个参与者手中。在这个过程中,每个参与方都会面临一定的风险,这些风险一部分来自原始资产的质量和证券化的架构,这是普通意义上的证券化风险。除此以外,还要面临早偿风险、利率风险等来自证券化结构以外的风险。对于这些风险,可称之为证券化产品投资的风险。我们还可以将资产证券化的风险分为法律风险、非法律风险以及道德风险等。对于上述风险,完全消除是不可能的,我们所能做的只是防范风险、尽量较少风险的发生。如果任由风险扩散和爆发,将直接危害资产证券化交易的安全,特别是证券化商品投资者的安全,严重损害投资者的利益。从这个意义上来说,防

---

① 彭兴庭:《"金融自由化"的前车之鉴》,http://www.china.com.cn/review/txt/2008-05/27/content_15490653.htm,[2009-10-03]。

② 参见曾宛如:《金融海啸下金融监理之反思》,《月旦法学》2009年第5期,第84页。

范资产证券化风险实质上就是保障资产证券化交易的安全和投资者安全。

对于已经观察到的风险和潜在风险,各国法律也作出了积极的反应,其制度架构集中表现在风险隔离机制以及相应的资产证券化安全港制度中。与一般股份公司或公司债等企业融资方式相比较,资产证券化最大特征在于其并非以企业未来整体收益为其财源基础,而系仅以特定资产的未来可能收益为财源基础。此一未来收益既不受创始机构(又称发起人、原始权益人)其他资产获利如何的影响,亦不能被其他不良资产亏损所侵蚀,因此为使其得以完全与创始机构其他资产收支相互隔离,就有必要将证券化资产自创始机构所有资产中加以分离,并将其所有权转移给专门为拥有此一资产而设立之特殊目的机构(SPV)。①资产证券化架构中,最特别之设计为特殊目的机构,其目的在于与创始机构之风险隔离。②也就是说,特殊目的机构应风险隔离需要而产生,但同时通过特殊目的机构的风险隔离机制来确保证券化资产的安全。特殊目的机构作为证券化的中介和核心机构,在证券化过程中好比一道坚实的"防火墙",将投资者和其他风险有效地隔离开来,使投资者的风险被限定在证券化的资产组合中,从而保证了现金流的安全性,提高了交易信用等级,增大了对投资者的吸引力。③创设特殊目的机构体现了对证券投资者投资安全保

---

① 参见王文宇主编:《金融法》,元照出版公司 2004 年版,第 279 页。

② 盖华英、谷湘仪:《[资产证券化专题]导读——兼谈资产证券化之法制引进》,《全国律师》2001 年第 11 期,第 6 页。

③ 吴弘主编:《房地产证券化法律问题概述》,上海电子出版公司有限公司 2004 年版,第 152 页。

障的价值理念追求和人文关怀。①

  实践中,很多国家的立法以特殊目的机构为中心构建了一整套资产证券化安全港制度——资产远离破产制度。立法者希望通过"资产远离破产"制度来隔离证券化资产的风险,同时强化证券化资产的安全系数。所谓资产远离破产,又称破产隔离,是指证券化资产与 SPV、发起人及 SPV 的母公司的破产相隔离,即这些公司的破产不会影响该证券化的资产,证券化的资产不作为这些主体的破产财产用于偿还破产主体的债务。资产远离破产制度是任何资产证券化交易的基石,这项制度具体表现在以下三个方面:第一,资产与 SPV 的破产相隔离。资产与 SPV 的破产相隔离实质上是指 SPV 要与破产相隔离,SPV 是一个破产隔离实体。要使 SPV 做到与破产相隔离,首先,SPV 的结构应该防止它从事任何与"特别目的"无关的商业活动。SPV 的唯一业务应是持有那些构成证券化基础的资产,法律严格限制 SPV 的经营范围,禁止 SPV 从事与经营范围无关的一切活动。其次,设立一个结构防止 SPV 主动提出破产申请也非常有必要。为了实现这个目标,SPV 应有一个或以上的独立董事。这些独立董事在考虑是否使 SPV 进入破产或清算程序时,应对 SPV 本身及投资者而不是股东负有信托义务。② 第二,资产与发起人的破产相隔离。资产由发起人转移给 SPV,这一转移行为的目的在于隔离应收账款与发起人所具备的风险。为了达到上述目的,发起人通常将该转移行为设计为"真实的出售行为",以确保依照破产

---

  ① 参见覃天云、佘冰:《论资产证券化的安全价值》,《经济体制改革》2004 年第 5 期,第 23 页。

  ② See Michael J. Cohn, Asset Securitization: How Remote Is Bankrupcy Remote? http://www.hofstra.edu/Academics/Law/law _ lawyer _ cohn.cfm [2004-02-03].

法，应收账款能够从发起人的破产资产中分离出来。① 很多国家的法律对真实销售行为的认定标准作出了明确的规定，建立了真实销售的安全港制度。第三，资产与 SPV 的母公司的破产相隔离。证券化的资产不仅要与 SPV 的破产相隔离，还要与 SPV 的母公司的破产相隔离，因为 SPV 的母公司一旦破产，SPV 作为其对外投资也将被列为破产财产而用来偿还母公司的债务，这是很多国家公司法律的规定，这就使证券化的资产无法与 SPV 母公司的破产相隔离，从而影响了资产支持证券的偿付。要做到资产与 SPV 的母公司的破产相隔离，SPV 保持充分的独立性很重要。只有 SPV 拥有了独立的法律地位，在其母公司破产时自己才不会被法院判决合并清算。

总体而言，风险隔离机制和资产证券化安全港制度对于防范资产证券化的风险，保障资产证券化的安全起到了较大的作用，但这种在民商法范围内的制度安排从其产生开始就注定了其适用的局限性。它能有效隔离资产证券化的局部风险但不能解决系统风险，它能促进投资者安全但不能保障更高层次的金融安全。正如有学者所说的："在资产证券化组合中，债权的组合使资产风险稀释，资产转让使资产发起人风险分散，一系列的信用增强机制又使投资人风险降低，受托和担保机制又使发行人风险分散，这些利用合同建立起来的权利义务关系结构，使每个主体都降至最低风险。但是，只是分散风险，并没有消除风险，这些风险最终会积累成系统风险。"② 伴随着资产证券化的过度扩张和异化发展，资产证券化的风险快速集聚，带来了系统性风险。本次金

---

① 参见［美］斯蒂文·施瓦茨：《点石成金的资产证券化》，高西庆、蒋基理译，载于王志达主编：《复旦民商法学评论》（第1卷），法律出版社2002年版，第312页。

② 参见魏晓东：《从次贷危机看资产证券化监管规则的完善》，《辽宁大学学报》（哲学社会科学版）2009年第1期，第153页。

融危机就是系统性风险集中爆发的结果。对于这种系统性风险引发的金融危机,无论是风险隔离机制还是资产证券化安全港制度均没有能力加以有效化解,以个体利益为本位的民商法也无法通过进一步的制度创新来解决上述问题。民商法只能解决资产证券化交易中的个体风险,保障个体的安全,至于资产证券化交易所产生的系统风险和更高层次的金融安全问题根本没有能力化解。此时,我们需要经济法的积极介入,通过释放经济法的功能来解决资产证券化扩张所造成的系统性风险,保障因系统性风险爆发而产生的金融安全问题。当然,经济法不能取代民商法,在新的形势下两者应该共同调控资产证券化交易,促进资产证券化的健康发展。

(三)小结

在资产证券化快速发展进程中,发生了过度扩张和异化发展两种不良现象,随之集聚了系统性风险。当这种系统性风险爆发后,市场调节机制失灵了。在传统民商法框架内的风险隔离机制和资产证券化安全港制度只能隔离局部和个体的风险,保障个体和投资者的安全,对于系统性风险和金融安全问题则无能为力,这种局限性是由民商法的个体利益本位决定的。为了促进资产证券化的健康发展,经济法应有所作为,与民商法一起共同构成新的资产证券化调控秩序。

三、资产证券化的危机与经济法调控的应对

应对因资产证券化过度扩张和异化发展而产生的危机,经济法有其独特的价值和地位。从各国采取的实际举措来看,有依据现行财政、金融法律或者通过一些特别立法来应对危机的做法,更有不少国家通过认真分析本次危机产生的原因看到了其中存在的问题,超越危机采取了一些强化监管、完善竞争的做法,并且提出了相应的立法建议。历史经验表明,经济法既是应对危机、

遏制危机的法律，也是超越危机、完善国家调节的法律。我们以应对1929—1933年经济危机的罗斯福新政加以说明。罗斯福新政分为两个阶段：第一阶段的主要立法是在1933年3月9日至6月16日内完成（又称"百日新政"）；第二阶段为1935年至1939年。第一阶段侧重于解决当务之急，即遏制萧条，挽救业已崩溃的金融体系和濒于崩溃的农业危机，复兴工业，消除普遍的失业和饥饿。第二阶段则注重于具有长远意义的立法，确立现代银行体系，建立相对公正的税收和福利制度等。为了实现上述目标，美国颁布了大量相关法律。这些法律所规范的是国家调节，调整因国家调节而发生的社会关系，从性质上说，属于经济法范畴。[①] 如果我们对这些法律的内容加以分析，第一阶段的立法属于应对危机、遏制危机的经济法，第二阶段的立法属于超越危机、完善国家调节的经济法。

（一）应对危机的经济法

经济法对付危机有一套办法，在特定历史时期经济法又被称为危机对策法。当危机来临后，原有的经济秩序被打乱，正常的市场调节受阻，需要国家采取紧急措施对经济进行干预和调节，包括调整、修改原来的计划和各种经济政策，改变政策工具和手段的运用方向，并以立法来确立这种调整，包括废止、修订原来某些立法，制定新的立法。[②] 在历史上，有不少对付危机而进行的经济法立法。例如，为了应对1929—1933年经济危机，美国颁布了《紧急银行法》、《国家产业复兴法》、《联邦紧急救济法》等；德国颁布了《消除国民与国家危机的法律》、《经济有机结构条例》、《强制卡特尔法》等。为了应对20世纪70年代

[①] 参见漆多俊主编：《经济法学》，高等教育出版社2007年版，第18-19页。

[②] 参见漆多俊：《经济法基础理论》（第4版），法律出版社2008年版，第267页。

的石油危机,美国于1970年颁布了《经济稳定法案》,规定从1973年8月开始对老油田生产的石油实行价格管制。为了应对阿拉伯国家的石油禁运,1973年12月,《紧急石油分配法案》开始生效。该法令对原油产量采取"老油"和"新油"两级价格机制进行管制。直到1981年1月,里根总统签署了《解除石油价格和分配管制法案》,才结束了对油价的控制。①

本次危机发生后,各国依据现有法律规定或通过特别立法采取了金融、财政、国有化等应对措施。在危机发生的早期,各国主要采用金融调节方式应对危机,只是到后来危机越来越严重后,才开始采取各种更为猛烈的财政和国有化措施应对危机。在美国,次贷危机引发了大规模信贷紧缩,严重打击了市场信心,美联储连续大幅度地调低联邦基准利率、降低再贴现率,将常规货币政策手段几乎用到极致,但仍然不能阻止国际金融市场剧烈动荡、美国经济持续放缓的趋势。为此,美联储不得不选择各种非常规措施,来增加市场的流动性供给,扩大信贷规模,恢复市场信心。这些非常规措施包括新的流动性管理手段和对金融机构的直接救助等。② 美国以外的其他国家也纷纷采取各种降息、提供长期贷款等常规和非常规金融手段,但效果并不是非常明显。为此,各国逐步采取各种财政手段甚至非常罕见的国有化措施对付危机。美国国会于2008年10月3日通过《紧急经济稳定法》,推出有史以来最大规模的7000亿美元的救援计划,授权财政部建立受损资产处置计划(TARP),在两年有效期内分步使用7000亿美元资金购买金融机构受损资产。此外,还增加了340亿美元的减税方案,将总金额扩大到8500亿美元。财政担保也

---

① 参见李小地:《70年代石油危机后美国的石油消费政策及其实施效果》,《国际石油经济》2006年第11期,第29-30页。

② 参见王宇:《美国政府应对金融危机的非常规措施》,《学习与探索》2008年第6期,第144-145页。

是对付危机的常用手段,它可以挽救投资人对银行体系的信心,进而处理系统性风险问题。2008年10月12日,欧元区15国领导人在法国巴黎举行首次峰会,会议通过了一项大规模的救助计划,欧元区国家政府将在2009年年底前,为银行5年期以下的新发债务提供担保,并通过取得优先股的方式向银行直接注资,以缓解银行因为信贷紧缩而面临的融资困难。英国政府提供了2500亿英镑的担保额度,以协助银行能展延对企业的放款。德国政府将向银行业提供4000亿欧元的贷款担保。韩国政府宣布向韩国国内银行提供总共1000亿美元为期3年的国家担保,以稳定金融市场。

　　至于此次应对危机而采取的国有化措施,备受争议。前德意志银行高管罗格认为,"我们已经跨越了从资本主义到社会主义的红线"。① 美国众议院金融服务委员会主席法兰克与共和党参议员乔恩凯尔坚决反对政府对银行的国有化。但也有学者认为,虽然银行国有化的成本和风险高,但如果银行损失持续上升,国有化可能是最好的选择。例如,纽约大学商学院教授鲁里埃尔·鲁比尼不断发表文章称,美国政府目前惟一的拯救之道是将资不抵债的银行国有化。② 但总体上看,目前西方国家所采取的银行国有化措施只是一种短期的临时行动,当时机成熟时会逐步退出。美国前总统布什表示,将状况不佳的金融公司部分国有化只是短期措施,旨在帮助银行业重新进行贷款业务,"政府只发挥有限的和临时性的作用",采取此项措施的目的"并不是要接管

---

　　① 参见黎四奇:《对美国救市法案之评价及其对我国之启示》,《法律科学》2009年第1期,第126页。

　　② 参见魏红欣:《美国"银行国有化"之争》,http://news.xinhuanet.com/fortune/2009-02/23/content_10873076.htm,[2009-10-13]。

自由市场,而是为了保护它"。① 2007年年底,英国率先对陷入危机的诺森罗克银行实行国有化。2008年9月16日,美联储宣布向AIG提供850亿美元的高息抵押贷款,条件是美政府需获得AIG79.9%的股权,并持有其向其他股东分红的否决权。2008年9月30日,比利时、法国和卢森堡三国向股价暴跌的比利时和法国的合资银行——德克夏银行(Dexia)注资64亿欧元(约合92亿美元),以增加其流动性,同时稳定其股价。2009年2月18日,德国内阁批准了一项救市法案,允许政府将银行强制国有化,以防止大银行破产动摇德金融系统。2月27日,英国政府继续对苏格兰皇家银行注资225亿英镑。至此,英国政府已经拥有该银行95%的股份。同一天,美国在花旗银行的持股比例达到36%,实际上对花旗银行实行了国有化。②

(二)超越危机的经济法

但凡危机,必有其背后的深刻原因。历次危机发生后,各国都会采取必要的步骤和措施对症下药。其中,除了临时性的危机对策和立法以外,更会着眼未来,超越危机进行有关经济法的立、改、废,或调整经济法的执法思路,以完善和改进国家调节,促进社会经济协调、稳定和健康发展。本次危机发生后,许多国家经过认真分析和研究,发现了危机产生的若干主要原因,针对监管和竞争问题采取了一些切实有效的做法。

对于本次危机,许多人将矛头直接指向金融监管问题,认为全球性的金融危机与美国现行金融监管体系密切相关。美国设有联邦和州双重体系下的多元银行监管部门,不同部门都可以对贷

---

① 《各国应对金融危机的政策》,http://class.wtojob.com/class1031_40415.shtml,[2009-10-13]。

② 参见刘丽娜:《全球金融危机应对措施呈现新变化》,http://news.xinhuanet.com/fortune/2009-03/23/content_11058514.htm,[2009-10-03]。

款银行进行监管,贷款银行也可以自行选择不同的监管部门。因此不可避免地出现监管重复和监管空白。由于监管部门之间存在竞争关系,为了获得更多的监管对象,存在放松监管的现象。美国1999年的《金融服务现代化法》确认了美国银行、证券、保险业之间可以混业经营,实行全能银行模式。而美国现阶段仍采用分业监管的方式已不适应混业经营及由此产生的金融创新衍生品的监管需要,金融监管的真空使金融风险放大导致次贷危机的发生。① 然而,我们也不能因为此次危机而否定金融创新和作为金融衍生品的资产证券化。危机给我们的一个重要教训是,当金融创新这部机器越来越复杂、越来越高速运转的时候,风险管理、金融监管、信息披露等必须随时跟上。② 至于如何处理好金融创新和监管的关系,却是一个难题。当经济稳定,财富增加时,要求放宽规定、回归市场机制成为主流,因为唯有如此,方能鼓励金融创新。但金融创新的结果,过度操作下,引发难以处理之系统性风险,而造成资产大幅缩水,萧条时,管制这些商品又成为应对之良方。如何找到"适度"规范之平衡点似乎是很大的难题。③ 对于资产证券化而言,改革目前的监管体制是十分必要的。由于其涉及多个金融部门,产生多个利益主体,跨越全部金融市场并与实体经济领域相关,所建立的法律关系错综复杂,每个法律关系都由不同的法律来调整,所以自然打破了金融业务分业监管的限制。在整个资产证券化过程中,参与者覆盖多

---

① 参见张涛:《浅析美国次贷危机法律监管问题》,《税务与经济》2009年第3期,第45页。

② 参见吴晓鹏:《雷曼只是一个牺牲品和典型缩影》,《21世纪经济报道》2009年9月22日第10版。

③ 曾宛如:《金融海啸下金融监理之反思》,《月旦法学》2009年第5期,第92页。

个金融机构,这就要求监管必须高度的协调统一。①

与以往的每次金融危机一样,危机过后,监管的许多重大变化在酝酿和商讨当中,造成此次危机的种种监管漏洞都将有可能产生新的法规,例如不同金融机构的杠杆使用水平、信用违约掉期市场的统一和监管、华尔街报酬体制和水平、"逐市计价"会计制度的调整等。毫无疑问,"后雷曼时代"的华尔街金融机构将面临更多的法规约束。② 2008 年 3 月 29 日,美国财政部公布了《金融监管体系现代化蓝图》,计划通过三个阶段的变革最终建立基于目标的最优化监管架构。美国金融监管体制改革蓝图包括三个目标:一是短期目标:强化总统金融市场工作组的使命,并将银行监管者纳入小组;美联储进一步推进拓展贷款渠道;对抵押贷款发起设立全国统一标准;为各州对抵押贷款市场参与者颁发执照设定统一的最低标准。二是中期目标:合并储蓄机构监管署(OTS)和货币监理署(OCC);美联储负责监管支付和结算体系;设立联邦保险监管体系,隶属于财政部的全国保险管理署负责管理联邦保险监管体系;合并美国证券管理委员会(SEC)与商品期货交易委员会(CFTC)。三是长期目标:设立美国三大金融监管体,即美联储担当"市场稳定监管者"的角色,维护美国金融市场稳定;成立"金融诚信监管者",负责对银行业的监管;成立"商业行为监管者",负责规范商业活动并保护消费者利益。③

此次危机还暴露出两大竞争问题。一个问题是各国政府基于金融系统性风险和金融安全的需要,重点救助了一些大型金融机

---

① 参见魏晓东:《从次贷危机看资产证券化监管规则的完善》,《辽宁大学学报》(哲学社会科学版)2009 年第 1 期,第 153 页。

② 吴晓鹏:《雷曼只是一个牺牲品和典型缩影》,《21 世纪经济报道》2009 年 9 月 22 日第 10 版。

③ 王宇:《美国政府应对金融危机的非常规措施》,《学习与探索》2008 年第 6 期,第 146 页。

构,并且对许多大型金融机构的合并行为网开一面,降低了反垄断法在金融领域的实施力度,"太大不能倒"。在此次金融危机中,由美国财政部出面协调的大规模银行收购,如JP摩根收购贝尔斯登和华盛顿互惠银行,美国银行收购美林,富国银行收购美联银行,若在平时通常需要至少几个月的反垄断审查,而在金融系统崩溃风险的压力下,最多几个星期就顺利通过了审查。至于英国的劳埃德TSB银行收购HBOS,更是完全绕过了反垄断审查这一程序。① 纵观反垄断历史,严重的经济危机常会影响一国的反垄断政策,使其对反垄断法的理解和执行趋于宽松。以美国为例,当上世纪30年代出现经济大萧条时,在垄断势力的推动下,美国国会通过"国家产业复兴法案",直接支持一些具有垄断后果的市场行为。这一法案在后来的司法审查中被判定为违宪。一时紧一时松的反垄断政策总会给反垄断执法机构理解和执行反垄断法带来不确定性,其中利弊得失学者们有不同的看法。② 我们认为,虽然短期内拯救整个金融体系的紧迫性高于一切,但这些并购集中所可能导致的对市场竞争的长期影响也不可忽视。至于欧盟内各国竞相出台的经济救助计划,对共同市场的竞争格局也会产生长远影响。近期美国联邦贸易委员会和欧盟的负责竞争政策的官员在不同场合表示了对这一问题的关注。③ 从实践情况来看,"太大不能倒"的金融机构在过去一年中越来越壮大,例如美国的房利美和房地美在新发行和担保的抵押贷款证券业务中,从以前50%的市场份额上升至超过70%。其对竞争造成的影响受到了越来越多人的关注。美国企业研究所资深研究

---

① 孙速:《金融危机视角下关注中国反垄断》,http://www.caijing.com.cn/2009-02-18/110071110.html,[2009-10-03].

② 刘宁元:《欧盟委员会反垄断法的生命在于理性执行》,《法制日报》2009年5月12日第10版.

③ 孙速:《金融危机视角下关注中国反垄断》,http://www.caijing.com.cn/2009-02-18/110071110.html,[2009-10-03].

员彼得·沃里森认为,政府的改革计划实际上会在各行各业中都创造出像房利美和房地美一样的政府支持企业,这会严重破坏竞争,尤其对小公司不利。美国联邦存款保险公司主席希拉·拜尔表示:"太大不能倒是接下来需要修复的最重要的议题。它造成了这场危机,并且因为危机变得越来越严重。"① 总之,我们不能因为危机而放松反垄断法的执行,反过来,经济危机使人们看到了垄断对市场和经济的巨大破坏,人们更应该意识到反垄断的必要性和迫切性。此次危机暴露的另一个竞争问题就是信用评级机构的垄断问题。在美国证券交易委员会(Securities Exchange Commission)注册为国家认可的统计评级机构(Nationally Recognized Statistical Rating Organizations)共7家,但大部分信用评级业务由标准普尔、穆迪和惠誉所垄断。由于信用评级产业多年来的定价和信息公开等制度缺陷,导致了该产业竞争明显不足,三家机构在信用评级时滥用评级垄断权,成为此次金融危机的一大诱因。② 按照美国法律的要求,资产证券化产品应由至少两家评级机构从不同的角度、运用不同的评级方法作出评级,但由于信用评级市场主要由三家评级机构垄断,因此任何两家参与评级的公司可能会基于自身利益的考虑,一致行动,对产品作出过高的评级。③ 反垄断执法机构应该高度关注这种协同垄断行为对金融市场的负面影响。

---

① 参见吴晓鹏:《"大者不亡"越变越大》,《21世纪经济报道》2009年9月2日第4版。

② 李震:《金融反垄断奏响了全球金融变革的主旋律》,http://moj.gov.cn/2007fxy/2009-04/14/content_1076220.htm,[2009-09-08]。

③ 例如最近在美国发生的起诉评级公司的案件中,穆迪和标准普尔两家公司对于摩根斯坦利发行的"切尼"产品均给出了最高评级——AAA评级,但现在这种产品的价值接近零,使得投资者损失十分惨重。参见王康:《起诉评级公司》,《21世纪经济报道》2009年9月8日第4版。

(三) 小结

应对因资产证券化而产生的危机，经济法有着相当大的优越性。它是对付危机的高手，可以通过金融、财政等手段迅速纠正市场调节机制的缺陷，弥补民商法调整的不足。与此同时，经济法更应该超越危机，透过问题看本质，未雨绸缪，采取各种措施引导、调控市场经济又好又快的发展。

The Development of Asset Securitisation and the Evolution of the Method of Legal Regulation
—Considering the Crisis of Sub-prime Mortgage under the Economic Law

Wang Jian

(School of Law, Zhejiang Sci-Tech University Hangzhou 310018)

Abstract: During the primary stage of the development of asset securitisation, the sigle legal systme of civil and commercial law is sufficient for the regulation of the market order. With the rapid expansion and dissimilation of asset securitisation, systematic risks break out altogether and lead to the serious crisis of sub-prime mortgage. Then, neither the risk-remote mechanism nor the safe-harbor rule of asset securitisation can dissolve the risks. Neither can the civil and commercial law, being focusing on the interests of individuals, solve the aforesaid problems through further system innovation. In order to promote the healthy development of asset securisation, the economic law shall share a role with the civil and commercial law in structuring the new regulation order for asset securisation. The economic law is both a law for dealing with and restrainting the crisis, and a law for surpassing the crisis and improving the state regulation.

Key words: Asset Securitisation, The Crisis of Sub-prime Mortgage, The Method of Legal Regulation, Civil and Commercial Law, Economic Law

从美国"两房"之兴衰谈完善我国国家投资经营法

石金平*　曹丽萍**

摘　要：美国"两房"自上世纪成立以来，经历了国家资本进入——退出——再进入的过程，每次进入都发生在严重经济危机时期，政府为挽救市场经济自身缺陷引发的"市场失灵"而不得不采取国家投资经营以调节经济。国家资本在经济活动中的进退受到国家投资经营法的调整。国家投资经营法调整下的国家投资经营行为应克服市场唯利性，引导并建立符合经济规律的市场，特别要规范国有企业投资行为，审慎对待国家资本退出。我国应尽快完善国家投资经营法律制度，以满足近年来对经济增长发挥举足轻重作用的国家投资行为的调整需要。

关键词："两房"　次贷危机　国家投资　国家投资经营法

2007年2月，美国住房抵押贷款风险加剧，演变成一场

---

* 石金平（1956—　），男，河北易县人，中南大学经济法博士生，北京市海淀区人民法院副院长。

** 曹丽萍，北京市海淀区人民法院民五庭法官，中国政法大学国际经济法硕士。

"次贷危机",从美国金融市场开始席卷全球。2008年4月,国际货币基金组织(International Monetary Fund,IMF)发布报告称,全球损失超过1万亿美元。① 在美国,2008年9月开始,从房利美(Fannie Mae)和房地美(Freddie Mac)(也称"两房")被政府接管,到一系列金融业巨头的财务纷纷告急,这场危机演化成20世纪30年代大萧条以来最严重的经济危机。这一年,美国国会还通过了《紧急经济稳定法案》,公布了7000亿美元的金融救助计划,这是美国有史以来规模最大的经济干预,也是运用"有形之手"进行国家投资的大胆尝试。

本文从"两房"的兴衰史中解读美国近来的次贷危机,从漆多俊教授提出的国家投资经营法的理论来反思危机形成的原因,并针对我国国家投资经营活动中存在的问题提出完善国家投资经营法的建议。本文首先介绍美国"大而不倒"的房利美、房地美与使它们陷入窘境的次贷危机;其次结合国家投资经营法理论对房利美、房地美的兴衰进行反思;最后结合这两家公司的教训和我国现有事例的分析,提出对完善我国国家投资经营法的建议。

一、从"两房"和美国次贷危机看国家资本之进退

(一)"两房"及国家资本之进退

房利美和房地美是在不同的经济萧条时期诞生的第一、第二大美国政府赞助企业,属于由私人投资者控股但受到美国政府支

---

① International Monetary Fund, Global Financial Stability Report: Containing Systemic Risks and Restoring Financial Soundness, (April 2008), http://www.imf.org/external/pubs/ft/gfsr/2008/01/ index.htm. s.

持的特殊金融机构。房利美全称"联邦国民抵押协会"(Federal National Mortgage Association),根据1934年国会颁布的《国民住房法》(National Housing Act)由政府出资设立。房地美也称"联邦家庭抵押贷款公司"(Federal Home Loan Mortgage Corporation, Freddie Mac),是根据1970年的《紧急家庭金融法》(Emergency Home Finance Act of 1970)由国会批准、政府出资设立,是房利美的竞争对手。上世纪七八十年代,国家资本退出"两房",使"两房"实现了私有化。

"两房"的商业模式(Business Model)可以从融资与投资两个角度来解释。就融资方面而言,由于市场普遍认为"两房"享有来自美国联邦政府的隐含担保(Implicit Guarantee),这两家公司得以在市场上发行具有最高信用评级的机构债进行融资。[1] 就投资方面而言,主要业务是从抵押贷款公司、银行和其他放贷机构购买住房抵押贷款,"两房"既可以在资产组合中持有这些债权,也可以将它们组成资产池(pools),并对其进行证券化,所谓证券化就是把很多抵押贷款打包成金融产品,如抵押支持证券(Mortgage-Backed Securities, MBS),再将这些证券出售给全球市场上的投资者,以此从中获利。[2] 从事这种证券交易的市场被称为二级市场。两家公司是美国住房抵押贷款市场的主要资金来源。[3]

为了更好理解"两房"的角色,需要简单介绍一下美国的房贷市场情况。在中国,给购房人提供抵押贷款的都是银行,贷

---

[1] "两房"在美国金融业的地位相当于第二个美联储,它们发行的债券评级仅次于美国国债,被视为第二国债。

[2] 张明、郑盛联:《次贷危机走向纵深,房利美房地美危机透视》,http://bank1.jrj.com.cn/news/2008-08-12/000003923059.html.

[3] 刘平编著:《华尔街之痛——一个个倒下的金融巨擘》,中国人民大学出版社2009年版,第21页。

款利率比较统一,根据人民银行公布的基准利率执行。在美国,首先,房贷业务不是银行的特权,有一大批专门的信贷公司可以从事这项业务,且相互之间竞争激烈。其次,贷款也有基准利率,但基准利率只是利率的"政府指导价",① 不是贷款者必须执行的。信贷公司没有统一的贷款利率,决定利率高低的因素主要是借款人信用的高低,信用高的,利率低,信用低的,利率高;另外还有贷款额的高低,因为房地产市场一次放贷后回收期限长,所以信贷公司通常面临较高的风险,贷款额高的,利率高,而贷款额低的,利率低。②

1995 年,房地美开始接触次级债券,到 2004 年,住房和城市发展部(HUD)建议"两房"进一步进入次级债券市场,为之后卷入次贷危机埋下了祸根。到这轮金融危机爆发,这两家公司担保了美国市场上价值 5 万亿美元的房产抵押贷款,占全部房产抵押贷款的一半左右。

(二)次贷危机及国家资本再次进入"两房"

1977 年,卡特政府和美国国会通过并签署了《社区再投资法案》(Community Reinvestment Act of 1977,CRA)。该法案是一项联邦法律,旨在鼓励商业银行和储贷协会满足其所在社区中所有不同人群的借款需求,低收入人群也包括在内。该法案规定,银行有义务为社会福利性住房提供次级抵押贷款。③ 这部初衷善良的法律在后来成了众多实体盲目投身次贷市场的合法依据。

---

① 刘平编著:《华尔街之痛——一个个倒下的金融巨擘》,中国人民大学出版社 2009 年版,第 10 页。

② 当然,这种利率的上下浮动也是有范围的,一般在 3% 左右,比较优惠的贷款利率是 7%,信用低的人获得的贷款利率往往是 10%。虽然是 3%,如果贷款期限 30 年,总的还款数额因期限长被放大后所获利益也会比较可观。

③ http://en.wikipedia.org/wiki/Fannie_Mae.

1. 次贷危机。2007年2月,美国爆发次贷危机。要解释"次贷危机",先得解释次级抵押贷款(Subprime mortgage),也可称为次级债。在美国,FICO会根据一系列标准给每个人进行信用评分并分类:① 相对于普通住房抵押贷款(Prime Mortgages),② 次级抵押贷款申请人的信用记录不佳、违约风险较高,商业银行一般不愿意承接此类抵押贷款,而由一些信贷公司来承接,贷款利率和费用通常比较高。③ 2005年之前的几年中,房价持续攀升,投入回报率较高,很多家庭,尤其是低收入家庭通过办理次级抵押贷款,甚至是同一房产上多次抵押而获得收益。近年来,次级抵押贷款成为低收入和中低收入家庭主要的购房资金来源。2005年开始,受到房价的逐步下跌、美联储持续加息等种种因素的影响,在房价最高点购置房产的购房者开始违约,产生多米诺骨牌效应:首先是次级债债务人,其次迅速波及优质贷款债务人,使得众多贷款银行,尤其是业务以次级贷款为主的信贷公司和放贷机构受到拖累,引发"次贷危机",危机延伸到二级市场,住房抵押贷款支持证券的价格亦下跌,④ 造成"两房"巨额亏损。

---

① 信用评分一般是指FICO(Fair Isaac Corporation)分数。FICO评分是Experian计算的具体信用分值。Equifax、TransUnion也使用FICO来建立自己的评分模型。虽然借款人只有一个货真价实的FICO评分,不过,FICO这个词常被用作为信用评分的代名词。http://www.forex21.cn/viewtopic.php?f=16&t=507.

② 信用评分在620分以上,有充分的文件证明收入和资产的人,属于信用记录较佳,违约风险较低的人,这些人要贷款购买住房,通常由美国的商业银行来发放贷款。

③ Lisa Smith: Subprime Lending: Helping Hand or Underhanded? http://www.investopedia.com/articles/basics/07/subprime_basics.asp.

④ Aaron Unterman, Innovative Destruction—Structured Finance and Credit Market Reform in the Bubble Era, 5 Hastings Bus. L. J. 53.

2. 国家资本再次进入"两房"。"两房"受到次贷危机冲击，严重资不抵债，于2008年9月被美国政府接管。美国联邦储备委员会主席伯南克对美国政府接管"两房"的行为表示大力支持。他在一份声明中说，救助"两房"将有利于稳定美国的住房市场和金融市场。按照美国此次救助计划，财政部将出资10亿美元购买两家公司的优先股，① 从而在两家公司的股份总额扩大到79.99%，并承诺预备4000亿美元的资金弥补两家公司的亏空以维持"两房"对美国房地产市场的支撑作用。同时，财政部强令两家公司的CEO辞职，把公司管理权移交给专门的政府组织——联邦房屋金融署。② 但据2009年8月6日路透社报道，当年第二季度，房利美净亏损148亿美元，迫使其第三次向财政部寻求资金支持以维持运营。③

从美国国家资本进入房贷市场，房贷市场兴盛，到国家资本退出让位民间资本，再到此次金融危机中，政府不得不再斥巨资进入，这个过程清晰展现了国家资本之进退。

二、国家投资与国家投资经营法的作用

（一）国家投资与国有企业投资

在自由市场经济阶段，投资经营活动基本上由市场主体自行决定，国家不能也没有必要参与其中。随着产业革命和社会市场经济阶段的到来，各经济部门、行业、产业、地区等之间的投资

---

① 这些优先股在盈利之后享有优先分红的权利；一旦企业破产，清偿次序上也要优先于其他股东，但会低于债权人。

② 刘平编著：《华尔街之痛——一个个倒下的金融巨擘》，中国人民大学出版社2009年版，第29页。

③ http://cn.reuters.com/article/bondsNews/idCNnCN066964720090807?rpc=368.

和发展不平衡问题,以及社会对公共产品需求的扩大与供给不足之间的矛盾开始凸显。由于受唯利性支配的市场主体不能或不愿意解决这些问题,为了维护社会整体经济利益,国家可以通过经济政策鼓励、引导市场主体对这些领域进行投资经营,或者是国家直接参与投资经营。"两房"就是在房地产市场低迷、资本流动不畅的情况下,由美国政府设立、国家直接投资并经营管理的企业。

国家投资包括国家资本进入和退出两个相辅相成的方面,即当民间资本不愿进入或进入不足时,或在国家通过有关政策手段予以鼓励引导而仍不见效的情况下,国家直接参与某些投资经营。适度的国家投资是必要的,但国家投资和国有经济成分过多非但无益反而有害,包括妨害市场机制运行,影响整体经济效率,加重国家财政负担等。一旦民间资本愿意进入,能够保持经济运行的协调、平稳时,国家资本应及时退出。当然,国家资本进入和退出不限于一次,国家资本退出后,在必要的情况下也会再次进入。"两房"的历史清晰展现了国家资本如何进入、退出并再次进入的过程。相对于市场自主调节方式,国家投资这种国家调节方式越来越受到现代国家的重视,也越来越体现出其在经济稳定发展中的重要性。西方资本主义国家几次掀起国有化高潮大都是为了平抑经济危机,而社会主义国家的国有经济几乎一统天下。①

开办国有企业是一项最为重要的国家投资行为。国家投资活动中需要组建企业进行长期性投资而由国家全部出资或国家控股的企业统称为国有企业,国有企业虽然同其他所有制企业一样都从事生产经营活动,但不以营利为唯一目的,国有企业要执行国

---

① 石金平、唐红洁:《析经济法的再分配功能》,漆多俊主编:《经济法论丛》2008年上卷,中国方正出版社2008年版,第38页。

家计划和经济政策，担负一定的政治和社会公共职能。①"两房"设立初期就是典型的国有企业，并由政府主管部门直接管理。

国有企业通常具备法人资格，其投资经营活动存在一定的自主性和独立性。从投资主体来看，国有企业的投资行为不属于国家投资行为，国有企业的投资者是企业自身，国家投资的投资者为国家或国家授权代表机关；但国有企业的投资行为与国家投资行为有一定的关联性，这与国有企业设立的目的及其历史使命有关。国家设立国有企业体现了对国家投资政策的具体落实以及国家直接投资的方向、重点和规模，同时满足国家调节的需要以及社会经济的协调、稳定和发展要求。20 世纪以来出现的国有企业，开办目的主要在于经济性目的，通过国家直接投资于某些行业和进行产品的生产经营，直接调节国民经济的结构和运行，同时通过对国有资产的控制和运营，增强国家调节社会经济的物质力量。② 国有企业担负的历史使命与国家当期的经济、社会发展目标相符。鉴于此，国有企业所从事的投资经营活动，也需要符合并满足上述设立目的和特定历史使命。

（二）国家投资经营法及其作用

1. 国家投资经营法。市场经济是法治经济，为了克服市场经济缺陷而实施的国家投资经营活动也应由国家投资经营法来调整，国家投资经营法包含多种法律、法规，主要是国家投资法和国有企业法。国家投资法是指关于国家投资的决策和实行的法律，又可以分为国家投资政策法和国家投资体制与程序法，前者规定国家投资政策的实体性内容，后者规定国家投资管理体制、投资步骤和做法。关于国有企业的组织和经营管理的法律即为国

---

① 漆多俊：《经济法基础理论》，法律出版社 2008 年版，第 233 页。
② 漆多俊：《经济法基础理论》，法律出版社 2008 年版，第 235 页。

有企业法。① 这些法律会根据市场经济发展情况而逐步发展变化，以配合市场调节需求。

在"两房"的发展历程中，美国国会颁布了一系列的法律、法令，主要有 1934 年《国民住房法》、1968 年的《房利美法案》、1970 年的《紧急家庭金融法》、1989 年的《金融机构改革、复兴和执行法》、2008 年《紧急经济稳定法案》等，这些法律既包含有国家投资政策法内容，也包含有对"两房"这两家国有企业股权结构、业务范围、经营模式等进行规定的国有企业法内容。需要说明的是，虽然"两房"先后实现私有化，但凭借着特殊地位，依然享受国有企业的种种优惠待遇，实质上仍然属于具备国有企业影响力的企业，国会针对私有化后的"两房"所颁布的法律也与规范普通私营企业的法律不同。②

2. 国家投资经营法克服市场唯利性的基本作用。国家投资经营法作为经济法的重要组成部分，其所发挥的国家调节作用中最基本的是克服市场唯利性的作用。国家投资经营活动正是针对市场唯利性缺陷实施的，国家资本进入社会经济领域进行投资经营属于国家介入民间资本不愿进入的经济领域，是为了对社会经济进行某种调节，以维护和促进社会经济结构和运行的协调、稳定和发展，这一系列的投资行为通过国家投资经营法来调整，由国家投资经营法发挥其克服市场唯利性的作用。

国家投资法和国有企业法是国家投资经营法的两个主要组成部分。国有企业所进行的投资活动是对国家投资行为的进一步具体化，这种投资活动应首先符合国有企业法的规范要求，同时也需要符合国家投资法的要求，符合法律对国有企业的投资领域、

---

① 漆多俊：《经济法基础理论》，法律出版社 2008 年版，第 216 页。
② 如 1989 年的《金融机构改革、复兴和执行法》对房地美实行私有化的同时，还是由联邦家庭贷款银行局中的 18 名成员作为房地美的董事负责经营，房地美受住房和城市发展部的监管。

决策内容及程序、投资风险防控等方面规范的要求。"两房"成立后的大部分时间内,并不以营利为唯一目的,决策者稳健经营,对美国住房抵押贷款市场起到了支撑作用。

3. 国家投资经营法对民间投资经营的引导作用。国家投资经营法的引导作用可通过两种途径实现:其一,通过设立国有企业吸引民间资本投资此行业。国家设立国有企业的目的不是为了在该领域制造垄断,产生"一家"或"两家"企业独大的局面,而是要同时吸引市场资金进入共同参与经营活动,展开竞争。其二,国家可以通过参股民营企业或进行政策性引导,以国家投资带动民间投资。例如,国有企业进入的一些行业,有些因为投入巨大,民间资本无力投资或不愿前期投资过多,但国家可以通过参股民营企业或给民营企业以政策性引导在该领域建立成熟的竞争机制。国家可以对经济结构调整、产业更新换代、行业转型给以支持,通过奖励新技术企业,为新型行业提供特别优惠等措施。由此,更多的民间资本能在国家行为引导下进入新型的高科技、环保等领域,逐步实现淘汰技术落后、高污染、低效率的旧企业,促进新兴企业发展壮大。

三、对"两房"兴衰的反思

(一)"两房"的兴盛得益于国家投资经营法克服市场唯利性作用

"两房"依据一系列国家投资经营法进行的融资和投资活动实际上是对社会资源的再分配活动,这与国家给两者提供源源不断的资金支持是分不开的。由于房屋抵押贷款市场所需资金庞大,一般的民营企业无力承担如此重荷,也无法赢得较高的付款信任度。市场唯利性导致没有民营资本愿意或有能力经营该领域。为了克服市场唯利性由美国政府出资设立的这两个企业,在健康运行的几十年中,为实现政府目标,采取一系列措施增加房地产市场资金流动性；通过抵押贷款证券化，降低房贷成本，使普通民众房贷首付款从20%左右降低到3%左右。"两房"为培育抵押支持证券的发行及交易市场，为美国普通居民获得自有住房做出了巨大贡献。

（二）国家资本在"进入"领域未能引导并建立符合经济规律的市场

美国的住房抵押贷款二级市场自房利美1938年设立起即在国家投资经营中发展壮大，但直到2007年住房抵押贷款二级市场发生次贷危机，且"两房"控制了该市场中一半的住房抵押贷款总额的情况下，这个二级市场仍然不是一个公开、成型的市场，虽然规模庞大，却不像股票那样有正规的交易所可以挂牌交易，次级债就是在这样的二级市场中通过私下交易进行。① 因为没有公开的市场，债券真实的市场价值就无法体现，作为直接受到政府投资政策及法律规制的"两房"，在这个非公开的二级市场中不仅为制造泡沫不遗余力，而且在这个市场中迷失了方向。

不论美国的金融衍生产品如何眼花缭乱，市场关系如何错综复杂，依然没有脱离市场经济的大环境。社会经济必须同时由市场和国家两种机制配合调节，并应以市场调节为基础。国家调节作为一种经济调节机制，应当弥补市场机制的不足，与市场调节机制相互配合，而不能排斥或取代市场机制的作用。市场经济是法治经济，国家调节也应当依法调节，遵循客观经济规律。② 次贷危机的爆发表明二级市场虽然不公开，但仍依托于公开的房地产市场和住房抵押贷款市场，也同样面临所有的市场调

---

① 刘平编著：《华尔街之痛——一个个倒下的金融巨擘》，中国人民大学出版社2009年版，第19页。

② 漆多俊：《经济法再分配功能与我国收入分配制度改革》，载《中共中央党校学报》2008年第4期。

节都将面临的问题,包括市场障碍、市场的唯利性和滞后性等特性。

"两房"作为国有企业,不应成为仅享受政府特权便利自己融资、投资活动并赚取更大市场份额和利润的企业,而应承担起更多的引导国家投资、建立市场秩序和平抑市场泡沫的职责。"两房"在成立后的几十年中,虽然为民众住房抵押贷款提供了大量资金,创造了众多便利和机会,也为房地产市场的稳步建立作出了努力,但支撑起房贷资金流动、实现住房抵押贷款证券化的二级市场始终没有规范和完善,因为在二级市场中,扮演为贷款机构提供资金、出售抵押支持证券角色的主要就是"两房",国家没有吸引更多的民间资本进入这个领域,形成众多市场主体共同经营的市场秩序。

我国曾是计划经济体制下国有企业的天下,没有自由市场,没有市场调节,完全依靠国家计划调节。改革开放重大内容之一就是改革国有企业一统天下的局面,也就是国有资本逐步退出,让民间资本在市场规律下经营运作。经过30多年,我国的市场经济已经粗具规模,国有企业占主导地位的一些行业也逐渐引入了市场竞争。如2001年中国电信被分拆,① 打破了一家独大的局面,此次行为不仅业务上被分拆成长话、市话和数据通信三块,而且以地理区划为界被分成南北两家。分拆后的运营商与一些地方政府所属的电话运营商一起,在这些年的竞争中,不断降低电话资费,不断提高服务质量、增加服务项目,为普通民众带来了不少实惠。

当然,我国的国家投资经营活动,特别是一些广受关注的事件未能充分体现出对市场经济规律的尊重。如2009年7月,东方航空公司吸收合并上海航空公司事件,是东航在2008年亏损

---

① http://www.people.com.cn/GB/it/50/145/20010831/548779.html.

140亿元、成为中国航空史上最大的一笔亏损①的情况下，由国务院国资委和上海市国资委共同协调，②由东航吸收合并了上航，合并后的东航成为国内目前规模最大的航空公司。这种在国家力量主导下国有企业的经营活动，是否体现了国家资本投资经营法律制度的基本要求，能否在市场经济中取胜，尚待时间检验。

（三）国家资本"退出"不慎

"两房"在上世纪七八十年代均实现了私有化，政府完成了从"进入"到"退出"的过程，原本应是功德圆满，可以让"两房"在发展较完备的住房抵押贷款市场中自主经营，但事与愿违，"两房"依然享受着政府的庇护，不仅能获得政府一系列的信贷支持及多重税收优惠，不必交纳各种联邦政府与州政府的税；而且其拥有和担保的住房抵押贷款总额几乎占了美国住房抵押贷款总和的一半，这样的金融机构一旦倒闭将对整个金融体系造成难以想象的后果，政府对这样"大而不倒"（too big to fail）③的企业将有更多的容忍和关怀，政府"家长"般关照的背影让涉及住房抵押贷款支持证券链条上的每一个主体，不论是投资人还是信贷公司，甚至"两房"的管理层都信心十足、意

---

① 王飞：《东航2008年净亏140亿元创中国航空史最大亏损》，载《广州日报》2009年4月19日。http://biz.xinmin.cn/aviation/2009/04/16/1825543.html.

② http://news.163.com/09/0609/07/5BBOFBQ3000120GR.html.

③ "大而不倒"理论是在1984年美国救助大陆伊利诺斯银行危机时得以正式确立的理论。该理论的目标是确保公众对银行机构的信心以防止大银行倒闭引发的系统性危机，其主要依据是中小银行可以倒闭，但大银行的倒闭会破坏整个金融体系的信誉。

识麻痹，认为市场风险不会眷顾"两房"。①

国家资本能否退出，何时退出需要谨慎对待。"两房"私有化时，作为住房抵押贷款二级市场中提供抵押支持证券的主力企业，并没有可与之竞争的民营企业存在，而且"两房"主要面对的二级市场不是一个公开有序，反映正常市场规律的竞争市场。在这样的情况下，国家资本从"两房"退出就不能满足保持经济运行的协调，平稳退出的基本要求。国家资本退出后自由市场经济中的市场调节也无法充分发挥作用。由此，笔者意识到，一些密切关系着国计民生且长时间无法吸引民间资本进入并形成良性自由市场的行业和领域，国家资本就不能轻言退出。一旦退出，垄断性企业在经营活动中体现出来的对自由市场的冲击就不可避免；而且即使退出，由于没有实力相当的竞争对手，不用遵循市场经济规律，其经营决策往往脱离不了原有的模式和程序。国家资本退出后的私有制企业实际上仍会带有严重的国有企业的影子。在这次金融危机中，"两房"的失败就充分体现了国家资本不当退出带来的后果。

我国的国企改革实际上就是国有资本不断退出的过程。在一些对国计民生不产生重大影响的领域，国有企业的退出能使市场真正发挥资源最优化配置的作用，这样的退出是受欢迎的。我们尤其需要关注的是基础设施建设、金融、能源、环保等这些重要行业的国退民进的过程。只有当国家投资经营活动成功引导了民间投资，并形成较完善的自由竞争市场的情况下，国家资本退出才是合理的，否则，国有资本有可能无法实现彻底的退出。从法律的角度看，"两房"的失败体现了国家投资经营法仅发挥了克服市场唯利性作用，而没有充分发挥对民间投资经营的引导

---

① 2007年8月，房利美的 CEO 丹尼尔·穆德仍信心十足："相对而言，我们的风险控制非常优良。"虽然强调"我们对房市的压力也不能免疫"，但他同时表示，危机后看到了"提升我们业务的机会"。

作用。

(四) 国有企业投资未受到有效监管

"两房"在经营后期,从事追逐高风险高收益的次级债投资,背离了其作为国有企业的职能,而且对于"两房"的"冒进"投资行为,没有对之采取有效的监管措施。1992年之前,由于"两房"的业务主要不包括吸收次级债,所以对"两房"没有像一般金融机构那样采取严格监管要求。但随着"两房"业务向次级债市场的扩张,加强监管之声也随之而来。1992年,《联邦房屋企业金融安全和稳定法》(Federal Housing Enterprises Financial Safety and Soundness Act, FHEFSSA)提升了对"两房"的监管,根据此法案,不仅对"两房"设立了预防风险的最低资本标准,① 还在住房和城市发展部创立了联邦住房企业监督办公室(OFHEO),该办公室的职责是监督房利美和房地美资本充足并运行良好。

但这一监管的效力令人质疑。由于联邦住房企业监督办公室的经费来源于"两房"缴纳的税款,并需经国会批准其预算。"两房"在国会的盟友就可以轻而易举地对监管者施加压力。十多年后,联邦住宅企业监督办公室在一份关于房利美的报告中说:"房利美的说客展开行动,确保我们得不到充足的资金。高管层的目的显而易见:迫使我们严重依赖房利美的资讯和专业技巧,其实就是让房利美自己管理自己。"② 克林顿政府时期,为增加拥有自有住房的美国人的数量,"两房"在一段时期内出现了无节制的扩张,国会对"两房"不受约束地购买抵押贷款持鼓励态度,并明确规定,"两房"不需像其他金融机构那样在手

---

① http://en.wikipedia.org/wiki/Fannie_Mae.
② 《美国"两房"由盛及衰的警示》,http://www.wyzxsx.com/Article/Class20/200809/51108.html.

头持有大量资金。① 1996年初，国会预算局（Congressional Budget Office）就发表报告指出，"两房"利用政府的支持大发横财，而不是尽可能降低抵押贷款利率。不过，该报告得出结论认为，如果斩断政府与"两房"的关系，将对住房市场造成损害。预算局以罕见的生动语言写道："一旦我们同意与熊同乘一条船，就很难再让它下船，除非征得它的同意或者把我们全身弄湿。"② 直到2001年，国会要求"两房"必须持有更多的资金，以防在投资于高风险债券时蒙受损失，但这没有挽回2007年开始的危机。

直至2008年，根据《住房和经济复兴法》(Housing and Economic Recovery Act of 2008, HERA)，"两房"被政府机构——联邦住房金融局（Federal Housing Finance Agency，FHFA）接管，代替之前的联邦住房企业监管办公室及住房和城市发展部管理"两房"，并对"两房"资本安全和稳定进行监管，要求两房资本保持在法定最低资本额水平之上，规范投资组合的规模和内容并批准新的抵押产品。此举被认为是"数十年来，政府最深入地介入私营企业经营的情形之一"。③

对国有企业监管的缺乏在我国也非常明显。近年来，我国外

---

① 危机爆发前，"两房"的资本金合计略高于800亿美元，相关资产总值却超过5万亿美元。

② CBO paper, June 2006, Measuring the capital positions of Fannie Mae and Freddie Mac. http://www.cbo.gov/ftpdocs/73xx/doc7323/06-23-Fannie Freddie.pdf.

③ Lockhart, James B., III (2008-09-07), Statement of FHFA Director James B. Lockhart, Federal Housing Finance Agency, http://www.ofheo.gov/newsroom.aspx? ID=456&q1=0&q2=0. [2008-09-07].

汇储备居高不下，① 为了充分使这些外汇保值增值，我国组建了如中国投资有限责任公司（以下简称中投）等国有资产投资机构，并允许一些金融机构在国际市场进行外汇投资。中投自成立起，可动用大约 2000 亿美元外汇储备投资高回报资产，诸如股票及公司债券等。该公司成立后即向美国著名基金管理公司黑石集团（Black Stone）投资 30 亿美元，并向美国第二大投行摩根士丹利投资 50 亿美元。然而，从中投入股以来，这两家公司的市值已经双双跳水超过 70%。② 中国的商业银行，包括中国银行、工商银行等都在美国次级抵押贷款市场出现泡沫的时候一掷千金，投资数十亿美元；2008 年，国家开发银行作为政策性银行也按捺不住，斥资 22 亿欧元购买持有大量美国次级债券的英国巴克莱银行 3.1% 的股份，这笔投资相当于国家开发银行 2006 年 280 亿元人民币利润的全部。③ 从这些国有银行及国家政策性银行主观、随意的投资行为中，我们可以看到，这些掌握着大量国有资产，从事金融领域重要的国家投资经营活动的银行的投资行为没有获得有效监管。与美国的"两房"因为太大而想管无法管不同，我国对金融机构的大额投资行为没有专门的监管法律，也没有有效的监管机构。这些金融机构用于投资的资本未经历辛苦积累的过程，所以在面对市场风险时，也未充分考虑市场风险，而这实际上背离了国家资本投资经营的基本初衷。

---

① 到 2009 年 4 月份，已经突破 2 万亿美元，见国家外汇管理局网站。http://www.safe.gov.cn/model_safe/tjsj/tjsj_detail.jsp?ID=110400000000000000,20&id=5.

② 《中投在美国货币基金投资受损，54 亿美元遭冻结》，http://news.163.com/08/1014/03/4O6F8KN30001124J.html.

③ 李红兵：《中资金融机构因次贷危机抄底美国资产出现巨亏》，载《南方周末》2008 年 1 月。http://www.zgjrw.com/News/200821/zgjrw/783480334102.html.

四、对完善我国国家投资经营法的建议

新中国成立后,我国在很长一段时期实行计划经济体制。"中国的现实不是市场充分发达后出现市场失灵,而是没有市场、市场发育不全;政府当下的主要任务不是干预市场,用其有形之手替代市场无形之手发挥作用,而是要充分培育市场,完善市场的自由调控机制。"① 改革开放以后,我国开始探索建立有中国特色的社会主义市场经济。如今,我国的社会主义市场经济不断推进,并日益加深与世界经济的相互融合。近年来,我国不断增长的 GDP 中,国家投资发挥了举足轻重的作用。关乎国计民生的重要行业,几乎都有各种形式的国家投资。纵览"两房"之兴衰,结合我国国家投资活动,笔者提出如下建议。

(一)尽快完善国家投资经营法律制度

国家投资法律制度包括了国家投资决策制度、投资体制和投资程序制度。② 其中包括对投资规模、投资结构确定的规范性要求,国家投资活动的跟踪监管以及国家投资在国民经济各个行业、部门的分配比例及其相互关系、国家投资活动中的责任机制等。

我国的国有企业大都通过行政命令设立,在较长一段时间内为迅速增强国力、提高人民生活水平、促进先进生产力的发展发挥了举足轻重的作用。随着经济的发展,国企改革也成为我国改革开放内容的重中之重。国家对这些关乎国计民生的国有企业解决历史遗留问题的方式主要是行政命令。虽然这一方面能体现出

---

① 陈云良:《转轨经济法学:西方范式与中国现实之抉择》,载《现代法学》2006 年第 3 期。

② 漆多俊:《经济法基础理论》,法律出版社 2008 年版,第 229 页。

行政执行力的高效率，但另一方面由于缺乏权威有效的法律规范，在克服市场唯利性的过程中无法充分实现公平合理性。如由国务院决定，自2008年下半年开始由中央汇金公司①与财政部等机构向中国农业银行注资300亿美元，为农行补充资本金，并剥离不良资产8000亿人民币，②使财务系数达到监管要求，为上市做准备。农行改革基本上还是采取了之前国有银行改革之模式，即注资、股改、商业化、上市。③整个过程中，我国除了现有《金融资产管理公司条例》原则性地规范了收购银行不良贷款的金融公司的收购行为外，对国家何种情况下可向国有企业注资、注资额度、操作程序、实现目标以及金融公司收购不良贷款的范围、额度等具体情况只依行政命令来操作。

目前，我国在国家投资经营法领域，已经有如《国有资产评估管理办法》、《国有资产收益收缴管理办法》、《企业国有资产产权登记管理办法》等行政法规，但侧重于规范在经营过程中对国有资产保值增值的管理，对国家直接投资以及国有企业投资方面尚无针对性的立法规范。笔者建议，我国应尽快建立有效的国家投资经营法律制度代替目前的行政命令。国家和国有企业投资的范围、投资数额的合理性论证、具体的投资程序、投资后阶段性成效评估等具体要求可通过行政规章等给予规范；国家投资的原则性要求应当有法律、法规等层级较高的立法予以规范。

---

① 中央汇金投资有限责任公司是根据国务院授权，代表国家依法对国有重点金融企业行使出资人权利和履行出资人义务的国有独资公司。目前直接控股参股金融机构包括六家大型商业银行、两家证券公司、两家综合性机构和一家再保险公司。http://www.huijin-inv.cn/。

② http://business.sohu.com/20071208/n253875513.shtml。

③ http://finance.sina.com.cn/g/20090202/14175805850.shtml；易宪容:《农行注资改革的重点和难点》，http://business.sohu.com/20070808/n251480796.shtml。

只有依据法律制度进行的国家投资经营活动才能实现公开化、合理化，更有效地接受社会监督，实现克服市场唯利性缺陷及引导民间投资经营的作用。

（二）促进国家资本在"进入"领域形成良性竞争的市场秩序的制度

国家资本进入的领域是实现国家调节作用的领域，国家对某些重要行业进行国家投资活动本身不是目的，形成少数国有垄断企业也不是目的，最终目的应当是促进良性竞争的市场秩序的形成，也就是国家投资经营法发挥其引导民间投资作用，以国家投资带动民间投资，使市场主体多样化，并在竞争中优化资源配置，提高生产效率。我国的国家投资经营法可设立制度鼓励采取多种形式投资如吸引参股、引进技术合作等，促进民间自由市场的形成。

（三）建立谨慎的国家资本"退出"制度

"两房"的教训告诉我们，国家资本的退出应谨慎。国家投资经营法需要对能否退出、退出满足的条件、逐渐退出的阶段等要求作出规范。有些关系国计民生的重要行业无法吸引民间资本进入，则国家资本就不能轻言退出；在良性竞争的市场秩序已经建立的情况下才能满足国家资本的退出要求；一步到位的退出可能使市场动荡，产生不良危害，为保证市场稳定、经营运行正常，国家资本可以分阶段逐步退出。当然，目前我国在重要的领域还是国家资本占主导地位，随着市场逐步的完善，国家资本逐步推出的过程也是必然趋势，我国家投资经营法在设立国家资本退出制度时，应充分考虑市场承受能力、市场秩序平稳等因素，审慎退出。

（四）建立对国有企业投资的监管及责任制度

国家投资经营法不仅要约束国家直接投资行为，还应约束国有企业的投资行为，特别如金融等关系国计民生、国有资本将长期占据主导地位的一些重要行业和领域。国有企业的投资行为是国家投资行为的具体化,也应当纳入国家投资经营法的规范中来。对于国有企业投资的行业、投资数额都应有相应的审批、监管制度,防止国有企业拿着国有资本一掷千金。对国有企业的投资行为,应实行责任人制度,对于违规投资的责任人应承担相应的行政和法律责任。

小　　结

"两房"从兴盛到被接管,是美国国家投资经营法的生动实践,这两家公司的兴盛在于国家投资经营法充分发挥了其作用,但其失败主要是国家资本未能引导民间资本进入,形成良性市场,当不公开的住房抵押贷款二级市场中只有垄断的国有企业时,政府的监管很难到位。

我国的国家投资经营活动有自己的特点,最重要的是完善国家投资经营法律制度。根据漆多俊教授提出的国家投资经营法理论,国家资本的进入和退出是法律需要重点规范的内容,是体现经济法作为调节国家经济之法的重要内容。国家资本在什么情况下进入、退出,进入、退出的程序以及与之相关的配套要求都是必不可少的。在国家资本的进退中,不能仅有政府行政命令,而要有明确的法律层面的规范来调整进入的程度和过程、退出的条件等;也要尊重市场经济规律,鼓励竞争,给经营成功者更广阔的发展空间,给经营失败者应有的惩罚和教训,体现社会公平和合理预期;更需要对国家投资经营活动进行适当有效的监管,树立起码的监管意识,让国家资本的使用更能体现市场规律。

Improving China's National Investment Business Act from the Rise and Fall of Fannie Mae and Freddie Mac in the United States

Shi Jinping Cao Liping

(Beijing Haidian District People's Court, Beijing 100081)

Abstract: Since the establishment of "Fannie and Freddie" in last century, United States has experienced the stage from state capital entry to exit to reentry. For the purpose of rescuing the malfunction of market economy "Market Failure" during the period of serious economy crisis, government has no choice but to adjust the economy through state investment and management each time. However, state capital entry and exit in market activities are limited to state investment and management law. The action of state investment and management under the Law should ward off profit-seeking nature of market, guide and build up market rules conformed to economic law especially in the area of manipulating investment activities of state-own companies, as well process state capital exist deliberately. China needs to improve the system of state investment and management law so to adjust the behaviors of state investment which plays the prominent role in recent GDP growth.

Key words: Fannie Mae and Freddie Mac, Mortgage Crisis, State Investment, State Investment & Management Law

中德金融危机应对策略比较法分析

朱时敏* 强 力**

摘 要：中国和德国的政治经济制度背景不同，导致两国在应对金融危机时的策略不同。中国曾经使用过的处理金融不稳定因素的方法有补充国有银行资本金、收购国有银行不良资产和收购个人债权及客户证券交易结算资金等策略，该策略体现了中国政府对经济积极主动管理的基本理念；德国在应对金融危机的过程中采取了设立金融稳定基金，该基金被用于为处于危险状态的金融企业提供担保、资本结构调整和从处于危险状态的金融企业购买资产权益，该策略体现了德国政府在市场需要时，在不妨碍市场竞争的原则下对市场干预的基本理念。

关键词：金融危机 中德比较 市场竞争 国家干预 经济法

法学界普遍认为现代经济法源于德国，对德国法学界关于经

---

* 朱时敏（1971— ），男，湖北武穴人，西北政法大学讲师，德国汉诺威大学、法国鲁昂大学访问学者。
** 强力，男（1961— ），陕西彬县人，西北政法大学教授，经济法学院院长。

济法的理论认识，我国不乏研究。但是对于德国具体的经济法制度，尤其是德国新近的经济法制度，我国法学界深入研究者不多。与德国经济法相比，我国经济法在国家干预的价值取向、国家干预制度模式选择、国家干预原则、国家干预方法等方面到底存在哪些不同？如果存在不同，两者之间孰优孰劣？两者可否相互借鉴？本文关于中德金融危机应对策略的比较法研究，旨在为解答上述问题而抛砖引玉。

始于2007年的金融危机对德国金融市场造成了极大的冲击，为此德国政府采取了一系列干预措施以应对此次金融危机。我国在这次全球性的金融危机中金融市场尚无危机可言，主要是国外市场低迷对我国出口产业的影响，进而波及我国实体经济。实际上，自新中国成立以来我国尚未发生过系统性金融危机。但自1979年逐渐建立金融市场以来，我国潜在的金融风险始终存在。为此国家也出台各种政策法规予以应对。本文所论述的中德金融危机应对策略的比较，就德国而言针对的是本次金融危机中德国政府的应对策略，而就我国而言针对的是自1997年亚洲金融危机以来，我国应对国内金融风险的策略。

一、制度背景

讨论两国应对金融危机的策略不可避免要对两国政治和经济制度背景进行考量。我国实行的是社会主义市场经济，德国实行的是社会市场经济。从文字上看，二者之间的差别仅为"主义"二字，但其实质含义差别较大。我国社会主义市场经济制度的建立，经历了一个由国家计划经济向社会主义市场经济过渡的发展过程，因而不可避免在这一制度中隐含着国家当然有权对经济管理。① 也正是由于这一原因，导致我国政府在介入金融市场时通常可以没有具体的法律规定，政府被默认为有权自由介入。② 德国的社会市场经济被认为应当既不同于社会主义市场经济也不同于自由资本主义市场经济。③ 它结合了私人企业的市场行为和国家的规制行为，其目的在于建立公平竞争、低通胀、低失业、标准的工作条件以及社会福利。④ 德国的社会市场经济强调对市场本身的高度尊重，这一点我们将在后面对德国应对金融危机的策略中加以讨论。⑤ 正是中德在经济制度上的共同点使得二者之间具有可比性，也是二者制度的不同导致其在危机应对策略上的不同倾向。

除此之外，笔者认为还有必要提及中国和德国的金融体系的比较，以证明二者之间的可比性，并揭示二者危机应对策略不同的背景原因。以银行业为例，我国银行业的体系是以央行为核

---

① 在我国国家与市场的关系通常的提法是国家干预经济。而笔者认为，干预一词背后的理念是"本来不属于你的事，你介入进来了并积极施以影响就叫干预"。因此"干预"是自由市场产生在前，国家介入发生在后。但我国的情形与此相反，我国是国家管理在前，向市场放权在后。故此笔者认为"干预"一词用在我国不符合实际而"管理"也许更合适，当然作为经济法学的研究就应该以应然的"干预"作为经济法的定义。

② 这里的"自由介入"指的是可以不受法律的规制，可以缺乏严格的法律程序。当然政府在干预时会根据其自身的标准来把握适度和公平。

③ Hentschel, Volker：Ludwig Erhard：Ein Politikerleben. Ullstein Buchverlage GmbH & Co. KG / Ullstein Tas 1998.

④ 陈宗胜：《联邦德国社会经济体制的框架特征及其对中国的改革与发展的启示——赴德国研讨考察报告》，载《天津经济》，1999 年第 3 期。

⑤ Christian Joerges：Sozialistaatlichkeit in Europea conflict-of-laws approch to the law of the EU and the proceduralisation of constututionalisation, German Law Journal, April 1, 2009.

心，以商业银行和政策性银行为主体，多种非银行金融机构并存，分业经营，相互协作的体系。我国商业银行以四大国有商业银行为主，股份制和私有银行与之并存。德国银行业由三大体系构成，公立银行（öffentlich Bank）、商业银行（Handelsbank）和信用合作社（Genossenschaftsbank）。① 其中公立银行受各州《储蓄银行法》调整，占德国银行市场的45%，商业银行占银行市场的38%，信用合作社受1889年《商贸合作社法》调整占德国银行市场的12%。② 与其他西方国家的银行体系相比，德国的银行体系因其公立银行占有较大比重而更为接近我国，这使得二者之间的金融危机的应对策略具有可比性。

二、中德金融危机应对策略简介

（一）我国金融危机的应对策略

虽然我国尚未经历真正意义上的金融危机，但我国在构建金融市场体制的过程中，以及应对1997年亚洲金融危机过程中，一直在实施着实质上的金融危机应对措施。其中包括发行特种国债充实国有商业银行资本金；设立金融资产管理公司剥离和处置

---

① 也有德国学者将德国的银行体系分为，商业银行、储蓄银行、合作社银行和特殊目的银行。其中储蓄银行包括主要储蓄银行（Primary saving bank）和州立银行。而特殊目的银行包括按揭贷款银行、建筑和贷款合作社。参见：Prof. Dr. Hans-H. Bleuel, The German banking system and the global financialcrisis: causes, developments and policy responses, Forschungsberichte des Fachbereichs Wirtschaft der Fachhochschule Düsseldorf Ausgabe 8 (2009).

② Khalil Nicholas Maalouf, Impediments to financial development in the banding sector: a comparison of the impact of federalism in the United States and Germany, Michigan Journal of International Law, Winter 2007.

国有银行不良资产；动用外汇储备，注资商业银行改制上市；收购个人债权及客户证券交易结算资金，以保障问题金融机构顺利退出市场。①

1. 发行特种国债充实国有商业银行资本金。1997年亚洲金融危机至20世纪90年代末期，中国大陆商业银行的不良资产按照当时较低的会计标准衡量为30%左右，即便按照银行的资本充足率为8%计算，当时的四大国有银行也已经达到破产的标准。②商业银行在如此状态下运转之所以没有影响到公众信心，且未最终导致系统性金融危机，原因在于公众对政府的高度信任。根据1997年全国金融工作会议精神，1998年11月，财政部发行了2700亿元期限为30年，年利率为7.2%的特别国债，专门用于补充四家国有银行的资本金。财政部以特别国债收入用于对国有商业银行的注资，国有商业银行以其获得的资金用于偿还中央银行的再贷款。值得注意的是，上述2700亿国债的发行和对商业银行的投资行为没有任何法律层面的依据，政府对金融市场的此次介入行为完全依据人民银行和国务院组织的全国金融

---

① 从严格意义上说，我国自2004年以来实施的投资者保护基金措施，不是应对金融危机的特别措施，而应当属于金融市场的基本制度。从法律部门的归属上看，应当属于商法的范畴。无论是证券业、保险业、银行业和期货业市场退出以及其涉及的投资者保护问题都应当按照私法的契约自由原则建立。但是实际上我国各金融行业的市场退出过程以及投资者保护措施多以政府行政行为为主。具体参见2004年12月30日，中国保监会发布的《保险保障基金管理办法》；2005年6月30日中国证监会、财政部、人民银行联合发布《证券投资者保护基金管理办法》；2007年5月，中国证监会和财政部联合发布的《期货投资者保障基金管理暂行办法》；2005年6月30日中国证监会、财政部、人民银行联合发布的《证券投资者保护基金管理办法》。

② 易纲：《中国银行业改革的内在逻辑》，资料来源：http://www.cf40.org.cn，[2009-04-15]。

工作会议的精神。

2. 设立金融资产管理公司剥离和处置国有银行不良资产。1998 年发行的 2700 亿元特别国债补充国有商业银行资本金后,四大国有银行的平均资本充足率按新办法测算,采取审慎的做法,扣除全部贷款损失,仅为 -2.29%。① 特种国债的发行充实了资本金,但仍然难以化解国有商业银行历年积累的信贷风险。1999 年,国务院根据美国、瑞典、挪威、芬兰、日本、韩国等国际经验,批准成立了信达、华融、长城、东方四家金融资产管理公司,专门收购、处置国有商业银行的不良贷款。② 1999 年至 2000 年,四家资产管理公司先后收购四家国有商业银行不良资产 13 939 亿元,剥离方法是按账面价值 1∶1 的价格收购。2000 年 11 月 1 日国务院第 32 次常务会议通过《金融资产管理公司条例》。财政部 2000 年颁发《金融资产管理公司资产处置管理办法》。综合上述《条例》和《管理办法》以及四家金融资产管理公司的实际做法,中国大陆的金融资产管理公司具有以下特征:(1) 金融资产管理公司由国务院设立,具有独立的法人资格,独立承担责任。公司独立于央行、独立于财政部。其主要负责人由国务院委派,业务受人民银行、财政部和银监会监管;(2) 公司的主要任务是收购和处置国有商业银行的不良贷款,其收购任务主要是受国务院委托,资产处置方法则实行市场机制;(3) 公司同时承担推动国有企业重组改造的任务;(4) 金融资产管理公司作为特殊的金融机构,具有债权银行、投资银行和持股公司的职能;(5) 公司在组织设置、资本构成方面不受

---

① 唐双宁:《在中国金融学会 2005 学术年会上的演讲》,资料来源:中国银监会网站,[2005-03-28]. http://www.cbrc.gov.cn/chinese/home/jsp/docView.jsp?docID=1287.

② 关于资产管理公司及其国际经验参见:黄志凌:《关于我国资产管理公司的运作与发展的思考》,载《宏观经济研究》,2002 年第 5 期。

我国《公司法》的限制，公司宗旨不以营利为目的，而是以最大限度保全资产、减少损失为主要经营目标；（6）公司终止时，由财政部组织清算组进行清算。公司处置不良贷款形成的最终损失，由财政部提出解决方案，报国务院批准执行。

3. 动用外汇储备注资商业银行改制上市。2003年10月中共十六届三中全会通过了《中共中央关于完善社会主义市场经济体制若干问题的决定》，要求国有商业银行实施股份制改造，加快处置不良资产，充实资本金，创造条件上市。2003年底，我国政府选择中国银行、中国建设银行进行股份制改革试点。通过设立中央汇金投资有限责任公司，动用450亿美元外汇储备进行注资，希望借此从根本上改革国有商业银行体制。2003年12月31日，汇金公司分别对中国银行和中国建设银行注资225亿美元。2004年6月，汇金公司注资交通银行30亿人民币。2005年4月21日，汇金公司为中国工商银行注入新资本金150亿美元。2008年11月6日，汇金公司向农行注资190亿美元。2005年6月，交通银行在香港联合交易所挂牌上市，2007年5月在境内上市。2005年10月，中国建设银行在香港上市，2006年建行在国内市场上市。2006年6月和7月，中国银行也先后在香港H股和境内A股成功上市。2006年10月，中国工商银行在香港和内地资本市场同时上市。上述举措政府意在改善国有银行的资本结构使其成为真正意义上的商事主体。

4. 收购个人债权及客户证券交易结算资金，以保障问题金融机构顺利退出市场。据《2002年中国金融年鉴》资料显示，仅1997年到2001年间，中国人民银行采取撤销、解散、关闭、破产等办法，对427家严重违法违规经营、资不抵债、不能支付到期债务的中小金融机构以及28 588家农村基金会实施市场退出。为了兑付金融机构债务，维护金融的稳定。中央银行向26

个省（区）市发放了 1411 亿元金融稳定再贷款。① 2004 年 11 月 4 日，中国人民银行、财政部、中国银行业监督管理委员会、中国证券监督管理委员会联合发布了《个人债权及客户证券交易结算资金收购意见》，目的在于，规范国家对被处置的金融机构的个人债权以及客户证券交易结算资金的收购，以保障被处置金融机构稳定退出市场。该《收购意见》没有明确指定收购方，但指出收购上来的债权由监管部门行使。收购款项并非由监管部门支付，而是由人民银行用再贷款垫付，人民银行的再贷款的承贷主体由人民银行与监管部门协商确定。承贷主体与被处置的金融机构以及监管部门的民事法律关系该《收购意见》没有明确规定。收购行为并非采用市场方式运作，而是典型的中国转型期行政运作模式。该《收购意见》还提前为未来的存款保险基金和证券投资者补偿基金设立了法律义务，由它们负责偿还清算财产不足以弥补的亏损部分。

（二）德国金融危机应对策略

始于 2007 年的世界金融危机对德国的影响是全面的，既触及了金融领域也触及了实体经济。为克服金融市场的流动性资金不足以及稳定金融市场，德国议会的下议院在联邦参议院的同意下，于 2008 年 10 月分别通过了《金融市场稳定基金法》（FMStFG）、《金融市场稳定基金法执行条例》（FMStFV）以及《加速和简化在危机状态下通过金融稳定基金收购金融企业股份法》（FMS），三者统称为《金融市场稳定法》（FMStG）。这部法案的目的是建立总值 4800 亿欧元的金融稳定基金。基金被用于为处于危险状态的金融企业提供担保、资本结构调整和购买处于危

---

① 陶士贵：《中央银行再贷款：泛化、反稳定性与道德风险》，载《广东金融学院学报》2006 年第 21 卷第 4 期。

险状态的金融企业的风险资产。①

  1. 金融稳定基金及金融稳定局。《金融市场稳定基金法》第 3 条明确规定了金融稳定基金的地位：金融稳定基金没有权利以自己的名义为法律行为、起诉、应诉。基金的一般司法管辖地为柏林。联邦政府直接为基金的债务承担责任，基金应当与联邦政府的其他财产分离。基金不为联邦政府的其他债务承担责任。为稳定措施而设定的期限届满，基金应当清盘和解散。剩余资金应当在联邦政府与各联邦州之间按 65∶35 的比例分配。各联邦州最高捐献金额为 7.7 万亿欧元。在州有银行和特殊目的公司已经遭受的危险状态被基金措施支持的范围之内，任何由此导致的金融负担，在《金融市场稳定基金法》有效期间内，按照联邦州与州有银行或者特殊目的公司存在相关利益与否，确定是否由各联邦州承担。联邦政府将根据其在上述期间持有上述金融机构的股份来承担其风险。德国联邦银行设立金融市场稳定局，该局以金融稳定基金的名义，执行《金融市场稳定基金法》规定的任务。金融市场稳定局是公法机构不具备法人资格，其在组织上与德国联邦银行分离，受联邦财政部监管。金融市场稳定局（以下简称稳定局）以自己的名义行为、起诉以及应诉。稳定局由三人组成的管理委员会管理，委员由财政部咨询德国联邦银行的意见后提名。在执行任务的时候，稳定局可以根据条例利用适当的第三方服务。

  2. 金融稳定基金的使用方法。《金融市场稳定基金法》第 6～8 条规定，金融稳定基金的使用范围限于为处于危险状态的金融企业提供担保（Garantieermächtigung）、资本结构调整（Rekapitalisierung）和购买处于危险状态的金融企业的资产权益

---

  ① 德国基金稳定法的英文简介可以参见：Adam Gallagher, Germany's reaction to the financial crisis bank Bail-out Package and over-indebtness bankruptcy test changes, American Bankruptcy institute Journal, March 2009.

(Risikoübernahme)。

(1) 担保。根据《金融稳定基金法》第 6 条规定，基金可以为金融机构的债务提供高达 4000 亿欧元的担保。可被担保的债务包括新的债券以及金融机构的债务，债券须产生于该法生效之日到 2009 年 12 月 31 日之间，而被担保的债务原则上其期限不能超过 36 个月。特殊情况下，经相关权力部门确认其正当性后，被担保债务的期限可以超过 36 个月，但最长不能超过 60 个月，且超过 36 个月的担保债务不能超过企业被担保债务的 1/3。① 根据 FMStFV 的规定，政府将对所有接受基金担保的企业按照市场规则收取担保酬金。② 政府还要求接受担保的企业必须保证不会扭曲竞争；且接受担保的企业必须重新审查自己的商业政策和经营的可持续性；政府还要确保金融机构将减少或者放弃那些高风险的业务。

(2) 资本结构调整。根据 FMStG 第 7 条规定，联邦财政部可以决定使用金融稳定基金为金融机构进行资本结构调整。基金参与的方法包括但不限于下列方法：购买公司的股份；购买企业的隐名合伙份额（stille Beteiligungen）；购买组成该公司股份的其他资产项目，包括有各州立法创设的资产项目。③ 基金购买的上述股份或者资本份额，只能是没有被已经存在的股东获取的，或者没有投放到市场上的。财政部可以用来进行资本结构调整的基金总额为 800 亿欧元。其中对单个金融机构的投资，原则上不能超过 100 亿欧元，只有对那些资本基础不稳固的银行可以超过，但此种特别情况下，资本结构调整计划必须在 6 个月之内完成。与担保措施一样，政府投资金融机构进行资本结构调整，也

---

① FMStFG §6.
② FMStFV §2.
③ FMStFG §7.

按照市场规则获得报酬。且该报酬的获得优先于公司的股东。①政府在购买金融机构股份时,按照该机构股份升值之前的价格购买。金融机构在重新向它们的股东分发股息之前,必须首先回购政府的投资或者将其卖给第三方,否则股息的发放将被禁止。但是如果一个资本基础稳固的金融机构有充足的动机要回购政府的投资,则可以在回购之前向股东发放股息。②

根据FMStFV第5条(2)项规定,接受政府投资进行资本结构调整的金融机构必须符合下列条件:③(a)重新审查自己的经营策略并确保它的可持续性,同时要确保自己的高风险的业务减少或者放弃;(b)在贷款政策上向国内企业尤其是中小企业倾斜;(c)将公司高管和股东的薪酬限制在合理的范围之内,所谓的合理范围,就现金薪酬而言每年不能超过50万欧元;(d)只要公司(金融机构)还在接受基金的资助,不得发放任何形式的奖金或者红利;(e)不得扭曲竞争;(f)每6个月向政府提交一次资本结构调整报告。

(3)风险承担。根据FMStFG第8条规定,基金可以通过收购或者其他的方法承担金融机构的风险,这些金融机构包括被证实处于金融企业危险状态的特殊目的公司。这些风险主要包括金融机构在2008年10月13日之前获得的下列资产:应收款项,证券,金融衍生产品,基于贷款、担保和参与股份而获得的债权债务,上述各项可能产生的担保物权。

政府被授权可以就风险承担和股份参与措施动用的基金总额为800亿欧元,但是就每一个金融机构的风险承担不能超过50亿欧元。风险承担措施应当在2009年12月31日之前完成,且在风险承担之日起36个月之内购买的风险资产应当确保被赎回,

---

① FMStFV §3 (2).
② FMStFV §5 (2).
③ FMStFV §5 (2).

如果赎回时价格低于购买价格的,其损失部分也应当得到补偿。金融机构的股东或者成员应当就该损失补偿承担连带责任。处于风险状态的金融机构一旦摆脱危机状态,风险措施就应当终止,也就是政府购买的风险资产应当被赎回。

3. 金融稳定措施的实施条件。根据 FMStFG 第 10 条规定,金融稳定措施的实施应当符合下列条件:① (1) 接受基金援助的金融机构必须保证有一个稳健、审慎的经营政策。(2) 联邦政府可以在没有联邦议会的同意下,就接受基金援助的金融机构应当符合的条件出台具体的执行条例。这些条件包括:金融机构的经营策略(如果是银行还包括对中小企业贷款的倾斜政策),对基金款项的使用,董事、雇员和主要代理人的薪酬,自有资金的水平,股息的分配,防止扭曲竞争的措施等。

4. 《金融稳定法》与已有法律制度的冲突处理。为方便金融稳定基金的使用,《金融稳定基金法》赋予了基金使用时突破传统法律框架的权利。

(1)《金融稳定法》对公司法律制度的突破。例如 FMS 第 3 条规定,金融部门企业的董事会在监事会的同意下,可以不经过股东会的同意,有权增加公司的名义资本,而排除股东的认购权。登记法院对资本增加的评论也被明确地排除。如果股东诉诸裁判,有权管辖法院可以表明资本增加的目的是为了加速金融部门企业的资本结构调整。监事会被授权在为实现增加资本而必需时,修改公司章程。② 经过监事会的同意,董事会有权决定股票发行的具体内容和条件。禁止低于票面价值发行。在监事会的同意下,发行价可以是市场价,也可以低于市场价,但须在《股份公司法》第 9 条规定的最低发行价格之上,发行价格的确定

---

① FMStFG §10.
② FMS §3 (6).

应当是尽到了谨慎管理之义务。董事会必须在下一个股东例会时提交报告。董事会可以,但不是必须,召集股东大会,以通过增加资本的决议,且排除股东的认购权。

基金也可以在没有有效地加入合同的情况下,收购金融部门企业的隐名合伙权益。这一变通,尤其适用于那些没有发行任何股权凭证的资本,如以"公法机构"形式组成的公法信用机构。根据本法,基金也可以获得另一法律形式的"欧洲社团"、合资股份公司的公司利益。上述规定同样适用于股票发行许可和股票交易。

(2)《金融稳定法》对民事法律制度的突破。基金可以收购企业在危机状态下的任何应收账款连同其担保财产,且可以不受制于基本民法法律原则。这种收购甚至不能被民法的禁止性规定所阻止。《德国民法典》第 307~309 条的一般规定,以及《德国商法典》第 354a 条关于强制要约的特别规定,同样不被适用。另外,为了数据的保护和刑法的目的,在没有关系人同意的情况下,对数据的传输、加工和利用被允许。

(3)《反限制竞争法》在涉及基金的交易时不被适用,亦不适用国家反垄断程序。①

(4)对破产法的修改。德国《破产法》的资产负债表破产标准被临时性放宽,以防止能继续经营的公司破产。按照德国《破产法》规定,公司董事发现公司处于资不抵债或者不能清偿到期债务时,就应当及时申请破产。② 依此标准,德国很多公司尤其是那些资产受金融危机影响而不能流动的公司将会面临破产。新的规定放宽了该标准,规定如果一个公司处于资不抵债,

---

① Dr. Andreas Zahn, Eike Fietz, Reinhard Willemsen, Germany: Act on the Stabilization of the Financial Market, www.property-magazine.eu.

② 关于德国《破产法》的中文介绍参见:胡健:《德国破产法:历史发展、现实状况和制度创新》,载《德国研究》2005 年第 4 期。

但是却能够继续维持经营的,可以不用申请破产;相反虽然一个公司不能清偿到期债务,但是没有资不抵债的也可以不用申请破产。① 值得注意的是,该修订的效力只能到 2011 年 1 月 1 日,之后原《破产法》规定继续适用。

三、中德两国金融危机应对策略的比较分析

通过前文对中德两国应对金融危机策略的简要介绍,本文试图从以下角度对两国危机应对策略进行对比分析,以比较中国经济法与德国经济法在价值以及制度选择上的不同。

(一)国家干预的价值取向

中国和德国在经济体制上有着很大程度上的相似。两国都强调国家干预市场经济的重要性,同时也强调契约自由、价格机制、竞争机制等市场机制,在分配社会资源上的基础和重要作用。但是二者在国家干预的价值取向上存在不同。

我国《宪法》第 14 条规定:国家厉行节约,反对浪费。国家合理安排积累和消费,兼顾国家、集体和个人的利益,在发展生产的基础上,逐步改善人民的物质生活和文化生活。国家建立健全同经济发展水平相适应的社会保障制度。该法第 15 条规定:国家实行社会主义市场经济。国家加强经济立法,完善宏观调控。从我国《宪法》的规定、政府的政策以及实际做法可以判断出,我国社会主义市场经济体制的理论基础是,国家当然有权对社会经济实施自上而下的行政管理。鉴于市场机制本身配置资源的重要作用,政府在可以控制的范围内,向市场放权以建立自

---

① Adam Gallagher, Germany's reaction to the financial crisis bank Bail-out Package and over-indebtness bankruptcy test changes, American Bankruptcy institute Journal, March 2009.

由市场。简而言之，政府服务于国家也就是全民，市场服务于政府的整体经济管理，而不是政府服务于市场。从这种意义上看，我国的经济法应当是国家管理经济之法①而不是国家干预经济之法。干预论的理论基础是，社会资源的分配本来不是国家的职责，而应当由市场机制决定，只有在市场失灵的情况下，国家才可以进行干预。

在上述政府有权管理的理论基础上，我国国家干预的价值取向通常是为了实现政府的政策目标，该目标主要表现为政府的五年计划。虽然政府各时期的五年计划有所不同，但有一点是共同的，那就是保持经济高速、稳定、持续的增长。国家管理经济的思路，使得我国在应对金融风险的策略上完全不顾及对市场竞争的破坏。这一点从本文第二部分介绍的中国应对金融风险的各种措施中可以看出。例如，1998 年的 2700 亿国债和 1999 年至 2000 年的 13 939 亿银行不良资产的收购，都仅针对四大国有银行。而 2004 年发放的 1411 亿人民币用来收购个人债权以及客户证券交易结算资金的做法，则是直接对金融市场投资人风险自担原则的破坏。

德国的社会市场经济的理论基础是经济自由主义和基督教社会教义在社会和民主制度层面上的融合。② 它强调国家的任务是建立一个稳健、安全的市场以及市场竞争，与此同时它强调国家的社会保障功能，即养老、失业、疾病和意外的社会保险以及低通胀、低失业和标准的工作条件。因而在德国，国家与市场经济的关系可以从两个层面上看：首先，市场经济和社会保障为并列

---

① 漆多俊：《经济法基础理论》，武汉大学出版社 1993 年版，第 27 页。

② Dominik H. Enste Soziale Markt Wirtschaft aus ordnungspolitischer, Sichthttp://www.romanherzoginstitut.de/uploads/tx_mspublication/Enste-Soziale_Marktwirtschaft_aus_ordnungspolitischer_Sicht.pdf.

的国家目标,二者互为边界。市场经济不得放弃国家的社会保障目的,而社会保障不得妨碍市场的自由,二者的界限由国家通过立法预设。其次,所谓的国家干预仅指国家对市场经济的干预,社会保障部分不属于国家干预。德国政府认为,社会保障是国家的当然职责而不是"干预"。国家干预市场经济的前提条件是,市场自由是初始的,只有在市场失灵的时候,才需要国家出面干预。这与其国家目的是一致的。其国家目的之一就是建立一个稳健、安全的市场经济,当市场失灵时国家便需要出面干预。从上述分析可见,德国的国家干预理论既不同于中国的国家管理理论也不同于美国的国家干预理论。① 德国国家干预的价值取向在于维持一个稳健、安全的市场以及市场竞争。

德国国家干预的价值取向可以从此次金融危机的应对策略中得以表现。例如在金融市场处于危机状态中,政府出面救助的行为;再例如,立法将政府的救助行为明确地限定在一定的条件之内:首先,接受救助的金融机构必须是因为本次金融危机而处于危险状态,而非在正常的市场竞争中失利;所有接受救助的金融机构一旦摆脱危险状态,政府的救助行为必须立即中止,所有接受救助的金融机构需要接受政府维护竞争的条件,如向中小企业贷款的倾向政策等。

本文关于中国和德国国家干预价值取向的比较分析,其目的止于寻找二者的不同之处,而无意评价孰优孰劣。原因在于中国和德国在经济发展所处的阶段不同。对于发展中的中国,国家将目标确定在保持经济持续、稳定、快速的增长无疑有其合理性。从这一目的出发,以国家的经济管理权为初始,无疑有利于保持经济的增长。

---

① 关于德国的国家干预与美国、中国的不同之处的具体分析参见上页引注: Dominik H. Enste Soziale Markt Wirtschaft aus ordnungspolitischer.

（二）法律规范与政策指导

从本文第二部分对中德两国金融危机应对策略的对比介绍中可见，中国在危机应对过程中以政策指导为主，而德国以法律规制为主。1998年财政部发行的2700亿人民币，用于对国有商业银行的注资行为完全是依据1997年全国金融工作会议的精神，属于纯粹的经济政策行为。1999年到2000年设立金融资产管理公司以收购国有商业银行的不良资产，首先依据一系列的政策，① 在1999年设立了四大金融资产管理公司，而后为了规范资产管理公司的行为，于2000年出台了国务院行政法规《金融资产管理公司条例》。2003年动用外汇储备注资商业银行改制上市的策略依据的是中共十六届三中全会的政策性文件。1997年到2004年我国在处理问题金融机构收购个人债权和客户证券交易结算资金时，很多甚至连全国性政策都没有，为了规范上述行为，2004年人民银行、财政部等部门联合发布了《个人债权及客户证券交易结算资金收购意见》。该《意见》是一部典型的融合了法律性规范和政策性规范的文件。

本次金融危机应对过程中，德国采取了严格的法律规范模式。德国议会的下议院在联邦参议院的同意下，于2008年10月分别通过了三部相关法律，统称为《金融市场稳定法》（FMStG）。尤其值得注意的是，在上述立法的过程中，德国立法机关专门针对《金融市场稳定法》与传统的民商法律制度之间的冲突进行

---

① 这些政策主要是：1999年7月《中共中央、国务院关于转发〈国家发展计划委员会关于当前经济形势和对策建议〉的通知》；1999年7月《国务院办公厅转发人民银行、财政部、证监会关于组建中国华融资产管理公司、中国长城资产管理公司和中国东方资产管理公司意见的通知》；1999年10月《中国人民银行关于设立中国华融资产管理公司的批复》；1999年7月《国家经贸委、人民银行印发〈关于实施债权转股权若干问题的意见〉的通知》。

了规定,以保证整个危机应对措施遵从严格的法治逻辑。虽然德国的措施主要遵循法律规范模式,但其中也可见明显的政策性痕迹。例如 FMStFG 第 10 条规定,接受基金援助者必须在贷款政策上向国内企业尤其是中小企业倾斜。上述条件从严格意义上讲,缺乏传统法律的严格规范性,具有明显的政策引导性。

当今各国在干预或者管理经济的过程中无不将法律规制和政策指导并举。经济法与经济政策在制定的目的、制定的主体、实施的主体、实施的途径等方面都存在着交叉性、互通性,有时甚至是同一的。① 然而政策之所以被称为政策,在于就政策本身而言,并非遵循严格的法治理念或者说不严格遵从法治逻辑。因此一个法治国家如何处理政策与法律之间的关系至关重要。以本文论述的金融风险应对策略为代表的中国经济法偏向于政策性模式,而德国则更强调严格的法律规范。

中国模式的优点在于:(1) 政策性措施具有能极大程度上降低政府管理或者干预的制度成本;(2) 能保证政府的目的快速实现;(3) 由于政策本身的不可诉性,可以在很大程度上减少政府管理措施可能引起的各方利益冲突。其缺点在于:(1) 因为政府的政策多数不是在严格的法律制度体系下制定并实施,因而势必会导致政府政策与国家法律之间的冲突,一旦在政策实施中出现利益纠纷,就会使得法院在处理纠纷时无所适从;②

---

① 张守文:《经济法的政策分析初探》,载《法商研究》2003 年第 5 期。

② 在我国实践中,法院在无法处理政策与法律之间冲突的时候,通常不得不求助于最高人民法院的司法解释。例如为了处理资产管理公司在收购、管理和处置国有银行的不良贷款过程中产生的法律纠纷,最高人民法院先后下发了《关于审理金融资产管理公司收购、管理、处置国有银行不良贷款形成的资产的案件适用法律若干问题的规定》、《关于贯彻执行最高人民法院"十二条"司法解释有关问题的函的答复》和《关于国有金融资产管理公司处置国有商业银行不良资产案件交纳诉讼费用的通知》。

（2）由于政策的弱规范性、不可诉性，使政策实施过程中可能导致大量的国有资产流失，各市场主体从政府政策中获得利益不均等有悖于公正的弊端；（3）政策性措施通常会赋予政府部门过大的自由行政权力，容易滋生政府的腐败。

德国模式的优点在于：（1）严格的法治模式有利于将政府的干预措施与已有的市场法律体系相互衔接兼容；（2）公开的、具体的法律规定有利于实现政府干预的公正性；（3）干预措施的实施条件以及严格的法律责任可以防止政府权力的滥用。其缺点在于：（1）德国模式对一个国家的法治化程度要求很高，其政府干预的制度成本也高；（2）明确、具体的措施实施条件以及明确责任制度，加之可能导致的诉讼，使得德国模式在实施时间上未必能达到及时处理问题的效果；（3）严格的法治模式对各方利益的平衡要求很高，这也会在一定程度上妨碍政府应对危机目的的实现。

（三）国家干预的原则确定

关于经济法的基本原则，或者说国家干预的基本原则学者论著众多。本文此处无意讨论我国经济法应当确立怎样的基本原则，而是从国家干预经济或曰管理经济实际做法上总结出实然层面的政府干预原则。本文所总结的中国政府干预经济的原则，并非政府全部经济行为的概括，而是仅限于本文所讨论的政府在应对金融风险过程中所遵循的基本原则。从本文第二部分介绍的中国政府应对金融风险的具体措施可以看出，政府干预金融市场重点强调的是以下原则：（1）经济发展原则；（2）经济稳定原则。

快速的发展经济是我国自1979年改革开放以来国家的首要任务，其重要性和正确性毋庸置疑。也正是因为该原因，我国经济法在各个时期的首要原则就是经济发展原则。① 在这一原则的指导下，政府出台的大多经济政策都要考虑是否有利于发展经济。而这一原则具体体现在国家在各个时期的五年发展计划中。经济发展原则作为国家管理经济的第一原则，表现在为了实现经济的快速发展，国家所确立的其他原则，如公平的市场竞争原则、契约自由原则、社会公正原则、保护国有资产原则等可以在一定程度上让位。经济稳定原则居于第二位，其原因在于经济稳定与经济发展关系最为密切。

以1998年财政部发行2700亿人民币注资四大国有商业银行为例，该行为就是为了实现国家快速、稳定的发展金融市场，而全然不顾及对金融市场自由竞争的破坏。当然，实际上1998年期间我国尚无真正意义上自由竞争的金融市场，因而也就谈不上对自由竞争的破坏。2004年出台的《个人债权及客户证券交易结算资金收购意见》，则是在以经济稳定原则为前提，破坏了市场规律中的风险自负，同样破坏了财政支付的公正性。

从本次德国应对金融危机的干预策略可以看出，其政府干预主要遵从以下原则：（1）需要干预的原则；（2）维护市场竞争原则；（3）经济安全原则。

所谓需要干预原则，指的是对政府干预行为的范围从必要性角度进行限定。② 需要干预理论认为，只有在市场失灵的时候政府才能对市场经济进行干预，否则政府的干预将被视为对自由市场竞争的破坏。德国此次金融危机应对策略的前提是，金融市场由于世界性金融危机导致流动性资金不足，如果国家不出面干预

---

① 发展经济既是国家管理经济的目的，同时也是国家管理经济的基本原则。笔者认为原则可以分为目的性原则和操作性原则。经济发展原则就属于目的性原则。而维护竞争原则属于操作性原则。

② 应飞虎：《需要干预经济关系论——一种经济法的认知模式》，载《中国法学》2001年第2期。

将会危及德国金融市场乃至实体经济的安全。因此立法将有资格接受金融稳定基金资助的金融机构限定在严格的范围之内：首先必须是出于困难状态的金融机构，其次根据已经临时修改的《破产法》的规定，该金融机构不在破产范围之内。第一个条件可以排除那些不需要国家援助的金融机构，第二个条件则排除那些按照正常的市场竞争规则应当被淘汰的金融机构。最后，德国《金融稳定法》还规定，一旦金融机构在政府援助之下恢复了正常盈利能力，或者超过规定的时间仍然不能完成救助计划，则政府的救助行为应当立即终止。否则就属于超过了需要干预的范围。

本次德国干预金融市场的直接目的是维护经济安全，从而体现了德国国家干预的经济安全原则，同时德国政府认为对在金融危机中处于困难状态金融机构的援助，本身也是为了维护一个健全的竞争市场，因为政府的救助可以防止大量金融企业非正常地退出市场，避免了市场垄断。

对比两国政府干预原则，笔者认为中国的政府干预原则的确立与中国所处的经济发展阶段相符合。德国的政府干预原则也与德国高度发达的市场经济相符合。不能脱离两个的市场经济的实际状况而单纯就干预原则作出孰优孰劣的评价。但是有一点可以肯定，中国政府干预原则也应当向需要干预原则，维护市场竞争原则的方向发展。

（四）国家干预方式的行政性和市场性

现代国家干预的方式存在行政性方式和市场性方式的选择，所谓行政性方式以政府的干预权力为基础，遵循命令—服从的模式；所谓市场性方式是以市场主体的权利为基础，遵循要约—承诺的模式。

我国应对金融风险的措施主要以行政性模式为主。这种模式的选择与我国主要金融机构的国有性有关。政府既是这些金融机构的"所有者"又是金融市场的管理者，双重身份使得政府在选择命令—服从模式时，几乎没有硬性的行政或者法律上的障碍。例如在处置问题金融机构退出金融市场的行为中，政府直接指定某个部门从中国人民银行再贷款，所贷款项又由政府指定用于收购某个被处置金融机构的个人债权。政府甚至可以直接命令，用尚未成立的存款保险基金和证券投资者保护基金，来偿还人民银行的再贷款。总之，在整个收购个人债权的活动中，所形成的本该属于民商法律关系，但却由政府都通过命令—服从的方式来安排。

德国应对金融风险的措施主要以市场性模式为主。一个需要接受政府救助的企业必须向政府提出申请，政府不能主动地去救助一个没有申请救助的企业。政府对企业提供担保、投资和购买企业的风险资产都是有偿的，且按照市场价格进行。例如政府在收购困难金融机构的风险资产时，会要求按照该资产宣布提价之前的较低价格收购。并且为保证政府在收购过程中不至于招致损失，政府要求被收购企业的股东为可能导致的损失与被救助的企业一同承担连带责任。

上述中国模式的优点在于，行政性模式能保证政府政策的快速、顺利的执行，且能在很大程度上降低政策执行的成本。其缺点在于，妨碍市场竞争，容易滋生腐败，导致国有资产的流失和政策执行缺乏公正。德国模式的优点在于能在极大程度上维护市场竞争，保证国家财政政策的公正性，明确各方主体的权利和义务以及责任承担。其缺点在于国家干预成本高，干预措施实施过程中冗长的要约承诺过程以及可能导致的诉讼，会妨碍政府干预目的的实现。

四、结　　论

通过上述的对比，笔者认为可以初步得出如下结论：

中德两国的法律与经济制度的不同是两国金融危机应对策略

不同的最根本的原因。该原因导致中国政府干预的价值取向是保证政府政策目标的实现，具体地说就是保持经济快速、稳定的发展。而德国政府干预的价值取向在于维护一个完全、充分竞争的市场。在不同的价值导向下，中国的政府干预强调经济发展原则、经济稳定原则，而德国政府强调需要干预原则、维护市场竞争原则和经济稳定原则。在具体的干预方式上，中国政府以行政性模式为主，而德国政府以市场性模式为主。两国政府干预虽有所不同，但都与各自所处的社会、经济发展阶段相符合。虽然以现代西方法治国家的理念考察，德国模式更符合一个法治国家的要求，但是中国近30年发展的结果，也能从实证的角度解释中国模式的合理性。正因为如此，进入21世纪以来，中国模式在受到众多批判的同时，也因为它取得巨大成就而成为中西方学界的研究热点。①

世界银行统计数据显示，2008年中国GDP为4.32619万亿美元，人口数为13.2564亿，德国GDP为3.65282万亿美元，人口数为8214万。② 从总量上看，中国GDP已经超过德国位居世界第三，但是以GDP总量除以人口总量简单方法计算，中国的人均GDP仅为德国的7.34%。如果我们排除公平、环境等抽象价值，仅以人均财富为国家法律以及政策的价值追求，中国与德国相比仍然有充足的理由在很长的时期内采取目前的国家干预或者说管理经济的策略，以谋求持续、快速的经济发展。然而对中国而言，在坚持发展经济的同时，如何防止贫富差距的继续加

---

① Angus Young, Conceptualizing a Chinese corporate governance framework: tensions between tradition, ideologies and modernity, International Company and Commercial Law Review, 2009.

② 资料来源：世界银行网站，http://ddp-ext.worldbank.org/ext/ddpreports/ViewSharedReport? report_id=9147&request_type=viewadvanced.

大，如何保证国有资产的公平分配，如何保证环境等价值的实现是不可轻视的问题。在这一方面，德国国家干预经济的模式可以给我们一些启示。

Comparative Analysis of Coping Strategies on Financial Crisis between China and Germany

Zhu Shiming   Qiang Li
(Northwest University of Political Science, Xi'an 710063)

Abstract: Chinese economic and politic system are different from that of Germany, and the reaction of China and Germany are different too. The intervening package of china consists of recapitalization risk assumption and assumption to the debt of private for the financial institution. All these measures evidence the basic idea of initiative administration of Chinese Government. The stimulus package of Germany consists of recapitalization risk assumption and guarantees for the financial institution. The stimulus package of Germany evidences the basic idea of protecting the Market competition of Germany government.

Key word: Financial Crisis, Comparison, Market Competition, State Intervene

金融危机背景下的我国最后贷款人制度研究

华国庆[*]

摘 要：2007年至今的全球金融危机给不少国家的金融机构带来了严重冲击，不少金融机构因此而破产倒闭。面对金融危机，虽然有诸多解决之策，但作为国际通行的维护金融安全的三大基石之一的最后贷款人制度，对于维护整个金融体系的安全，实现金融稳定的目标，则具有十分重要的意义。在我国，不仅现行《中国人民银行法》未明确规定中国人民银行的最后贷款人地位，而且该制度在实践中也存在诸多问题。鉴此，本文主要在分析我国最后贷款人制度存在问题的基础上，就如何完善我国最后贷款人制度提出了一些建议。

关键词：金融危机；最后贷款人制度；银行法

引 言

始于美国"次贷危机"而引发的全球性金融危机给各国经

---

[*] 华国庆（1964— ），男，安徽桐城人，安徽大学法学院副院长暨安徽大学经济法制研究中心教授。

济带来了沉重打击,为尽可能防止金融机构破产给经济社会带来的冲击,各国中央银行纷纷行使最后贷款人职能,展开救助行动。自2007年8月以来,以美联储为代表的中央银行淋漓尽致地发挥了"最后贷款人"(Lender of Last Resort,LLR)的职能。通过公开市场操作直接向银行间市场参与主体投放货币,即所谓的注资。自2007年8月10日首次注资至今,美联储先后20次共向市场注资2717.5亿美元。通过再贴现窗口向一些机构定向提供资金。2007年8月17日、9月18日、12月11日,2008年1月22日、1月31日、3月16日、4月30日,美联储7次降低再贴现率共计3个百分点,同时,美联储还特别表示,会接受范围广泛的担保品进行再贴现,包括住房抵押贷款及其相关资产,将贴现窗口贷款期限由30天延长至90天。通过降低利率,利用银行货币创造机制增加货币供给。2007年9月18日、10月31日、12月11日,2008年1月22日、1月31日、3月18日、4月30日,美联储7次降低联邦基金利率共计3.25个百分点。通过贷款拍卖方式向银行提供资金支持。定期拍卖工具(TAF)是美联储2007年12月建立的,其目的是向面临流动性不足的商业银行提供资金。自2007年12月至2008年4月,美联储通过10次贷款拍卖活动共为商业银行提供3600亿美元资金。2008年5月2日,美联储宣布在扩大贷款拍卖规模的同时,增加贷款拍卖所接受的抵押品种类,首次接受基于汽车贷款和信用卡贷款的债券。①

面对金融危机的冲击,我国中央银行及时实施了"适度宽松"的货币政策,采取了诸如下调人民币存款准备金率、降息等积极举措,并结合积极财政政策的运用,使得我国经济较早走

---

① 徐诺金:《美国次贷危机处置中中央银行最后贷款人的作用》,载《中国金融》2008年第11期。

出了金融危机的阴霾。此次金融危机之所以未给我国金融业带来直接影响,与我国金融业基本上处于分业经营状态、开放程度相对较低不无关系。但随着我国金融业进一步对外开放以及金融业竞争的加剧,金融机构市场退出将难以避免。面对金融危机,我国中央银行又应当如何面对。从各国实践来看,审慎监管制度、存款保险制度与最后贷款人制度被认为是国际通行的维护金融安全的三大基石。而在我国,存款保险制度尚未建立,审慎监管制度与最后贷款人制度也存在诸多问题。如果再次发生金融危机并冲击我国金融业,我国中央银行如何履行"最后贷款人"职能以稳定金融?从立法层面来看,《中华人民共和国人民银行法》(以下简称《人行法》)就我国央行"最后贷款人"职责作了一些规定,但过于原则、简单;从实践来看,我国央行"最后贷款人"职能也未得到充分发挥。鉴此,有必要就最后贷款人制度进行深入研究,以期建立起适合中国国情的完善的最后贷款人制度。

一、最后贷款人制度的内涵及其评析

(一)最后贷款人制度的内涵

何谓最后贷款人制度,我国未有法律明确界定。我国学界对此看法也不完全一致。有的认为,最后贷款人制度是一国货币管理最高当局为化解银行风险,向暂时出现流动性困难,而非处于破产边缘的银行提供紧急援助的一种制度安排。[1] 有的认为,最后贷款人制度是一国中央银行履行银行的职能,向暂时出现流动性困难的银行提供紧急援助的一种制度安排,其目的是防止暂时

---

[1] 黎四奇:《金融监管法律问题研究:以银行法为中心的分析》,法律出版社2007年版,第217页。

流动性危机向清偿危机和系统性危机转化。① 也有的认为,最后贷款人是一国货币管理最高当局为化解银行风险,向暂时出现流动性困难的问题银行提供紧急援助的一种制度安排。②

笔者认为,上述对最后贷款人制度的界定不尽全面、准确。第一,按照古典的最后贷款人理论,中央银行应当为那些具备偿付能力但流动性暂时不足的金融机构提供支持,但被救助对象应提供全额担保并按惩罚性利率支付贷款利息,以限制使用此类贷款,从而避免对中央银行的财务救助形成依赖。③ 换言之,最后贷款人制度固然是中央银行向出现暂时流动性困难的金融机构提供的一种紧急救助,但被救助的金融机构须具有偿付能力。否则,这种救助就会破坏"优胜劣汰"的市场竞争规则。第二,必须由履行最后贷款人职能的金融机关依据法定程序、方式等向符合救助条件的金融机构实施救助,亦即必须依法进行。否则,履行最后贷款人职责的法定金融机关不仅有可能滥用职权,而且也会引发"道德危险"。鉴此,笔者认为,所谓最后贷款人制度,是指由一国依法履行最后贷款人职能的金融机构基于防范和化解金融机构系统性风险之目的而依法向出现暂时流动性困难但不缺乏清偿能力的金融机构提供紧急援助的一种最后制度安排。换言之,最后贷款人制度并非只是对单个有问题银行的救助,也不能完全防止某一被救助银行的破产。相反,却是通过对有问题银行的救助,实现防止金融业出现系统性危机,以维护一国金融体系安全之目标。

---

① 徐孟洲、郑人玮:《论我国银行危机救助法律制度的改革与完善》,载《法学杂志》2004年第2期。

② 邹薇著:《银行体系稳定性:理论及中国的实证研究》,经济科学出版社2005年版,第239-240页。

③ [英]乔治·沃克:《次级贷款、银行间同业市场和财务救助——次级贷款风波对英国金融市场的影响及启示》,刘轶译,http://article.chinalawinfo.com/Article_Detail.asp?ArticleId=41999,[2009-10-03]。

需指出的是，作为维护金融稳定公共产品之最后贷款人制度，其内涵和外延也不是一成不变的。传统的最后贷款人只向市场和机构提供流动性，但次贷危机中则出现了降息。传统上一般由中央银行行使最后贷款人职能，但这次美国财政部甚至美国总统也积极介入，用国家信誉向市场担保；传统上只救助"缺乏流动性"的机构，但这次更多是一场债务破产危机，救助的是"缺乏清偿力"的机构；传统上只救助商业银行、投资银行等金融机构，但这次也救助了大量抵押贷款公司等非银行金融机构。这表明，在金融运行环境更加错综复杂，系统性风险的程度、深度和广度大大超过传统认知范围的背景下，最后贷款人的内涵与外延都在发生深刻变化。①

（二）最后贷款人制度的作用评析

中央银行作为最后贷款人，向可能或已经发生信用危机的金融机构提供流动性支持是不少国家的选择。究其原因，主要在于银行内在的脆弱性和同业市场失灵。具体来说，即使银行完全按照中央银行或其他金融监管当局制定的预防性管理措施进行审慎经营管理，在其经营过程中仍可能遇到临时性资金周转困难。在这种情况下，银行可以通过同业拆借、出售所持有的证券、向金融市场发行票据或证券，或以票据向中央银行进行票据再贴现等方式筹措款项。但是当银行发生带有根本性的清偿能力困难时，上述临时筹集资金的措施则不能彻底解决问题，这时如果中央银行或其他金融监管当局不出面进行紧急援助和抢救，加之存款人或其他债权人提出付款请求甚至出现挤兑时，这家银行就面临破产清算的危险，更为严重的是单个银行的挤兑可能蔓延到有清偿能力的银行，威胁整个银行体系的安全与稳定。此时，为防止银

---

① 徐诺金：《美国次贷危机处置中中央银行最后贷款人的作用》，载《中国金融》2008年第11期。

行被迫停业清理和被迫倒闭并由此造成经济损失和消极社会影响，使可能发生的金融危机防范于未然，多数国家都建立了最后贷款人制度对有问题的银行进行财务援助和抢救行动，帮助其渡过危机，并使整个金融体系避免遭受连锁反应。① 可以说，最后贷款人制度的建立，对于维护整个金融体系的安全，实现金融稳定的目标，具有十分重要的意义。如美国金融体系在经历19世纪周期性金融危机、20世纪数次严重金融事件尤其是21世纪初前所未有的9·11恐怖袭击后之所以仍然相对稳定，直接得益于美联储最后贷款人作用的有效发挥。

需指出的是，最后贷款人制度的作用并不完全是积极的。其中，最主要的是中央银行在执行最后贷款人的职能时也面临金融机构的道德风险。像"大不易倒"的理论，正是规避了系统风险。任何一个国家都不会听任一家大的金融机构倒闭而坐视不理，因为大银行倒闭会破坏整个金融体系的信誉，银行如果知道一旦出现危机会有政府来帮助使之渡过难关，那它就会放弃对己的自律，而去追求那些高风险业务带来的高利润，在官方安全网的保护下银行的审慎经营失去恰当的刺激。② 与此同时，也会使得中央银行的独立性备受挑战。如2008年9月15日雷曼兄弟的破产令信贷市场严重恶化，大批货币市场基金被迫赎回，而随着信贷紧缩向实体经济方面的外溢，很多美国企业因银行借贷停滞，日常运营受到波及。面对这一形势，美联储又史无前例地推出了绕过银行直接向企业或其他资金需求者提供流动性的措施——10月7日美联储创设了"商业票据融资工具"（CPFF），决定从10月27日起，将从商业票据发行者（企业或银行）手

---

① 周辉斌：《WTO与我国银行监管法制完善研究》，中国方正出版社2003年版，第257-258页。

② 马卫华：《WTO与中国金融监管法律制度研究》，中国人民大学出版社2002年版，第124页。

中购买商业票据,这意味着以往只向银行贷款的中央银行,也开始直接借款给商业企业。至此美联储迈出了历史性的一步,开始充当美国企业的直接贷款人。① 鉴此,在发挥最后贷款人制度积极作用的同时,如何抑制其消极作用,就成为最后贷款人制度构建中值得研究的一项重要课题。

二、我国最后贷款人制度的现状及其存在的问题

在我国,目前尚没有法律规范对最后贷款人制度作出集中、统一的规定。中国人民银行1998年2月发布的《防范和处置金融机构支付风险暂行办法》第22条规定:"对于出现支付风险后必须通过人民银行再贷款方式给予流动性支持的金融机构,应由人民银行省级分行提出方案,报总行审批。"中国人民银行发布1999年12月的《中国人民银行紧急贷款管理暂行办法》对贷款条件、贷款用途、期限和利率以及贷款管理等作出了专章规定。2003年修订后的《人行法》第28条规定:"中国人民银行根据执行货币政策的需要,可以决定对商业银行贷款的数额、期限、利率和方式,但贷款的期限不得超过1年。"国务院办公厅2008年7月印发的《中国人民银行主要职责内设机构和人员编制规定的通知》(国办发〔2008〕83号)第一次将"承担最后贷款人的责任,负责对因化解金融风险而使用中央银行资金机构的行为进行检查监督"规定为中国人民银行的主要职能。

但需指出的是,在我国,不仅完善的最后贷款人制度尚未建立,而且最后贷款人实践也存在不少问题,概括起来,主要表现为以下几个方面:

---

① 赵刚:《"疯狂"的央行:在通往零利率的道路上狂奔》,http://business.sohu.com/20081225/n261416937_1.shtml,[2010-01-05]。

（一）最后贷款人制度不健全

首先,《人行法》未明确中国人民银行作为"最后贷款人"的法律地位,对中国人民银行如何履行最后贷款人的职责、对象、条件、程序等也未作任何规定,从而导致最后贷款人制度法律定位和构成要素模糊。(1)最后贷款人制度法律定位模糊。目前在我国有关法律法规中对最后贷款人制度及其实施主体的描述过于模糊,如《人行法》中并未明确确立人民银行最后贷款人的法律地位。最后贷款人相机决策权实际集中在国务院,央行只有根据国务院批准执行的权力。(2)最后贷款人制度构成要素模糊。最后贷款人制度由救助标准、救助对象、救助担保、救助利率等要素构成。尽管上述法律法规对这些要素有所涉及和规定,但存在诸多模糊之处。(3)最后贷款人制度事中事后模糊。在我国的最后贷款救助过程中,对于最后贷款人政策的具体执行如贷款政策的制定及决策过程,央行基本不对外公布。而从我国央行对问题银行的救助历史来看,事后几乎从不向公众披露贷款利率、期限、金额、担保等相关细节。①

其次,与最后贷款人相关的法律规范如《中国人民银行紧急贷款管理暂行办法》、《防范和处置金融机构支付风险暂行办法》等效力层次过低,且存在诸多缺陷。如《中国人民银行紧急贷款管理暂行办法》与国际上成熟的做法相比,存在的主要差异有:紧急贷款申请人没有涵盖四大国有银行和新兴股份制商业银行;贷款适用条件缺乏量化标准,随意性大;贷款期限较长(2年);未采用罚息利率等。②

---

① 汤凌霄、樊小峰:《论我国最后贷款人制度的模糊与透明》,载《求索》2007年第9期。

② 曾筱清、杨益:《金融安全网法律制度研究》,中国经济出版社2005年版,第350-351页。

(二）救助标准过于宽松，救助范围过宽，导致最后贷款人制度被严重滥用

国际上，为抑制道德风险，最后贷款人制度对于应该在何种情况下对何种机构提供最后贷款有严格的先决条件。这些基本的先决条件包括判断该问题机构的倒闭是否将损害金融系统的稳健性和问题机构是否满足具有清偿力等其他一系列条件。如美联储A规则中规定，只有在特定情况下才能向资本不足的存款机构提供流动性支持。若美联储超限度提供贷款，导致该机构苟延残喘而增加联邦存款保险公司（FDIC）日后关闭该机构时的损失，则美联储应向FDIC予以赔偿。这些原则在道德风险防范上是行之有效的，但在我国的最后贷款人制度中却没有得到体现。从农村合作基金会的关闭、农村信用社的风险处置到城市信用社的停业整顿，从商业银行不良贷款的收购到证券公司经营黑洞的弥补，不管问题机构的风险是系统性风险还是非系统性风险，不管问题机构是流动性风险还是清偿性风险，不管风险形成的原因如何，只要出现了支付问题，人民银行就必须发放最后贷予以救助，导致最后贷款人制度被滥用的情况相当突出。①

（三）最后贷款人角色错位，最后贷款人蜕变成最先贷款人和最后买单人

首先，最后贷款人的最后性原则被破坏，导致最后贷款变成了最先贷款。最后性是最后贷款人制度的重要属性，这种属性要求金融机构出现问题时首先必须坚持自救；以防范道德风险的产生。在我国，一旦金融机构出现问题，首先想到的就是向中央银行申请再贷款，使得最后贷款人变成了最先贷款人。

其次，最后贷款是救助性质的贷款，只限于救助那些暂时丧

---

① 郭小冰：《对建构我国最后贷款人制度的个案探讨》，载《经济师》2008年第9期。

失流动性的金融机构,但在我国,最后贷款介入了很多已经明显丧失清偿性的金融机构,最后贷款人事实上成了最后买单人。

再次,最后贷款人制度与存款保险制度的错位,最后贷款人制度与存款保险制度作为金融安全网的两大基石,其不同在于最后贷款人动用的是作为公共物品的中央银行资金,而存款保险制度动用的是市场主体的资金;最后贷款的目的是防范系统性金融风险,而存款保险制度的目的是防范非系统性的金融风险。在我国,商业银行体系尚未建立存款保险制度,证券类金融机构体系虽然建立了投资者保险制度,但其启动资金仍然是由最后贷款拨付,尚未实现真正意义上的由市场主体自身筹集。因此,造成了最后贷款人和存款保险公司的错位,最后贷款人承担了本来应该由存款保险公司承担的角色。①

(四)中国人民银行与银监会等金融监管机构间未建立起有效的合作机制

这主要表现为三个方面:一是全国人大常委会2006年10月31日通过的《中华人民共和国银行业监督管理法》第28条规定,银监会发现可能引发系统性银行业风险、严重影响社会稳定的突发事件的,应当立即向银监会负责人报告,银监会负责人认为需要向国务院报告的,应立即向国务院报告,并告知中国人民银行、财政部等有关部门。从这一条规定来看,央行与银监会之间在最后贷款人政策决策中的信息渠道并不是直接和畅通的,央行在最后贷款人政策上的决策权被忽略了,实际的决策权集中到了国务院。二是我国《银行业监督管理法》第29条规定,银监会应会同中国人民银行、财政部等有关部门建立银行突发事件处置制度,制定银行业突发事件处置预案,明确处置机构和人员及

---

① 郭小冰:《对建构我国最后贷款人制度的个案探讨》,载《经济师》2008年第9期。

其职责、处置措施和处置程序，及时、有效地处置银行业突发事件。单从这一条规定来看，在银行救助问题上的主动权不是在央行，而是在银监会。三是《人行法》第33条、《银行业监督管理法》第12条规定，人民银行根据执行货币政策和维护金融稳定的需要，可以建议银监会对银行进行检查监督，银监会应在收到建议起30日内给予答复。从这两条规定来看，虽然赋予了人民银行一定的"建议检查权"，但对银监会是否进行检查没有硬性的约束，从最后贷款人的角度来看，这种建议检查权显然是不够的。因此，《人行法》第34条又作了如下规定：当金融机构出现支付困难，可能引发金融风险时，为了维护金融稳定，人行经国务院批准，有权对银行业金融机构进行检查监督。这一条规定赋予了人行特定的检查权，但没有明确当支付危机发生时监管合作模式的具体架构和程序，因此也回避不了监管重复、监管弱化及外部角色冲突的问题。[1]

（五）中国人民银行独立性不够

中央银行的独立性是相对于政府而言的，即中央银行与政府之间能否保持一定的距离。具体来说，中央银行独立性是指一国中央银行所享有的依法独立履行职责且不受或者基本上不受政府干预的能力，主要包括政治独立、决策独立以及财务独立。在我国，1998年，国务院对央行实行管理体制改革，撤销省级分行，改按经济区设置九大分行。以上措施从法律及组织上逐步加强了我国央行的独立性。2003年4月，十届全国人大会议通过了成立银监会的决议。银监会的职责是将原来由央行承担的金融监管职能分担出去，这样就使央行不需要分心考虑银行的安全及自身监管责任，得以专门履行货币政策职能，根据整个宏观经济的需

---

[1] 周厉：《从最后贷款人角度再析央行与银监会的监管合作机制》，载《金融理论与实践》2006年第11期。

要来制定和执行货币政策,决定利率和货币供应量,央行的独立性得到进一步加强。虽然银监会的设立有利于增强中国人民银行的独立性,但从《人行法》以及中国人民银行的现状来看,中国人民银行独立性仍然不足,没有达到独立行使货币职能所需的独立性,央行在政府面前的独立性很小。

就履行最后贷款人职能而言,中国人民银行独立性不够主要表现为三个方面:一是人民银行并非完全意义上的最后贷款人,人民银行只对城市商业银行、城市信用合作社和农村信用合作社有紧急贷款审批权限。二是根据新修订的《中国人民银行法》,为处置金融风险和涉及国家重大政策调整需要等特定用途和目的的"特种贷款",以及向非特定的非银行金融机构发放的贷款必须经国务院批准或决定。三是目前对农村信用合作社改革期间的紧急贷款政策,对信托投资公司、证券公司的紧急贷款都由国务院最后定夺。[①]

三、完善我国最后贷款人制度的几点建议

(一)选择"模糊性与明确性"双重标准的制度模式

关于最后贷款人制度的构建,不少人主张建设性模棱两可标准。所谓建设性模棱两可(constructive ambiguity)是指中央银行在事先故意使其是否履行最后贷款人的条件变得模糊不确定,以最大限度地降低道德风险,并给予央行是否进行危机救助予以最大限度的自主判断。这一概念由美联储纽约分行总裁 Corrigan 在其 1990 年对美国参议院所发表的演讲中提出。他认为,央行在实施最后贷款政策的时候,是否做、何时做、如何做等实质内容

[①] 王硕平、陈志刚:《我国最后贷款人制度改革问题探讨》,载《南方金融》2004 年第 10 期。

事先是不确定的。最后贷款人制度的实施要依据央行对案例具体情况、产生背景、采取行动的成本收益分析等判断。1997年这一理论被十国集团在《关于中央银行职能的报告》中得到重申：中央银行应从谨慎出发，关于是否、何时、在何种条件下提供支援的任何预先承诺都应该制止。① 在我国，也有不少学者支持建设性模棱两可标准。有的认为，"过于公开的、明确的最后贷款承诺，可能削弱银行风险管理的积极性，诱导银行的道德风险和逆向选择，使得银行从事高风险贷款，并维持较低的流动性"。②

我们认为，模糊的最后贷款人制度，虽然有助于防止"道德危险"，但也存在该制度在实际运行过程中过于随意等问题。尤其是在我国央行独立性不强的情况下，容易导致该制度被滥用。鉴此，有必要选择"模糊性与明确性"双重标准的制度模式。首先，只有对最后贷款人的实施者、贷款标准、援助方式、贷款时限、贷款条件进行明确的规定，才能保证最后贷款人制度的规范性。只有明确中央银行的最后贷款人地位，在具体实施该制度时才不至于多头并进，政策冲突；明确贷款标准才能确保最后贷款人在具体实施时保持统一的标准并严格执行；规定具体的贷款时限，力求避免中央银行的再贷款援助不能收回问题的出现；确定贷款条件在于在贷款标准的基础上更进一步筛选欲加援助的对象，保持一定的市场竞争作用并促进银行自救的能力；特别是在我国长期存在隐性的存款保险制度的情况下，保持最后贷款人制度的明确性显得意义重大，这项制度的设立表明中央银行负有保障银行体系稳定的使命，要确保银行安全，化解和防范银

---

① 黎四奇：《央行最后贷款人法律制度的演变及对我国的借鉴》，载《湖南大学学报（社会科学版）》2007年第3期。

② 方洁：《发展中国家银行危机研究》，中国经济出版社2002年版，第176页。

行风险。① 具体来说：一方面，一国央行是否救助、何时实施救助以及采取何种救助方式，应当由央行相机决策；另一方面，也应当适度披露有关紧急救助的信息。第一，可以防止中央银行因受非法干预而导致紧急贷款救助的滥用。预先设立规则，可以帮助判定是否滥用权力，增强公众对中央银行行为的监督。第二，在缺乏经验的情况下，明确的规则可以使救助工作有章可循，有法可依，减少贷款决策的随意性、盲目性。第三，增加紧急救助的透明度可以减少不确定性，对金融机构和存款人有镇定效应，产生中央银行会救助危机的良好的心理预期，从而减弱存款人参与挤兑的心理动机，给公众以信心。②

（二）明确最后贷款人制度的内容

1. 最后贷款人救助的原则

最后贷款人的理论基础首先是由桑顿（Thornton）在1802年提出的。1873年，巴杰特（Bagehot）发表其代表作《伦巴第街》（Lombard Street），对最后贷款人进行了系统阐述，并强调中央银行在管理危机时被赋予"最后贷款人"职能的必要性。他们认为最后贷款人的一般原则包括：一是中央银行的最后贷款人政策应仅向陷入暂时性流动危机但资可抵债的银行提供援助，使之免遭失败之厄运（这决定了贷款必须是短期的）。二是中央银行的紧急援助资金的数量不受限制，并执行惩罚性高利率。三是中央银行应向提供良好抵押品的申请人安排流动贷款，抵押品价值以恐慌前价格计算。除了以上三条，在实践中最后贷款人还有两条比较典型的处理原则：一是中央银行的最后贷款人角色并非法律强行规定，而是由中央银行根据实际情况相机抉择的；二

---

① 邹皓玮：《浅谈中央银行最后贷款人制度的完善》，http:// www.cnfstar.com/bank/2006/20060711/20060711123753.shtml,[2009-10-02]。

② 徐孟洲、郑人玮：《论我国银行危机救助法律制度的改革与完善》，载《法学杂志》2004年第2期。

是在行使最后贷款人救助时，中央银行不仅要判断银行的情况是流动性不足还是资不抵债，而且必须对该机构失败后是否会有严重的传染效应作出自己的判断。①日本银行根据《日本银行法》第25条的规定提供流动性资金时，融资的前提条件是必须符合以下四项原则：（1）可能会引发系统性风险；（2）日本银行的流动性资金必不可缺；（3）为防止道德风险，必须采取适当措施，明确各方面的责任分工；（4）要维持日本银行自身财务状况的健全性。②

关于最后贷款人救助的原则，我国未有法律规定。我们认为，至少应包括：（1）合法原则。一是实施最后贷款人救助的主体必须具有法定的职权。二是依据方式、标准和程序进行救助。三是被救助对象须符合法定条件，如可能或者已经陷入暂时流动性危机、尚有清偿能力、能够提供担保等。四是责任法定。亦即在对有问题的金融机构进行救助的同时，须健全救助中的责任追究机制。除了在相关规定中尽快增加对责任人员的罚责条款，对于金融机构陷入困境负有个人责任的管理人员，应当撤离并施以相应处罚措施，如禁止其终身从事金融业，要求其承担相应的民事赔偿责任等。对于问题银行负有责任的股东，则可采取中止分红、稀释股权等措施，情节严重的可取消其出资、参股其他任何金融机构的资格，对涉嫌违法犯罪的人员，应依法追究其刑事责任。③（2）审慎原则。中央银行履行最后贷款人职责，其实质是利用其垄断货币发行的特殊地位，动用基础货币进行紧

---

① 欧永生：《金融危机问题研究》，中国人口出版社2004年版，第154页。

② ［日］鹿野嘉昭：《日本的金融制度》，余燨宁译，中国金融出版社2003年版，第87-88页。

③ 张继红：《金融危机救助法律制度中的公共资金援助》，《上海金融》2009年第1期。

急救助,以维护系统金融稳定。因此,启动这种救助机制应该是审慎的,也必须是在其他手段不能奏效的情况下启动的"最后"措施。一般情况下,商业银行在经营过程中如出现短期资金不足,影响到合理的资金投放,而且将面临支付困难,此时商业银行应首先面向市场筹措资金,如同业拆借、转贴现、采取有效措施增加存款等;如果仍有资金短缺,还要进行系统内调剂;若在此基础上仍不能满足资金需要,才能向人民银行申请再贴现、再贷款业务。① 而对那些明显缺乏清偿能力的银行,应依法按照破产程序处理。(3)独立原则。亦即是否实施以及如何实施紧急救助,应当由一国法定金融机构自主决定,不受政府以及其他组织、个人的干涉。

2. 最后贷款人制度实施的主体和客体

在不同的国家,最后贷款人的实施者不同。有的如意大利是由中央银行按低于市场利率贷款给金融机构,再由这些金融机构去兼并发生困难的银行;在比利时和德国是通过货币管理当局和商业银行联合建立一个特别机构向受援助的银行提供贷款;在没有传统意义上中央银行的国家和地区,对金融机构提供贷款是采用其他方式进行的,如在卢森堡,执行最后贷款职能的是一家比利时国家银行。在我国香港,政府的外汇基金可以充当最后贷款者的角色;还有一些国家的存款保险机构具有最后贷款者的权力,如根据美国《联邦存款保险公司改革法》的规定,联邦存款保险公司的董事会有权决定是否向处于困境中的银行提供资金援助,包括直接向处于危机中的银行提供资金援助。② 在我国存款保险制度尚未建立的情况下,中国人民银行作为唯一合法的货

---

① 靳振刚:《对人民银行"最后贷款人"地位的认识》,《河南金融管理干部学院学报》2003年第6期。

② 周辉斌:《WTO与我国银行监管法制完善研究》,中国方正出版社2003年版,第265页。

币发行机关,且为履行稳定金融职能的公益性机关法人,由其作为履行最后贷款人职能的主体是最恰当的选择。

关于最后贷款人制度实施的客体,应是暂时无流动性但有偿付能力的银行。具体地说,应符合下述基本条件:(1)商业银行总行,因为最后贷款人是为防范由于暂时无流动性而导致的破产事件和避免系统性金融风险,而只有总行一级法人才有破产的概念;另一方面,分支行无流动性时可寻求系统内的融资援助。(2)该机构有偿还能力并提供足够抵押品即它是暂时陷入流动性危机。(3)该机构申请最后贷款人援助之前,其他的流动性融资渠道已枯竭。(4)该机构必须准备采取适当的补救行动,解决其流动资金问题。①

3. 最后贷款人救助的标准

关于最后贷款人救助的标准,各国规定不尽相同。有的国家采取的是"流动性标准",如《阿根廷中央银行法》第17条规定,中央银行有权向暂时缺乏流动性的金融机构提供再贴现和贷款。《日本中央银行法》第37条规定,日本银行可以向由于意外原因而对遭受支付资金短缺的金融机构提供无担保贷款。而有的国家采取的是"流动性标准",如《保加利亚中央银行法》第33条规定,只有在发生了影响银行系统的流动性风险,保加利亚国家银行才可以向具有清偿力的银行提供信贷。

对此,有的学者认为,无论是"流动性标准"还是"双危机标准",其隐含的另一层意思是,任何发生清偿力危机的银行就应该立即关闭,而不应该享受最后贷款人的紧急贷款,即使该发生清偿力危机的银行倒闭会产生银行系统性危机。其基本出发点是减少道德风险,用银行倒闭这种市场约束机制来促进银行管

---

① 郑振龙、江孔亮:《我国建立最后贷款人制度初探》,《城市金融论坛》2000年第7期。

理层的谨慎管理。但是，在实践中，最后贷款人在有限的时间内几乎难以区分缺乏流动性和缺乏清偿力之间的界限，中央银行向缺乏清偿力的银行提供紧急贷款则是数不胜数。从上述的论述，我们可以发现无论是理论还是实践都没有对最后贷款人贷款的标准提出统一的结论。我们认为，"流动性标准"和"双危机标准"都有失偏颇之处，决定中央银行提供最后贷款人贷款的标准应该是"系统性标准"，即，当银行的倒闭可能通过传递效应引发其他银行的挤兑乃至倒闭，从而具有导致整个银行体系危机的潜在可能性时，中央银行就应该向银行提供最后贷款人贷款，而不管它是缺乏流动性还是缺乏清偿力。① 应当说，系统性标准与最后贷款人制度的目标是一致的。

4. 最后贷款人援助的期限及利率

目前，中国人民银行发放的偿付性再贷款借款期限均较长。《中国人民银行紧急贷款管理暂行办法》第8条规定："紧急贷款的最长期限2年，贷款到期归还确有困难的，经借款人申请，可批准展期一次，展期期限不得超过原贷款期限。紧急贷款展期，应按本办法规定的审批权限报批，并由担保人出具同意的书面证明。"与国外最后贷款人实践相比，我国最后贷款人期限明显过长。我们认为，为了防止受援银行的道德风险，保持对受援银行的良好激励机制，避免最后贷款人提供的贷款成为受援银行的长期资金来源，或造成中央银行的亏损，最后贷款人制度的目的应定位于向受援银行提供短期融资机制，因此，贷款期限不宜过长，应在1~2个月内。②

在最后贷款人的经典原则中，重要的一条是提供流动性支持

---

① 丁邦开、周仲飞主编：《金融监管学原理》，北京大学出版社2004年版，第289页。

② 周辉斌：《WTO与我国银行监管法制完善研究》，中国方正出版社2003年版，第266-267页。

给问题金融机构时,要给予惩罚性利率。这样要求的目的:一是可以保护中央银行的储备;二是可以筛选并隔离出最不需要救助的银行;三是通过利率的硬约束迫使金融机构在申请救助前会充分挖潜,达到防止金融机构道德风险的目的;四是即使中央银行提供了援助,问题机构也必须为自己的行为付出代价。在东南亚金融危机中,印度尼西亚、泰国和韩国在救助金融机构时均采取了惩罚性利率。① 然而,以惩罚性利率放款的思想常常受到挑战,并且在实践中对个别有清偿力机构的放款有时是在没有对当前市场利率升水的情况下作出的。这是因为征收惩罚性高利率会带来如下问题:(1)加重了银行危机;(2)向市场发出促使流动性缺乏的金融机构过早倒闭的信号,除非秘密地提供;(3)给予经理人员追求逃出困境的较高风险/回报策略的激励。这些风险在现代金融体系中更可能发生,显而易见有清偿力的金融机构通常能够从银行间市场获得流动性。对个别机构的紧急贷款实践中并没有征收比市场利率更高的利率,美国储贷危机就是如此。然而,无论是否利用惩罚性利率,中央银行与监管当局(在分离的地方)在提供最后贷款人方面实际上会强加条件限制。例如,在允许它们获得市场资金资源时,可能要求借款人提供财务数据。而且,它们可能受到限制其从事各种业务能力的监管行为。② 此外,不少国家在提供最后贷款的同时,还注重对被救助对象的股东、高级管理人员予以处罚,以利于引导市场形成正确预期,鼓励股东和治理者谨慎行事。正如 Crockett(1996)所认为的,假如问题银行的治理者明确地将失去其工作,股东将失去其股本,相信道德风险将被减轻。在各国最后贷款人的救助

---

① 中国人民银行西安分行课题组:《最后贷款人与金融稳定》,经济科学出版社 2007 年版,第 21 页。

② 刘士余:《银行危机与金融安全网的设计》,经济科学出版社 2003 年版,第 182-183 页。

实践中，除了在救助中立即撤换其治理层，不再继续"让猴子照看香蕉"外，司法系统也会介入追究治理者的刑事责任，把一些责任人列入金融行业的永久禁入者。股权合约的条款和本质也意味着，股东也被要求承担失败、损失和破产的责任和不利后果，直至他们的股本价值被完全冲销完为止。股东的现实约束是有限的负债，而其潜在的受益却是无限的，所以他们有动机鼓励治理者从事冒险活动。因此，对问题银行救助中，必须要让股东承担投机失败造成的损失，让他们真正感到切肤之痛。① 在我国，《中国人民银行紧急贷款管理暂行办法》第9条规定："紧急贷款应执行总行制定的中国人民银行对金融机构贷款利率；发生逾期的紧急贷款，应执行再贷款罚息利率。"依此规定，利率与普通水平一般，仅仅在贷款发生逾期时才执行罚息。这明显有悖于古典最后贷款人理论，也不利于防范道德危险。因此，我们认为，在我国利率尚未完全市场化的背景下，兼顾防范道德危险之考虑，最后贷款的利率设计既要能够体现惩罚性，又不能过高。同时，加强对问题银行的监管。在对问题银行提供最后贷款人援助的同时，追究问题银行相关责任人的责任，遏制金融机构管理层违规经营、冒险经营行为，降低道德风险。

5. 最后贷款人救助的方式

根据《人行法》规定，中国人民银行作为最后贷款人进行救助的方式主要包括再贷款、再贴现和公开市场业务。从目前来看，这三种方式的运作都存在不少问题，如救助工具单一，目前主要是再贷款，再贴现等手段运用不多，且再贷款中多是信用贷款，抵押贷款很少。为此，完善我国再贷款、再贴现和公开市场制度就显得迫在眉睫。例如，就再贷款制度而言，《人行法》虽

---

① 危勇、满一兴：《完善最后贷款人制度："巴杰特规则"及其政策启示》，《上海金融》2007年第1期。

然将"向商业银行提供贷款"规定为中国人民银行的货币政策工具之一,但未就再贷款的对象、原则、条件、期限、程序等加以规定。与此同时,长期以来,中国人民银行再贷款实际上扮演了"救火队员"的角色,如为化解商业银行不良资产而注资、解决因关闭金融机构而产生的债务清偿等。鉴此,有必要及时修改《人行法》,对再贷款的用途等作出明确规定,不应将再贷款作为解决个别金融机构不良资产、债务清偿的一种手段,相反,应当考虑如何运用再贷款救助暂时流动性不足的金融机构,以防止出现系统性风险。此外,还应当建立和完善再贷款中的抵押贷款制度,提高抵押贷款比例,以此提高人民银行再贷款安全性,促进商业银行资产结构的调整。[1] 又比如公开市场业务,我国央行公开市场业务操作始于1996年,并先后发布了《公开市场业务暨一级交易商管理暂行规定》、《全国银行间债券市场债券交易管理办法》、《政策性银行金融债券市场发行管理暂行规定》、《银行间债券市场发行现场管理规则》等一系列规章,初步形成了适合中国国情的公开市场业务操作制度。需指出的是,公开市场业务操作要发挥更大的作用,需要发达的货币市场、债券市场以及高效的支付清算体系等作为其基础,但我国目前还存在公开市场业务品种单一、结构不合理、债券二级市场不完善等问题。因此,如何扩大公开市场业务品种、加速二级市场发展如建立"造市商"制度等,就成为目前亟待研究解决的重要课题。

除上述方式外,一些国家的做法值得我国借鉴,如由中央银行牵头,设立特别机构或专项基金提供财务援助;由中央银行出面担保,帮助问题银行渡过挤提和清偿的难关等。

(三)建立与最后贷款人制度相配套的制度

1. 建立起人民银行与银监会等金融监管机构之间的合作

---

[1] 陈晓:《中央银行法律制度研究》,法律出版社1997年版,第374页。

机制

中国人民银行最后贷款人职能的有效发挥，离不开中国人民银行与银监会等金融监管机构间的有效合作。建议：一是建立起中国人民银行与银监会等金融监管机构之间的信息共享机制，相互交流监管信息；二是在进一步落实中国人民银行检查权的同时，为避免重复检查，探索建立中国人民银行与银监会等金融机构之间的联合检查制度；第三，建立央行与其他金融监管机构的双边紧急磋商制度，这在多个不同性质的金融机构出现支付危机涉及需央行"紧急救助"情况下尤为必要。

2. 增强人民银行的独立性并赋予其相应的金融监管权力

在我国，中央银行是国务院的直属机构，直接受制于政府，因而在货币政策的制定等方面必然要受到政府行为的制约和影响。可以说，独立性不强是我国中央银行存在的一个突出问题。而一个缺乏独立性的中央银行，则无法独立作出是否以及如何履行最后贷款人职责的决策，诸如再贷款就沦为化解商业银行不良资产手段的尴尬境地。为此，建议：一是改革中国人民银行隶属于政府的体制，亦即人民银行直接接受人大或人大常委会监督，对其负责并报告工作。理由在于在隶属于政府的体制下，增强人民银行的独立性是不现实的。因为政府的政策目标与中国人民银行的目标往往不尽一致。在这种情况下，中国人民银行就有可能屈从于政府而牺牲自己应当履行的保持货币币值的目标。二是修改《人行法》，明确规定中国人民银行作为最后贷款人的法律地位，并就其如何履行最后贷款人职责作出明确界定。

此外，中央银行最后贷款人的角色决定了其在维护金融体系稳定中的作用。建议强化中国人民银行在系统性金融风险监管中的职责，并赋予相应的金融监管权力。尽管《中国人民银行法》已经赋予了人民银行防范和化解金融风险、维护金融稳定的职能，但法律同时规定人民银行所拥有的金融检查监督权力只限于存款准备金、银行间市场、清算、反洗钱等九项具体的业务管理。所以，在目前监管体制下，退出一线监管的人民银行常常是事后被动地处置风险，缺乏事前有效介入和监管。可见，目前人民银行所承担的金融稳定职责与其所拥有的金融监管权力是不对称的。为此，应明确人民银行为维护金融稳定，有权从各专业金融监管机构获取必要的金融监管信息，且在必要时，有权对所有金融机构进行检查监督。①

3. 建立存款保险制度

如前所述，存款保险与审慎监管、最后贷款人构成一国金融安全的防护网。自1934年美国开创存款保险之先河起，目前已有70多个国家和地区相继建立了存款保险制度。该制度的建立，对于保护存款人的利益，提高社会公众对银行的信心以及保证银行体系的稳定具有十分重要的意义。在我国，尽管多年前不少学者呼吁建立存款保险制度，但迄今为止该制度仍未建立，使得我国在金融危机爆发并引发银行等金融机构破产的情况下无法实现对存款人利益的有效保护。究其原因，与对该制度中的不少内容设计还存在争议有关。次贷危机已经告诉我们，任何制度的设计都不可能完全解决金融体系内在的不稳定性。但是，作为金融安全网的重要组成部分，存款保险制度还是发挥了很大的稳定市场、保护存款人利益、维护市场主体信心的作用。因此，我们不应当从理论上一味追求制度本身的完美，延误存款保险体系的诞生，而应该在建立存款保险体系的基础上，通过不断适应市场变化而逐步完善制度设计。②

就存款保险制度而言，我们认为：一是实行政府主导的存款保险机构组织形式。由于各国经济体制、金融体制及历史条件的

---

① 殷孟波主编：《中国经济改革30年》（金融卷），西南财经大学出版社2008年版，第26页。

② 《后危机时代应尽快建立存款保险制度》，http：//www.china-insurance.com/news-center/newslist.asp? id=142003，[2010-01-06]。

差异，各国存款保险的运营主体各不相同。纵观各国的情况，存款保险机构的组织形式不外乎有三种类型：一是由政府建立的存款保险机构，这些国家有加拿大、英国、美国、巴西、智利、阿根廷、肯尼亚等；二是由政府和银行界共同创建存款保险机构，这些国家有比利时、希腊、日本、荷兰、哥伦比亚、菲律宾、土耳其等；三是由非官方的银行同业公会创办存款保险机构，这些国家有奥地利、芬兰、法国、德国、意大利、印度、多巴哥等。① 就上述三种方式而言，第一种方式更符合我国国情。因此，建议在国务院之下组建中国存款保险公司。该公司直属国务院领导，业务上接受中国人民银行的指导和监督。二是实行强制保险原则。关于存款保险的原则，从国外来看，主要有自愿保险和强制保险两种方式。自愿投保方式增加了投保人的选择性，有可能导致顺利时存款人从被保险人的银行转到未保险的银行以获取更高的收益；在银行困难时又会向相反的方向转移。而且，由于存款保险制度需要有相当多的银行参与，以便风险能在众多的参与者之间充分分组，自愿参与时，参与的情况很可能不稳定，与大数法则和概率论相悖。因此我国目前应采取强制存款保险制度，这也是由我国目前尚处于市场经济体制初期，各银行和非银行金融机构的风险意识普遍不强，金融业的监管机构还不健全的因素所决定的。② 三是将存款保险对象规定为在中华人民共和国境内设立的商业银行、城市信用合作社、农村信用合作社等吸收公众存款的金融机构。在我国，有些学者从我国国有商业银行资本充足率较高等考虑，主张将国有商业银行排除在存款保险对象

---

① 唐文琳：《国际金融热点问题研究》，中国时代经济出版社 2002 年版，第 123 页。

② 欧永生：《金融危机问题研究》，中国人口出版社 2004 年版，第 134 页。

之外。对此，笔者不敢苟同。从法律的角度看，国有商业银行是遵循我国《公司法》和《商业银行法》的商业银行，国家是国有商业银行的出资者，但不是其市场活动的担保人。由于金融产品消费具有社会公共性质，国家除对国有独资银行的出资职能外，在制定基础性制度时，对所有金融机构均应一视同仁；从制度规范的角度看，虽然政府能够以其信誉对其出资的国有商业银行进行担保，承担起保护存款人合法利益的义务，但这是一种模糊的、不规范的保护方式，受国家财政状况和政治因素的影响较大，且易使国有银行滋生道德风险。将国有商业银行纳入存款保险体系，不仅有利于存款保险制度建设的规范化和法制化，而且有利于加强对国有商业银行风险行为的监管。很显然，在我国国有商业银行占绝对统治地位的现实情况下，没有国有商业银行参与的存款保险体系远不是一个完整的体系。从公平的角度看，如不将国有商业银行纳入存款保险体系，对其他银行来说，有其不公平之处。① 四是实行部分存款保险制度。世界上对存款保险制度限额的规定不一，如美国规定每一存款账户保到10万美元；德国最高保额为每一存保银行自有资金的30%；法国为每一存款账户40万法郎；日本最高为1000万日元。为了减轻银行巨额保费的压力，我国也可实行部分存款保险制，同时中央银行可以通过降低活期存款利率或保险人将保费收入的一部分返还给投保人的方式来降低银行的经营成本。对于风险管理较好的银行可以实行降低保险费率的办法，一方面减少其成本开支，另一方面促进其加强自身的风险经营管理，减少风险损失的发生，实现双

---

① 贺瑛：《存款保险：理论与实践》，上海财经大学出版社2003年版，第202-203页。

赢。部分存款保险制度可以成功地解决道德风险和逆向选择问题。①

结 束 语

虽然始于美国的金融危机已经过去时日，但其影响却尚未结束，迪拜世界集团遭遇金融危机就是一个最好的例证。在经济全球化的今天，无论我国对金融业采取什么样的监管举措，都无法彻底规避金融危机对我国金融业的影响。鉴此，建立起完善的最后贷款人制度，对有问题的金融机构依法实施救助，对于防止或者减少金融机构破产而带来的社会震荡，无疑具有十分重要的意义。当然，这一制度的建立也不可能一蹴而就，如前所述，其往往需要相关配套制度尤其是一个独立的中央银行制度。与此同时，也需要提高我国央行决策的能力和水平，在救与不救之间作出科学抉择，确实发挥最后贷款人制度的积极作用。

---

① 欧永生：《金融危机问题研究》，中国人口出版社2004年版，第134页。

Research on Lender of Last Resort in China's System in the Context of Financial Crisis

Hua Guoqing

(School of Law, Anhui University, Hefei 230039)

Abstract: Ever since 2007 the global financial crisis has brought a serious impact on many countries's financial institutions, and many of them had to go bankrupt. Although there are various solutions to the financial crisis, the lender of last resort system, which is one of the three cornerstones in safeguarding financial security worldwide, is of great significance to maintain the security of the entire financial system and achieve the objective of financial stability. In China, *Law of the People's Republic of China on the People's Bank of China* does not specify PBC's role of the lender of last resort. And many problems of the system exist in practice. In view of this, this paper mainly analyzes the problems of the lender of last resort system in China, and then gives advice and makes suggestions on it.

Key words: Financial Crisis, The system of the Last Lender, Bank Law

金融自由化：金融危机的法律解读

古小刚*

摘　要：金融自由化是一把双刃剑，一方面极大地推动了金融企业的发展和金融市场的繁荣，另一方面提高了金融行业的风险甚至引起金融危机。通过为混业经营和金融创新提供规则，法律在金融自由化过程中起到至关重要的作用。金融自由化迅速改变金融机构和金融市场，金融监管制度却没有随之进行完善。金融自由化主要通过民商法推动，而金融监管规则主要为金融行政法和金融经济法，处理自由化和监管的关系在法律上就表现为如何保持三个法部门之间的协调。

关键词：金融危机　金融自由化　金融监管　法律协调

2007年美国次级债引起的金融危机仍在全球肆虐，世界经济深受影响。危机又一次引起人们思考：金融体系对经济增长有什么影响？什么样的金融体系对经济增长有利？怎样建立一个对经济长期稳定增长有利的金融体系？① 经济学界和法学界尤为关

---

* 古小刚（1978—　），男，河南焦作人，中南大学经济法方向博士生，河南财税高等专科学校讲师。

① 参见杨德权：《金融发展与经济增长：国外研究综述》，《财经问题研究》2005年3月，第15页。

切,尽管两者在研究路径和方法上有巨大差别,却具有共同的核心概念即金融自由化,这是因为一方面金融自由化是金融危机的主要原因,另一方面这一概念可以把金融危机和法律紧密联系起来,自由是法律的核心范畴之一。金融自由化贯穿于现代金融体系和制度的发展过程,是金融危机法律解读的理论和实践背景,因而金融自由化应该作为金融危机法律解读的核心概念。本文首先介绍金融自由化理论及其影响;然后说明金融自由化的法律实现途径;接着介绍金融自由化的风险以及应对风险的金融监管理论,为引出有关金融法律的研究导向作准备;在对金融自由化和金融危机关系的法律梳理过程中,可以看出危机产生的主要原因是对金融自由化的过度追求以及没有处理好金融自由化、监管和宏观调控的关系,其直接反映就是有关金融的民法、行政法和经济法的互不协调以及过度强调民法在自由化中的正作用,所以不仅要注意三法之间的互动协调,而且要加强经济法在金融自由化过程中对经济的宏观调控。

一、金融自由化理论及其影响

"金融自由化"(finacial deepening)理论是美国经济学家罗纳德·麦金农(R. J. Mckinnon)和爱德华·肖(E. S. Show)在20世纪70年代,针对当时发展中国家普遍存在的金融市场不完全、资本市场严重扭曲和患有政府对金融的"干预综合症"而提出的。① 他们指出"金融压抑"(financial repression)的危害,认为发展中国家经济欠发达是因为存在着金融压抑现象,主张发

---

① 参见罗纳德·麦金农:《经济发展中的货币与资本》,卢骢译,上海三联书店1988年版;爱德华·肖:《经济发展中的金融深化》,邵伏军等译,上海三联书店1988年版。

展中国家改革金融制度，放松对金融机构和金融市场的限制，增强国内的筹资功能以改变对外资的过度依赖，放松对利率和汇率的管制使之市场化，从而使利率能反映资金供求，汇率能反映外汇供求，促进国内储蓄率的提高，最终达到抑制通货膨胀，刺激经济增长的目的。金融自由化理论又称金融深化，因其认为金融可以促进经济的增长，改变了古典经济学对金融的固执看法，又被称为金融发展理论或者是发展经济学的金融部分。

从该理论的发展传承看，麦金农和肖深受自由主义思想的影响。从这种意义上讲，英国哲学家约翰·洛克、亚当·斯密和杰里米·边沁等人在各自的著作中所表述的自由主义思想是麦金农—肖理论的渊源。① 在理论创新方面，改变古典经济学对金融和发展的忽视，认为金融抑制阻碍经济发展，金融深化即金融自由化能够促进经济发展。

相对而言，该理论是对于上世纪 70 年代的发达国家和发展中国家的比较研究中产生，可以认为当时发达国家比较宽松的金融环境已经属于进行时的"自由化"状态，金融自由化或金融深化主要是针对发展中国家而言。实现金融"自由化"是发展中国家促进经济发展的必由之路，所以 70 年代包括中国在内的很多发展中国家对本国金融体制进行重大改革，放松政府对金融机构的控制，使其获得相对宽松自由的竞争环境。

70 年代在发展中国家开始的金融自由化运动，是因发展中国家追求发展的强烈意愿和发达国家及其控制的国际组织推动的合力而产生，在这个过程中发达国家也不断加强对本国金融体系的自由化改革，迄今形成一种世界化潮流。② 金融自由化对实行

---

① 参见赵新伟：《西方金融发展理论综述》，《商场现代化》，2008 年 10 月（下旬刊），第 334 页。

② 参见王文宇：《控股公司与金融控股公司法》，中国政法大学出版社 2003 年版，第 126 页。

金融改革的国家带来经济发展的同时也带来了巨大的灾难,金融危机不仅发生在发展中国家也发生在发达国家,而且发达国家金融危机的危害更加严重。① 始于2007年的次贷危机给风头正健的美国经济当头一棒,大量金融机构破产停顿并影响到实体经济,不倒翁格林斯潘倒了,布什总统不是总统了,其他国家的经济政治也深受其影响,世界经济陷入停滞和倒退。

二、金融自由化的法律实现途径

在这个特殊时间里金融自由化给人们更多的是困惑,需要学界从各个角度加深对其研究。与经济学界堆积成山的对金融自由化和金融危机的规范和实证研究相比较,法学界相对滞后,因此法学界的解读就尤为重要。由于金融自由化是金融危机的直接原因,② 想要厘清金融自由化与金融危机的关系以及金融危机发生过程中法律制度的缺陷,先要探索金融自由化的法律实现途径。

金融自由化的措施主要包括利率自由化、混业经营、金融创新、金融机构准入自由、资本自由流动等。这些措施通过减少或放弃行政机关直接权力干预,赋予银行、保险、证券、信托等机构更多的权利,特别是混业经营和金融创新给予金融机构巨大的

---

① 根据统计,自1970年至2008年,全球发生了124次系统性银行危机,208次货币危机及63次主权债务危机,其中大的金融危机包括70年代西班牙、挪威的金融危机,80年代美国的储蓄信贷机构危机以及东南亚金融危机、90年代北欧芬兰瑞典金融危机和日本90年代银行危机。相关数据来自Luc Laeven and Fabian Valencia, Systemic Banking Crisis: A New Database, IMF Working Paper, Oct. 2008.

② 根据海通证券2008年11月4日的《世界经济月报》所援引的IMF10月份的对1970年以来42次金融危机的研究报告,危机一般以金融自由化和信贷极度扩张开始。

权利空间，在较短的时间内获得长足发展。

(一) 混业经营的法律实现途径

目前国际上金融混业经营主要包括全能银行型和金融控股公司型两种模式。前者以德国为代表，银行经营范围包括存贷款、信托、投资、证券、保险等；后者则以美国为代表，通过金融控股公司控制商业银行、证券公司和保险公司等，其下属各类金融机构在法律上则相对独立。① 全能银行体制变化不大，此不赘述。美国作为金融改革的领先者和国际金融的领导者，不管是混业经营的改革还是金融创新的发展将英美法系的自由理念充分发挥；日本具有特有的混合法系特征是选择其作为论述对象的原因。

混业经营自1999年美国通过《金融服务现代化法》正式得以确立，结束其金融分业经营历史，随着其他国家的跟进，世界金融业进入混业经营时代。② 在此之前各国对于金融市场的管制采取"防弊重于兴利"的管理哲学和政策，往往对金融业采取分业监管的立法模式，对其业务范围也施加诸多限制，以确保银行安全与稳健运营、金融市场有序公平竞争以及避免不同业务的利益冲突。③ 美国的这种谨慎的立法思想源于大萧条及由其产生的1933年《格拉斯-斯蒂格尔法》（Glass-Steagal Act），根据该法案商业银行改变大萧条时混业经营，不得从事投资银行业务，实行分业经营。1956年美国国会进一步要求银行不得从事保险业务，仅允许销售保险产品。但80年代初开始了以放松管制为基础的金融改革，美联储对《格拉斯-斯蒂格尔法》进行富有弹

---

① 参见丁建臣：《当混业经营遭遇监管失灵时》，《国际融资》2007年第3期，第29页。

② 参见张学森博士论文：《金融综合经营法律问题研究》，第111页。

③ 参见王文宇：《金融控股公司法制之研究》，《台大法学论丛》，1999年第33卷第3期，第55-57页。

性的文字解释,即只把银行与以证券为主营业务的公司列为禁止建立系列关系的对象,而银行控股公司只要不是以"证券业务为主",可以通过其证券子公司从事一部分证券业务。① 在法律夹缝中成长起来的混业经营增强了金融机构对金融市场变化的适应性;多元化经营为金融企业的金融产品创建了巨大的发展空间;"超市"的经营方式提高了服务效率,降低了服务成本,这些都满足了银行等金融机构寻找新的利润增长点的需要。② 由于该法案不能满足银行业改革和发展需要,美国联邦储备委员会甚至于 1998 年批准了花旗银行和以保险为主业的旅行者集团高达 7000 亿美元的合并,实质上开始支持混业经营。1999 年通过的《金融服务现代化法》,则废除了《格拉斯-斯蒂格尔法》对混业经营的相关限制,明确规定银行可以参与承销证券业务、承揽保险业务及房地产开发,保险公司、证券公司可以从事银行业务。

日本在"二战"后由于美国的控制以及为治理严重通货膨胀,长期维持其限制型金融体系,实现利率限制和外汇管制,银行业和证券业分离,甚至银行内部的长期信贷业务和短期信贷业务分离。同样在 80 年代,日本的分业监管也开始松绑。1981 年修改银行法,允许银行经办有价证券业务,这是日本金融制度进入综合化时期的一个重要标志。1992 年通过《金融制度改革法》允许银行、证券、信托三种不同形态的金融机构能够以"异业子公司"方式相互渗透,实行业务交叉。③ 1996 年日本经济审议行动计划委员会公布《搞活我国金融系统》的报告,从实现

---

① 参见常健:《我国金融控股公司立法:一个分析框架》,《上海财经大学学报》2004 年第 4 期,第 58-59 页。

② 参见许多奇:《从"分业"到"混业":日本金融业的法律转变及其借鉴》,《法学评论》2003 年第 4 期,第 87 页。

③ 参见张忠军:《金融监管法论——以银行法为中心的研究》,法律出版社 1998 年版,第 183 页。

广泛竞争、资产交易自由化、缓和限制、改革监督体制等方面提出了金融大改革的框架建议,揭开了日本金融大改革的序幕。同年11月,桥本首相明确提出,为了有效利用本国1200万亿日元的个人金融资产,要在2001年全面完成金融大改革。① 大改革将金融控股公司确立为各项金融业务相互渗透的目标,并致力于加强金融商品、业务和组织形态的自由化和多样化。1997年修正《禁止独占法》第9条,解除对金融控股公司的禁令,允许证券、银行和保险等金融机构合并,银行既可以拥有证券和信托银行子公司,也可以收买证券公司或信托公司等形成金融控股公司,并以《金融控股公司整备法》全面提供相关配套法律制度。② 1999年下半年,取消对各类金融子公司业务范围的限制及普通银行长短期业务领域方面的限制,允许普通银行发行公司债。③ 同年日本第一劝业银行、兴业银行和富士银行三家银行合并为瑞穗金融集团,就是以金融控股公司形式成立的。至此,日本完成了由追随美国建立起金融分业经营制度,到先于美国实现进入金融混业经营阶段的转变。

我国台湾地区2001年参考美国的立法例,制定公布了"金融控股公司法"。"金融控股公司法"的颁布,标志着80年代以来台湾金融发展史上第三波金融改革的开始,对台湾地区的金融发展具有重要的里程碑意义。1989年通过的新"银行法"是台湾地区金融业自由化的开端。新"银行法"施行以后,台湾当局先后核准了16家民营银行的开业申请,打破了金融市场的寡

---

① 参见蔡浩仪:《抉择:金融混业经营与监督》,云南出版社2002年版,第85-86页。

② 参见钟晓清:《日本银行业混业经营的演变》,《中国金融》2006年第14期,第65页。

③ 参见陈继东、顾晓燕:《金融控股公司法律的比较研究》,《世界经济与政治论坛》2004年第4期,第82页。

占形态，提供了银行体制综合化与银行业务现代化的契机；为配合金融自由化，台湾当局还解除了外汇管制，推进了台湾金融业的对外开放。但金融自由化的推行也导致台湾地区金融机构的数量过多，竞争加剧和盈利水平下降，竞争力不足。① 为了解决出现的问题，2000 年台湾地区制定了"金融机构合并法"，意图通过推动金融机构的同业合并提升金融机构的规模和竞争力，该法出台以后，预想中的金融机构合并高潮并没有出现，真正的合并只是散见于银行与基层金融机构之间。② 既然金融机构之间的同业合并不容易推动，主管机关于是转向异业结合去思考，于是台湾地区的"金融控股公司法"应运而生。

作为世界金融中心之一的英国的金融自由化的历史与美国大致相同，也有一个从分业到混业的发展过程；③ 与英、美、日等国实行专业化银行制度不同，除了战后被占领的短暂期间，德国自 19 世纪中叶现代银行产生即实现全能银行制度，单个金融机构提供着各种各样的金融服务业务，包括传统的银行业务、投资和证券业务、不动产交易、组织救助陷入财务危机的企业、企业并购等，其间间或改革但一直坚持以银行为中心的全能银行制度。④ 在此期间除发达国家外，许多新兴市场和发展中国家和地区也纷纷追随这股自由化潮流，包括智利、乌拉圭、墨西哥、巴西、阿根廷、新加坡、菲律宾、马来西亚、韩国、中国、泰国和

---

① 参见卫新江，阮品嘉：《台湾〈金融控股公司法〉评述》，《经济社会体制比较》2005 年第 3 期，第 89 页。

② 参见袁隆生：《改革势大力沉 见效尚需时日——台湾近年来改革评述》，《福建金融》2002 年第 4 期，第 42 页。

③ 《英国金融体系》，http://hi.baidu.com/devil_t/blog/item/aa4b6f8db841b112b31bba1b.html，[2009-10-18]。

④ 参见陈柳钦：《德国金融混业经营及其监管》，《重庆工商大学学报（西部论坛）》2008 年第 9 期，第 68-69 页。

东欧诸国，相继颁布了自由化程度不一的金融法律，逐渐放开政府对本国金融业的管制。①

作为普通法系代表的美国从分业到混业的转变具有深刻自由主义烙印，是自下而上的产生，先在严格监管的金融市场上利用法律漏洞和执法者的纵容，形式上符合分业经营的要求而实质上却为混业经营，继而国家有权机关推行混业经营。日本则是由上而下由政府来强力推进金融自由化。而德国几乎一直维持其全能银行理念。尽管各国各有不同，但混业经营的实质都是通过减少国家的禁止性规定和政府机关的控制权力，增加有关金融企业的授权性的民商事立法，废除对单个金融企业只能从事单个金融业务的严格规定，将其经营范围扩大到两种以上的业务范围。

（二）金融创新的法律实现途径

混业经营是金融自由化在业务上的体现，金融机构可以同时从事银行、证券、保险等业务，德国的全能银行甚至可以参股非金融企业。业务范围的延伸为金融创新提供了更为广阔的空间，金融创新是金融自由化发展到极致的表现。②"金融自由化活动的纵深发展成为金融创新活动的直接导火索。"③

金融创新的定义一般是根据著名经济学家熊彼特的观点衍生而来，其成名作《经济发展理论》中对创新所下的定义是：创新是指新的生产函数的建立，也就是企业家对企业要素实行新的组合，即指新的产品的生产、新技术或新的生产方法的应用、新的市场开辟、原材料新供应来源的发现和掌握、新的生产组织方

---

① 参见贺小勇：《金融全球化趋势下金融监管的法律问题》，北京：法律出版社 2002 年版，第 5 页。

② 关于金融创新概念的讨论，参看刘光辉：《对金融创新内涵界定的思考》，《湖北财税（理论版）》2003 年第 12 期，第 21 页。

③ 参见郑振龙主编：《金融工程》，高等教育出版社 2003 年版，第 2 页。

式的实行等。金融创新概念内涵和外延都大大扩展，不仅包括金融业务的创新，而且包括金融组织和金融制度创新的创新。① 金融业务创新包括金融产品、金融交易方式或服务、金融市场等与金融业务活动相关的创新。

金融产品与金融工具、金融服务的概念有重合的部分，也有区别的部分。金融产品是金融机构为开展业务的需要，针对特定市场上顾客的金融需求而设计和推广的产品，其基本形式为独立的或附着于金融工具的金融服务。② 根据国际会计准则委员会（JASC）的定义，金融工具是指"任何形成一个企业的（已确认或未经确认的）金融资产并同时形成另一个企业的（已确认或未经确认的）金融负债或权益性工具的契约"。③ 我国财政部参照 JASC 规则制定的规章中金融工具定义与此一致。④ 而金融服务包含的内容更加广泛，金融市场所能够提供的一切产品都可以成为服务。另外通常金融衍生产品直接也称之为金融衍生工具，因此可以认定金融产品和金融工具尽管有差别，但更多时候是在同一意义上使用，即一种金融合同、合约或者契约。

自 20 世纪 60 年代金融创新就开始渗透到金融市场的所有领域。20 世纪 70 年代之前，西方国家普遍实行严格的金融管制，金融创新以逃避金融监管而展开，70 年代到 80 年代随着各国纷

---

① 参见吴冲锋等主编：《金融工程学》，高等教育出版社 2005 年版，第 47 页。

② 参见翟立宏：《个人金融产品的特性：不同角度的考察及启示》，《经济问题》2005 年第 1 期，第 71 页。

③ 参见李伟：《如何应对金融衍生产品对传》，《辽宁经济》2004 年第 9 期，第 57 页。

④ 财政部颁布的《金融工具确认和计量暂行规定（试行）》第 2 条规定，金融工具指形成一个企业的金融资产并形成其他单位的金融负债或权益工具的合同。

纷纷采取金融自由化政策，金融风险的增加导致金融创新的重点转向对风险的转移和重新分配上。进入 20 世纪 90 年代，国际金融市场一体化、资产证券化、电子信息技术的广泛应用和对金融行业的渗透，国际金融结构和体系发生根本性的变化。

  金融创新突出表现在金融产品的创新方面。① 金融产品的创新主要通过层出不穷的金融衍生品或金融衍生工具实现。金融衍生工具大致可分为四种类型：信用创新型，如用短期信用来实现中期信用，以及分散投资者独家承担贷款风险的票据发行便利等；风险转移创新型，它包括能在各经济机构之间相互转移金融工具内在风险的各种新工具，如货币互换、利率互换等；增加流动创新型，它包括能使原有的金融工具提高变现能力和可转换性的新金融工具，如长期贷款的证券化等；股权创造创新型，它包括使债权变为股权的各种新金融工具，如附有股权认购书的债券等。②

  国际清算银行巴塞尔委员会 1994 年发表的《衍生产品风险管理准则》将衍生产品定义为："广义而言，衍生产品是一种金融协议，其价值取决于一种或多种标的资产或指数的价值。"也就是说，金融衍生工具是指从传统金融工具中衍生而来的新型的金融工具，是根据某种相关资产的预期价格变化而进行定值的金融交易合约，这种相关资产可以是货币、外汇、债券、股票等金融资产，也可以是金融资产的价格，如利率、汇率、股票价格指数等，这些价格往往是不确定的，决定了金融衍生工具往往是一

---

① 参见郑振龙主编：《金融工程》，高等教育出版社 2003 年版，第 2 页。
② 参见叶梦曦：《金融创新的法律保护初探》，《法制与社会》2009 年第 4 期，第 132 页。

种射幸合同。① 在众多品种的金融衍生工具中，射幸合同存在着两种情况：第一种是在衍生合同中，至少有一方当事人的权利义务必须取决、依赖于合同签订以后的不确定事件，包括：远期交易中典型的远期利率协议、互换交易中的利率互换、期权交易，以及期权交易中特殊的利率上限、利率下限、利率上下限等；第二种是交易双方的权利义务从法律关系上看在合同签订之初就已经确定，但其带给当事人的损益以及损益的程度取决或依赖于不确定事件，包括普通的远期交易，即远期合约，以及货币互换、期货交易等。②

资产证券化是国际上最具影响力的金融创新之一，是金融衍生工具衍生的主要过程或方法，比如其中的增加流动创新型和股权创造创新型。所以有人直接将资产证券化定义为一个过程：发起人将缺乏流动性但能在未来产生可预见的稳定现金流的资产或资产集合（在法学本质上是债权）出售给 SPV（发行人），SPV 将取得的单项或多笔基础资产进行重组和信用升级后，再以此为担保发行资产支持证券，并以该基础资产的收益作为保证支付证券的本息。③ 资产证券化过程涉及银行、证券、信托、投资者、借款人等多个金融部门、多个利益主体，是一项典型的跨市场、跨机构的金融创新，没有金融机构混业经营的出现，资产证券化就很难出现，而资产证券化进一步推进了混业经营的发展。资产证券化将缺乏流动性的资产包装成为流动性的证券，资产证券化后的资产受益权可以在市场上流通，提高了资产的流动性，使原

---

① 参见黄风：《射幸契约与衍生金融工具交易》，载杨振山、［意］桑德罗·斯奇巴尼主编：《罗马法、中国法与民法法典化——物权和债权之研究》，中国政法大学出版社 2001 年版。

② 参见王前锋，张卫新：《论金融衍生交易的法律性质》，《政法论丛》2004 年第 6 期，第 80 页。

③ 参见李公科：《论资产证券化的法学定义》，《天府新论》2005 年第 11 期，第 63 页。

始权益人以较低的融资成本获得资金融通（原始权益人兼当服务人时，还可获得服务费收入），并保留完整的决策权。① 资产证券化中银行通过将贷款出售，降低金融机构的风险。②

由于许多金融衍生产品交易在资产负债表上没有相应科目，同时资产证券化是"将资产负债表内低流动性的存量资产所产生的可预见的现金流，转变成可以在资本市场上销售和流通的资产的过程"，③ 因而也被称为"资产负债表外交易（简称表外交易）"，表外业务天生就直接体现了对国家监管的逃避，间接地有利于金融创新主体分散或转移风险。表外交易由于不显示在资产负债表上，而国家监管机构和利益相关的公众投资者就无法获得相关的信息，国家没有权利进行监管，这是民商事法律没有禁止的行为；而投资者由于无法获取准确的信息，加上投机心理的影响，就有利于金融机构分散或转移风险。

混业经营和金融创新运动具有密切的联系。金融创新为突破传统商业银行业务和证券业务提供了可能，促进了分业经营体制的实质性瓦解，混业经营则从根本上废除了分业经营的限制；混业经营为金融创新提供合法性支撑和更广阔的平台。金融创新主要是从金融机构（包括银行和非银行金融机构）角度来看的，金融自由化是从金融监管当局角度来理解的。混业经营可以看成是金融组织创新的一种方式，为金融创新的发展提供更多的业务基础和业务空间，是通过民商法性质的授权立法所赋予的；而金融创新是混业经营的进一步发展，是由于民商法法理"法不禁

---

① 参见黄锡生：《资产证券化基本法律问题之探讨》，《重庆大学学报（社会科学版）》2002年第1期，第70-71页。

② 参见董京波博士论文：《银行资产证券化法律问题研究》第24页。

③ 参见胡旭阳：《我国开展资产证券化的法律环境分析》，《投资研究》1999年第4期，第36页。

止即为法"所默许或纵容的。

三、金融自由化、金融危机与金融监管理论

金融自由化是实体经济和金融市场发展的必然要求，极大地促进金融市场的繁荣，金融机构规模不断扩大，金融创新层出不穷。金融创新的同时，金融市场发生巨大变化，金融风险也一步步积累。为应对新的风险，经济学界开始关注个别金融机构的经营性风险和金融体系的系统性风险，加强监管理论的研究，以应对金融风险和金融危机。相对先行的金融监管理论为法学研究提供了许多素材和思路，由于经济学和法学研究方法、路径的差异，如果不加甄别地挪用经济学的相关理论成果，将造成理论和实践的极大混乱。

（一）金融自由化的风险

1. 混业经营的风险

金融机构的混业经营加上追求利润最大化的冲动，金融风险发生的概率明显增加。传统银行与投资银行等其他金融机构的市场对象、业务手段、服务内容不同。混业经营可能发展成"大而全"，相反分业经营在某种程度上更符合专业分工的需要，利用独特的市场需要站稳脚跟。因此，混业经营降低风险并不是绝对的，风险防范意识和能力的缺乏可能对银行本身产生比分业经营更为严重的危害。[1]

由于各个金融机构的精细分工和专业化程度的深入，不同金融业务存在着很大的差异，因而不同金融业务的交叉带了混合的金融风险。例如商业银行经营证券业务时，商业银行的信贷资金

---

[1] 参见陈绪新：《西方银行业务管制的变迁及对我国的启示》，《长江论坛》2001年第3期，第51页。

通过证券业务进入股票市场,由于商业银行的资金雄厚,给股票市场带来较大冲击,容易催生股票市场的"泡沫",增加了股票市场风险发生的概率。①

在经营上金融控股公司及其子公司是一个整体,某一子公司的危机会通过控股公司作用机制的传递作用而产生"多米诺骨牌效应"和"蝴蝶效应",将风险扩大和传播,使整个金融控股公司都面临风险,严重危及金融机构特别是银行的安全,损害存款人和公众的利益,并可能引发金融系统风险和增加整个金融体系的风险,甚至造成金融危机。②

混业的金融机构拥有更多的获取高收益的途径和方法,并且占有更多的信息,拥有更多获取高收益的投机途径,在这种投机心理的驱使下,金融机构可能从事更高风险的业务,从而加大金融结构混业经营的道德风险。③

混业经营的银行通过贷款以外的业务,将其对货币供应的影响大幅度扩大,使货币当局维持适当货币供给水平的政策目标更难实现,对宏观经济产生更复杂、更难精确衡量的影响。④

2. 金融创新的风险

一部分金融创新的产生就是为了规避风险,但风险却被金融创新进一步扩大,是金融市场"成长的烦恼"。⑤ 20 世纪 90 年

---

① 参见郝英芝:《混业经营下的金融监管模式比较及对我国的启示》,《经济研究导刊》2008 年第 10 期,第 78 页。

② 参见杨蕾:《我国金融业混业经营中金融控股公司的监管》,《林业财务与会计》2004 年第 8 期,第 5 页。

③ 参见刘晓,逄诗伟:《金融混业经营中的道德风险问题》,《中国乡镇企业会计》2007 年第 2 期,第 68-69 页。

④ 关于银行混业经营和开放式基金等对宏观调控的影响,http://kingview.bokee.com/349168.html,[2004-12-08]。

⑤ 参见何国强,罗熙:《论金融创新风险及其法律监管理念——以当前世界金融海啸为背景》,《政法学刊》2009 年第 2 期,第 39-40 页。

代以来,全球几乎每一场金融风暴都与金融创新有关,金融创新对金融风险推波助澜的作用令人谈虎色变。①

金融创新产品的设计制度所存在的缺陷为日后的金融危机埋下了风险隐患。投资者依赖量身定制的金融衍生工具来管理和对冲违约风险。由于这些金融工具缺乏连续交易的透明的市场来为此定价,从而依靠理论模型和人为的参数设定来确定其合理价值,在违约风险发生和流动性缺失的条件下,这些金融工具的交易价格显著背离其模型结果,甚至背离了收益与风险对称和相容的基本原则,导致了许多金衍生工具和产品复杂到了连专业的设计者都无法勾勒出可能的风险流程和隐患,从而使得金融衍生工具在风险管控方面显现出其外强中干的脆弱。②

金融创新具有强大的风险放大效应。资产证券化在提供流动性和分散风险的同时,也使得各类金融机构以流动性为链条捆绑在一起,一旦链条某个环节出现问题,便会引起连锁反应,形成系统性风险,把基础资产市场的信用风险扩散到信用衍生品市场,从而影响到借款人、贷款机构、投资者和监管部门等各个利益群体,形成十分严重的系统性风险即基础资产市场和信用衍生品市场的双重危机。③

混业经营的发展虽然有市场的推动,但通常需要国家相关授权才取得其合法性;而金融创新的发展则更多是金融企业创新逃

---

① 参见高山:《金融创新、金融风险与我国金融监管模式研究》,《河南工程学院学报(社会科学版)》2009年第3期,第36页。

② 复杂性与"紧耦合"是理解金融体系混乱和金融危机的核心概念,并且二者之间具有密切的关系,紧耦合类似于风险的放大效应,有关论述可以参看理查德·布克斯塔伯:《我们自己创造的魔鬼——金融创新、复杂性与金融危机》,中信出版社2009年版。

③ 参见时辰宙:《现代金融创新风险研究——基于美国次贷危机的视角》,《河北金融》2008年第6期,第35页。

避国家监管的活动，给金融市场带来更多的不稳定因素。不管是混业经营模式还是金融创新都增加金融市场的风险，提高了国家对市场监管和宏观调控的要求，在保持市场发展的活力和维护市场的稳定性之间，国家往往有意无意地选择了前者，再加上金融市场监管和调控的复杂性，制度建设处于严重滞后状态。

（二）金融监管理论及其对法学研究的启示

对金融自由化的缺陷需要进一步完善有关的监管、宏观调控以及法律制度，由于不同的国家金融自由化的程度差距很大，有不同的金融体系和金融制度，每个国家面对的问题更体现差异性，所以相关的问题的解决也是具体化的。这种个别化并不影响问题本身的相似性，具体解决方法固然重要，但同一的原则也不可或缺。

1. 经济学金融监管理论的梳理

作为对金融法的研究，有关经济学界的研究不仅是资料来源，也是一种法理基础，梳理有关的金融论述，了解金融学发展的观点，有利于法学界研究的完善。法学界的研究则有助于更加全面和多角度的认识金融自由化以及金融危机，有利于更加全面和系统性的解决方法的出现。

关于经济自由化和金融监管的关系，金融监管的理论基础来源于微观经济学里的市场失灵理论，金融市场的诸多缺陷靠市场机制自身的力量无法克服，而必须依靠金融监管来克服。[1]有学者不仅关注市场失灵，还进一步论述其他三方面的原因：一是遵循着一种危机导向的发展路径，讨论银行体系的安全（稳定）性对监管的需要；二是围绕监管所起的作用是"扶持之手"还是"攫取之手"展开讨论，产生了"代表假说"、"俘获理论"、

---

[1] 参见胡琴：《金融监管理论研究综述》，《北京政法职业学院学报》2008年第3期，第88-89页。

公共利益论、消费者利益论、政府掠夺论、特殊利益论和多元利益论等多种观点；三是从法律不完备角度论述监管的必要性。①

有人认为金融监管的历史可分为三个阶段：20世纪30年代以前是金融监管理论的产生阶段，立足于金融安全和稳定优先；20世纪30年代至80年代为金融监管理论的发展阶段，金融安全目标与金融效率目标的交替站主导地位，金融自由化本阶段后一时期的潮流；进入20世纪90年代后为金融监管理论的成熟阶段，注重安全目标与效率目标融合和均衡。② 同时总结金融监管体制主要有以下三种模式：机构型监管、功能型监管和目标型监管。机构型监管亦称为分业监管，是以金融机构的种类来建立监管主体，其监管高度专业化，只根据金融机构的性质而不管其业务的性质。功能型监管是以金融业务的种类来划分监管领域，即一个给定的金融活动由同一个监管者进行监管，而不再考虑该活动由何种金融机构从事。③ 目标型监管强调基于金融监管目标来设计监管体制，它要求首先明确监管目标，然后再将监管目标准确无误地传递给监管机构。④

还有一种很重要的金融监管分类，即以美国为代表的多头监管模式和以英国为代表的单一监管模式，两种模式各有其优劣势，但理论倾向于支持单一监管模式。⑤ 谁对银行监管主要涉及

---

① 参见劳海燕、樊永宏：《为何需对银行进行监管？——理论总结和文献综述》，《西南金融》2008年第7期，第25-27页。

② 参见胡琴：《金融监管理论研究综述》，《北京政法职业学院学报》2008年第3期，第89页。

③ 功能型金融监管的概念主要来源于"功能观点"学说，该学说是由1997年诺贝尔经济学奖得主Merton和Bodie等人最先提出的。

④ 这种监管思想是由Taylor和Goodhart提出的。

⑤ 参见汪涛、郭宁：《金融衍生品监管模式国际比较与经验借鉴》，《商场现代化》2008年9月（上旬刊），第373-374页。

两个问题：首先是中央银行是否银行的监管者并对其监管负责；第二个问题是单一监管是否优于多头监管？① Donato Masciandaro 较有新意，其对68个国家金融监管组织的实证研究得出了以下结论：如果一个国家符合下列条件：（1）中央银行在金融监管中的参与程度较低；（2）金融市场中资本市场比较发达；（3）金融市场规模占国内生产总值较低；（4）政府公共治理结构较好，那么这个国家采取单一金融监管组织结构会提高监管的效率。反之，如果中央银行在监管中居于主导地位或者本国的金融市场欠发达的国家，则适合采取多元的金融监管组织结构。② 金融管理当局在制定经济金融政策时应充分将宏观经济运行的背景、态势和微观市场机制结合起来考虑，以免宏观经济政策的制定和实施破坏了微观市场的运作机制。③

2. 经济学金融监管理论对法学研究的启示

金融自由化是要放松金融监管，给金融机构更多的权利，可以从事更多的金融业务，便于分散风险和应对国内外的同行竞争，在金融市场健康有序发展的同时，促进实体经济发展，但是金融专业化理论只是要求放松监管而不是不管制，放任金融机构的行为。金融自由化理论的缺陷就表现在只提出自由化的方向路径选择，却没预测金融自由化过程中可能出现的风险或问题，当然就不会关注这些风险的性质，也没有全新的金融环境提供配套的监管理论。因此，金融自由化在其发展了二三十年的历程中并非一帆风顺，特别是上世纪90年代之后，危机频仍，使人们不

---

① 参见谢玉梅：《国外银行监管理念比较分析》，《现代经济探讨》2004年第5期，第57页。

② 参见纪崴、张威：《从效率角度研究金融监管组织结构的选择》，《上海经济研究》2008年第6期，第82-83页。

③ 参见时辰宙：《现代金融创新风险研究——基于美国次贷危机的视角》，《河北金融》2008年第6期，第36页。

断加深对金融专业化"成长的烦恼"的认识。

金融专业化的发展带来的重复监管、监管真空、监管盲点、功能监管丧失、监管俘获、监管成本飙升等难题，在某一段特殊的时期不仅不能为经济发展提供有力的支持，反而使金融市场和实体经济再次被伤害，这就需要监管实践的改善和监管理论的发展，从监管和金融自由化的关系、监管理论的历史分期和自由化发展阶段的吻合都直接证明了自由化对监管理论发展的促进。

监管理论的发展更多是在总结各国实践和法律制度的基础上产生，往往称之为"监管模式"或"监管体系"，这些研究更多是相对抽象的宏观理论，主要涉及中央银行是否仅涉及货币政策等宏观调控政策，金融行业的监管是一个主题还是多个主体，央行和其他一个或多个监管机构是何种关系以及如何协调多个监管机构之间的关系。各种监管模式各有优劣，有大量的比较研究存在。只是缺乏进一步细致的研究，比如在符合什么样的条件下，使用何种监管模式更有利于某国的金融市场和实体经济的发展，很少有学者涉猎。

金融自由化不仅涉及金融市场的自身的发展，而且与国家权力的运行和法律制度维护密切相关。金融自由化表现为国家权力从对金融管制的减少或减弱，减少或减弱的方式是通过法律制度来保证的，这从前面对混业经营和金融创新的梳理可以得出。除了以德国为首的全能银行体系，世界大多数国家金融体系都遵循混业——分业——混业的发展过程，而这个过程正是金融自由化的过程，这也与金融监管理论的三个阶段划分重合。所以金融自由化正是现代金融百年发展史中经济学和法学发展的共同核心词语，法与金融理论是一个直接的证明。①

---

① LLSVD 的法与金融理论以 49 个国家为样本，以实证方法得出金融环境越自由，对投资者包含越充分，金融市场发展的越好；英美法系相对金融法系而言其金融环境更自由，金融市场也更发达。

监管理论为法学对金融的研究提供了直接的素材,要克服金融自由化"成长的烦恼",经济学中监管理论的研究是必不可少的。法学研究监管理论,首先要厘清"监管"的意义。经济学中的监管和法学中的监管差别较大,法学中的监管有特定含义,通常仅指行政法中所规定的行政机关的行政监管,① 但经济学监管不仅包括行政机关的监管,而且包括国家宏观调控,有时甚至还包括行业自律和金融机构公司治理的自我约束。经济学的监管是一个宽泛的概念,将可能的可以克服金融自由化缺陷的所有因素都包含在内,这样的概念有利于主流经济学模型的构建,尽可能减少涉及的变量以方便模型的建立和论证。

四、初步结论:金融自由化的法律研究导向

金融自由化自20世纪80年代以来成为国际金融发展的潮流,在促进金融市场繁荣的同时,给金融的监管带来了一系列难题,而监管的滞后和监管制度建设的缺位导致金融危机时有发生,最近的就有美国的次贷危机。

经济学关于金融自由化的理论对于金融自由化的发展具有一定的指导和推动作用,而金融自由化的实践的发展正是通过修订有关金融机构的业务范围,采取混业经营以及金融机构不断运用

---

① 参见陈岱松:《证券上市监管法律制度国际比较研究——中国证券发行上市法律制度的构建思考》,法律出版社2009年版。该书中第三章为证券上市的准入监管——证券发行审核制度国际比较;第四章为证券上市的标准监管——证券上市法定要件国际比较;第五章为证券上市监管的核心辅助制度——信息披露法律制度分析,其实就是行政机关根据相关行政法律相关规定进行的行政管理。成向阳的博士论文《论金融衍生工具的国际监管》以及熊玉莲的博士论文《金融衍生工具法律监管问题研究》从其行文来看,也是在行政监管的意义上来使用。

各种方式进行金融创新的结果。混业经营的发展是两种法律和两种权利（力）相向运动，一方面国家废除有权机关有关金融机构经营范围的行政法规，另一方面通过民商法扩大金融机构的经营范围；一方面是国家有权机关权力的退出，另一方面是作为特殊经营主体的金融机构权利的扩大。而金融创新就是直接利用民法任意性规范的性质，通过合同的方式创造性地使用各种组合方法，将缺乏流动性的资产包装成具有流动性的资产，出售给相关的投资者，实现金融机构风险的分散。总之，金融自由化是在民商法的制度及其理念支持下不断发展起来的，也可以说在行政法不断让权的支持下各个国家金融市场不断壮大。也正是行政法和民商法的一退一进或者一废一立，使金融风险不断扩大和监管理论的发展，可惜的是造成一种错误观念：金融市场的发展和稳定或者金融危机的预防和应对只需要民法和行政法就可以了。

再加上，经济学和法学同时使用"监管"一词来研究金融自由化"成长的烦恼"，以希望只享用金融自由化的好处，而不用担心起负面效果。经济学监管意义宽泛，不仅包括行政法意义上的监管，而且还包括宏观调控监管、行业自律监管甚至金融机构自身治理机构的优化。而法学界在借鉴经济学监管的研究成果时，在错误观念的影响下，对"监管"的内涵和外延未经甄别，采取拿来主义的方式，直接应用于金融自由化和金融危机的法律研究中。由于法学和经济学监管意义的不对称性，法学界于金融自由化和金融危机的研究主要集中在民商法和行政法方面。这种理论上的误解，既不能为金融法律实践提供正确的指导，也不能为相关理论和法律的精细研究提供稳固的基础。

监管是由于针对金融自由化可能导致的混乱和危机而产生，在这个意义上经济学和法学的认识是一致的。因此法学在研究该类金融问题时，首先关注有关金融自由化的民商法，然后是行政机关有针对性的监管，在监管的同时要注意对金融市场宏观调控。也就是说，金融危机的应对反映在法学方面就是处理好所谓的金融交易法、金融监管法和金融调控法的关系，即有关金融的民商法、行政法和经济法应该自然衔接，有关金融监管机关之间以及和宏观调控机关之间协调共处，构成可以在金融自由化和金融稳定之间获得动态平衡的和谐金融秩序。

在金融交易法中金融机构是法律主体，可以积极主动作出自己的行为；而在金融监管法和金融调控法中金融机构和金融市场则处于相对被动的地位，这种系统的研究才可能对金融机构及其行为有全面的认识，结合金融机构发展的历史对其行为才会有准确预测，更好地发挥自由化的益处而且避免其弊端。这样一种"解决问题"的金融法律研究的导向或者方式，以处理现实中的问题为导向，不是为理论而理论，却可能真正地解决问题，并且不排斥理论，而是建立在清晰的理论界定前提下的，可以对现有的研究作出一定的判断。

所谓理论前提，就是要清晰地界定和判断金融行为的法律性质，是属于民商法，还是属于行政法或者经济法，大体的标准就是属于平等主体交易的权利和行为的就是民商法性质，具体的监管属于行政法，而金融宏观调控行为就属于经济法。① 金融市场上的三种行为，具有不同法律性质，分属不同的法律来调整，使用不同的法律调整方式、原则、程序和机关。② 这就为理论前提又提出两个方面要求：一方面，需要民商法、行政法和经济法有一个相对清晰的区别标准，足以使人们对有关行为的性质有大致

---

① 参见唐锦虹 2007 年第 3 期《福建金融》的《论金融监管法的地位》一文，其认为金融监管法是属于市场规制法，是对经济法调整范畴的扩大。

② 经济法学界已经有许多人注意到这个问题，可以参见刘志云、卢炯星：《金融调控法与金融监管法关系》，《西南政法大学学报》2005 年第 8 期，第 3-9 页；董玉明、贾爱玲：《金融调控法与金融监管法比较研究》，《山西财经大学学报》2000 年第 8 期，第 69-72 页。

清楚的归类；另一方面，需要对国家权力有清晰的界定，可以使金融监管机构之间以及金融监管机构和中央银行界限分明而又配合默契。

所以，现有的关于金融监管的法律研究可能存在两个问题，一个是金融监管性质认识有误区，另一个是"解决问题"的系统研究导向。① 金融调控法的研究相对落后，但对金融自由和金融危机中的法律而言，金融调控法具有天然的优势，它既顺应金融自由化的法律潮流，满足金融自由化中金融机构权利的要求，又可以化解金融风险。金融调控行为采取引导促进的方式，并不直接影响市场主体的权利义务，但通过相关政策工具或者杠杆的传导作用，使金融机构对自己的行为主动作出改变，从宏观上避免金融危机的发生。

---

① 金融法研究中另一个并非不重要的问题就是认为金融监管法和金融调控法都属于经济法，前者属于市场规制法，从而将与金融相关的行政法内容全部纳入经济法领域。这也算两个问题的另一种极端表现，可以参见上页注②，有人对其进行批判并认为金融监管法属于行政法的内容，岳文婷：《金融调控法论》，《中北大学学报（社会科学版）》2007 年第 2 期，第 10-13 页。

Financial Liberalization: Legal Understanding of Financial Crisis

Guo Xiaogang

(School of Law, Central South University, Changsha 410083)

Abstract: Financial liberalization is a double-edged sword, because on the one hand it promotes the financial enterprise and financial market, on the other hand it rises up the risk of financial industry and even brings about financial crisis. By providing the rule about the mixed operation and financial innovation, law plays a key role in financial liberalization. Financial liberalization changes financial enterprise and market, but the relating regulation cannot follow the change. Financial liberalization is drove by civil law, while the rule of financial regulation is chiefly administrative law and economical law about finance. As a consequence, how to deal with the relation of liberalization and regulation in law reflects on how to coordinate the three legal departments.

Key words: Financial Crisis, Financial Liberalization, Financial Regulation, Legal Coordination

金融危机与竞争法

金融危机下竞争政策变化的比较考察和机理剖析

应品广[*]

摘　要：历史上的经济衰退总是伴随着竞争政策的放松甚至废弃，但是如今的这场危机并未在主要国家和地区造成竞争执法的实质性衰退，在有的国家如美国甚至明确地加强了竞争执法。究其原因，主要在于认识到了放松竞争执法可能给经济恢复造成的不利影响。因为以经济衰退为借口的反竞争行为在危机时刻必然是不减反多，必须依靠竞争政策的实施进行有效抵御；竞争政策也有必要成为一道维护市场竞争机制的防火墙，防止政府强化监管和加强调控给市场竞争带来的负面影响。面对我国短暂的竞争执法历史以及政府介入经济运行的一贯传统，在目前的形势下，更应该坚持竞争

---

[*] 应品广（1984—　），男，浙江人，华东政法大学竞争法研究所成员，经济法学博士生。

政策有效实施的底线,关注政府主导式的反竞争行为可能给竞争性市场结构带来的扭曲和影响。

关键词: 金融危机　竞争政策　产业政策　政府主导

由美国次级贷款问题引发的金融危机迅速地席卷全球,各国纷纷出台以担保、注资、投资和产业振兴为主要特色的经济拯救和刺激计划。在经济持续衰退和政府不断加强经济干预的特殊背景下,为了刺激经济恢复并与政府的其他政策相协调,竞争政策是否有必要放松执行甚至让位于以产业政策为主的其他经济政策,已经是摆在各国政府面前的一个问题。在历史上,"任何危机时期,反垄断似乎都是一个国家无法负担的奢侈品"。[1] 但是从目前的情况来看,尽管金融危机下的竞争政策在不同国家呈现出了不同的版本,但是并未出现竞争政策全面放松的迹象,在有些国家甚至出现了加强竞争政策执行的情况。然而,不可否认的是,竞争政策实施的各种版本都反映了在金融危机下,竞争政策与以产业政策为主的政府管制和调控措施之间存在的内在冲突。

一、各国竞争政策变化的不同版本

(一) 英国:金融稳定成为反垄断审查的豁免因素

英国竞争政策的变化主要体现在 2002 年《企业法》的修订,该修订使得"英国金融系统的稳定"成为公共利益的考量因素,并可以据此豁免合并的反垄断审查。按照《企业法》的规定,当合并涉及公共利益问题时,国务秘书有权进行干预并进

---

[1] Daniel Crane, Antitrust Enforcement during National Crises: an Unhappy History, Global Competition Review, December 2008, http://www.globalcompetitionpolicy.org. [2009-10-25].

行审查。原本《企业法》第58条只指明了一种公共利益案件，即与国家安全有关的案件，但是新的修订使得与金融系统的稳定有关的案件明确成为《企业法》上所称的公共利益案件。这直接加强了国务秘书在金融市场合并案件中的话语权，间接地削弱了公平贸易局和竞争委员会的竞争执法权。

  整个事件起源于 Lloyds 公司对 HBOS 公司的收购。Lloyds 和 HBOS 都是在英国开展业务的金融服务公司，2007年两者在英国的营业额分别达到了180亿和42.5亿英镑。收购协议是在2008年9月达成的，此时正是全球金融危机蔓延的时刻。根据英国竞争法的相关规定，该合并要提交公平贸易局进行反垄断审查。2008年9月18日，国务秘书根据英国2002年《企业法》之规定，针对该合并向公平贸易局（OFT）发出了干预通知（the intervention notice），指出英国金融系统的稳定应该成为《企业法》第58条所规定的公共利益考量因素，因此与合并的反垄断审查直接相关，要求公平贸易局在2008年10月24日之前向国务秘书提交一份分析报告。公平贸易局如期提交了报告，认为收购很可能会导致限制竞争的结果，应该交由竞争委员会展开进一步调查。与此同时，英国政府引入了一项法律议案，拟将"英国金融系统的稳定"作为一项特别因素，纳入到2002年《企业法》第58条关于公共利益的考量之中。该议案最终获得了议会通过，并于公平贸易局向国务秘书提交报告的当天正式生效。根据最新的法案，2002年《企业法》第58条第2C款之后新增了第2D款，将"保持英国金融系统的稳定"作为该条所称之"公共利益"的考量因素。[①] 2008年10月31日，国务秘书根据新

---

① See "The Enterprise Act 2002 (Specification of Additional Section 58 Consideration) Order 2008", http://www.opsi.gov.uk/si/si2008/uksi_20082645_en_1#f00001. [2009-10-25].

的条款,决定不再将该合并案提交竞争委员会做进一步调查。在长达 9 页的决定中,国务秘书 Lord Mandelson 引用了大量来自英格兰银行、英国金融服务管理局和英国财政部的建议,阐述这一并购交易给英国金融系统的稳定所带来的好处要超过并购可能带来的反竞争影响,因此该项决定是符合公共利益的。① 但是国务秘书的决定在竞争上诉法庭遇到了挑战。一群账户持有人、银行雇员和商业人士组成了所谓"合并行动小组"(Merger Action Group),向竞争上诉法庭提起了诉讼,认为金融服务管理局的观点充满了事实和法律的错误,而国务秘书对这样的观点过分依赖,滥用了其职权,忽视了原本应该优先考虑的公平贸易局的观点。但是诉讼最终于 2008 年 12 月 10 日被驳回了。②

这一系列争议的核心实际上反映了代表竞争政策执行的公平贸易局和代表政府管制和产业政策执行的英国金融服务管理局之间对于合并事件的不同态度。现在的问题是,国务秘书在将来是否还会依靠修订后的第 58 条主张其权力,以及修改法律并将金融市场的稳定作为"特殊考虑",是否会对以后的竞争法实施产生深远影响。

(二) 欧盟:规则不变,执行灵活

自金融危机爆发以来,欧盟和各成员国都已经采取了一系列的紧急行动。比如欧盟委员会在 2008 年 9 月 26 日就通过了《欧

---

① Decision by Lord Mandelson, the Secretary of State for Business, not to refer to the Competition Commission, the merger between Lloyds TSB Group plc and HBOS plc under Section 45 of the Enterprise Act 2002, October 31, 2008, http://www.berr.gov.uk/files/file48745.pdf [2009-10-25].

② See the submission, http://www.mergeractiongroup.org.uk/ [2009-10-25].

洲经济复兴计划》(A European Economic Recovery Plan),① 希望一方面通过短期措施刺激需求、增加就业并重拾市场信心,另一方面通过"有效投资"取得长期的经济增长。各成员国更是纷纷出台了一系列的国家援助(state aid)计划,对本国的金融机构进行担保、注资和重组。实际上,国家援助即便在经济正常运行时期也是不可避免的,欧盟27个成员国每年的国家援助资金就至少在500亿欧元以上。② 但是在经济衰退时期,国家援助的范围和规模都大大提升了。目前各成员国提出的注资计划已经超过了2万亿美元,远远超过了美国7000亿美元的救市规模。在这样的特殊形势下,委员会目前已经批准了一系列支持金融稳定的援助计划,包括丹麦、芬兰、葡萄牙、爱尔兰、荷兰、瑞典、法国和意大利的担保计划,西班牙的注资计划以及德国、英国和希腊的一揽子援助计划等。③ 国家援助在欧盟的迅速通过很容易让人怀疑委员会对欧盟竞争法上国家援助规则的实施已然成为了"橡皮图章",在金融危机下无法真正发挥其应有的功能。委员会的通告中也指出:考虑到金融危机的严重性和对成员国经济的巨大影响,委员会认为特定种类的国家援助在一定期限内实施是正当的,经过欧共体条约第87条(3)(b)的审查,可以宣布为与共同体市场相协调。④

---

① Communication from the Commission to the European Council, COM (2008) 800.

② Lowri Evans, State Aid in Perspective Europe, UK and Wales, http://ec.europa.eu/competition/speeches/text/sp2008_10_en.pdf [2009-10-25].

③ Neelie Kroes, EU State Aid Rules—Part of the Solution, Speech Delivered at the EStALI Conference, Luxembourg, December 5, 2008, http://ec.europa.eu/competition/speeches/index_2008.html [2009-10-25].

④ Communication from the Commission — Temporary Community Framework for State Aid Measures to Support Access to Finance in the Current Financial and Economic Crisis, Official Journal of the European Union, Jan. 2009.

但是很难据此认为欧盟实际上已经放松了竞争政策的执行。欧盟对国家援助计划的竞争审查和批准更多地体现了竞争政策实施上的灵活性，而非为了应对金融危机放松了竞争政策的执行。欧盟也确实对一些违反国家援助规则的援助计划发起了挑战：比如爱尔兰政府曾经宣布过一项银行担保计划，只支持那些母公司位于爱尔兰的银行，给母公司位于国外的爱尔兰银行造成了损失。欧盟通过与爱尔兰政府协商，明确了这一结果是任何一方都不想看到的，从而改变了援助计划进行。① 实际上，为了应对金融危机下国家援助的特殊形势，欧盟委员会在 2008 年 10 月 13 日就专门发布了《委员会通告：当前金融和经济危机下关于金融支持的国家援助临时框架》（以下简称《临时框架》），对国家援助的原则、条件、期限以及调整措施等作出了规定。② 2009 年 2 月 25 日，根据国家援助规则在金融危机形势下的实际实施情况，委员会又通过了《临时框架》的修正案，③ 更加明确地指出"成员国在向委员会申报国家援助计划时，必须证明所进行的国家援助对矫正成员国严重的经济失调是必要的、适当的和均衡的"，并对很多具体衡量标准作出了修正。为降低国家援助

---

① Neelie Kroes, "The State Aid Action Plan: A roadmap for Reform and Recovery", Conference on "The New Approach to State Aids—Recent Reforms under the State Aid Action Plan and Next Steps", Brussels, 21st November 2008, http://europa.eu/rapid/pressReleasesAction.do?reference = SPEECH/08/634&format = HTML&aged = 0&language = EN&guiLanguage = en ［2009-10-25］.

② Communication from the Commission—Temporary Framework for State Aid Measures to Support Access to Finance in the Current Financial and Economic Crisis, OJ C83 of April. 2009.

③ Communication from the Commission—Amendment of the Temporary Framework for State Aid Measures to Support Access to Finance in the Current Financial and Economic Crisis, http://ec.europa.eu/competition/state_aid/legislation/atf_en.pdf ［2009-10-25］.

对相关市场的竞争者、其他行业以及其他成员国的竞争扭曲,欧盟在金融业救助行动中主要强调了以下竞争政策:(1)客观标准和非歧视原则。成员国境内所有的金融机构以及在成员国有重大经营活动的机构都应包括在债务担保计划内。(2)国家援助措施的临时性和有限性。国家援助是在欧盟金融市场功能受到破坏的特殊情况下实施的,属临时性的紧急措施。债务担保、注资规模等应限制在最小范围,如债务担保以小额存款为主。(3)制订相应的保障措施。包括:成员国的担保和注资计划需经欧盟批准;成员国每6个月对担保计划进行一次审议并将结果报欧委会;约束金融机构的行为,包括限制银行在广告中提及受到国家担保,禁止利用国家资金进行商业扩张、股权买卖以及为管理层安排新的股票期权等。欧盟还对成员国进行金融机构强制清算、本国中央银行资金及其他资金介入时应掌握的原则作出了规定。①

与国家援助规则一样,委员会也打算"继续适用现有的合并规则",因为"不管是从短期的金融稳定还是从中期竞争性市场结构的维护来看,合并规则的(继续)适用都能够对消费者福利进行全方位的保护"。② 但是在具体实施过程中,也可以采取灵活性措施。欧盟委员会已经声明,在"紧急情况或没有假定的竞争影响的情况下",③ 将对《关于企业集中控制的理事会

---

① 《欧盟竞争政策与金融危机应对》,来源于商务部网站:http://fldj.mofcom.gov.cn/aarticle/d/200812/20081205960979.html,[2009-10-25]。

② Neelie Kroes: Dealing with the Current Financial Crisis, Address before the Economic and Monetary Affairs Committee, European Parliament, Brussels, October 6, 2008, http://ec.europa.eu/comm/competition/speeches/index_2008.html,[2009-10-25]。

③ Neelie Kroes: "Dealing with the current financial crisis", Address before the Economic and Monetary Affairs Committee, European Parliament, Brussels, October 6, 2008, http://ec.europa.eu/comm/competition/speeches/index_2008.html,[2009-10-25]。

第139/2004号条例》(《合并条例》)第7条采取变通性的执行方式。①这实际上加速了合并交易的执行,一定程度上成为政府援助计划的一部分。比如,在等待委员会合并批准的期间内,BNP Paribas 公司就已经开始视察 Fortis Bank Belgium 公司的股票交易情况,并对其进行了实质性的注资,以维持其业务运行。再者,虽然委员会很少可能会缩短合并申报的期限,但是它完全可以在申报内容和申报材料的要求上放宽要求,减轻合并交易当事人的申报负担和举证负担。②

因此,尽管并没有明确的官方指示或结论,但是通过考察欧盟自金融危机爆发以来竞争政策实施的情况,可以得出欧盟在竞争政策执行上基本上遵循了以下两大思路:第一,面对与金融危机有关的竞争问题,确保规则实施的一致性与稳定性,防止对欧盟统一市场造成扭曲和破坏;第二,在竞争规则的实施过程中赋予实施主体充分的灵活性,以期为委员会和各成员国介入危机处理提供最大可能性和合法空间,为市场经营者树立信心。概括来说,就是竞争政策的基本规则不变,但是执行上可以相对灵活。正如欧盟委员会负责竞争事务的委员 Neelie Kroes 多次提及的,"竞争规则是解决危机的一部分,而不是问题的一部分"。③但

---

① 《合并条例》第7条规定,对"具有共同体规模的集中"或应由委员会根据第4条(5)进行审查的集中,在申报之前不得执行,申报后,直到委员会依第6条(1)(b),第8条(1)或(2)作出决定,或依第10条(6)作出推定,宣布其与共同市场相容之前,均不得执行。

② Ravichandran, Dr. Krishnamurthy, Effect of Financial Crisis over Mergers and Acquisitions in GCC Countries (March 15, 2009), SSRN: http://ssrn.com/abstract=1360249 [2009-10-25].

③ See Neelie Kroes, Competition Policy and the Financial/Banking Crisis: Taking Action, Open Letter Available at: http://ec.europa.eu/commission/barroso/kroes/financial_crisis_en.html, as repeated, e.g., in Commission Press-release IP/08/1453 of October 2, 2008, "State Aid: Commission Approves German Rescue Aid Package for Hypo Real Estate Holding AG" and again on December 2, 2008 in a Briefing with EU Economics and Finance Ministers (see MEMO/08/757).

是欧盟确实遭遇了化解金融危机的两难困境：一方面要支持成员国政府介入经济，因为国家援助已经成为拯救金融危机不可避免的方式；另一方面又要保持行动的整体一致性，防止对一体化经济造成影响。

（三）美国：竞争政策的全面加强

相比布什政府，可以毫不夸张地说，奥巴马政府在竞争政策的实施问题上已经呈现出了全面加强的味道。在还是总统候选人的时候，奥巴马就已经表示一旦当选，他将领导他的政府"加强反托拉斯执行"。① 新一届的司法部反托拉斯局和联邦贸易委员会也充满了积极执行反托拉斯法的人士。联邦贸易委员会即便是在布什政府下也是积极执行反托拉斯法的典范，而新任主席 Jon Leibowitz 也已经明确表态，联邦贸易委员会在反托拉斯执行上将继续保持一致。② 司法部反托拉斯局在过去的 8 年中一直被认为是反托拉斯执行的保守派，但是以 Christine Varney 为首的新一届的反托拉斯局也已经开始转换风向标，迈向更加严格执行反托拉斯法的道路。最典型的例证莫过于新上任尚不到半个月，Christine Varney 就宣布撤回上一届反托拉斯局发布的一份报告，认为这份名为《竞争和垄断：谢尔曼法第 2 条下的单一企业行为》的报告为政府的反托拉斯执行设置了太多障碍，对原本应

---

① Leslie C. Overton, Ryan C. Thomas, Antitrust Enforcement in the Obama Administration, April 2009, Jones Day Commentaries, http://www.jonesday.com/pubs/pubs_detail.aspx?pubID=S6176 [2009-10-25].

② Remarks of Chairman Jon Leibowitz, 36th Annual Conference on International Antitrust Law & Policy, Fordham Competition Law Institute at Fordham Law School, September 24, 2009, http://www.ftc.gov/speeches/leibowitz/090924fordhamspeech.pdf [2009-10-25].

受第 2 条约束的特定行为过于谨慎。① 而这一报告是上一届的司法部和联邦贸易委员会历时一年，举行一系列的公开听证会，广泛听取了律师界、学术界以及商业代表的意见后制定的，意在为企业、消费者以及政策制定者提供反托拉斯法下单一企业行为的分析框架。② 正如有学者指出的，上一届反托拉斯局在反托拉斯执行上的失败和所产生的影响使得新一届的反托拉斯局"必须在健康的市场竞争和反托拉斯执行之间重新恢复平衡"，而以下四个目标将带领反托拉斯局走向一个成功的道路：第一，在经济衰退时期创造一套渐进的反托拉斯执行体制；第二，调整过去 8 年反托拉斯执行的缩水趋势；第三，放弃上一届司法部的单一企业报告；第四，回复司法部提起合并诉讼的能力和勇气。③

但是伴随竞争政策的加强趋势，美国政府的经济拯救计划也在层层推进。为应对金融危机，美国国会于 2008 年 7 月 30 日通过了《住房和经济复兴法案》，宣布拨款 3000 亿美元在联邦住宅管理局管理下成立专款专用基金，为 40 万个逾期未缴贷款的家庭提供担保。时任美国总统布什又于 2008 年 10 月 3 日签署了《紧急经济稳定法案》（Emergency Economic Stabilization Act)，美国国会授权政府动用多达 7000 多亿美元的资金向处于困境之中的金融机构购买房贷支持债券以及其他债券，主要目的是为了恢复金融系统的流动性和稳定性，增强投资者信心，保护

---

① Justice Department Withdraws Report on Antitrust Monopoly Law, May 11, 2009, http://www.usdoj.gov/atr/public/press_releases/2009/245710.htm, [2009-10-25].

② Justice Department Issues Report on Antitrust Monopoly Law, September 8, 2008, http://www.flwzdq.com/gwzhengfujigou/fa23597/index.htm [2009-10-25].

③ David Balto, Restoring Trust in Antitrust Enforcement, May 2009, http://www.americanprogress.org/issues/2009/05/pdf/balto_antitrust.pdf [2009-10-25].

存款人的资金安全,稳定房价。① 有人甚至认为《紧急经济稳定法案》是美国自经济大萧条(Great Depression)以来对金融市场采取的最大政府干预行为。根据该法案,美国政府将一改以往"放任"的态度,而在美国资本市场中发挥主导作用。② 但是奥巴马上台之后,也紧接着出台了《美国经济复兴与再投资法案》(American Recovery and Reinvestment Act)。该法案计划在2009年到2019年投入7872亿美元,主要包括减税、健康医疗和教育科研投入,以及交通运输和城市发展。其中,在2009年将投入1849亿美元,占2009年名义GDP(根据美国国会预算办公室的预计)的1.3%。③ 奥巴马在2009年4月13日的一次演讲中表示,他相信《美国经济复兴与再投资法案》已经开始奏效且在预算之内,并且政府已经批准了超过2000个基础设施建设项目。④

然而,在政府大规模介入经济的形势下,美国的竞争执法机构并没有在竞争执法上有所退却。美国竞争执法机关的基本态度是,在政府为如此众多的行业或产业提供直接经济援助的情况下,反垄断执法机构必须确保这些行为并非是反竞争的或欺骗性的行为。比如,司法部反托拉斯局于2009年4月13日发起了一项"经济复苏行动"(Economic Recovery Initiative),目标直指经济刺激花费中的欺诈和共谋行为。正如反托拉斯局已经指出的,

---

① 朱小川:《美国〈紧急经济稳定法案〉评析及其借鉴》,《东方法学》2009年第3期。

② Josh Clark:《美国会怎么花7000亿美元救市资金?》, http://money.bowenwang.com.cn/government-bailout.htm,[2009-10-25]。

③ 胡艳妮:《美国复苏与再投资法案的内容与影响评析》, http://www.topcj.com/html/3/HGSD/20090218/303178.shtml,[2009-10-25]。

④ Remarks by the President and the Vice President on the American Recovery and Reinvestment Act, http://tr.hjenglish.com/page/71277/ [2009-10-25]。

"《美国经济复兴与再投资法案》提供了超过5000亿美元的资金用于各种计划,目的是为了恢复美国的经济,保护和创造就业,并投资于美国的未来。但是一旦大规模的资金快速地被支出,共谋和欺诈的潜在风险也急剧增加了"。① 因此司法部的态度是明确的:保持市场的竞争性在经济衰退时期并非比在经济正常时期更不重要。②

因此在美国,尽管政府为了应对金融危机通过了各种形式的经济刺激或拯救方案,对市场经济进行了介入和管理,但是竞争政策始终在确保各种方案的公平性和竞争性方面发挥了至关重要的作用。

(四)中国:产业政策的大幅扩张

为了应对金融危机,中国政府同样出台了一系列的政策措施:在财政政策上,降低了住房交易税费,开始单边征收证券交易印花税;在货币政策上,重启了央行中期票据发行,取消了银行信贷约束,多次下调存款准备金率和存贷款基准利率;在投资政策上,出台了4万亿元的投资计划,随后全国上下各种投资项目迅速展开,比如陕西39天内开建了9个高速公路项目,天津滨海新区2009年将投资1150亿元建基础设施,等等。③ 在产业政策方面,更是先后出台了十大产业振兴规划和文化产业振兴规划,而这些规划大多将企业的联合和集中作为应对金融危机的有

---

① Economic Recovery Antitrust Division, http://www.usdoj.gov/atr/public/criminal/economic_recovery.htm [2009-10-25].

② Carl Shapiro, "Competition Policy in Distressed Industries", Remarks as Prepared for Delivery to ABA Antitrust Symposium: Competition as Public Policy, May 13, 2009, http://www.justice.gov/atr/public/speeches/245857.pdf [2009-10-25].

③ 中国中央和地方政府所开展的各种经济刺激手段可参见人民网: http://politics.people.com.cn/GB/8198/139293/index.html, [2009-10-25].

效方式。比如《石化产业调整和振兴规划》的主要任务中有一项即是支持企业联合重组，要求"推动大型石化集团开展战略合作，优化产业布局和上下游资源配置，增强国际竞争力……支持有实力的企业开展兼并重组，扩大产业规模，做强高端石化产业"。《装备制造业调整和振兴规划实施细则》中，推进企业兼并重组也成为一项重要的政策措施，表述为"制定鼓励境内企业跨地区、跨行业、跨所有制重组的政策措施……对重组企业发行股票、企业债券、公司债券、中长期票据、短期融资券以及申请贷款等予以支持；对境内企业并购境外制造企业和研发机构，可给予相关项目贷款贴息支持。鼓励金融机构在风险可控的条件下开展境内外并购贷款业务"。2008年12月9日，中国银监会发布了《商业银行并购贷款风险管理指引》，正式对并购贷款开闸，进一步推动了政府主导式的兼并重组。

我国推行的各种经济刺激方案和产业振兴规划明显表现出了"政府主导"的特色，并且是通过选择重点产业和重点支持国有企业的方式推动经济的增长。在目前的形势下，"选择赢家"的政府主导式产业政策很可能导致"国进民退"的后果，并造成危机结束后市场竞争结构的强烈扭曲。实践表明，"许多行业改革以来高速发展的过程，就是不断突破政府有关部门预测，脱离其规划、摆脱其干预的过程。如果政府的干预大部分得以实现，这些行业的发展就会被延迟许多"。[①] 而面对这些问题，我国的竞争政策并未发挥其应有的功能。尽管在法律层面，我国已经拥有了《反不正当竞争法》和《反垄断法》，但我国实际上尚未形成完整的或有体系的竞争政策。这可能有两方面原因：一是我国拥有竞争性法律和规定的历史还很短，即便从1980年我国颁布

---

① 汪小涓等：《体制转轨中的增长、绩效与产业组织变化——对中国若干行业的实证研究》，上海三联书店1999年版，第51页。

第一个有关竞争的行政法规《社会主义竞争的暂行规定》开始起算,我国拥有竞争政策的时间也还不到 30 年。二是我国竞争执法机构存在分立执法的情况,导致了没有一个统一的机构在危机情况下能够或者愿意发出自己的声音。可以说,在目前的中国,竞争政策并未发挥其应有的作用,唯有产业政策大行其道。

二、竞争政策变化背后的机理剖析

(一) 放松或加强竞争政策的背景和理由

金融危机下的经济衰退、出口降低、失业率上升,全都指向了一个加强政府管制的理由:市场失灵。尽管竞争政策也是政府调节经济的一种方式,但是与其他政府管制方式不同,竞争政策以笃信自由竞争为其政策前提,因此它的加强实施无疑会对政府管制和调控形成反作用。而在当前形势下,政府的不作为几乎是不可能的。为了缓解经济衰退、刺激就业以及恢复市场信心,政府的紧急救助不可避免,而全世界各国政府也正是如此行动的。以合并为例,受金融危机的影响,2008 年的全球合并交易量已经比 2007 年下降了 13%,交易值更是下降了 35%;2009 年的并购交易将会持续低迷,已经有价值 4437 亿美元的并购交易被迫搁浅,与 2008 年同期相比下降了 34%。[1] 因此在有些人看来,推进合并交易已经成为"政府和机构投资者在当前形势下(化

---

[1] Michael J. de la Merced, Anemic Recovery for Mergers and Acquisitions, N. Y. TIMES, Mar. 26, 2009, http://www.nytimes.com/2009/03/26/business/26merge.html.

解金融危机的)一个方式"。①在国内,也有学者认为,在金融危机期间产业政策应当优先适用,根据反垄断法作出的裁决还应当进行产业政策审查,反垄断法的实施应当为产业政策服务。②

但是更多的人开始反思历史上衰退时期的竞争政策不作为给经济恢复造成的不利影响,这种反思给美国和欧盟的竞争政策实施带来了与历史上截然不同的态度。比如在美国20世纪30年代的大萧条时期,政府出台了《国家工业复兴法案》,允许成百上千的产业通过建立各种共谋协议的方式抵御经济衰退,政府的竞争执法机构不但对此视而不见,反而参与了这些共谋协议的执行。③ 有人认为,新政时期的这种卡特尔化政策,是"1934—1939年美国经济恢复缓慢的一个重要因素,导致了当时实际产出与潜在产出之间60%的缺口",④ 使美国的经济恢复付出了极高的代价。美国反托拉斯局局长Christine Varney对此已经明确表达了美国司法部在这个问题上的态度:"从历史中我们能够学到两点:第一,并不存在市场竞争的有效替代方式,特别是在经济衰退时期;第二,作为政府在经济危机下确保市场竞争的一种

---

① Ravichandran, Dr. Krishnamurthy, Effect of Financial Crisis over Mergers and Acquisitions in GCC Countries (March 15, 2009), SSRN: http://ssrn.com/abstract=1360249

② 肖彦山:《国际金融危机与中国反垄断法实施——以竞争政策与产业政策和贸易政策的关系为视角》,载《石家庄经济学院学报》2009年第4期。

③ Carl Shapiro, competition Policy in Distressed Industries, Remarks as Prepared for Delivery to ABA Antitrust Symposium: Competition as Public Policy, May 13, 2009, http://www.justice.gov/atr/public/speeches/245857.pdf [2009-10-25].

④ Cole and Ohanian, "New Deal Policies and the Persistence of the Great Depression: A General Equilibrium Analysis", Journal of Political Economy, 2004.

方式,积极的反垄断执行应该起到关键的作用。"① 欧盟委员会负责竞争事务的委员 Neelie Kroes 也表达了几乎相同的观点:"竞争规则的一贯执行是必要的,因为已经有研究表明,美国罗斯福新政时期将反垄断法束之高阁的做法足足使美国的大萧条延长了 7 年时间。"②

  况且,竞争政策作为间接性的"政府管制"方式,与政府直接管制和政府在宏观经济领域的调控之间是存在着巨大差别的。与政府直接管制相比,竞争政策并未给市场设定任何特定的目标;竞争政策若有目标,也是体现在促进竞争和保护消费者福利。与宏观调控相比,竞争政策是在微观领域促进市场竞争,维护竞争性的市场结构;而宏观经济调控是通过财政、货币和产业政策的手段缓解经济周期性影响,抑制通货膨胀或紧缩,促进就业。如果说在金融危机形势下,加强金融市场的直接管制和宏观调控是有必要的,那么竞争政策的有效实施就更有必要。首先是,伴随着经济萧条和市场机会的减少,经营者为了保持经营利润将更有动力达成共谋或协调;拥有市场支配地位的企业为了打击竞争对手,也更倾向于实施排他性的垄断行为;危机情况也为企业并购和集中提供了很好的借口和理由。而所有这些——垄断协议、滥用市场支配地位以及经营者集中,都将阻碍而非促进经济的有效增长。其次是,面对着政府直接管制和宏观经济干预的加强,竞争政策必须在维护市场竞争机制方面起到平衡协调的作用,防止政府强化监管和加强调控给市场竞争带来的负面影响。

---

  ① Christine Varney, Vigorous Antitrust Enforcement in this Challenging Era, Remarks as Prepared for the Center for American Progress, May 11, 2009, http://www.usdoj.gov/atr/public/speeches/245711.htm, [2009-10-25].

  ② Neelie Kroes: "EU State aid rules—part of the solution", speech delivered at the EStALI Conference, Luxembourg, December 5, 2008, http://ec.europa.eu/competition/speeches/index_2008.html . [2009-10-25].

面对我国短暂的竞争执法历史,以及政府介入经济运行的一贯传统,我国在竞争政策的实施问题上更须采取积极的态度。正如有学者指出的,东亚国家和地区长期实施产业政策带来了严重的后遗症,一旦国内外市场环境突然出现较大的变化,这些经济中的结构性缺陷就暴露无遗,被持续的经济增长所长期掩盖的结构性矛盾最终集中爆发,并在东亚国家和地区之间连续传导直到演变成了亚洲金融危机。① 若在当前危机情况下过度依赖于产业政策,而不注重竞争政策对市场行为和市场结构的有效调节,很可能在下一场危机来临时,由于结构性矛盾的加剧而出现更严重的衰退。

(二) 竞争政策变化背后的配套理念和机制

各国竞争政策的变化以及与其他经济政策的关系实际上还与各国市场经济的体制和理念息息相关。

第一,民主立法机制。尽管在金融危机下竞争政策变化的宽严程度不同,但是西方各国都是通过立法的方式对这种变化加以体现,以实现竞争政策的强制力和有效性。即便是各种经济刺激方案的出台,也体现了民主立法的特色。比如美国的《紧急经济稳定法案》第一次提交众议院表决时遭到了否决,后来增加了多项加强对纳税人利益保护的措施之后,才最终得以通过。而中国产业调整振兴规划只是"国务院原则通过",并未提交立法机关进行讨论,也未公布详细的规划细节。有关方面给出的解释是:"因为有关各部门要对国务院常务会议上要求修改的内容继续完善,另外,因推出的产业政策涉及多个部门,相关政策在进一步的测算和协商中,待……完善后,相继推出"。② 这无疑减

---

① 冯晓琦、万军:《从产业政策到竞争政策:东亚地区政府干预方式的转型及对中国的启示》,载《南开经济研究》2005年第5期。

② 《十大产业振兴规划的初衷与由来》,http://www.news365.com.cn/wxpd/wz/jcyd/200903/t20090318_2241433.htm,[2009-10-25]。

弱了规划的合法性和说服力。

第二，协调监督机制。一方面，竞争政策与政府刺激经济的其他政策之间需要相互协调和监督，比如欧盟委员会对各国国家援助措施的竞争性审查，以及美国司法部对政府刺激经济法案所涉各种措施的竞争性审查。另一方面，各种经济刺激方案内部也有必要存在协调监督，比如美国《紧急经济稳定法案》尽管授权政府可以动用7000亿美元的救市资金，但是直接可以动用的只有2500亿美元，1000亿美元需要获得总统批准方可投入，而剩下的2500亿美元则需经过国会批准之后才能动用；此外还成立了包括金融稳定监管委员会在内的多个监管组织，监督各种救助计划的有效实施和实际运行，并须向国会定期报告。我国尽管也建立了扩大内需中央投资项目的监督保障体系，比如成立了"中央扩大内需促进经济增长政策落实检查工作领导小组"，并对各种项目进行专项审计和审查，但是相比于美国国会和行政并行的"双轨制"监督方式，我国的监督模式仍属系统内部的单轨制监督模式，能否真正形成有效制约仍然值得怀疑。而且在我国，尚未有对产业竞争进行竞争性审查的案例和迹象，发改委同时作为竞争政策和产业政策的执法机关如何在两者之间平衡协调也仍然带着巨大的问号。

第三，退出机制。任何政策都有一定的有效实施期限，从政策制定实施的实效性来看，产业政策在某一个时期是有效的但发展到新的时期和阶段则又会变成无效的。① 我国的十大产业振兴规划在这一方面已经有所体现，都规定了2009年至2011年的三年规划期。但是一切公共资源的投放都会形成一定的利益集团，政府对产业的投入和援助也必然改变市场结构；而一旦形成固定的利益集团和市场结构，要重新恢复就相当困难。金融危机也许

---

① 张向荣：《从美日两国看市场经济条件下产业政策的有效性》，《农村经济与科技》2007年第3期。

很快即将过去,比如一份来自 National Association for Business Economics 的研究报告指出,随着经济稳定迹象的出现,今年下半年的经济恢复将会"平稳"展开,经济增长将会回弹。① 但是政府投入所形成的固有结构已经很难扭转。在我国政府主导式的经济刺激方式下,无疑需要更加关注危机缓解过程中"国进民退"以及政府干预下市场垄断行为的加剧问题,否则一旦危机消退,所形成的垄断性市场结构和与之相伴的利益集团将对经济的持续健康发展构成有力阻碍。

第四,自由市场理念和统一大市场目标。西方国家在此次危机中对竞争政策的坚持本质上还来自于对自由市场理念的笃信。尽管从表面上看,金融危机的爆发暴露了市场本身的缺陷,但是在很多人看来,"金融部门所爆发的危机与其说是竞争性市场的失败,毋宁说是政府管制的失败"。② 实际上,查看国外的研究成果可以发现,绝大多数的观点都认为金融危机是由于金融管理方面出现了问题,而非市场竞争本身出现了问题。面对美国司法部和联邦贸易委员会大肆加紧竞争执法的态势,甚至已经有学者开始担心竞争政策的过紧实施同样也会给自由竞争的市场带来不利影响。③ 因为从本质上看,竞争政策也表现为政府对于经济的介入和调节。在欧盟,则是建立和维持欧盟统一大市场的目标在

---

① See Economists: Recession to End in 2009, CNN MONEY (May 27, 2009), http://money.cnn.com/2009/05/27/news/economy/NABE_recovery_outlook/index.htm [2009-10-25].

② Carl Shapiro, Competition Policy in Distressed Industries, Remarks as Prepared for Delivery to ABA Antitrust Symposium: Competition as Public Policy, May 13, 2009, http://www.justice.gov/atr/public/speeches/245857.pdf [2009-10-25].

③ Devlin, Alan James, Antitrust in an Era of Market Failure, (July 3, 2009). Harvard Journal of Law and Public Policy, Forthcoming. SSRN: http://ssrn.com/abstract=1429539 [2009-10-25].

实质意义上指导了欧盟竞争法的实施。欧盟坚持竞争执法原则性和灵活性统一的策略，表达了欧盟委员会这样的意愿：要对现有形势作出有效回应，承认各国介入经济的合法性和有效性；同时保持法律的稳定性，使得成员国在处理危机时不得不考虑一体化经济这样一个"欧洲利益"。竞争政策的实施无疑是确保"欧洲利益"的一个有效手段。而我国并未有自由市场之传统，也未有竞争性审查之冲动，自然导致了竞争政策在危机时刻更加失去话语权。

三、评价和总结

尽管从历史上来看，每次经济萧条总是伴随着竞争执法的削弱，但是目前的这场危机并未在西方主要国家和地区形成这样的共识。恰恰相反，大多数国家都明确表达了在危机下加强竞争执法的必要性和重要性。即便承认某些时候市场的稳定和信心比保持竞争性的市场结构更加重要，也是通过立法的方式对现有竞争政策进行修订，以取得政策实施的合法性和有效性。我国的竞争政策实施才刚刚起步，而以产业政策为代表的政府管制和调控措施已经历史久远。在目前的金融危机冲击下，更应该坚持竞争政策有效实施的底线，预防政府过度介入可能造成的系统风险。实际上，不管是从历史实践还是从理论解释上来看，利用市场竞争填补政府强化监管、扩大援助伴随而来的负面影响，要比完全性的政府介入可靠得多。在经济衰退时期，政府在投入大量资源进行经济刺激的情况下，仍然要在以下几个方面有所警醒。第一，政策变化的底线是市场失灵，一旦市场机制得以恢复，政府应自动退出，因为政府失灵所造成的损害可能比市场失灵要大得多。第二，政策变化的方式应以立法为主，而不能表现为纯粹的政府政策，否则在合法性上将引起争议，并阻碍政策的有效实施。第三，政策的变化应体现协调和监督机制，一方面各种经济刺激计划应具备协调和监督的内容,另一方面保障市场竞争的竞争政策与其他经济政策之间也必须建立协调机制。最后,在中国的当前体制下,应特别关注政府主导式的反竞争行为。当前的产业政策措施通过"选择赢家"的方式带动经济的短期增长,很可能会扭曲竞争性的市场结构,并长期对经济的持续发展构成阻碍。正如有学者指出的,在政府这种"扶优扶强"的产业政策设计思路之下,政府鼓励或者默许的公共垄断或者私人垄断往往就成为了一国境内合法的经济存在。①

---

① 冯晓琦、万军:《从产业政策到竞争政策:东亚地区政府干预方式的转型及对中国的启示》,载《南开经济研究》2005年第5期。

Comparative Study and Mechanism Analysis of Competition Policy in the Context of Financial Crisis

Ying Pinguang

(East China University of Political Science and Law, Shanghai 200042)

Abstract: The economic recession in the history was always accompanied by relaxation or abandon of competition policy, but today's crisis is not experiencing substantive recession of competition policy enforcement in major countries and regions, in some countries, such as the United States, competition law enforcement is even strengthened explicitly. This is mainly resulted from the recognition that competition law enforcement could ease the adverse effects of economic recovery. Considering that anti-competitive conducts in times of crisis would increase inevitably, competition policy shall be relied on more to resist such anti-competitive conducts. Competition policy is also necessary to be a firewall to maintain the competition mechanism, to prevent the negative effects to market competition arising from the strengthening of governmental control and regulation. In the face of our country's short history of competition law enforcement and well-established tradition of government intervention in the economy, in the current circumstances, a more effective enforcement of competition policy should be adopted, and more attention should be paid to government-oriented anti-competitive conducts which may bring about distortions and negative effects to competitive market structure.

Key words: Financial Crisis, Competition Policy, Industry Policy, Government-oriented

金融危机背景下的反垄断政策分析

石 英* 袁日新**

摘 要：无论是在经济危机时期还是正常经济时期，正确制定和实施反垄断政策对于一国经济发展都具有重要意义。1929—1933年美国经济危机表明没有什么可以充分替代竞争性的市场，反垄断政策的目标是始终如一的，有效实施反垄断政策是政府应对经济危机以维护市场竞争的重要手段。当前金融危机对我国的反垄断政策产生了一些消极影响。我国应当将严厉与宽容的反垄断政策有机结合起来，在坚持反垄断政策基本目标的前提下，考虑在更广阔的社会背景中有效实施反垄断政策，拓展反垄断知识，提高反垄断执行能力，以及加强反垄断执法机构之间的国内合作与国际合作。

关键词：金融危机 反垄断政策 产业政策 反垄断合作

---

* 石英（1963— ），女，辽宁昌图人，辽宁大学法学院教授，博士生导师。

** 袁日新，男，辽宁大学法学院经济法学博士生。

反垄断政策是一定社会对垄断反应的集中体现。① 现代反垄断政策起源于19世纪末的美国，主要是作为对美国托拉斯的回应而出现的。正确解读反垄断政策至少需要分析两个变量：一是垄断，它是反垄断政策得以确立的客观前提；二是社会，尤其是作为公共权力行使者的国家，它是反垄断政策的制定者和实施者。因此，我们在分析反垄断政策时，不能仅仅局限在法规范的视域内，而应当在更广阔的社会背景下进行超法规的考察，或许能够获得对其正确的定位。考察世界各国和地区的反垄断执法和司法实践，均无一例外地依据本国、本地区的实际情况适时地采取或严厉或宽容的反垄断政策。那么，在当前金融危机日益延伸至社会生活各个领域的背景下，各国、各地区的反垄断政策应是严厉，抑或是宽容？颇值得深入探讨。

一、历史的回顾：1929—1933年美国经济危机的启示

自美国开国以来直至20世纪，市场相对于其他任何一种体制，更多地以前所未有的、持续不断的引起人们的幻想，耗费其精力，激发其雄心壮志。市场经济的本质属性和基本特征是竞争，而竞争是自由的经济和自由的社会秩序的基石，使社会充满着生机与活力。"每一个移居到本土的勤劳欧洲人可以比做是生活在大树下的幼苗，他吸收、享受着树液，并从中汲取部分养分，从树根中摆脱出来，移植到另外的地方，自己变成一棵开花结果的大树。"② 人们普遍相信，竞争是自由与繁荣的保证。反

---

① ［美］马西莫·莫塔著：《竞争政策——理论与实践》，沈国华译，上海财经大学出版社2006年版，第1页。

② ［美］詹姆斯·威拉德·赫斯特：《美国史上的市场与法律》，法律出版社2006年版，第3页。

垄断政策就是要维护市场竞争，促进经济发展。

1890年，美国颁布了《谢尔曼法》，确立了美国反垄断政策的基调。美国反垄断政策经历了如下几个阶段：① 1899—1929年：从自由竞争到合作竞争；新政前期：特殊时期的反垄断；新政后期：反垄断实施的恢复；20世纪50~60年代：重塑自由市场竞争信念；20世纪70~80年代：自由主义思潮与反对政府干预；20世纪90年代以来：面向国际化和新经济的反垄断。"回顾美国过去一百多年的反垄断历史，可以发现这样一个规律：在不同历史时期，受具体经济政策取向甚至政治观念变化以及社会变革的影响，对竞争的理解并不一致，反垄断法的实施重心也在不断发生偏移。"② 反垄断政策或是严厉或是宽容，因发展阶段不同、产业领域不同而具体行为不同。纵观反垄断历史，严重的经济危机常会影响一国的反垄断政策，使其对反垄断政策的理解和执行趋于宽松。这一点可以从1929—1933年经济危机时期的美国反垄断政策得到验证。

在1890年《谢尔曼法》通过不久，美国遭遇到灾难性事件：1907年的恐慌和第一次世界大战。特别是"一战"使政府放弃了打碎托拉斯的承诺。从这时起到1929年经济危机爆发，美国的反托拉斯法很少得到实施。1929年的美国经济危机也没有促使人们重新思考卡特尔对经济绩效的损害。面对严重的经济萧条，政府并没有重视反托拉斯法的实施，而是采取了放松反托拉斯法实施的相反路径来应对危机，认为竞争不是只有益处，也可能对经济产生负面影响，即竞争具有邪恶本性。1933年，美国联邦最高法院在"阿巴拉契亚煤炭公司诉美国"（Appalachian

---

① 王传辉：《反垄断的经济学分析》，中国人民大学出版社2004年版，第19-24页。
② 王传辉：《反垄断的经济学分析》，中国人民大学出版社2004年版，第19页。

Coals, Inc. v. United States)案中对固定价格协议这种明显的垄断行为表示出容忍的态度。同年,美国通过了《国家产业复兴法案》等一系列旨在加强政府对行业进行直接管制的法案,这些法案确定行业价格和工资,建立生产配额,施加进入限制,虽然宣称目标是维护公平竞争,但实际上是限制乃至扼杀了竞争,造成较少的产量、较高的价格和较低的购买力。结果,这些法案成为阻碍经济复苏的力量而不是推动经济发展的积极力量。①

1935年,美国联邦最高法院通过"谢克特家禽公司诉美国"(Schechter Poultry Corp. v. United States)一案,判定《国家产业复兴法案》违宪,以消除该法案对市场竞争的消极影响。直到1938年,罗斯福总统任命瑟曼·阿诺德为司法部反托拉斯局局长,反托拉斯法实施才重新受到重视。这一时期提起的许多反托拉斯诉讼案件表明了美国政府开始加强反垄断政策。在1940年的"美国诉索考尼真空石油公司"(United States v. Socony-Vacumm Oil Co.)一案中,美国联邦最高法院将横向价格协议重新纳入本身违法原则的框架下,纠正了此前对反垄断基本原则的偏离。除了极少数例外,该案至今仍然是分析横向价格协议的基础。阿诺德有效实施反托拉斯法的思想推动了新政时期的经济复苏,被认为是新政时期经济议程的基石和现代经济政策的组成部分。②

这一历史事例为现代经济政策至少提供了以下几方面有益启示:第一,没有什么可以充分替代竞争性的市场,特别是在经济

---

① 对于这些法案的批评详见 Carl Shapiro, Competition Policy In Distressed Industries. Remarks for ABA Antitrust Symposium: Competition As Public Policy, May 13, 2009, John D. Harkrider, Lessons from the Great Depression, Antitrust, Spring, 2009.

② Christine A. Verney, Vigorous Antitrust Enforcement in This Challenging Era. Remarks for US Chamber of Commerce, May 12, 2009.

危机时期。迄今为止，人类对市场在资源配置中的基础性作用毋庸置疑。但是，市场不是万能的，它并不能解决人类所面临的全部问题。在现实社会经济中存在着诸多市场失灵的情况。正是这些市场失灵情形的存在，才有了政府干预的必要；然而，政府也不是万能的，市场解决不好的问题，政府不一定就能解决得好。而且在进行政府干预时，如果不能有效地控制政府权力，防止政府权力的无限扩大及滥用，反而可能造成更大的资源浪费，给社会带来更大的灾难。"我们没有丝毫理由认为政治市场一定比经济市场更道德、更公正、更人道，事实完全相反。"① 1929—1933年经济危机更加深刻地说明竞争性市场的不可替代性。国家干预市场的目的是维护市场竞争，而不是取代市场，消除市场竞争。"国家的存在是经济增长的关键，然而国家又是人为经济衰退的根源。"② 如何实现政府和市场的良性互动，如何弥补、规范政府和市场的双重失灵，必须借助于具有独特功能和价值取向的经济法律制度，③ 其中特别重要的就是反垄断法律制度。反垄断法"一般并不代表政府的干预。更确切地说，即使它们代表了政府的干预，也仅是为了消除商业自由流通中的障碍和向消费者提供传播商品信息的便利"。④ 1929—1933年经济危机更加充分地表明竞争性市场的不可替代性和市场的自由竞争需要法律作为其坚实堡垒。

第二，反垄断政策的目标是始终如一的，不论是经济危机时

---

① ［法］亨利·勒帕日：《美国新自由主义经济学》，北京大学出版社1985年版，第314页。

② ［美］道格拉斯 C. 诺斯：《经济史中的结构与变迁》，上海三联书店1994年版，第20页。

③ 吕忠梅、陈虹：《经济法原论》，法律出版社2007年版，第16页。

④ ［美］马歇尔·C. 霍华德：《美国反托拉斯法与贸易法规——典型问题与案例分析》，中国社会科学出版社1991年版，第3页。

期还是正常经济时期。美国反托拉斯法与贸易法规的基本目的在于保护消费者和竞争者不受竞争过程中某些违法行为的侵害。只要存在着对竞争的不正当限制或者对消费、购买中合理判断的严重障碍，反托拉斯法就要实施干预，而这种干预是为了查明和消除一切竞争过程中的弊端，扩大企业在市场上的总体自由，以使竞争体制能够更有效地运行。① 一百多年来，虽然在不同的时期，美国反垄断政策的具体目标发生了很大变化，但是其基本目标始终是保护竞争，提高经济效率和维护消费者的利益。欧盟建立反垄断制度以来，其执法尚未经历过全球性经济危机的考验。在金融危机席卷全球，世界各国经济低迷之际，欧盟委员会丝毫未减反垄断力度，始终坚持市场可以通过维护竞争得到完善的理念。2009年5月欧盟委员会认定英特尔公司违反了反垄断法规，宣布将对其处以总额高达10.6亿欧元的罚款，再度刷新了欧盟对单一企业垄断行为的罚款纪录。近年来，欧盟屡出重拳打击跨国公司的垄断行为，已经成为全球反垄断的主战场。欧盟委员会当前的各种反垄断措施，反映了欧盟的反垄断政策并没有因为金融危机而不同。任何时候，反垄断政策只要坚持其基本目标，就会促进经济发展；反之，则会阻碍经济发展。维护竞争性市场在经济困难时期和正常经济时期同等重要。

第三，反垄断政策的有效实施是政府应对经济危机以维护市场竞争的重要手段。从第一次世界大战结束到20世纪30年代晚期，商业合作和策划理论的进步很大程度上削弱了美国反垄断法的实施。20世纪30年代后半期，作为对经济大萧条的反映，美国经济政策强调在国家资助的卡特尔庇护下进行产业范围内生产和定价的统一协调。这些卡特尔不仅没有促进经济恢复，反而造成重大损害，加重了经济下滑。直到瑟曼·阿诺德被任命为司法

---

① ［美］马歇尔·C. 霍华德：《美国反托拉斯法与贸易法规——典型问题与案例分析》，中国社会科学出版社1991年版，第3-4页。

部反托拉斯局局长,反垄断才从"被忽略的年代"走出来。①有学者研究表明,反托拉斯局当时对建筑产业提起的诉讼节省了消费者3亿美元的建筑成本,同样,反托拉斯局对奶制品产业反竞争行为的调查使得牛奶的价格下降了30%,② 极大地增加了消费者的福利。此后,除了第二次世界大战期间的间断,反垄断政策的实施一直是影响商业行为和商业组织的重要因素。有效实施反垄断政策,而不是削弱反垄断政策在经济困难时期和正常经济时期同等重要,它是维护市场竞争的重要手段。

二、现实的挑战:当前金融危机对我国反垄断政策的影响

金融危机的影响广泛而深远,其中暴露出来的问题涉及方方面面。我国是这场全球经济危机的受害者,其对我国经济造成的冲击主要是:外部需求明显收缩,部分行业产能过剩,企业生产经营困难,城镇失业人员增多,经济增长下行的压力明显加大等。从反垄断政策的角度观察,至少有以下几方面的影响。

第一,一系列产业政策的制定和实施对反垄断政策造成了冲击。反垄断政策和产业政策(竞争政策)的关系颇值得探讨。③理论界普遍认为,反垄断政策和产业政策均同属于国家的经济政

---

① [美]欧内斯特·盖尔霍恩等:《反垄断法与经济学》(第5版),法律出版社2009年版,第41页。

② John D. Harkrider, Lessons from the Great Depression, Antitrust, 23 (2), 6-11, 2009.

③ 相关代表性论文有:王先林:《产业政策法初论》,载《中国法学》2003年第3期;孟雁北:《论产业政策与反垄断法的冲突与协调》,载《社会科学研究》2005年第2期;黄勇:《管制行业与反垄断法的适用》,载《国际商报·贸易导刊》2007年10月26日;叶卫平:《产业政策对反垄断法实施的影响》,载《法商研究》2007年第4期,等等。

策，二者统一于国家的社会整体利益最大化的大框架下，都是国家经济政策的一部分，共同实现国家经济政策的总体目标。但是反垄断政策和产业政策的理念、目标、手段和效果等方面还是不相同的，如何协调二者的关系？考察世界各国和地区的反垄断政策，一般说来，在正常经济时期，反垄断政策优先于产业政策是恒常性的政策选择。可是，这种优先必须考虑服从国家经济政策和经济发展全局，尤其是在经济危机这样的异常性时期，当反垄断政策与产业政策相矛盾时，往往让位于产业政策，服从国家宏观调控的需要。为了应对国际金融危机的挑战，我国制定了十个产业振兴规划，内容涉及汽车、钢铁、纺织、造船等关系国计民生的领域。在这些领域的产业政策实施过程中，难免会出现违反反垄断法的情形。这时，解决的办法是以产业政策代替反垄断政策，还是以反垄断政策代替产业政策？如果以产业政策代替反垄断政策，究竟应当在何种程度上代替？这些问题必然会考验我国反垄断政策的实施。

另外，国有企业作为一种特殊的企业形态，具有不同于私有企业的特殊性质和特点：一是国有企业能够克服私有产权的局限性，具有更大的风险承受能力；二是国有企业具有公有性和企业性双重性质，可以超越单纯的商业利益目标；三是国有企业拥有比私有企业更多的融资渠道，更容易取得财政补贴；四是国有企业具有较高的信誉，不容易破产；五是国有企业经营领域特殊，与政府关系密切。因此，国有企业在抵御金融危机、经济危机方面具有明显的优势。20世纪几次金融危机、经济危机表明，国有化通常是不少西方国家应对金融危机、经济危机的最后手段。[1] 在应对这次金融危机中，某些政府以"加强宏观调控"、

---

[1] 金碚、刘戒骄：《西方国家应对金融危机的国有化措施分析》，载《经济研究》2009年第11期。

"防止重复建设"为名,帮助和扶持国有企业,有的甚至为国有企业清理竞争对手,妨碍了市场的公平竞争,扭曲了市场的竞争秩序,严重损害了市场的竞争效率。

第二,违法垄断行为增多加重了反垄断执法机构的负担。这次金融危机对我国《反垄断法》禁止的垄断行为均会产生消极影响,使得违法垄断行为要比正常经济时期增多,这无疑会加重人力、物力和财力都很有限的反垄断执法机构的负担。这些消极影响主要表现在以下几方面:

一是对禁止垄断协议的影响。我国《反垄断法》采取了列举式的立法技术明确规定了禁止六种垄断协议,但同时又规定了七种例外,其中一种是"因经济不景气,为缓解销售量严重下降或者生产明显过剩的"垄断协议,这就为相关行业进行价格联盟提供了一定的依据,影响了相关市场的健康发展。例如,2008年11月沈阳市72家房地产公司联合作出承诺:"房子不降价,降价我们补。"虽然房地产行业乃至整体经济的不景气为这种价格联盟提供了一定的依据,但是消费者并不能够分享由此产生的任何利益。实际上,价格联盟将阻碍市场经济的正常自我调节,结果只能加大经济衰退的程度。而且,如果价格联盟的结果是造成有价无市,最终损害的将会是买卖双方的利益乃至整个房地产行业。

二是对滥用市场支配地位的影响。法国启蒙思想家孟德斯鸠在其名著《论法的精神》中指出:"一切有权力的人都容易滥用权力,这是万古不易的一条经验。有权力的人们使用权力一直到遇有界限的地方才休止。"① 这一言简意赅的论断同样适用于具有市场支配地位的企业。"由于利益的驱使,具有市场支配地位

---

① [法]孟德斯鸠著:《论法的精神》(上册),张雁深译,商务印书馆1959年版,第184页。

的企业天然具有滥用权力的倾向,直到遇到限制为止,这同样是一个永恒的经验。"① 在金融危机时期,具有市场支配地位的企业更有可能肆无忌惮地滥用自身优势,从事不正当地谋求或者维持垄断地位的行为。因为"一方面,需求大幅度减少,消费者对价格更加敏感,限制了企业提价的能力;另一方面,在资本市场供应紧张的情况下,中小企业融资困难,新创业更难,对具有垄断地位的大企业的竞争威胁减弱,而垄断企业通过如滥用知识产权、附加不合理交易条件等滥用市场支配地位的方法来打击对手更容易成功。"② 有鉴于此,反垄断执法机构在审查有关可能涉及垄断的行为时,应考虑到金融危机对市场竞争状况的影响。而政府在投放资金救助大型国企的同时,也应照顾到对保持市场竞争非常重要的中小企业的利益,以免其本来的弱势地位更加弱势。

三是对控制经营者集中的影响。任何事物都具有两面性,金融危机也不例外。既然是市场,就难免有危机的存在。尽管这是人类所不欲求的,但又是不可避免的。这次金融危机,"一方面为经营者集中提供了时机,无论是对于国内企业走出海外,还是中国企业之间并购重组、做大做强、增强竞争力,都是一个时机。另一方面,在某些行业或者某些方面,面对金融危机,集中不但没有减少,并且集中行为还有所加剧。"③

四是对行政垄断的影响。我国还处于社会主义初级阶段,社会主义市场经济体制还不完善,限制市场竞争机制发挥作用的体

---

① 尚明:《对企业滥用市场支配地位的反垄断法规制》,法律出版社2007年版,第157页。

② 孙速:《金融危机视角下关注中国反垄断》,中国竞争法网资源,2009年10月21日访问。

③ 商务部反垄断局局长尚明在接受中国政府网专访答网友提问时所作的表示,中新网资源,2009年10月20日访问。

制性障碍还不同程度的存在。如铁路、能源、盐业、烟草等领域仍存在一定程度的行政性垄断；某些地方政府为扩大财政收入，极力排斥外地企业及其商品、服务，使得地方保护主义行为屡禁不止；从行政机关脱胎而来的一些行业协会仍然带有较浓厚的部门色彩等。"在经济衰退和失业增加的压力下，地方政府为提高政绩，通过歧视性收费、认证、许可等方式扶植本地企业，限制外地产品进入本地或在招标中偏向本地企业和人员的动机有可能增强。在金融危机的大环境下，贸易保护主义有可能在国家之间抬头，地方保护主义也同样可能在省、区市之间加剧。这会使负责监督和制止行政垄断的工商行政管理总局的工作变得更加艰难。"①

第三，违法垄断行为的认定变得更加不确定，增大了经济分析的复杂性，增加了反垄断政策的实施难度。经济分析日益成为解释反垄断政策的基础。"因为反垄断案件涉及经济问题，那些决定大方向和确立主要原则的争论都是围绕着商业行为的可感知经济效果展开的。"② 在金融危机的背景下，哪些行为是促进竞争的，哪些行为具有或者可能具有反竞争效果，哪些行为对竞争产生的有利效果明显大于不利后果，哪些行为可以依法得到豁免，判断起来尤为困难。例如，在金融危机时期，某些经营者提出"因经济不景气，为缓解销售量严重下降或者生产明显过剩的"垄断协议可以得到豁免，那么，反垄断执法机构就要判断金融危机是否影响到该经营者所在行业，该行业是否处于"经济不景气"状况，该经营者的销售量是否"严重下降"，以及该经营者是否"生产明显过剩"等一系列问题，这就比正常经济

---

① 孙速：《金融危机视角下关注中国反垄断》，中国竞争法网资源，2009 年 10 月 21 日访问。

② 欧内斯特·盖尔霍恩等：《反垄断法与经济学》（第 5 版），法律出版社 2009 年版，第 49 页。

时期的经济分析复杂得多,对于人力、物力、财力均不足,尚"处于婴儿阶段"的我国反垄断执法机构很不轻松。而且,"既要保护竞争者免受低价的伤害,又要保证消费者免受高价的伤害,这是两个在大部分情况下都不相容的政策目标"。① 因此,反垄断执法机构在金融危机时期实施反垄断政策难免顾虑重重,难以定夺。

三、未来的行动:我国应对金融危机的反垄断政策选择

我国反垄断法是在经济全球化影响力的大背景下制定并实施的。我国反垄断政策不可避免地将受到来自国内和国外两方面因素的影响。各种影响因素之间的关系,对执法者的决策起着十分关键的作用。② 面对全球性的经济危机,我国在反垄断政策选择上,应当是严厉与宽容的有机结合,既不能片面强调宽容,也不能单方秉持严厉,更不能将二者简单相加,而应当在坚持反垄断政策基本目标的前提下,在更广阔的社会经济背景中,将二者统一起来。

首先,在实施反垄断政策时,应当将其纳入更广阔的社会背景中来考虑。

无论是何种形式的市场,均为一定社会秩序的重要构成要素。反垄断政策必须依托特定的市场来实施,它不可能在真空中运作,也不能仅仅关注眼前的案件。反垄断政策的实施无疑对所涉相关产业具有重大的影响。如果我们只是具体案件具体分析,

---

① Posner. Richard A., Antitrust Law, University of Chicago Press, 2001, p. 34.

② 王晓晔主编:《反垄断立法热点问题》,社会科学文献出版社 2007 年版,第 388-391 页。

那么，我们将很难发展正确的反垄断政策。实际上，通常会有很多公共政策因素可能影响反垄断政策的实施。我们应当考虑我们正在关注的可能具有反竞争效果的行为或者集中的产业的整体竞争状况，同时我们也必须考虑市场的发展趋势和动态变化，绝不能忽视反垄断政策对相关产业和市场的更广泛影响。美国反垄断政策实施的历史表明，"竞争主管当局由于要兼顾社会、政治和战略因素，因此在竞争问题上经常采取比单独考虑经济因素来得软弱的姿态"。① 美国联邦法院大法官布兰代斯在阐述合理原则应该考虑的因素的一段著名的论述中则以列举的方式指出："协议或管理内容是否限制了竞争不能仅靠一个简单的标准来确定。每一个商贸协议，每一条商贸管理规则，都有限制性。约束和限制是它们的本质。判断一种限制是否合法，要看这种限制是否只是一种管理形式，甚至因此促进了竞争，还是纯粹地压制乃至破坏竞争。为了回答以上问题，法院通常必须考虑受限制产业的特殊情况；该产业受限制前后的情况对比；限制的性质以及限制产生的实际效果和可能产生的效果。限制的历史，限制的邪恶之处，采取具体救济措施的理由以及限制所要达到的目的都是重要考虑因素。"这一思想一直被广为引用，对于我国反垄断政策的实施无疑也具有借鉴意义。

事实上，1933 年美国联邦最高法院对"阿巴拉契亚煤炭公司诉美国"（Appalachian Coals, Inc. v. United States）一案的判决可能是从执法的经济、政治和历史背景出发来理解反垄断政策及其实施的最好例子之一。美国联邦最高法院认为，大萧条对很多行业产生了严重影响，而煤炭业就是深受危机之害的行业。它

---

① ［美］马西莫·莫塔著：《竞争政策——理论与实践》，沈国华译，上海财经大学出版社 2006 年版，第 17 页。

们之间达成的协议并不违法,而且认定它们是为了保护市场免受破坏性商业行为的侵害而作出的合理回应。但是,在 1940 年的"美国诉索考尼真空石油公司"(United States v. Socony-Vacumm Oil Co.)一案中,美国联邦最高法院"在经济形势已经截然不同的情况下,重又恢复价格协议本身违法原则,并且宣判一种同样始于大萧条时期、旨在遏制因受危机惊吓的炼油商大肆倾销汽油而导致油价下跌的做法为非法",① 表明美国反垄断政策的实施需要考虑不同的社会背景,以促进经济发展而不是阻碍经济发展。

通过考察市场经济发达国家和地区反垄断政策演进的历史,归纳起来,在更广阔的社会背景中来考虑反垄断政策的实施,至少包括以下因素:

第一,经济因素。如前所述,反垄断政策只是经济政策的一部分,其实施是为了提高经济效率和维护消费者的利益,从而实现社会整体利益最大化。不同的国家,不同的经济发展时期,不同的经济发展水平,不同的产业,不同的经济运行态势,反垄断政策的实施程度会有所不同。一般说来,市场经济不发达,市场发育不完善,规模经济不明显,行业经济规模不大,尚处于工业化的起步期或者扩张期的国家和地区在实施反垄断政策时倾向于宽松。总体上看,都是为了适应不同阶段经济发展的客观需要。

第二,政治因素。政治是人类生存的基本条件,反垄断政策的实施需要考虑某些政治因素的影响。"二战"后,盟军下决心分拆德国工业集团和日本财团的一个重要考虑,就是要防止导致经济集中的权利被用于政治目的的危险。"更一般地,人们会担

---

① [美]马西莫·莫塔著:《竞争政策——理论与实践》,沈国华译,上海财经大学出版社 2006 年版,第 5 页。

心,当少数公民和群体支配很大一部分资源时,民主就会受到威胁。"① 因此,在美国平民主义的反托拉斯学者始终认为,反托拉斯法传统上的重点之一就是政治的,即对大企业极少数竞争者的不信任,重视市场力量的分散及弱势者的机会。② 而在欧盟,促进市场一体化被认为是欧盟反垄断政策的重要目标之一,这显然是一个政治目标,并不必然与经济因素相容。

第三,社会因素。金融危机时期,为了缓和社会紧张关系,维护社会稳定,反垄断政策不得不有所放松。在大萧条时期,美国联邦最高法院曾以比较宽松的方式来执行法律,尽量避免厂商破产,以缓解失业导致的社会矛盾。同样,危机卡特尔有时候为欧盟委员会所容许,"只要缩减超额产能是永久性举措,有利于专业化,并且是以最大限度地降低减产所导致的失业的社会成本之方式进行的"。这一做法的合理性解释就在于:"当竞争的社会成本太高时,竞争有可能被牺牲,因为在产能过剩的情况下,很多厂商退出行业,从而会导致大量的失业。即使从长期看,产业结构调整是有利的,但在短期内有可能会导致可观的成本,而政府有可能因为政治和社会的原因而希望避免发生这样的成本。"③ 我国反垄断法也有经济不景气时期的垄断协议豁免规定。这些无疑都是考虑了社会因素等对反垄断政策的影响而作出的理性选择。

第四,环境因素。人类生存环境的恶化使得各国和地区日益重视对环境的法律保护。在反垄断政策实施中,涉及对环境的保

---

① [美]马西莫·莫塔著:《竞争政策——理论与实践》,沈国华译,上海财经大学出版社2006年版,第18页。
② 赖源河编审:《公平交易法新论》,中国政法大学出版社2002年版,第10页。
③ [美]马西莫·莫塔著:《竞争政策——理论与实践》,沈国华译,上海财经大学出版社2006年版,第10页。

护问题时,更需要予以认真考虑。例如,根据《罗马条约》第6条和第174条,欧盟委员会在执行欧盟竞争法时就要对有关环境因素给予关切。2000年,欧盟委员会在CECED裁决中批准了一项在合起来占欧洲销售商95%以上的洗衣机生产商和进口商之间签署的具有反竞争效果的协议,理由是"该协议在环境方面有益于社会,并且有利于降低能耗",① 这对于高度重视环境保护,以建设生态文明的社会为目标的我国来说,具有重要借鉴意义。

第五,战略因素。反垄断政策也可以用来推进一国和地区的对外贸易战略。因此,支持国家级"冠军"或肢解外国"冠军"的主张将会对一国和地区的反垄断政策产生重要的影响。有时,特别是在金融危机、经济危机时期,某些国家之所以采取宽松的反垄断政策,就是因为中央政府认为这样做有助于本国厂商成功地战胜外国竞争对手。此外,有些国家通过赋予本国出口卡特尔特殊地位来保护本国厂商在对外贸易中的利益。还有的国家通过反垄断政策工具达到贸易保护主义的目的。这些做法对于缺乏执法经验的我国反垄断政策制定者和执行者具有重要的参考价值,需要我们慎重考虑。

需要指出的是,上述因素对于实施反垄断政策的重要性因时、因地、因具体情势不同而不同。对这些因素的考虑都是相互关联的,并且在反垄断政策分析中,决策者可以调整它对于任何单个因素的处理来补偿他感到不足的另一个因素。事实上,究竟应该优先考虑哪些因素需要决策者综合各种因素进行总体利益衡量。

其次,在这样一个充满挑战的时代,应当努力寻求反垄断政

---

① [美]马西莫·莫塔著:《竞争政策——理论与实践》,沈国华译,上海财经大学出版社2006年版,第18页。

策的有效实施。

在实现我国制定的产业振兴的目标中,反垄断执法机构应当积极参与我国现行和拟议中的法律和政策存在的有关竞争问题,并且在审查这些产业的过程中,坚持主张发挥竞争在经济复苏和发展中的积极作用。在解决当前经济困难的同时,也要照顾到短期经济刺激政策对市场竞争格局的长期影响,勇敢地担当起反垄断政策应当承担的历史使命。"我们会对经济危机情况下如何有效执法的问题进行研究,但是,总体上讲,我们还是按照《反垄断法》所规定的内容,无论是在经济危机的情况下还是出现其他市场波动的情况下,不会改变《反垄断法》的总的执法目标,也就是说,无论任何情况下的并购不得影响市场竞争。但是,总的来讲,市场格局会发生一定的变化,总体讲我们审查并购的时候还是看你的并购是否对市场竞争进行了限制或排除。在经济危机情况下所产生的并购,我们审查时并不会特别从严或从宽。"①

现在看来,我国反垄断政策的实施有些差强人意,还需要进一步予以加强。在当前金融危机的背景下,我国特别要防止产业振兴中的"国进民退",坚决反对行政垄断,"仅当我国在制止行政垄断方面能够采取有效法律措施的时候,我们方可以说,我国已经建立起了社会主义市场经济体制"。②

再次,加强反垄断政策实施机构之间的合作,包括国内合作与国际合作两个层面。

反垄断政策的健全不但依赖于法律规则,还依赖于执法机

---

① 商务部反垄断局局长尚明在中国政府网答网友提问时所作的表示,中新网资源,2009年10月20日访问。
② 王晓晔:《行政垄断问题再思考》,载《中国社会科学院研究生院学报》2009年第4期,第58页。

制,保证法律以合理的成本获得合理程度的遵守。① 加强反垄断政策实施机构之间的合作,有助于执法机制合理高效的运作,从而确保反垄断政策的正确制定和实施。

在国内层面上,反垄断政策实施机构之间的合作包括:一是三家主要的反垄断执法机构之间的合作。要加强三家反垄断执法机构的内部合作,使得三家执法机构明确各自的执法目标和执法标准,分工合作,加强协调,不产生大的分歧。"如果执法确实有问题,觉得磨合不好,三家浪费行政资源,也不排除要整合,这由国务院决定。"② 二是三家主要的反垄断执法机构与相关行业监管机构之间的合作。应当建立二者的合作监管机制,这种合作监管体现在二者对行业垄断行为的共同管辖权与监管机构的管辖权之间的协调和衔接上。③ 在当前金融危机的背景下,这方面的合作显得尤为重要。三是国务院反垄断执法机构与其授权的执行反垄断工作的省级人民政府的相应机构之间的合作。这两者主要是领导与被领导关系,但它们之间的合作对于消除地方保护主义,有效制止行政垄断无疑具有重要意义。四是反垄断行政执法机构与反垄断司法机构之间的合作。目前,世界各国和地区均在行政序列中负责反垄断政策的制定和实施。一般说来,反垄断行政执法机构的专业性要比司法机构强。它们不仅有提出建议的权力,也有作出决定的权力。当然,司法救济仍然是最终的救济手段。不过,反垄断司法机构通常都会对行政执法机构给予实质性的尊重,只有少数例外。加强两者之间的有效合作,促进两者之

---

① [美] 理查德·A. 波斯纳著:《反托拉斯法》(第 2 版),孙秋宁译,中国政法大学出版社 2003 年版,第 313 页。

② 国家发改委价格检查监督司司长李镭在清华大学中国财政税收研究所组织的"中国竞争政策的实施"专题讨论会上的发言,参见《反垄断法实施周年盘点》,网易资源,2009 年 10 月 20 日访问。

③ 史际春等著:《反垄断法理解与适用》,中国法制出版社 2007 年版,第 299 页。

间的有机结合，有助于提高反垄断政策的实施效率。

在国际层面上，就是要加强与有关国家和国际组织在反垄断方面的合作。一百多年来，反垄断法在世界各国和地区的实施，相互间的借鉴、冲突与合作，在国际上形成了较为一致的反垄断政策目标，那就是提高经济效率和维护消费者的利益。在共同的政策目标指导下，不同国家和地区的反垄断法及其实施存在许多相同的方面，但同时也还有许多差异。在实施过程中，不可避免地会产生矛盾和冲突，需要彼此进行协调和合作。我们应当寻求与反垄断法律制度比较成熟的国家进行技术合作，以解决我国反垄断政策实施中的技术难题。商务部与美国贸易发展署签署的《谅解备忘录》，正式启动了"中美反垄断法技术协助项目"是一个典范。我们的视野应当更广阔一些，步伐应当更大一些。同时，我国也应当不失时机地与同我国有广泛经济贸易往来的有关国家建立双边合作关系。此外，我国还要积极参与国际竞争网络等有关国际组织的活动，表明我国的态度和立场，主动提高自己的地位，扩大自己的影响，争取在国际竞争领域发挥应有的作用。

最后，拓展反垄断的"地方性知识"，提高反垄断的执行能力。具体的、适合一个国家的反垄断政策并不是一个抽象的无背景的毫无生气的原则和规则的组合，而涉及一个内容涵盖广泛的知识体系。"一个活生生的有效运作的法律制度需要大量的不断变化的具体的知识。"① 新自由主义经济学家哈耶克曾经在其《个人主义与经济秩序》文集中对"知识在社会中的作用"作过深刻论述。波斯纳法官任命朱苏力教授为微软垄断案的调解人这

---

① 苏力著：《法治及其本土资源》（修订版），中国政法大学出版社2004年版，第18-19页。

一事例论证了知识在法律中的力量。① 市场经济发达国家和地区反垄断政策的发展史表明,"无论是立法还是司法,无论是立法理想主义或民粹主义还是司法的经验主义和保守主义都无法回应历史和社会的需要。同时也证明了,要真正改变这种状况,必须大量借鉴现代社会科学的经验研究的成果,特别是经济学的研究,而不可能指望法律自身的所谓发展或探讨"。② 对于我国的决策者来说,反垄断是一种全新的法律制度。我国《反垄断法》施行以来,一些曾经制约反垄断立法的错误观念并未完全消除,并将给反垄断实施带来长期影响。例如,把反垄断与发展规模经济对立起来的观念、把反垄断与企业做大做强对立起来的观念、把反垄断与知识产权保护对立起来的观念、法外开恩的思维惯性导致的特权观念,以及对反垄断的误读和曲解等错误观念和问题还不同程度的存在。如前所述,我们在分析反垄断政策时,不能仅仅局限在法规范的视域内,而应当在更广阔的社会背景下进行超法规的考察。科学正确的反垄断政策的制定和实施必须以全面、客观和深刻的反垄断"地方性知识"为基础。

这里所说的反垄断"地方性知识"主要是指决策者在决定政策时需要了解和掌握的各种信息,"具体包括:有哪些可供使用的数据、如何对它们进行解释、各种数据所做的解释之间是什么关系、知识应当如何保存、它们在各个机构之间应当怎样进行交换。一言以蔽之,决策者到底拥有哪些信息,他们如何组织这些信息,如何对它们进行解释"?③ 因此,我国当前需要加大普

---

① 参见朱苏力著:《知识在法律中的力量(代译序)》,转引自[美]理查德·A. 波斯纳著:《反托拉斯法》(第2版),孙秋宁译,中国政法大学出版社2003年版,第12页。

② [美]理查德·A. 波斯纳著:《反托拉斯法》(第2版),孙秋宁译,中国政法大学出版社2003年版,第12页。

③ 王晓晔主编:《反垄断立法热点问题》,社会科学文献出版社2007年版,第390页。

法工作力度，向社会、公众、企业广泛宣传反垄断法规，拓展各种反垄断知识，加深决策者、经营者、消费者等社会各方面对垄断行为危害性的了解和认识，努力培育中国特色的竞争文化，不论是在正常经济发展时期还是金融危机、经济危机时期，始终秉持反垄断政策的目标，坚持为反垄断创造良好的社会环境。"竞争文化在我国的产生和弘扬代表着一个古老民族朝着符合世界潮流的方向走向繁荣的道路。"①

还需要指出的是，提高反垄断的执行能力对于我国未来反垄断政策的实施同样至关重要。一方面，由于在了解国外法律资料方面存在着语言和专业双重障碍，1990年以前，我国各界无法得到有关反垄断方面的知识；又由于缺乏反垄断实践经验，我国各级行政机关的反垄断执行能力普遍较弱。另一方面，反垄断政策、法律、法规普遍具有较强专业性、技术性的特点，在正常经济时期的反垄断执法过程中，大都需要通过经济分析，甚至运用经济模型来判断、验证，而我国的执法人员尚不能完全适应这样的执法需要，在金融危机、经济危机时期，面对如此复杂的社会环境，就更加难以应对。因此，我国要在发挥专家、学者作用的同时，抓紧培养一批合格的公务员法律、经济专家人才，加强反垄断执行队伍的能力建设，才能确保反垄断政策的有效实施。

结　　语

关于法律和发展之间的关系，国际法学界有两种态度：乐观主义者和怀疑主义者。尽管两者存在许多分歧，但一致认为法律

---

① 徐士英等著：《竞争法新论》，北京大学出版社2006年版，第292页。

制度是经济发展的决定性因素。① 良好的反垄断政策不仅是克服经济危机的一副良药,而且是促进经济繁荣的重要因素。有远见的决策者应当尽力确保今日作出的决定能为未来经济的长期可持续发展奠定坚实可靠的基础,而不会成为新问题、新矛盾和新冲突的根源。

---

① Kevin E. Davis & Michael J. Trebbilcock, The Relationship Between Law and Development: Optimists Versus Skeptics [J], the American Journal Of Comparative Law, Vol. 56: 895-946, 2008.

The Analysis of Anti-Monopoly Policy under the Financial Crisis

Shi Ying Yuan Rixin

(School of Law, Liaoning University, Shenyang 110036)

Abstract: The correct formulation and enforcement of anti-monopoly policy is of great significance for economic development of one country not only during economic hard times but also during normal times. The economic crisis in 1929-1933 shows that there is no others can fully substitute for the competitive market and the object of anti-monopoly policy is consistent and the vigorous enforcement of the anti-monopoly policy is an important means for government to deal with economic crisis in order to preserve market competition. The current financial crisis has given rise to much passive influence on anti-monopoly policy of our country. We should adhere to organic combination of strictness and leniency and on the premise of basic objects of anti-monopoly policy considering he vigorous enforcement of it under the more wide social and economic background and enlarge anti-monopoly knowledge and strengthen ability of anti-monopoly enforcement as well as reinforce the domestic and international cooperation between enforcement agencies.

Key words: Financial Crisis, Anti-monopoly Policy, Industry Policy, Anti-monopoly Cooperation

金融危机救助的反垄断法思考

刘大洪[*]　殷继国[**]

摘　要：金融危机救助，是指为应对金融危机的不利影响，企业、政府以及国际组织等主体实施的挽救处于困境中的企业、产业或国民经济的政策和措施的总和。金融危机救助制度和反垄断法均以社会整体利益作为价值取向，救助失灵的存在是金融危机救助应当纳入反垄断法规制范围的根本原因。欧盟与美国的救助实践也表明，金融危机救助政策的实施不能以牺牲竞争政策为代价，科学的竞争政策是金融危机救助政策的前提和基础，金融危机救助政策的制定和实施应当纳入反垄断法的调整范围。

关键词：金融危机救助　反垄断法　企业救助　政府救助　国际救助

由美国次贷危机引发的金融风暴迅速席卷全球，对全球经济造成了极大的损害。危机企业、各国政府以及国际组织迅速开展了大规模的金融危机救助行动。金融危机的爆发以及金融危机救

---

[*] 刘大洪（1963—　），男，湖南武冈人，中南财经政法大学法学院教授，博士生导师。
[**] 殷继国（1979—　），男，中南财经政法大学法学院经济法学博士研究生。

助行动的大规模开展,给经济法学的发展提供了难得的机遇。虽然世界上金融危机频繁爆发,但作为应对金融危机的金融危机救助行为在过去似乎并没有引起人们的关注。本文将抛砖引玉,并着重从反垄断法的视角来研究金融危机救助行为,期望能够为我国《反垄断法》的实施和进一步完善提供绵薄之力,并促进金融危机救助行为法制化建设。

一、金融危机救助制度的认识

金融危机救助的前提是有金融危机的存在,金融危机又称为金融风暴,是一个国家或几个国家与地区的全部或大部分金融指标急剧、短暂和超周期恶化的体现。金融危机救助,又称为金融危机援助,其含义有广义与狭义之分,广义的金融危机救助是指为应对金融危机的不利影响,企业、政府以及国际组织等主体实施的挽救处于困境中的企业、产业或国民经济的政策和措施的总和。狭义的金融危机救助仅仅指国家(地区)和国际组织所实施的救助行为,本文所研究的金融危机救助则采用广义上的概念。金融危机救助不等同于欧盟的国家援助制度,所谓国家援助,是指一国政府利用国家财源通过财政、税收、金融等措施而给予企业的优惠。① 国家援助是国家采取的救助措施,援助的主体既可以是中央政府也可以是地方政府;国家援助通常采取的是财政、税收、金融等优惠措施,这种措施使受援者减少了应当承受的财政负担;此外,国家援助的对象不具有普遍性,《欧共体条约》第 87 条第 1 款将受援者分为企业和生产部门。企业是指一定行业中的个别企业;生产部门则是指根据国家的援助规划,

---

① 孔少飞:《欧盟的国家援助制度及其借鉴》,载《欧洲研究》2006 年第 3 期,第 88 页。

对一定部门、一定产品结构、一定地区或者依据其他标准划分的一个企业群体；在实践中，国有企业虽然不是唯一的受援者，但也是最重要的受援者。① 金融危机救助在救助主体、救助手段、救助对象等方面比国家援助复杂得多，但两者又存在密不可分的联系，金融危机救助制度包含了国家援助制度的内容。

（一）金融危机救助的主体及其类型

当一国出现金融危机的时候，处于危机中的企业基于生存需要首先会采取一定的救助措施，比如大规模裁员、调整资产结构、出售资产、重组等，此外，其他尚未处于困境中的企业也可能采取兼并等救助措施。当企业的自我救助不能奏效，导致出现"多米诺骨牌效应"时，政府此时会介入市场采取救助措施。政府采取的金融危机救助实质上属于政府的干预行为。除此之外，有关国际组织和区域一体化组织为了减小金融危机对危机受灾国和整个世界经济的冲击，也会对金融危机受灾国实施危机救助。前者如国际货币基金组织和世界银行等，国际货币基金组织是现行的国际金融体系中负责对金融危机进行救助的最重要的机构，在 1998 年的亚洲金融危机以及本次全球金融风暴中，国际货币基金组织都采取了各种救助措施帮助各国政府应对金融危机的不利影响；后者如欧盟，在本次金融危机中，欧盟委员会建立了中期财政援助基金（即"危机基金"）为成员国提供紧急财政援助，并规定成员国的金融危机救助计划必须报欧盟委员会批准才能实施。由此可见，金融危机救助的主体包括企业（主要是处于困境中的企业）、政府以及有关国际组织和区域一体化组织，政府是金融危机救助的主要实施者。

以金融危机救助的主体为标准，金融危机救助主要包括三种

---

① 王晓晔：《市场失灵时的国家干预——欧盟竞争法中的国家援助》，载《国际贸易》2000 年第 3 期，第 50 页。

类型或三套救助体系：一是企业救助，救助的主体可以是处于困境中的企业，也可以是尚未处于困境中的企业对困境企业实施的救助，前者可称之为企业自身的救助，后者可称为企业外部救助；二是政府救助或国家援助，是政府对本国或本地区的经济或产业采取救助措施，救助的主体既可以是一国的中央政府，也可以是地方政府；三是国际救助，救助的主体是国际组织，主要是政府间的国际组织，如国际货币基金组织、世界银行、欧盟等。但是，国际组织实施的国际救助离不开其成员国的参与和支持，因此，主权国家参与国际组织实施的对危机受灾国的救助行动应属于国际救助，而不是政府救助或国家援助。在此次金融危机中，中国通过国际货币基金组织的资金交易计划以中国已认缴的份额资金参与金融危机救助，向有关国家提供资金支持。此外，在资金安全有保障且能获得回报的基础上，中国通过购买包括世界银行在内的多边开发机构的债券，积极参与多边开发机构的危机救援活动。

（二）金融危机救助的法律性质

如前所述，金融危机救助是三套救助体系的综合体，企业救助属于微观层面的救助，政府救助属于中观层面的救助，国际救助属于宏观层面的救助。区分三套救助体系的法律性质有助于我们加深对金融危机救助制度的认识。

1. 企业救助具有市场自我调节的性质。市场经济是以市场为基础配置社会资源的经济运行方式，当发生市场失灵时，市场的自我调节机制能够在一定程度上降低市场失灵的消极影响。而且，市场调节机制所具有的灵敏性特点是国家干预无法比拟的。因此，在发生金融危机之后，不能忽视市场的自我调节机制，不能运用国家干预完全取代市场的自我调节机制。在此次金融危机的初期，各国政府尚处于观望之时，完全由处于困境中的企业采取大规模裁员、调整资产结构、出售资产、兼并重组等方式实施自我救助或相互救助。在政府介入金融危机救助行动之后，主要发达国家也没有忽视市场自我调节机制的作用。比如德国政府的经济刺激计划主要是通过汽车置换补贴计划、短时工作等方式实现，而尽量减少政府的直接投资。因为在汽车置换补贴计划、短时工作等方式中，市场机制依然是资源配置的基础手段，市场中的交易决策仍然是由市场中的微观主体做出的。① 中国政府在此次金融危机中为扩大内需而采取的家电下乡政策也是充分发挥市场机制作用的体现。相对于政府救助和国际救助所具有的较强滞后性而言，企业救助所具有的灵敏性与及时性特点往往能够占据救助的先机。但企业救助也具有自身无法克服的缺陷，除了可能会出现救助失灵之外，企业救助对象仅限于微观层面的企业，它只是微观层面的救助，因而不可能出现像政府救助和国际救助那样救助整个国民经济和世界经济的效果。尽管如此，我们仍然认为企业救助是整个救助体系的基础。

2. 政府救助具有国家干预的性质。具有市场自我调节性质的企业救助虽然能够在一定程度上降低金融危机的消极影响，但市场的自我调节毕竟属于市场机制的范畴，具有市场机制的先天性缺陷，并不能力挽狂澜。因此，从 2007 年 8 月开始，当市场流动性出现紧张，个别国家开始以注资、降息等市场化手段展开救助；随着雷曼兄弟的破产倒闭，次贷危机真正转化为金融危机，欧美国家的政府启动了房屋贷款与大规模的银行救助方案；当金融危机向全球蔓延，开始演变为实体经济危机，此时各国政府开始联合行动，政府救助政策也转向宏观经济刺激。② 无论是市场化的救助手段还是宏观经济刺激计划，均具有国家干预的性质。相比较而言，政府救助在三套救助体系中具有中流砥柱的作

---

① 金碚、原磊：《德国金融危机救援行动的评价及对中国的启示》，载《中国工业经济》2009 年第 7 期。

② 朱民、边卫红：《全球金融危机救助四部曲》，载《中国证券报》2009 年 1 月 15 日。

用，救助的力度最大，对国民经济的刺激作用更为明显，救助范围通常及于主权国家全部地区，救助手段以宏观调控和国家投资经营为主。

3. 国际救助具有国际调节的性质。国际调节最早由我国著名的法学家漆多俊先生提出，并认为国际调节是与市场调节、国家调节并行的全方位的调节机制。所谓国际调节，是指国际市场的一种调节机制或调节活动，它是由两个以上国家或区域性、全球性组织，通过协商或签订国际条约、或以国际性组织的决定等形式，对国际市场的经济结构和运行实行调节，以维护和促进国际社会经济协调、稳定和发展。① 国际货币基金组织、世界银行等国际组织以及欧盟等区域一体化组织在此次金融危机救助中扮演了非常重要的角色。国际救助既不同于企业救助，也不同于政府救助，而是一种国家间或超国家的救助。很明显，国际救助具有国际调节的性质。国际救助由国际组织实施，救助的对象不再是单个的企业，而是处于危机中的主权国家，救助资金的来源通常是国际组织的成员国，因此，国际救助需要成员国的协调与配合，这种协调与配合通常需要通过召开多边或者双边会议的形式进行谈判，所需时间较长，因而国际救助不如政府救助那样迅捷。救助手段也较为单一，通常是向危机受灾国提供资金支持，帮助危机受灾国维持国际收支平衡。尽管如此，国际救助仍然是金融危机救助必不可少的形式，尤其是在经济全球化的今天，任何一个国家国内的经济金融事件都可能因为"蝴蝶效应"而迅速影响到其他国家，因此，在金融危机救助方面加强国际协调显得尤为必要。

近百年来，世界上大的经济金融危机有20多次，每次金融

---

① 漆多俊：《经济全球化的国际调节——加入WTO对中国经济立法的影响》，载《华东政法学院学报》2004年第2期。

危机爆发后,各个国家都采取积极的应对措施。但是各国有关金融危机救助制度的立法却不尽如人意,甚至有些国家并没有将金融危机救助纳入法治轨道。这种局面导致金融危机救助的随意性较大,缺乏透明度;救助失误时也没有规定相应的法律责任,因而可能会减损金融危机救助的效果。因此,必须将金融危机救助完全纳入法治化的轨道,各个国家应当建立并完善金融危机救助的法律制度。

二、欧盟、美国关于金融危机救助与反垄断执法关系的实践

金融危机救助的目标在于应对金融危机给企业和国民经济甚至整个世界经济造成的不利影响,无论是从救助动机还是救助效果来看,金融危机救助都是非常必要的。但是,无论是企业救助,还是政府救助或国际救助,都可能会限制市场竞争。譬如,在正常情况下不可能获得批准的经营者集中行为,但在金融危机情形下,政府可能会强行推动经营者实施集中,甚至会绕过反垄断执法机关的审批;又如国家通过财政、税收或者金融等手段给某些企业提供资金救助,这对救助企业的竞争对手而言是不公平的,会人为地损害竞争对手的竞争利益;还有各个国家为了维护本国的经济利益,以金融危机为借口实施贸易保护,贸易保护行为会损害国际市场的竞争秩序。因此,有很多人就担心,在全球性的经济衰退周期,时下舆论热点几乎都集中在关于政府救援计划、经济刺激方案、金融监管改革等方面,反垄断在其中应起的作用有意或无意被忽视和淹没。① 欧盟和美国不仅在本次金融危

---

① 孙迭:《金融危机视角下关注中国反垄断》,《财经》2009年2月18日。

机中都积极地实施金融危机救助行为，而且都是世界上反垄断法最为完善、执行反垄断法最为严厉的国家或地区，也就是说，欧盟和美国在金融危机救助和反垄断执法方面都具有典型性。本文通过考察欧盟、美国在金融危机救助背景下的反垄断执法实践，发现上述担心完全是没有必要的。

（一）欧盟关于金融危机救助与反垄断执法关系的实践

为了建设单一市场，欧盟不遗余力的实施反垄断法，成为世界上执行反垄断最为严厉的地区。从近半年较为典型的几次事件可以看出，欧盟的反垄断执法并没有因为金融危机救助而有丝毫放松。2009年5月13日，因涉嫌违反欧盟的反垄断条款，欧盟委员会（以下简称"欧委会"）对英特尔公司开出了10.6亿欧元的巨额反垄断罚单；2009年7月17日，欧委会出台反垄断新准则，根据新准则，曾在金融危机中接受过政府援助的银行可能面临资产出售以及对市场和地域扩张的限制；2009年10月20日，因有可能违反了欧盟有关反垄断的规定，通用向麦格纳国际和俄罗斯联邦储蓄银行出售欧宝的计划也再次"搁浅"。在金融危机救助计划的制订和实施过程中，欧盟的竞争政策也扮演着重要的角色。正如欧委会竞争委员克鲁斯在《2008年欧盟竞争政策报告》发布会上表示，"当前危机下，竞争政策在确保内部市场建设方面发挥了关键作用"。① 根据欧委会的规定，成员国的金融危机救助计划需经欧委会负责竞争政策的主管部门——竞争总司审查并经欧委会竞争委员批准后方可实施。同时，为了方便各成员国迅速实施金融危机救助措施，欧盟反垄断审查的期限较以往有所缩短，体现了欧盟反垄断灵活执法的特点。

---

① 郭建军：《欧委会发布〈2008年欧盟竞争政策报告〉》，来源于驻欧盟使团经济商务参赞处，http：//eu. mofcom. gov. cn/aarticle/jmxw/200908/20090806476356. html？1007720710＝1884470835，［2009-10-23］。

由此可见，在金融危机中，欧盟仍然高举反垄断大旗，坚定不移地奉行既定的反垄断政策，并没有因为应对金融危机而弱化反垄断执法，反而把金融危机救助纳入反垄断审查的范围。金融危机救助与反垄断执法并不存在明显的冲突。

（二）美国关于金融危机救助与反垄断执法关系的实践

美国是此次金融危机的罪魁祸首，在处理金融危机救助与反垄断执法的关系上，美国的做法曾出现一定的摇摆与反复。在实施金融危机救助的初期，为了恢复经济，曾经在一定程度上放松了反托拉斯执法，企业并购反垄断审查的期限也大为缩短。如JP摩根收购贝尔斯登和华盛顿互惠银行、美国银行收购美林、富国银行收购美联银行，若在平时通常需要至少几个月的反垄断审查，而在金融系统崩溃风险的压力下，几个星期就顺利通过了审查。更有甚者，据《纽约时报》报道，在参议院听证会上，多数党领袖里德建议取消反托拉斯法案。① 虽然美国的反垄断执法出现了短期的放松，但这种方式是以不动摇反垄断执法的基本原则为前提的，其反垄断政策也没有出现像20世纪30年代"经济大萧条"时的波动情况。② 很快，奥巴马政府就认识到，放松

---

① David M. Herszenhorn, For Insurers, a Question of Trust (and Antitrust), the New York Times, October 14, 2009.

② 20世纪30年代经济大萧条时，1933年美国最高法院在"阿巴拉契亚煤炭公司诉美国"（Appalachian Coals, Inc. v. United States）案中对价格联盟这种明显的垄断行为表示出容忍的态度，国会通过"国家产业复兴法案"（National Industrial Recovery Act）直接支持一些具有垄断后果的行为。不过，两年后，美国最高法院通过"谢克特家禽公司诉美国"（Schechter Poultry Corp. v. United States）一案判定"国家产业复兴法案"违宪，继而在1940年的"美国诉索科尼真空石油公司"（United States v. Vacuum Oil Sokoni）案将横向价格协议重新纳入本身违法原则的框架下，纠正了此前对反垄断基本原则的偏离。参见孙速：《金融危机视角下关注中国反垄断》，载《财经》2009年2月18日。

反垄断执法是一个从经济危机一开始就犯下的严重错误。因此，2009年5月美国总统奥巴马责令司法部反托拉斯局贯彻落实反垄断法，严厉打击企业利用市场垄断地位，排挤、压制竞争对手，获得更多市场份额的行为。自美国爆发大规模次贷危机以来，美国一共有15家航空公司和4位前航空公司高管在美国司法部进行"集体涨价"的调查中承认有罪，这15家公司一共已支付或同意支付的罚金超过16亿美元。① 2009年6月，美国司法部也开始调查谷歌、苹果、雅虎等大公司在限制人才流动上的串谋行为。2009年7月7日，美国司法部计划对移动运营商与手机厂商达成的独家销售交易——特别是AT&T独家销售苹果iPhone手机的交易进行调查。此外，美国监管机构正在考虑更新已有17年历史的并购监管方针，该方针用于评判潜在交易是否具有反竞争的性质，此举可能为企业并购活动设立更强硬且更为简单的标准。② 美国反垄断协会会长艾尔伯特·佛尔（Albert Foer）就指出，此次调整最有可能带来的结果是收紧对并购交易的控制，特别是在一些边缘领域，有些高度集中的企业或许能在过去8年中通过并购审查，但现在可能就不具备资格了。

　　由此可见，虽然在金融危机初期，美国政府为了顺利实施金融危机救助政策，在反垄断执法的态度上有所松动。但随后迅速恢复了反垄断的严格执法。总的来说，美国并没有因为金融危机救助而牺牲反垄断执法，相反，金融危机救助计划的制订和实施必须时刻考虑国家既定的竞争政策。因此，从欧盟以及美国的金融危机救助以及反垄断执法的实践可以得出结论：金融危机救助和反垄断执法并不是此消彼长的关系，两者可以在金融危机的背

---

① 覃福晓：《美国航空集体涨价的前世与今生》，载《法制日报》2009年5月11日。

② John D. McKinnon & Brent Kendall, US Regulators Weigh New Merger Rules, The Wall Street Journal, September 23, 2009.

景下实现很好的融合,而且金融危机救助必须纳入反垄断法审查的范围。欧盟和美国的这一做法将对我们国家在处理金融危机救助与反垄断执法的关系时提供很好的借鉴。

三、金融危机救助行为纳入反垄断法规制范围的理论依据

(一) 金融危机救助与反垄断法的价值取向

金融危机救助制度,本身是一项全新的研究课题。从法律的角度对金融危机救助制度进行研究的成果屈指可数。关于金融危机救助制度的价值取向问题,复旦大学法学院季立刚教授认为,各个国家应当制定金融危机防范与处置的法律法规,相关立法应该贯彻三个基本原则即维护金融安全原则、促进经济稳健增长原则、维护中小投资者利益原则;金融危机防范与处置法律制度的价值取向,应包括安全、秩序、公平。① 本文认为,用社会整体利益代替公平价值似乎更为妥当,即金融危机救助制度应当以安全、秩序和社会整体利益作为价值取向。以安全作为金融危机救助制度的基本价值,根源于金融危机本身及其带来的连锁风险。金融危机救助制度的安全价值,既包含了金融机构、企业和各种市场经济主体自身的经济安全,也包括社会整体的经济安全和政治安定,甚至是整个世界经济的安全。金融危机救助的秩序价值就是指金融危机救助制度本身以及与其他相关法律制度结构上与内容上的和谐与统一。金融危机救助法律制度是牵涉多个法律制度的综合体,比如要与预算法、税法、产业政策法、反垄断法等

---

① 季立刚:《金融危机防范与处置的法律制度——季立刚教授在上海财经大学法学院"财经与法律"论坛的演讲》,载《上海法治报》2009年1月21日。

进行内容上的协调。社会整体利益价值是指金融危机救助的目的在于实现社会的实质公平，防止广大消费者利益和社会整体利益因金融危机而遭受减损，它是金融危机救助的目的性价值。

反垄断法作为经济法中最为重要的法律之一，关于反垄断法的价值取向，众说纷纭。但秩序价值和社会整体利益价值作为反垄断法的价值取向学者们基本上是一致赞同的。秩序价值是反垄断法的最基本的价值，反垄断法最直接的目的是维护整个社会的自由、公平的市场竞争秩序。社会整体利益价值是反垄断法的目的性价值，反垄断法存在的使命是通过维护市场的竞争秩序来保障社会整体利益的实现。从金融危机救助制度和反垄断制度的价值取向来看，两者在目的性价值上具有一致性，这说明了金融危机救助制度纳入反垄断法的调整范围不会导致根本利益的冲突；而且，金融危机救助制度的秩序价值也决定了金融危机救助应当与反垄断法协调，即应纳入反垄断法的调整范围。

（二）救助失灵是金融危机救助纳入反垄断法规制范围的根本原因

西方经济法产生的逻辑是：由于市场机制自身的缺陷决定了市场失灵的必然性，市场失灵的存在引发了政府的干预，由于政府干预决策的失误以及政府部门的低效率等原因有可能会出现政府失灵，为了减少政府失灵的可能性就需要将政府干预纳入法治的轨道，经济法因此得以产生。金融危机的爆发本身就是市场失灵的最好体现，为了防止金融危机对企业和国民经济造成的不利影响，企业、政府和有关国际组织纷纷采取金融危机救助措施。金融危机救助不论由哪一主体实施，都有可能存在救助失灵的情况。这里所说的救助失灵既可能表现为政府失灵，也可能表现为市场失灵；不仅包括救助无效果或救助没有达到预期的效果，还包括救助虽然达到了预期的效果但救助行为本身却对国民经济造成一定的负面影响，而且这种负面影响大于或远远大于救助效果。比如严重损害了市场的竞争秩序，严重侵害了其他经营者和广大消费者的利益等。为了尽可能减少救助失灵的情况，金融危机救助就应纳入法治的轨道，法治的轨道就包括反垄断法执法。因此，救助失灵的存在是金融危机救助应当纳入反垄断法规制范围的根本原因。

四、金融危机救助行为的反垄断法规制

通过考察欧盟以及美国的金融危机救助实践，可以看出，总体上，欧盟与美国均将金融危机救助行为纳入反垄断控制的范围，但是对于不同的救助方式，在具体操作上又有所不同。

（一）企业救助行为的反垄断法规制

面对金融危机时，企业通常会采取一些诸如大规模裁员、调整资产结构、出售资产、兼并重组等救助措施。在这些救助措施中，只有兼并重组可能会对市场的公平、自由竞争秩序造成损害，因而需要受到反垄断法中关于经营者集中规定的调整。根据各个国家关于经营者集中申报标准的规定，企业采取兼并重组的救助措施时如果达到规定申报的标准，必须向国家的反垄断主管机关进行经营者集中申报，采取其他救助措施则不需要申报。此外，各个国家的反垄断法基本上都规定了反垄断法的域外效力，如果企业的救助行为限制了其他国家的竞争，还必须向受影响国的主管机关进行申报审查。为了提高企业救助的效率，反垄断主管机关可以适当地缩短审查的期限，但不能因为担心企业破产倒闭而放宽审查的标准。

（二）政府救助行为的反垄断法规制

在此次金融危机中，欧盟成员国、美国、日本、中国等国家纷纷出台形式多样的救助措施。总的来说，政府救助行为可以分为市场化的政府救助行为和非市场化的政府救助行为。所谓市场化的政府救助行为是指政府采取的救助措施坚持市场在资源配置中的基础性作用，通过设计一套能够引导市场主体行为的制度，

以缓解金融危机对实体经济造成的不利影响，并实现国家经济的复苏。市场化的救助措施主要有：货币政策工具如基准利率政策和贴现利率政策等，保障金融市场的稳定，保障企业的融资需求，强化金融监管，汽车及家电置换补贴，劳动市场的促进政策等。非市场化的政府救助行为则是政府直接参与市场活动，以行政命令直接代替市场机制进行资源配置的救助，最为典型的是以财政手段直接向受困企业注资即国有化、公共投资、政府接管、批准机构转型、税收优惠，为企业之间的并购提供资金支持或担保等。

对于市场化的政府救助行为，通常由于没有对市场的竞争秩序造成损害，因而不需要纳入反垄断法的调整范围，各个国家也没有类似的反垄断法规定；也就是说，对于市场化的政府救助行为，是政府宏观调控行为的一部分，与反垄断审查行为共同构成了政府的干预行为。对于非市场化的政府救助行为，情况则较为复杂。通常而言，国有化、政府接管、批准机构转型本身并不违反反垄断法，国有化之后的国有企业则有可能形成垄断地位，会滥用市场支配地位损害竞争者和消费者的利益，进而损害市场竞争秩序。这不是反垄断法所要解决的问题，但是政府在采取国有化措施的同时通常会对被救助企业采取一定的限制措施，以防止损害市场竞争。因此，美国在讨论实施"问题资产救助计划"（TARP）注资19家银行时，就准备对这些银行在补偿、借贷、信用卡发行、合并等方面实施一定的限制。[①]

政府救助行为中国家对部分地区、部分行业或部分企业提供财政补贴、税收优惠以及提供担保的行为，欧盟则称之为国家援助行为。《欧共体条约》第87、88、89条把国家援助行为分为

---

① 白天编译：《美国国有化的隐秘途径》，载《21世纪经济报道》2009年4月25日。

被禁止的国家援助、与共同体市场相协调的国家援助两种。对于与共同体市场相协调的国家援助，欧盟竞争法将其纳入竞争法适用除外的范畴。根据《欧共体条约》第87条第1款的规定，无论国家援助的形式如何，只要它损害竞争或者能够损害竞争，由此对成员国之间的贸易造成不利影响时，被视为与共同体市场相抵触。同时，第87条第3款规定，为推动具有欧共体整体利益的重要规划或者为消除成员国经济生活中的严重混乱而提供的国家援助属于与欧共体市场相协调的国家援助。金融危机政府救助似乎既符合第1款的规定又符合第3款的规定，那么，金融危机政府救助究竟属于被禁止的国家援助还是与共同体市场相协调的国家援助呢？本文认为，金融危机政府救助属于被禁止的国家援助的理由更为充分。首先，对部分企业、部分行业或部分地区的政府救助能够人为地改变受援者的市场地位，并对成员国之间的贸易造成不利影响；其次，在此次金融危机救助中，欧委会通过关于国家援助的集体豁免法规，如果救助本身是与欧共体市场相协调的国家援助，欧委会就不需要再进行集体豁免。既然如此，非市场化政府危机救助中的国家援助行为应接受反垄断法的调整和控制。通过反垄断法的调整和控制，可以降低国家援助行为对市场竞争的消极影响，以使救助效果达到最大化。

（三）国际救助行为不受反垄断法的调整

目前，国际货币基金组织和世界银行的国际救助方式比较单一，通常采取的是向危机受灾国提供援助贷款，以帮助这些国家缓解债务危机以及应付国际收支危机。对于国际援助行为，除了各个国家的反垄断法所规定的域外效力外，并没有其他的法律可以适用。反垄断法的域外效力，是指作为国内法的反垄断法适用于该国主权范围之外的垄断，各国反垄断法的域外效力必须针对是垄断行为。通常而言，国际组织所实施的行为不属于垄断行为，国际组织为应对金融危机提供的援助贷款也不应当视为垄断。因此，对于国际救助行为，并不受各个国家反垄断法的调整。

Thinking over the Anti-Monopoly Law on Financial Crisis Relief

Liu Dahong Yin Jiguo
(Law School, Zhongnan University of Economics and Law, Wuhan 430073)

Abstract: Financial crisis relief system is the combination of policies and measures that enterprise, government and international organizations implemented to save the troubled company, industry or national economic in order to cope with the adverse effects of the financial crisis. The financial crisis relief system and anti-monopoly law are based on the society integral economic benefit as value orientation; the presence of relief failure is the root cause that financial crisis relief should be included in the scope of antitrust regulation. The EU and U. S. relief practice also shows that the implementation of financial crisis relief policy can not be at the expense of the cost of competition policy, science competition policy is the premise and basis for the financial crisis relief policy, implementation of the financial crisis relief should be included in anti-monopoly law adjustment range.

Key words: Financial Crisis Relief, Anti-Monopoly Law, Enterprise Relief, Government Relief, International Relief

助推器抑或绊脚石
——经济危机时期的反垄断法实施[*]

刘桂清[**]

摘 要：当经济危机爆发时，让反垄断法处于休眠状态，并以产业政策全面取而代之并非明智之举。但是，在经济危机这一特殊时期，反垄断法实施又需要保持一定的宽松性和灵活性。这种宽松和灵活是在不停滞反垄断法实施的前提下，利用反垄断法自身提供的制度机制，根据经济形势变化所进行的统筹兼顾和综合考量。目前的国际金融危机，需要我国反垄断机构以积极姿态予以应对，同时，国际金融危机也对完善我国反垄断法的相关制度规则提出了要求。

关键词：经济危机 国际金融危机 反垄断法实施 产业政策 竞争政策

一、问题的提出

市场竞争是经济进步和繁荣之源，但在经济危机时期，随着

---

[*] 基金项目：教育部人文社科规划基金项目《反垄断法实施中的竞争政策与产业政策协调问题研究》（项目批准号：09YJA820094）。
[**] 刘桂清（1968— ），男，湖北谷城人，法学博士，中南财经政法大学法学院副教授。

一些行业产能过剩、价格下滑、大面积亏损的出现,"工商业界为了对付萧条,从竞争转向合作……作为流行话语的'自由'和'自主',被'集体行动'、'组织'和'稳定'取而代之。对于许多人来说,竞争似乎很快从朋友变成了敌人"。① 显然,危机期间,为在困境中生存,竞争者之间本能地产生了产量限制、价格限定、企业联合与集中的动力。同时,为了尽快渡过危机,"生意人欢迎政府回来"。② 虽然在很多人看来,经济危机的发生,政府往往难辞其咎,但要从危机引起的衰退和萧条中走出来,人们仍希望政府发挥更多的作用。被寄予厚望的政府也乐于以社会经济的领导者和管理者自居,越是在经济危机期间,越是要彰显其强力领导和管理作用。本次国际金融危机正是各国政府显示其强力作用的大好时机,政府行为又一次以前所未有的规模和力度参与社会经济之中。不仅积极的财政政策和宽松的货币政策风靡各国,而且直接针对特定产业乃至企业的产业政策也大行其道。毫无疑问,政府的这些积极应对举措对延缓经济衰退、推动经济复苏有着举足轻重的作用,但同时也要看到,政府对经济的强力干预不仅可能导致市场调节机制与国家调节机制的失衡,也会在政府政策之间引起冲突。就产业政策而言,政府出于社会经济稳定和劳工就业的考虑,会对萧条产业给予更多的关照,如大力促进企业之间的卡特尔联合,撮合企业之间的经营者集中,对特定企业给予倾斜式扶持等。这其中,如果把握不准,产业政策与竞争政策之间会发生冲撞,在急迫而强势的产业政策

---

① [美]戴维 J. 格伯尔著:《二十世纪欧洲的法律与竞争——捍卫普罗米修斯》,冯克利、魏志梅译,中国社会科学出版社 2004 年版,第 30 页。

② [美]戴维 J. 格伯尔著:《二十世纪欧洲的法律与竞争——捍卫普罗米修斯》,冯克利、魏志梅译,中国社会科学出版社 2004 年版,第 30 页。

挤压下,竞争政策不是无所适从就是全面停滞,其作用将会被严重边缘化。目前,很多人已经理所当然认为,经济危机时期,维护经济稳定和保证就业一定比维护竞争机制更重要,为了经济稳定,应该让市场竞争机制作出牺牲。在美国,金融危机的严峻形势甚至引发了一些人要求政府重新找回20世纪30年代《国家产业复兴法》的呼吁。① 这种情况下,自然就提出了如何看待经济危机时期的反垄断法实施的问题。在危机期间,是否仍要保持活跃的反垄断法实施,以及反垄断法实施到底是有助于经济走出困境的助推器还是阻碍经济复苏的绊脚石?如果说为了应对经济危机带来的挑战,有必要放宽反垄断法的实施尺度,是在反垄断法自身的制度框架内按规则进行还是完全由政府及反垄断机构自由裁量?2008年8月我国《反垄断法》实施以来,适逢国际金融危机开始蔓延,国内发生了许多以克服行业不景气或实施政府产业政策为理由的限制竞争活动,如钢铁、煤炭等行业频频进行的联合限产保价,② 国内五大航空公司同时采用新的运价体系而实施的变相联合涨价等。③ 2009年5月,又爆出中国联通与中国网通合并已半年有余,但拒不进行反垄断申报,理由即集中是按

---

① John D. Harkrider, Lessons from the Great Depression, 23-SPG Antitrust, 2009, p. 10.

② 面对钢铁行业产能过剩、价格下滑的现实,不仅钢铁企业之间联合限产保价,中国钢铁行业协会也在组织生产企业对产能严重过剩的品种实行自律性限产措施,工业和信息化部还向全国各省市区工业主管部门和各大型钢铁企业下发了《关于遏制钢铁行业产量过快增长的紧急通报》。参见邓瑶:《工信部"限产令":钢铁回暖急刹车?》,载《21世纪经济报道》,搜狐财经网转载,2009年5月13日访问。

③ 参见杨青:《国内机票今天开始实行新机票折扣率》,载《北京青年报》,搜狐财经网转载,2009年4月20日访问。

照工业和信息化部的电信产业改革方案实施的。① 面对这些明显的反竞争行为,我国反垄断主管机构都选择了沉默。这种无条件、无规则的默不做声是为应对国际金融危机而选择的一种正确的放松反垄断法实施的举措吗?在当前形势下,思考并回答这些问题对现在以及将来都具有重要的实践意义。

二、20世纪30年代美国反垄断法实施的停滞及其历史教训

(一) 20世纪30年代经济危机时期美国反垄断法实施的停滞

19世纪末20世纪初美国反垄断法律体系基本确立,并开始进入了第一波反垄断执法活跃时期。但随后到来的第一次世界大战使这一活跃时期戛然而止。在战时体制下,政府直接干预企业的生产和贸易,并鼓励企业之间展开合作以为战争提供充足的军需物资,限定价格以维护经济稳定,同时,一些重要的反垄断诉讼也随之搁置下来。② 这种状况一直持续到整个20年代。在此之后,当人们还未来得及就卡特尔和托拉斯泛滥对经济的影响予以认真反思的时候,著名的30年代经济大危机爆发了。随着形势的日益恶化,工商业界开始呼吁政府继续倡导和支持"一战"时期曾经存在的由行业协会或行业联盟主导的卡特尔经济。这种形势下,政府未能重振反托拉斯雄风,相反,开始继续沿用原来的弱化甚至停滞反垄断法实施的政策。一个重要表现就是《国家产业复兴法》的颁布及其对市场竞争机制的严重限制和损害。

《国家产业复兴法》是1933年由政府颁布的。该法案允许

---

① 参见《大国企的傲慢与反垄断法的弱势》,载《经济观察报》,搜狐财经网转载,2009年5月2日访问。

② Richard M. Steuer, Peter A. Barile Ⅲ, Antitrust in Wartime, 16-SPG Antitrust, 2002, p. 72.

各行业的竞争者联合起来制定本行业的"公平竞争规则",这在当时被认为是保护工人利益和维护职工就业的重要举措。然而,各行业自己制定的"公平竞争规则"(以下简称产业规则)名为公平竞争,实为限制竞争,在内容上已经远远超出了关于职工最低工资、禁用童工等保护工人利益的规定,还包含了限定产品价格、分配生产数量、约束设备投资、设定行业准入限制等事项。据统计,当时有444个产业规则涉及价格固定,有61个产业规则包含了工厂开工时间限制的内容,31个产业规则涉及产量限制,还有的涉及新产能扩张、已关闭工厂重新开业的限制准入等。① 为了有效实施各产业规则,行业协会或行业联盟作为规则的管理机构有权解释其中的条款,认定例外事项,以及制裁违规行为。在各规则管理机构中,几乎都是由工商业代表组成,只有不超过10%的管理机构中有劳工代表,不超过2%的管理机构中有消费者代表。

《国家产业复兴法》一经颁布即在各行业中得到广泛施行,并得到政府大力支持。政府之所以这样做,其背后的思想逻辑是,工商业部门的低盈利或亏损会加剧危机时期的经济不稳定,通过施行产业规则可以促进企业之间的联合,提升利润水平,从而减少或避免经济振荡。②

根据《国家产业复兴法》第三节规定,总统或其委托的机构只有在产业部门提供的"公平竞争规则"对同行业所有竞争者开放,而不是只有垄断企业参与时,才能予以批准。而一旦被批准,这些产业规则就被认为是相关工业生产或商业贸易活动的

---

① John D. Harkrider, Lessons from the Great Depression, 23-SPG Antitrust, 2009, p. 8.

② Christine A. Varney, Vigorous Antitrust Enforcement in This Challenging Era, Remarks as Prepared for the United States Chamber of Commerce, 2009 WL 1371414 (D. O. J).

公平竞争标准，任何对这种标准的违反一旦发生在州际贸易或跨国贸易之中就构成《联邦贸易委员会法》意义上的不公平竞争方法。这种规定，貌似促进公平竞争，事实上却加重了法案与竞争政策之间的矛盾冲突。一方面，第三节规定不能排除中小企业参加卡特尔组织，实际上是担心这些企业游离于卡特尔体系之外而成为潜在的破坏者，通过强制其参加卡特尔并接受产量限制等约束，加重了对它们竞争能力的伤害。另一方面，关于产业规则法律效力的规定，在法律上将其豁免于《联邦贸易委员会法》之外，进一步巩固了扭曲竞争的卡特尔化产业政策的地位。

显然，《国家产业复兴法》以及在其支持下的产业规则事实上已经挣脱了反垄断法的约束，对竞争政策可以弃之不顾，并将工商企业的利益高高凌驾于消费者福利之上。因此，法案在当时遭到了消费者组织的抨击，也受到了相关机构的诟病。公共工程管理部门负责人哈罗德·埃克斯就指出，各产业规则大大促进了垄断的产生，并导致公共工程招标中出现大量的串通投标现象。联邦贸易委员会也对所谓的"公平竞争规则"进行了批评，他们抱怨说，钢铁行业的产业规则事实上成了企业间限定价格的手段，但他们却对此无能为力。① 在反对声渐次出现的情况下，1934年6月，联邦政府发布了228号政府备忘录。该备忘录试图对产业规则进行一些限制。但在工商业界的强烈反对下，政府不得不声明，228号备忘录仅适用于以后新制定的产业规则。这样，原有的覆盖90%以上行业的产业规则继续有效。

（二）历史教训

在危机开始时期，美国政府试图通过颁布《国家产业复兴法》以及认可各产业规则的法律效力，促进企业合作，避免经

---

① John D. Harkrider, Lessons from the Great Depression, 23-SPG Antitrust, 2009, p.9.

济动荡,稳定就业市场,但这种做法最终实际上变相否定了反垄断政策的法律效力,以致这一时期的反垄断执法活动大大减少,甚至反垄断主管机构一度沦落为产业规则的监管者。显然,在这里,当政府产业政策与国家一贯的竞争政策发生冲突时,反垄断法作了几乎全面的无条件让步。而结果呢?正如1938年4月政府自己在向国会提交的咨文中所坦言,美国经济已经变成一个"隐蔽的卡特尔体系",价格竞争的消失已经成为目前的经济仍深陷困境的一个重要原因。① 直到现在,美国学者仍在对这段历史进行深刻反思。奥巴马政府经济顾问委员会的主席克雷斯蒂拉·鲁玛指出,《国家产业复兴法》减弱了市场价格对产量变化的回应能力,以致阻碍了市场经济的自我修复功能发挥作用。哈罗德·寇勒和李·欧汉年比较了产业规则统辖下的产业与没有产业规则统辖的产业中的价格、工资和就业后得出结论,这一时期的产业政策是造成经济复苏迟缓、GNP、消费和投资持续低迷的一个重要原因。② 更有学者对这一时期卡特尔化的产业政策对经济复苏的影响进行实证研究后指出,由产业复兴法案所促成的卡特尔体系以及在由卡特尔组织所控制产业中的高工资政策,使美国GNP减少了27%,大萧条时间延长了7年。而且根据一项研究,卡特尔化的产业政策严重阻碍企业的技术革新和产品开发,在20年代末期以及整个30年代,几乎没有什么新产品被开发出来。③ 市场没有新产品,自然不能很好地促进消费和吸引投资,反过来就难以有效地创造新的就业机会,所以,当时政策所倡导

---

① John D. Harkrider, Lessons from the Great Depression, 23-SPG Antitrust, 2009, p. 8.

② Carl Shapiro, Competition Policy in Distressed Industries (Remarks), 2009 WL 1371415 (D.O, J), 2009, p. 4.

③ John D. Harkrider, Lessons from the Great Depression, 23-SPG Antitrust, 2009, p. 9.

的保护就业就只能是保护现有的岗位,而不是积极创造新的就业岗位。因此可以认为,美国当时实行的由《国家产业复兴法》所建立起来的卡特尔化的产业政策,至少要对经济复苏滞缓承担部分责任。

通过以上分析可以看出,即使在经济危机时期,也不能以保障经济稳定和保护就业比维护竞争更重要为理由,忽视反垄断法的作用,更不能完全将其束之高阁,弃而不用,因为反垄断法以维护竞争机制为己任。在危机时期,竞争机制的基础性作用也是政府的直接干预所不能替代的,经济从危机中走向复苏和繁荣不可能不需要市场机制的基础性作用。另一方面,之所以认为在经济危机时期,反垄断法仍然是政府应对危机的重要一环,是因为如果没有反垄断法的积极实施,工商业界的卡特尔化本能以及政府短视的以严重牺牲竞争机制为代价的产业政策,都可能登堂入室,以致使市场经济的根基遭受破坏,对此,反垄断法正可以形成一个有效的制衡机制。所以,经济危机时期,坚持积极的反垄断政策,并不是经济走向复苏的绊脚石,相反,脱离反垄断法监督而又扭曲竞争的短视政策,才正是复苏迟缓的重要原因。

三、反垄断法灵活回应经济危机挑战的基本制度

美国的历史教训说明,当经济危机爆发时,试图以产业政策全面取代反垄断法实施并非明智之举。在政府应对经济危机的一揽子对策中,反垄断政策不仅不是经济走出衰退和萧条的绊脚石,反而是促进经济尽快自我修复和实现复苏的助推器。但是,这并不是说,反垄断法在经济衰退、萧条时期与在繁荣、高涨时期一样,应保持同一副面孔,执掌同一把尺子。经济危机时期,在着眼于短期内摆脱困境的产业政策与着眼于长期目标的竞争政策之间冲突愈加激烈的情况下,当产业政策所维护的利益比反垄断法所维护的竞争秩序更重要或更急迫,而执行此政策又不至于

彻底破坏市场经济的竞争机制时，出于整体经济和社会公共利益的需要，反垄断法确实需要作出一定的让步和妥协。这就要求反垄断法表现出一定的灵活性和宽松性。当然，反垄断法的让步和妥协发生在局部范围内，不是法律实施的全面停滞，也不是完全依靠执法机构的自由裁量，而应是在反垄断法自身提供的制度机制内对经济形势予以综合考量，灵活应对。这种灵活性制度机制表现在多个方面，其中以下两类制度特别重要。

（一）不景气卡特尔豁免

一般而言，经济在繁荣状态时称为景气，在萧条状态时称为不景气。经济不景气可以分为两种情况，即周期性不景气和结构性不景气。在现代经济体制下，经济运行通常呈现周期性波动现象。经济周期的波动分为繁荣、衰退、萧条、复苏四个阶段，当经济处于萧条阶段时，就是周期性不景气。所谓结构性不景气，则是指某一特定产业部门由于缺乏比较优势而处于危机状态。[1]不论是周期性不景气还是结构性不景气的发生，都会有一些产业部门由于持续的生产能力过剩导致许多受影响的企业长期在亏损的情况下经营。这类产业通常被称为不景气产业或萧条产业。经济危机时期，产业不景气的现象会更为多见。

政府是否应对特定的不景气产业或产业中的一些企业给予积极保护是一个有争议的问题。按理说，市场竞争机制会自动淘汰低效企业，减少过剩的生产能力。在低效企业被淘汰后，经济将更有效率。同时，这种淘汰的发生反过来也证明，市场正在发挥资源配置作用。[2]但是，完全的市场机制运作，并不能解决一切问题，也存在市场失灵的地方。比如，当严重危机来临时，市场

---

[1] Mitsuo Matsushita, The Intersection of Industrial Policy and Competition: the Japanese Experience, 72 Chi.-Kent. L. Rev. 1996, p. 491.

[2] 林文生：《竞争政策和产业政策冲突协调制度的法律分析》，中国财政经济出版社2005年版，第74页。

竞争可能会淘汰一国具有战略意义的产业,而这些产业的重建可能会付出昂贵的代价。当一产业部门陷入萧条时,产业中存在的退出壁垒使企业退出这一部门困难很大,如一些高成本的企业若被迫迅速退出,就会因为投入的成本没能收回而遭受巨大损失。很多时候,不景气产业中的企业迅速退出这一产业,还会造成企业所在地区的大规模失业,从而引起社会动荡。因此,在各国经济实践中,政府对不景气产业的态度并非是完全的自由放任、优胜劣汰,而是动用产业政策给予积极干预,以帮助该产业渡过危机。

  针对不景气产业过剩的生产能力,政府采取的产业政策措施通常包括发布减产的行政指导,制订设备处理内容的安定计划,建立使特定产业有计划进行设备处理的产业信用基金,对企业给予税收优惠等。政府甚至还通过关税、配额等措施,限制国外产品的进口,将原来通过进口产品满足的国内需求转移给国内厂商,从而增加其生产能力的利用。除此之外,另一个常用的措施就是,国家允许不景气产业中的竞争者之间达成限制产出或者减少生产能力的协议。这被称为不景气卡特尔。政府之所以不反对甚至鼓励企业之间建立不景气卡特尔,其暗含的基本思想是,在出现生产能力过剩时,企业往往不愿意单方面减少产量,因为这样做将导致其市场份额减少。但是,如果在其他企业也减少份额的时候,企业就可能愿意在保持市场份额不变的情况下削减产量。可见,不景气卡特尔是一种典型的限制竞争行为,其作为一种产业政策手段能否行得通,产业政策目的能否实现,应该接受各国反垄断机构的审查。不过在很多国家,不景气卡特尔都曾经或仍然是一类可以被反垄断法豁免的限制性行为。如在1999年以前的日本《禁止垄断法》和2005年第7次修订前的德国《反限制竞争法》中,都明确规定了不景气卡特尔可予以豁免,并同时规定了豁免的条件、程序、方式和监督机制。而在欧盟早期的竞争法案件中,委员会拒绝对这类卡特尔给予豁免。但是,到

20世纪80年代,欧洲在经济上处于困境,一些产业发展状况长期落后竞争对手美国和日本,而且产业内的竞争衰退的原因持续存在,导致欧共体内生产过剩的问题越来越严重。为解决这一问题,产业政策的运用得到了委员会的重视,委员会对不景气卡特尔的态度开始发生了变化。① 当然,某一产业是否萧条产业,产业内发生的不景气卡特尔能否给予豁免,必须结合当时的经济形势,根据法律规定的条件、程序进行审查,同时还应建立被豁免卡特尔的监督机制。

(二) 经营者集中控制豁免

经营者集中控制的反垄断豁免,是指已经申报审查的企业合并收购等,虽然会产生限制、排除市场竞争的效果且符合法律规定的禁止集中条件,但出于某种特定原因,反垄断主管机构网开一面,准予集中进行。当经济危机发生时,随着更多的产业陷入不景气,企业之间的合并收购活动频繁发生。优势企业希望借此扩大规模,增强市场力量,处于困境中的企业则希望借此起死回生,免予破产。政府则更是对经济危机背景下的经营者集中寄予厚望,希望借助企业间的并购重组,实现调整经济结构,增强产业竞争能力的目标。本次国际金融危机发生后,美国及欧洲一些国家金融企业之间的并购集中活动急剧增加,明显高于平常时期。

在实践中,各国反垄断执法机构都存在例外放行某些对市场竞争造成损害理应被禁止的企业集中进行的现象,而在哪些理由下可以对企业集中予以豁免,一些国家的立法也有规定。如德国《反限制竞争法》第42条第1款规定:"在个别情况下,集中对整体经济产生的利益可弥补对竞争的限制,或集中符合重大的公

---

① Andre Fiebig, Crisis Cartels and the Triumph of Industrial Policy over Competition Law in Europe, 25 Brooklyn J. Int'l L. 1999, p.623.

共利益的,应申请,联邦经济部长可批准为联邦卡特尔局所禁止的集中。"我国《反垄断法》第 28 条亦规定:"经营者能够证明该集中对竞争产生的有利影响明显大于不利影响,或者符合社会公共利益的,国务院反垄断执法机构可以作出对经营者集中不予禁止的决定。"另外,俄罗斯、保加利亚等国的反垄断立法也有类似条款。

在具体操作中,"提高国际竞争能力"、"有利于技术进步和经济发展"、"挽救破产企业"往往被看成是维护整体经济或社会公共利益的重要表现。在平常时期,这些是反垄断机构豁免一桩企业集中案件最常采用的理由,而当经济处于危机时期,这些理由就更具有正当性。尤其是各国普遍使用的"破产企业抗辩"具有更直接的针对性意义。一般而言,鼓励有实力的企业并购破产企业可以产生良好的社会效果,有利于避免或减少因破产而引起的社会代价,有利于社会和经济的稳定。反垄断机构也认为,申请集中的当事企业一方面临破产而退出市场的可能性较高时,企业集中对竞争的影响比较小,难以造成对竞争的实质性限制。所以在这种情况下,反垄断机构通常不会阻止这项被认为具有反竞争效果集中的进行。2008 年以来,美国、欧洲的一批金融机构并购集中案,如美国银行收购美林证券、劳埃德银行收购哈利法克斯银行等,或者被反垄断机构快速审查通过,或者直接被豁免,就与被收购对象处于破产边缘且危及整体经济稳定有直接关系。

除以上理由外,在一些国家的反垄断执法中,还曾有过有利于保障职工就业的集中、有利于生产合理化的集中以及有利于减轻国家财政负担的集中被例外豁免。① 在这众多豁免理由中,不

---

① 王晓晔:《企业合并中的反垄断问题》,法律出版社 1996 年版,第 113 页。

论是有利于提高企业国际竞争能力的集中，还是有利于技术进步和经济发展的集中，以及有利于生产合理化的集中等，都是政府产业政策所鼓励的对象，也是产业政策所追求的目标。因此可以说，在很大程度上，与不景气卡特尔豁免制度一样，经营者集中控制豁免制度的目的也在于调和与产业政策的关系。

四、我国反垄断法应对国际金融危机的思考

（一）反垄断机构应采行高调姿态，积极执法并为政府产业政策把好公平竞争关

客观上讲，自金融危机爆发以来，我国的反垄断机构，包括国务院反垄断委员会以及商务部、发改委、工商总局，在普及宣传竞争法知识，培育竞争文化，处理反垄断案件，制定竞争规则等方面做了不少行之有效的工作。如截至 2009 年 10 月底，商务部共受理经营者集中申报 93 起，已审结 69 起。这一年，还先后起草发布了《关于相关市场界定的指南》、《金融业经营者集中申报营业额计算办法》、《经营者集中申报办法》、《经营者集中审查办法》、《经营者集中商谈规则》、《经营者集中反垄断申报流程图》、《关于经营者集中申报的指导意见》、《关于经营者集中申报文件资料的指导意见》等文件。① 但是，尽管如此，在金融危机的特殊时期，在各种反竞争行为易于频繁发生，而且政府产业政策密集出台且与竞争政策不时发生抵触的情况下，我国反垄断机构的声音仍显得过于微弱，一些方面还做得不够，甚至存在失职之处。

首先，对一些明显的违反反垄断法的行为，执法机构没有积

---

① 《2009 商务形势系列述评之九——平稳起步 扎实推进反垄断执法工作》，商务部网站，2009 年 12 月 30 日访问。

极依职权履行职责。如2009年4月,国内五大航空公司(国航、南航、东航、海航、深航)通过实行新的运价体系就机票涨价达成一致,从而实施了明显的价格卡特尔协议。在媒体大量报道并引来消费者反对声一片的情况下,即使没有人直接举报,相关反垄断执法机构也不可能不知道这个事件,但我们并没有发现这五大航空公司受到处理。同样,在其他行业也出现了类似情况。例如,为应对有色金属铅锌价格的大幅下跌,2008年7月14日,上海有色金属行业协会发布公告称,包括豫光金铅、四川宏达、罗平锌电等在内的27家铅锌行业的采矿和冶炼商达成一致,将在7~9月,各自减少锌产量10%。① 与此同时,稀土产品价格近年来变化幅度非常大,面对此形势,2008年5月底,江西省赣州市稀土行业协会研究提出,全市稀土矿山从6月1日起停产一个月,市内16家稀土分离厂减产50%。此举得到包钢稀土、江苏省稀土行业协会的响应。包钢稀土发布公告:停止向相应稀土企业供应稀土精矿一个月,并停止公司分离产品生产一个月。江苏省稀土行业协会声明:同意省内稀土生产企业停产一个月。这样,国内稀土行业三大产业基地实施了联合限产保价。②又如,2008年下半年以来,国际金融危机愈演愈烈,世界经济面临着衰退的威胁,国内经济下滑趋势也日益明显。由于需求下降,国内钢材产品价格不断下跌。针对严峻的国际国内市场形势和钢铁企业经营状况,9月29日,河北钢铁、首钢、济钢、莱钢、安钢等大钢厂共聚河北邯郸,对钢市及企业面临的挑战进行了深入研讨。邯郸会议上,几大钢厂称将采取五大措施积极应对市场变化。其中就包括联合控制产能,维护供需平衡。上述企业

---

① 徐栋:《限产"锁"住价格优势?》,《中国金属通报》2008年第29期,第14页。
② 参见《"限产保价"将结束,稀土行业供需仍失衡》,《稀土信息》2008年第7期,第15页。

将根据各自情况控制产能,经汇总约 20%。①

上述事件中,企业或行业协会都作出了明显的垄断协议行为,但都没受到反垄断执法机构的调查处理。这到底是这些企业的行为不构成反垄断违法,还是此时的国内航空业、有色金属业和钢铁业正陷入困境,属于不景气产业,可给予豁免?广大消费者没有听到执法机构的只言片语,哪怕是一个非正式的声明。

其次,针对政府推行的一些明显违反自由公平竞争原则的产业政策及实施措施,反垄断机构也是集体失语。金融危机发生以来,为调结构和保增长,中央政府和地方政府制定实施了大量的产业政策,虽然这些政策措施对延缓经济衰退、推动经济复苏有着十分重要的作用,但其中的一些内容扭曲了市场竞争机制,可能对经济发展造成隐患。如面对国际金融危机的冲击,我国政府在宣布 4 万亿元救市计划后,又先后颁布了钢铁、汽车、纺织、电子信息等十大产业调整和振兴规划。在十大规划中,都有鼓励企业兼并重组和联合的规定。按理说,兼并重组和联合是提高产业集中度,促进资源优化配置,发挥企业规模经济效益的有效途径。在经济危机的特殊时期,政府对企业的行为进行引导和调控是正常的国家调节经济行为。但事实上,在计划经济体制的惯性下,政府往往会忘记自己的引导和调节者角色,而是以强硬的领导者身份出现,粗暴干预企业经营自主权,不是"拉郎配"就是行政指令兼并重组的龙头企业。这种情况下,不要说竞争机制难以发挥作用,一些企业就连基本的竞争资格都没有了。2009年 3 月发布的《钢铁产业调整和振兴规划》就直接规定,在钢铁行业的兼并重组中,要发挥宝钢、鞍钢、武钢等大型企业的带动作用,要推进天津钢管与天铁、天钢、天津冶金公司,太钢与省内钢铁企业等的重组。在山西省推进的煤炭企业兼并重组行动

---

① 董文胜:《十月减产 20%,四大钢厂打响价格保卫战》,载《中国证券报》,http://business.sohu.com 转载,2008 年 10 月 6 日访问。

中，政府指令当地七大国有煤炭企业充当兼并重组的主体，其他企业特别是大量的民营企业，只有被兼并或被收购，根本谈不上通过公平竞争去兼并重组其他企业。这种无视市场、忽视公平竞争的产业政策，特别是促进政策落实的手段措施，也表现在其他方面。如为拉动内需、带动生产，政府实施了家电下乡计划，只对消费者购买特定中标企业的产品给予补贴；为援助受金融危机影响的航空公司，2008年底，中国政府分别通过其控股股东向南航和东航注资30亿元。显然，这些措施的实行，在使一部分企业受益的同时，另一部分企业则处于非常不利的地位。其对特定市场公平竞争机制的负面影响是不言而喻的。

在上述情况下，反垄断机构的集体失语似乎情有可原。因为在目前的体制下，对政府部门违法的行政垄断行为，反垄断法尚没有授予执法机构直接的调查处理权，更不用说对政府作出的与自由公平竞争精神相悖的产业政策行为能有所作为了。然而，这并不能成为反垄断机构开脱责任的借口。反垄断机构不仅有调查处理违法行为的职责，也有在全社会尤其在政府行为中促进竞争的职责。要做到这一点，一个重要的途径就是加强与其他产业政策部门的协调和沟通，为政府产业政策出台提供咨询意见，产业政策机关在出台政策措施时，也应主动征求反垄断机构的意见，甚至可以要求反垄断机构提供正式的竞争评价。即使事先没有征求过反垄断机构意见的产业政策，只要有违竞争原则，只要事后发现，反垄断机构也应及时向相关部门提出反对的意见和有益的建议。这不仅是市场经济体制下维护市场竞争机制基础地位的需要，也是保持国家经济政策协调性、统一性以及提高产业政策实际效果的需要。

总之，即使在经济遭遇困难的时期，反垄断机构也应通过维护市场竞争机制为经济发展保驾护航，而不能主动放低姿态，任由企业的反竞争行为横行，或对政府反竞争的产业政策不闻不问。一句话，反垄断机构应该采行高调姿态，积极执法并为政府产业政策把好公平竞争关。

(二)以国际金融危机为契机,完善反垄断法的相关制度规则

应该说,反垄断法自身庞大的制度体系已经具备了足够的灵活性,能够为反垄断机构应对经济危机提供基本的制度架构和制度规则,从而使法律实施与经济形势相适应。不过现在的问题是,各国反垄断法多颁布在"二战"以后经济发展比较平稳时期,由于缺乏经验,对突发性的经济危机一般准备不充分,相关制度或者是存在漏洞,或者过于模糊,非常不确定、不具体。目前国际金融危机的发生,对完善反垄断法应对危机的相关制度规则提出了要求,同时,也提供了一个良好的检验、补充和完善相关制度规则的契机。

英国这方面的法律实践具有典型意义。2008年秋,为摆脱国际金融危机引起的流动性日益枯竭的困境,英国哈利法克斯银行拟与竞争对手劳埃德信托储蓄银行合并。如果此项经营者集中计划成功,英国国内最大的银行巨无霸将由此诞生。这一横向集中受到政府大力支持。按照2002年《企业法》的规定,一项企业集中案首先由公平贸易办公室进行审查,如果认为该集中已经或者有很大可能导致相关市场竞争的实质减少,公平贸易办公室将把案件移送给竞争委员会,由竞争委员会对集中已经或者可能引起竞争的实质减少进行全面深入调查。经过调查,如果竞争委员会认为集中已经或者可能引起竞争的实质减少,将发布禁令或采取其他补救措施。公平贸易办公室和竞争委员会审查案件只服从法律,只考虑与竞争相关的因素,不受其他政治因素的干扰。这样,哈利法克斯银行与劳埃德银行集中案能否通过竞争委员会的最终审查存在很大悬念。不过,《企业法》也为政府政治干预留下了一道口子。根据规定,当一项法定化的公共利益事项出现时,国务大臣(即贸易产业部部长)可以向公平贸易办公室发出干预通知。接到通知后,公平贸易办公室必须在一定时间内向

国务大臣提交关于是否存在竞争实质减少和关于公共利益考虑的报告。国务大臣最后有权力决定将案件移送给竞争委员会，或者直接许可案件审批通过，即对该项集中给予例外豁免。

在金融危机发生之前，国务大臣依据2002年《企业法》干预企业集中案件能够凭借的法定化的公共利益事由仅两项：《企业法》规定的国家安全和《通信法》中增加的新闻媒体的多样化、新闻的准确提供、意见的自由表达。① 金融危机期间，政府担心哈利法克斯银行倒闭将动摇国家金融体系的稳定，希望以"金融体系稳定"这一公共利益事由干预哈利法克斯银行与劳埃德银行集中的反垄断审查。但现行法律中没有任何一个条款将"金融体系稳定"表述为公共利益。这样，根据规定，如果国务大臣希望依据一项尚未法定化的公共利益事由干预案件，并且认为这项事由应该予以法定化时，只能向国会提出法案，国会在28天内作出决定。2008年10月7日，《金融稳定法（草案）》由政府提交给国会。在草案中，政府详细阐述了引入"金融体系稳定"这一新的公共利益事项以及政府打算干预哈利法克斯银行与劳埃德银行集中案的理由。10月23日，法案获得通过。据此，政府获得了以维护金融体系稳定为由干预哈利法克斯银行与劳埃德银行集中案的合法依据。国务大臣最后决定不将案件提交给竞争委员会进行进一步实质审查，集中被通过。

无独有偶，为应对国际金融危机对反垄断法实施带来的挑战，其他一些国家也进行了类似的紧急立法活动。如2008年8月意大利通过了《危机企业重组的紧急措施》，10月，爱尔兰国会颁布紧急法令，授权金融大臣以维护金融稳定为由干预金融企

---

① Andrea Gomes Da Silva, Mark Sanson, Mark Sansom, Antitrust Implications of the Financial Crisis: A UK and EU View, 23-SPG Antitrust, 2009, p. 25.

业集中的反垄断审查。同时，在欧洲各国纷纷通过国有化、增加注资、提供贷款、购买不良资产等方式挽救本国金融企业时，这些方式大多构成了欧盟竞争法中的国家援助，从而为欧盟竞争法的实施带来了冲击。作为回应，欧盟委员会不仅加快了国家援助措施的评估和审批速度，而且发布了《全球金融危机背景下挽救金融机构措施适用国家援助法则的通告》，对援助的方式、时间限制、目标、受援助对象等问题作了明确具体的规定。

英国、欧盟等的做法不仅体现其立法应变能力强，而且给我们带来深刻的启示。长期以来，模糊性、不确定性被认为是反垄断法的基本属性。法律语言、法律规范和法律原则的模糊、不确定正好可以使得反垄断法能够随政府政策需要而灵活理解，所以，反垄断法不需要也不必要有可操作性的具体规则。然而，过多的模糊性存在只能说明反垄断法柔性太强，刚性不足。从法治角度而言，过于柔性的公法，免不了会放纵政府的恣意，而恣意与法治的轨道是背道而驰的。这也许就是英国反垄断法将"公共利益"这一传统概括性用语予以法定化、具体化的深层次原因。而在2002年《企业法》颁布之前，虽然公共利益也是竞争法中的一个重要概念，但范围基本没有限定。很多案件中，反垄断机构都要考虑公共利益，政府也有权以公共利益为由随意干预一项反垄断案件的处理。这种由于公共利益泛化所导致的反垄断执法标准和结果的不确定，引起了社会公众的广泛批评，并最终促使了2002年《企业法》的变化。

目前，有必要反思的是，我国反垄断法虽然颁布的年代较晚，但概括性、模糊性、不可操作性仍比比皆是，就应对经济危机挑战具有重要意义的两项基本制度而言，仍存在需要尽可能具体化、明确化的地方。比如，我国《反垄断法》第15条列举式地规定了不景气卡特尔可予以豁免，但要做到"在法律规则内应对经济危机"，这种极其简略的规定是远远不够的。众所周知，企业之间的卡特尔行为确实可以适当缓解产业内面临的生产过剩，对于解决产业萧条问题有一定意义。但也要看到，频繁的不景气卡特尔豁免很容易在企业之间形成共谋限制竞争的习惯，这种习惯如果在卡特尔解散后继续维持，对产业的发展显然是不利的。而且不景气卡特尔也不能从根本上解决诸如大规模失业等退出壁垒问题。短期内，在卡特尔协议的安排下，低效企业可以继续生存，不会出现严重的失业问题，但从长期看，低效企业很有可能最终被迫退出市场，大规模失业问题迟早会出现。所以，不景气卡特尔并不是有百利而无一害，相反还会对市场机制造成严重的扭曲。① 鉴此，不景气卡特尔不能成为解决产业不景气问题的根本方法，对其豁免反垄断制裁应该是有条件、有节制的。这就需要将这类对竞争机制损害较大的卡特尔与合理化、专业化等其他对竞争机制几乎没有损害的卡特尔区别对待，不能一律实行事后审查制，而应对此实行事前许可控制，且应明确规定许可的程序、条件、期限等。只有这样，才能将不景气卡特尔限制在合理范围内，既发挥其产业政策作用，又不致对竞争机制造成过度损害。又如，关于经营者集中控制豁免制度，我国《反垄断法》第 27 条规定，主管机构审查经营者集中，除考虑"经营者在相关市场的市场份额及其对市场的控制力"、"相关市场的市场集中度"、"经营者集中对市场进入的影响"等与市场竞争相关的内在因素外，还应考虑"经营者集中对技术进步的影响"、"经营者集中对国民经济发展的影响"、"经营者集中对消费者的影响"以及"反垄断执法机构认为应当考虑的影响市场竞争的

---

① 因此，一些发达国家已经放弃了不景气卡特尔豁免的运用。日本的卡特尔豁免现象曾经非常突出，但自 1990 年代以来，虽然经济面临着严重的萧条，但没有新的不景气卡特尔被许可。1999 年则将《禁止垄断法》中对不景气卡特尔豁免的明确规定予以废除。德国《反限制竞争法》2005 年的第 7 次修订也废除了包括不景气卡特尔在内的关于卡特尔豁免的明确列举式规定。

其他因素"。这里,不仅"经营者集中对国民经济发展的影响"难以把握,而且立法授予反垄断主管机构更大的裁量权,除可以考虑法律明确列举的影响市场竞争的那些外在因素外,还制定了一个兜底条款——反垄断执法机构可以考虑影响市场竞争的其他任何因素。显然,在第 27 条之下,反垄断机构审查企业集中申报案件时,任何基于其他政治和政策因素的考虑都是有法律依据的。又根据第 28 条规定,经营者集中"对竞争产生的有利影响明显大于不利影响,或者符合社会公共利益",可予以豁免。而何为社会公共利益,法律没有任何限制。可以想见,在这两条之下,我国反垄断法经营者集中控制制度足以应付任何经济危机的挑战,其足够大的弹性可以满足任何理由的需要。但另一方面来看,难免让人产生担忧,过多的对其他政策以及政治因素的考虑,会否导致喧宾夺主,以致反垄断法沦为政府产业政策以及政府政治利益的附庸。

五、结束语

反垄断法是一国竞争政策的核心体现,其存在的根本目的在于维护本国竞争政策并以此保障自由公平的竞争机制能够充分发挥资源配置作用。在经济稳定和繁荣时期,反垄断法的积极作用和基础性地位在很多国家都是得到认同的。然而,当一国面临着经济不稳定乃至经济危机威胁时,政府需要更加强调其他经济政策的作用,特别是直接促进产业振兴、维护经济稳定的产业政策被大量使用。产业政策一般见效快,有利于在较短时期内实现经济稳定和增长、就业率提高、财政收入增加,从而有利于政局稳定、政府声誉提高。所以,在经济不景气时,政府更青睐产业政策。但是,这并不意味着反垄断法的实施此时应该全面收缩。1930 年代美国式的做法已经不具有效仿价值,现代市场经济社会,政府应对危机,仍应将活跃的反垄断法实施作为重要的一环，即使需要缓和反垄断法执法以向产业政策作出一定的让步和妥协，也应在反垄断法自身提供的制度规则内进行；无条件的自由放任，如我国目前的某些做法并不可取。

Booster or Stumbling Blocks: The Implementation of the Anti-monopoly Law during the Economic Crisis

Liu Guiqing

(Law School, Zhongnan University of Economics and Law, Wuhan 430073)

Abstract: When economic crisis breaks out, it is unreasonable for the application and enforcement of anti-monopoly law to be replaced by the industrial policy. However, during the special economic downturns, in order to cope with all kinds of challenges, there must be some flexibility in the enforcement of anti-monopoly law. This kind of flexibility doesn't means that anti-monopoly law should retreat fully, and it just indicates that some specific system mechanism in anti-monopoly law can be utilized to deal properly with the economic situation changes. Nowadays, although the international financial crisis still exists, it is a right choice to make full use of the flexible system mechanism in anti-monopoly law and keep with the active anti-monopoly law enforcement.

Key words: Economic Crisis, International Financial Crisis, Anti-monopoly Enforcement, Industrial Policy, Competition Policy

论我国企业并购反垄断审查中的利益考量
——关于可口可乐并购汇源案的法律思考

周 亮 郑雯洁[*]

摘 要: 备受关注和争议的可口可乐并购汇源一案,是我国《反垄断法》实施以来被商务部否决的第一案。本文从该并购案着手,对其中涉及的民族品牌、投资和产业政策、审查程序、相关市场界定、传导效应等问题展开深入思考,研究了企业并购反垄断审查中所涉及的价值取向、正当程序、相关市场界定、反竞争效果分析等系列问题,并对商务部新近公布并公开征求意见的《关于相关市场界定的指南(草案)》、《经营者集中审查暂行办法(征求意见稿)》等五部配套规定,以及我国《反垄断法》中的相关法律规定,作出了评价和分析,提出要改变我国企业并购反垄断审查的执法问题,首先需要解决立法层面的审查标准模糊问题。

---

[*] 周亮(1984—),男,江苏常州人,南京大学法学院2009级经济法学博士生。
郑雯洁(1985—),女,广东潮州人,南京大学法学院2008级经济法学硕士生。

关键词：公共利益　正当程序　相关市场界定　审查标准　利益考量

一、问题的提出：关于可口可乐并购汇源案的争议焦点

2008年9月3日，可口可乐宣布计划以现金收购中国汇源果汁集团有限公司（01886.HK）。可口可乐公司建议以每股12.20港元的价格收购汇源三个股东共计66%的股权，并等价收购已发行的可转换债券及期权。消息一出便引发广泛关注和诸多争议，围绕着民族品牌、贸易保护、国家经济安全、市场竞争和垄断等问题，社会各界展开热议。

2009年3月18日，商务部发布2009年第22号公告称："商务部依法对此项集中进行了全面评估，确认集中将产生如下不利影响：1. 集中完成后，可口可乐公司有能力将其在碳酸软饮料市场上的支配地位传导到果汁饮料市场，对现有果汁饮料企业产生排除、限制竞争效果，进而损害饮料消费者的合法权益。2. 品牌是影响饮料市场有效竞争的关键因素，集中完成后，可口可乐公司通过控制"美汁源"和"汇源"两个知名果汁品牌，对果汁市场控制力将明显增强，加之其在碳酸饮料市场已有的支配地位以及相应的传导效应，集中将使潜在竞争对手进入果汁饮料市场的障碍明显提高。3. 集中挤压了国内中小型果汁企业生存空间，抑制了国内企业在果汁饮料市场参与竞争和自主创新的能力，给中国果汁饮料市场有效竞争格局造成不良影响，不利于中国果汁行业的持续健康发展。"因此，"决定禁止此项经营者集中"。①

---

① 详见《中华人民共和国商务部公告（2009年第22号）》，载商务部网站。

商务部的反垄断审查尘埃落定,然而社会各界对可口可乐并购汇源一案反垄断审查的争议却没有结束。作为《中华人民共和国反垄断法》实施以来第一个被否决的外资并购案,此案所引发的争议值得法学界深思。根据笔者的不完全了解,与可口可乐并购汇源一案相关的争议主要集中在以下几个方面:

1. "汇源"商标是中国果汁行业的第一品牌,汇源产品被授予"中国名牌产品"称号和"产品质量国家免检资格"。可口可乐并购汇源果汁后,这一著名的民族品牌是否会面临消亡?活力28、乐百氏、苏泊尔、大宝、南孚电池、中华牙膏等一系列民族品牌的命运,从某种意义上昭示了民族品牌遭遇外资收购后的结果。外资企业在收购民族品牌之后,会把它变成一个加工厂,利用其销售通道和网络来经营自己的品牌,几年之后消费者也就忘记了这些民族品牌。因此,民族品牌的保护成为诸多人士讨论的话题。对此,商务部研究院研究员王志乐在接受腾讯财经采访时称:"大家忽视了一个事实,从注册地上看,汇源是在开曼注册,本质上已是一家境外企业,其股本结构中近6成股权是境外股东持有,谈不上是'民族品牌'。也就是说网上争议的基础是不存在的,甚者连外资企业并购境内企业的规定对它也不适用。"这一言论立即招致社会各界的反对,有期刊从注册离岸公司的原因以及控股权的角度阐述了汇源商标属于民族品牌的理由。①我们暂且搁置汇源是否为民族品牌的争议,换个角度,如果汇源是民族品牌,商务部是否可以将民族品牌的保护作为反垄断审查过程中的考量因素?

2. 商务部否决可口可乐并购汇源一案,是否考虑了贸易保护和产业政策问题?这是公告发布后,社会各界广为关注和议论的话题。法国《论坛报》(www.latribune.fr)3月18日报道,中

---

① 参见《记者观察》2008年11月(下),第19-20页。

国果汁饮料市场每年以20%的速度增长，这对世界上这一领域大集团的吸引力很大，都想从中国市场弥补其他碳酸饮料市场的疲软，而中国希望保留住自己的企业，因此否决此项收购。①面对美国《华尔街日报》、路透社等各大财经媒体几乎众口一辞地作出贸易保护主义的评论，商务部长陈德铭出来澄清立场，指出："可口可乐兼并汇源这件事发生在两个外资企业之间，可口可乐公司总部在美国，汇源果汁是一个注册在开曼群岛的外国公司，这两个外国公司之间的兼并不涉及中国投资政策，只涉及中国对这两个企业在中国销售产品的经营集中度的审核问题。因为可口可乐的碳酸饮料在中国占了非常高的比例，汇源果汁也在中国果汁市场占了比较高的比例，可口可乐又经营着果汁。审核的结果表明，这种兼并会造成过于高的集中度，会影响消费者的利益和弱小企业的利益，所以我们才给予否定。在否定的同时，我们仍然希望可口可乐、汇源在中国能够非常健康的发展，同时我们也同样希望其他的企业到中国来进行投资和发展。"② 我们暂且搁置在开曼群岛注册的汇源公司之收购是否涉及贸易保护和国内产业政策这一争议，如果事实上涉及我国贸易和产业政策问题，商务部是否可以将贸易保护和产业政策作为反垄断审查过程中的考量因素？

3. 商务部22号公告在"二、审查内容"中提到其根据《反垄断法》第27条审查了经营者集中对消费者和其他相关经营者的影响。事实上，可口可乐并购汇源消息一出，国内饮料企业便聚集商讨，准备联合上书商务部，反对此次收购计划。此外，根据新浪财经对网民的调查，参与调查的网民中过八成都反对此项

---

① 参见 http：//www.mofcom.gov.cn/aarticle/i/jyjl/m/200903/20090306112191.html，[2009-04-14]．

② 参见 http：//www.mofcom.gov.cn/aarticle/difang/henan/200903/20090306118417.html，[2009-04-14]．

并购。由此,反对的舆论占据了绝对上风。我们很难想象商务部在作出最后审查结论时不受这些舆论的影响。国内饮料企业的反对实际代表了具有竞争关系的经营者的呼声,然而网民的调查结果未必就代表了消费者的利益。新浪财经设计的调查题目有四个:(1)你是否赞同可口可乐收购汇源果汁?(2)你认为这项收购是否涉嫌外资消灭民族支柱企业?(3)你是否看好可口可乐收购后的汇源果汁?(4)可口可乐179亿港元收购汇源,你认为价钱是否合适?① 从这些题目的设计来看,调查者未必能够了解可口可乐收购汇源果汁后可能对消费者产生的影响,相反,"外资消灭民族支柱企业"之类的表述恰恰能激起国内网民的民族感情,绝大多数的反对结果在调查之初便可预料。实际上,可口可乐并购汇源后,利用广泛的销售渠道、生产资源进一步降低成本从而降低销售果汁价格的可能性是存在的。对于商务部作出的否决案,中国欧盟商会主席伍德克明确表示"经济民族主义不可取,消费者会因此面临更少的选择"。经营者与消费者的利益,究竟哪个更值得反垄断法的保护?商务部在反垄断审查中应当如何考量两个群体的利益?

4. 商务部22号公告中否决并购的理由同样引起了社会各界的广泛争论。"传导效应"被认为是商务部否决此次并购的真实原因。关于"传导效应",在中国人民大学法学院召开的"第三届反垄断论坛"上,中国《反垄断法》起草小组成员、北京对外经济贸易大学黄勇教授说,此次审查所依据的"传导效应"在美国反垄断研究领域存在很多反对意见,在司法实践中也很少运用。中国人民大学法学教授史际春则质疑说:"在一个高度细分的市场,一个市场存在的支配力怎么可能传导到另一个市场?"而且,果汁市场的进入门槛很低,任何操纵的企图都可能

---

① 参见 http://finance.sina.com.cn/focus1/klgqzhy/,[2009-05-09]。

被新的竞争改变,没有定义相关市场、没有交待具体的市场集中度和其他数据,这些都会影响到决定的专业性和权威性。① 经营者集中反垄断审查应当建立在翔实的数据基础之上,如果连最基本的相关市场的划分都没有,审查结论自然不能令人信服。就可口可乐并购汇源一案而言,商务部应当如何确定相关市场,如何测试市场集中度,是否可以以及应当如何适用传导效应理论?

5. 商务部22号公告中称:"立案后,商务部对此项申报依法进行了审查,对申报材料进行了认真核实,对此项申报涉及的重要问题进行了深入分析,并通过书面征求意见、论证会、座谈会、听证会、实地调查、委托调查以及约谈当事人等方式,先后征求了相关政府部门、相关行业协会、果汁饮料企业、上游果汁浓缩汁供应商、下游果汁饮料销售商、集中交易双方、可口可乐公司中方合作伙伴以及相关法律、经济和农业专家等方面意见。"但是,有关论证会、座谈会、听证会以及调查的过程与结果,却少有披露。对此,社会各界也提出批评意见,认为商务部审查过程不透明、不公开、缺乏程序的正当性,希望商务部能够公开更多的审查依据和信息。由此,我国反垄断审查程序完善的问题也值得思考。反垄断审查中各种利益的考量均需借助于一定的程序才能完成,程序设置得是否正当将直接影响利益权衡与审查结论的正当性。

基于上述争议,本文将从法学视角对可口可乐并购汇源果汁一案展开讨论,从而厘清我国企业并购反垄断审查中所需考量的利益。

---

① 参见 http://finance.sina.com.cn/chanjing/b/20090326/17306029810.shtml,[2009-05-08]。

二、经济民族主义与外资并购的反垄断审查：关于反垄断法多元价值目标的思考

"所谓'经济民族主义'，就是对本国企业或产品进行保护，阻止外国公司并购本国企业及进口外国产品的政策主张和社会思潮，包括因此而采用政府行政力量进行干预。从内容和形式上看，经济民族主义是历史上从未消失过的贸易保护主义的变型。"[①] 经济民族主义体现了跨国公司全球化经营与民族尊严、国家利益之间的矛盾，但是经济民族主义却又不是闭关自守的保护主义，其关注本国或本民族产业的发展成果，但并不是一概地反对经济全球化，而仅反对本国和本民族中的重要企业或产业被外资并购。正如汇源果汁被认为是中国重要的民族企业，社会公众表现出的强烈反对可口可乐这一洋品牌收购汇源果汁的情感，正是典型的"经济民族主义"的表现。然而，作为审查此项并购是否构成垄断的商务部，是否在审查过程中掺杂了此种情感？尽管商务部在公告后进行的新闻发布会上称"汇源是不是民族品牌不是反垄断审查需要考虑的因素，与商务部禁止此项收购无关"。但真实情况却未必如此。在由中国人民大学法学院、法制日报周末、德恒律师事务所联合举办的专题研讨会上，相关学者表达了三种观点：（1）商务部可能是出于保护民族品牌、产业政策、经济安全的考虑而禁止合并；（2）商务部的决定主要是基于市场竞争的考虑，按照《反垄断法》关于经营者集中的相关规定作出，并不涉及其他外部因素的考虑；（3）反垄断执法机构在对并购行为进行审查时，应当了解民意，但是只能将民意

---

① 王中美：《并购与反垄断》，上海世纪出版集团2008年版，张幼文作"序"第2页。

作为影响比较微小的考量因素。①那么,诸如民族品牌、民族产业、经济安全、贸易保护等涉及"经济民族主义"的因素,是否可以作为反垄断审查考量的利益呢?

(一)反垄断法的立法目的:多元化的价值目标

立法价值目标是立法者为实现某种目的或达到某种社会效果而进行的立法价值选择。然而,某一部法律的立法价值目标不是一成不变的,随着时代和社会政治经济背景的变迁,立法价值目标也呈现出差异性,反垄断法也不例外。

以美国为例,其反垄断法的价值目标随着时代的发展和社会经济的进步而不断调整,大致可以分为三个阶段。第一阶段为19世纪末至20世纪30年代。当时具有超强经济实力的垄断组织插手政治破坏民主,并通过各种手段破坏经济自由,严重损害了广大消费者和中小企业的利益,破坏了美国的自由经济。在这种背景下产生的《谢尔曼法》当然强调经济自由和平等。第二阶段为20世纪40年代至60年代初期。由于受30年代经济危机和凯恩斯主义的影响,反垄断法试图通过完善市场结构来达到遏制垄断保护竞争的目的,此时的核心价值目标是维护竞争机制。美国国会1950年增加了《克莱顿法》第7条,其目的便在于控制经济的集中化。在前两个阶段,平民主义的价值观念主导美国反垄断法,经济效率被忽视,小企业的利益受到特别保护。20世纪60年代以后进入第三阶段。因美国的经济霸主地位受到来自日本、欧共体的挑战,加之世界经济一体化和新技术革命的影响,美国的反垄断法转而将经济效益作为其首要的价值目标。芝加哥学派认为执法结构不应过多地限制大企业,该学派中有人甚

---

① 参见 http://www.legaldaily.com.cn/zmbm/2009-03/26/content_1060328.htm,[2009-05-09]。

至公开撰文反对平等。① 美国法院率先从过去的平民主义立场退却，随后政府反垄断执法机构也受到芝加哥学派的影响，从此经济效益或者说一般意义上的消费者福祉作为反垄断法的价值目标被认同。

除美国以外，欧共体在竞争法领域除了要达到经济效率的最大化外，也将提高消费者福利、加速欧洲市场一体化、保护中小企业和保障公平竞争等作为竞争法的重要目标。日本的反垄断法则旨在维护有益于有效竞争的市场条件，保护消费者和小企业的利益，促进经济民主化。

纵观各国反垄断法的立法目的，我们可以发现现代各国反垄断价值目标的多元化趋势。各国、各时期的反垄断法虽然都以竞争为保护对象，但并不是为了维护和促进竞争而维护和促进竞争，而是为了实现其他的相关价值目标，这与各国各时期的具体国情有关。总体而言，以下三种利益成为现代反垄断法主要服务的目的：

1. 竞争者利益。关于反垄断法上的竞争者利益，学界主要存在两种争论：一种是以日本学者金泽良雄为代表的"竞争秩序"说，该说认为反垄断法的规制已经超越了以私益为保护法益的市民法的限度，因此其保护的法益非私益，而应当是作为公益的自由竞争经济秩序；② 另一种则是以台湾学者黄茂荣为代表，认为竞争法不仅保护竞争，同时也保护竞争者。③ 两种观点的区别就在于反垄断法是否直接保护竞争者利益？以可口可乐并

---

① 参见汤春来：《试论我国反垄断法价值目标的定位》，载《中国法学》2001年第2期。

② 参见[日]金泽良雄：《经济法概论》，满达人译，中国政法大学出版社1985年版，第184、185页。

③ 参见黄茂荣：《公共交易法专题研究》，台北植根法学丛书编辑室1998年版，第5页。

购汇源果汁案为例，国内诸多饮料企业联合上书商务部，请求禁止此项并购。商务部是否可以基于并购对这些直接竞争者造成的影响来认定是否禁止此项并购？笔者认为，反垄断的出发点在于通过规制各种限制竞争行为来维护自由竞争的经济秩序，尽管通过这一竞争机制的维护确实能够使诸多直接竞争者获益，但不能认为反垄断法直接保护了竞争者。单个或部分竞争者的竞争行为可能是有效率的，也可能是无效率的，可能是合法的，也可能是非法的，因而对单个或部分竞争者利益的保护并非就代表了整个市场上竞争者的利益。美国1962年的布朗鞋业公司诉美国案中，最高法院法官肯定了反垄断法应当保护竞争而不是单个的竞争者。尽管如此，仍然不能否定反垄断法对个别竞争者利益的保护，只是这种保护是间接的、深层次的。只要单个竞争者的竞争行为与市场上大多数竞争者的竞争行为保持一致，属于合法有效的竞争行为，则必然成为反垄断法保护的有效竞争机制的受益者。

2. 消费者利益。芝加哥学派将经济效率作为反垄断法的唯一目标，并认为经济效率的最大化就是消费者福利的最大化，因此反垄断法的核心甚至唯一目标就是促进消费者福利最大化。消费者福利的最大化不仅意味着资源配置的有效性，还可以阻止财富从消费者向生产者的直接转移。现代各国一般都将消费者利益作为反垄断法的重要目的，甚至终极目标，认为反垄断法的基本任务就是要求企业的产品或者服务的价格保持在与市场竞争条件相适应的水平，目的是维护消费者的利益。[1] 这里，强调消费者利益在反垄断法上的重要地位，并不意味着反垄断法直接保护消费者，这种保护也是通过对竞争机制的保护来实现的，即通过维

---

[1] 颜运秋：《反垄断法立法目的与保护消费者权益》，载《社会科学家》2005年第5期。

护竞争机制和提高经济效率,从而提高产品和服务质量,降低价格,实现消费者福祉。就可口可乐并购汇源案而言,尽管商务部在《公告》和新闻发布会上都称考量了并购对消费者造成的影响,认为并购将使消费者被迫接受更高价格、更少种类的产品,但是从其审查工作的概述来看,相关听证会、座谈会的对象并未包含消费者,而仅是"相关政府部门、相关行业协会、果汁饮料企业、上游果汁浓缩汁供应商、下游果汁饮料销售商、集中交易双方、可口可乐公司中方合作伙伴以及相关法律、经济和农业专家等",在未充分听取消费者代表或团体意见的情况下,就作出并购将损害消费者利益的结论未免有些武断,商务部如何得出这一结论不得而知。

3. 公共利益。各国反垄断法都有保护公共利益的目的,但是对于公共利益之概念却各有不同。我国《反垄断法》在制定过程中曾就是否需确立公共利益为立法目的而存在争议,理由在于公共利益过于宽泛,很可能成为某些利益集团用来维护自身利益的借口,最终《反垄断法》将保护公共利益和消费者利益并列作为立法目标。在日本的《禁止垄断法》中,公共利益是一个经常使用的法律概念。围绕着第2条第5款"私人垄断"和第6款"不正当交易限制"的规定,以及该法的立法目的,日本经济法学界对公共利益原则展开了激烈的争论,大致形成了三种观点:(1)公共利益就是指所维护的自由竞争秩序本身,不是一个独立的后果要件,而只是一个宣示性和装饰性用语;如果将公共利益作扩大解释,其本身的抽象性与不确定性将导致法律适用上的肆意解释。(2)公共利益指维护交易主体实质上的自由平等权。《禁止垄断法》的目的具有多重性,对公共利益的理解不应只局限于《禁止垄断法》,而应从经济法的角度深入分析,保障市场弱势群体和强制群体之间实质性的自由平等交易,正是公共利益的集中体现。(3)公共利益是通过维护公平自由竞争秩序所实现的"一般消费者的利益"和"国民经济民主健康发展"，维护竞争秩序是《禁止垄断法》的直接目的，而以此达到保护消费者利益和促进国民经济健康发展才是终极目的，公共利益的内容不应是手段，而是通过手段达到的终极目的。① 笔者认为，我国《反垄断法》第1条规定的"公共利益"应当是通过维护竞争机制而间接保护的一种利益，这种利益应当是除竞争者利益和消费者利益以外的一种社会整体利益。

"公共利益"的引入，充分体现出现代反垄断法立法价值目标多元化的趋势。但是究竟哪些具体利益可以列为反垄断法所保护的公共利益范畴，则值得研究。就可口可乐并购汇源一案而言就有一个十分现实的问题，民族品牌、产业和投资政策等涉及"经济民族主义"的因素是否可以成为禁止该项并购时的考量利益？这些利益是否可以归入"公共利益"的范畴？

（二）"多元化"并非"泛化"：关于《反垄断法》第31条的私见

我国《反垄断法》第31条规定"外资并购境内企业或者以其他方式参与经营者集中，涉及国家安全的，除依照本法规定进行经营者集中审查外，还应当按照国家有关规定进行国家安全审查。"这里的"国家安全审查"与"反垄断审查"是什么关系？是否第1条规定的"公共利益"的具体表现？

随着外国资本大举进军本国市场，很多本土企业受到重大冲击。有些冲击造成的不仅是企业自身的损失，而且危及国家的产业、经济决策，科技信息、财政金融、战略资源以及市场环境的安全。冷战结束之后，许多国家都明确提出维护国家经济安全是实现国家安全的首要任务。在国外，有关国家经济安全审查制度大致存在两种立法模式：一是美国模式，在国防安全相关法律中

---

① 参见商务部条法司编、尚明主编：《反垄断法理论与中外案例评析》，北京大学出版社2008年版，第46-47页。

对于外资并购的审查机制作出规定。美国对于外资并购中国家安全的审查依据主要是《1950年国防生产法》和1988年通过的"埃克森-弗罗里奥"修正案;二是加拿大、日本模式,即制定相应的《外国投资法》,在其中对于涉及国家安全或国家利益的审查机制作出规定。① 可见在国外,外资并购的国家安全审查与反垄断法并没有太大的联系。正如有学者所言,外资并购境内企业的国家安全审查与反垄断审查是从两个完全不同的角度来评估商业活动的影响。国家安全审查的性质更多地体现为行政性审查;外资并购境内企业的反垄断审查关注的更多是并购对相关市场竞争状态和竞争格局的影响。二者审查机构不同,比如美国的国家安全审查机构是外国投资委员会,而反垄断法审查机构则为司法部反托拉斯局和联邦贸易委员会;二者审查的内容不同,外资并购的反垄断审查主要考察并购是否具有或可能具有排除、限制竞争的效果,而国家安全审查相对来说比较多元化。②

针对外资对我国行业龙头企业吞没式并购危及产业安全的担忧,我国社会各界也开始了国家安全的大讨论。2003年国家工商总局政策研究室原主任吴炯提出应制定《国家经济安全保障法》,2006年全国工商联在两会上提交《关于建立国家经济安全体系的建议》的提案,2006年8月商务部等六部委修订发布的《关于外国投资者并购境内企业的规定》第12条要求可能对国家经济安全造成重大影响的外资并购应向商务部进行申报,2007年1月国务院国资委发布的《关于企业国有产权转让有关事项的通知》,对外资并购方作出"受让方的受让行为不得违反国家经济安全等方面的限制性或禁止性规定"。2007年8月30日通

---

① 叶军、鲍治:《外资并购境内企业的法律分析》(2008年修订增补版),法律出版社2008年版,第161页。

② 参见吴汉洪、李秀玉:《外资并购的反垄断审查和国家安全审查的比较》,载《国家行政学院学报》2008年第1期。

过的《反垄断法》也对外资并购的国家安全审查作出原则性规定。

为何我国要在《反垄断法》中规定国家安全审查？笔者认为可以从以下两方面作出理解：一方面，我国缺乏统一的外国投资管理法律制度，尚未建立全面的外资并购审查机制，也未能对国家安全问题作出全面统筹的安排。但是，鉴于全国人大立法规划中尚无外国投资法的立法计划，故对外资并购的各种审查只能分布在现有的各种与外资并购有关的法律之中。但是鉴于国家安全审查的重要性和紧迫性，《反垄断法》特别提及了外资并购的国家安全审查制度。另一方面，尽管我国《反垄断法》中规定国家安全审查有其合理性，但是这种立法安排打乱了反垄断法应有的体例和结构，在一定程度上超越了反垄断法原有的立法价值。因为反垄断法的立法任务仅是制止破坏市场竞争机制的行为和结构，将国家安全审查强行纳入反垄断法的框架中，已属其无法承受之重。事实上，《反垄断法》第31条的立法表述也体现出这一点，"除依照本法规定进行经营者集中审查外，还应当按照国家有关规定进行国家安全审查"，表明国家安全审查的依据并非"本法"，而是"国家有关规定"，"本法"仅是经营者集中反垄断审查的依据。

然而，这种突兀的立法安排却又从一个侧面拓展和实现了反垄断审查的立法价值，即反垄断法上的"公共利益"之保护。国家安全作为对全社会具有重大影响的一种利益，被认为属于"公共利益"并无大碍。与一国经济命脉息息相关的重要产业、企业和战略性资源，一般都要求由本国政府或企业控制，以保障国家经济安全，防止从经济上的俘虏沦为政治、文化上的俘虏。这种控制便是一种市场结构，在这一市场结构中，本国资本与外国资本之间仍然存在竞争机制，只是这种竞争机制受到一定的限制，这种限制就是国家安全这一前提。只要这一前提能够维持，则合理限度内的自由竞争仍然受到反垄断法的保护。如果某项外资并购改变或可能改变这种竞争格局,从而威胁一国经济安全时,反垄断执法机构便可以禁止此项并购。从这个角度看,在特殊的行业、企业的竞争中,反垄断法要维持其特有的竞争格局,防止外资并购后破坏这种特有的竞争机制,从而有损国家安全。也就是说,反垄断法通过对特有竞争格局的保护,间接地实现了维护国家安全的目的,这是保护公共利益的重要表现。

据此,笔者认为有必要对《反垄断法》第31条进行修正。尽管反垄断法的立法价值目标呈现多元化的趋势,但是这种多元化利益的保护是有限度的,必须限定为"通过维护竞争机制而能间接实现的利益"之范围内,否则便有可能导致反垄断法价值目标的泛化,法将不法!毕竟反垄断法的功能是有限的,不能过分高估其作用,一部失去自己立场和原则的法律不可能是一部成功的法律,最终只会引发社会关系的混乱。正如国家安全审查制度一样,既然规定在了《反垄断法》中,就应当从反垄断的立法价值出发来正确适用,笼统地谈国家安全,是对反垄断立法价值理解的泛化,不可取。笔者建议将第31条修改为:"外资并购境内企业或者以其他方式参与经营者集中,可能改变维持国家安全的竞争格局的,执法机构有权依照本法的规定进行国家安全审查。"当然这种表述是否合理还有待斟酌。

(三) 民族品牌之保护是否可以作为反垄断审查的考量利益?

关于民族品牌保护的争议,是可口可乐并购汇源一案的焦点之一。商务部第22号公告在"审查内容"中特别提到其根据《反垄断法》第27条审查了"汇源品牌对果汁饮料市场竞争产生的影响",但商务部新闻发言人姚坚在答记者问时却又特别提到:"汇源是不是民族品牌不是反垄断审查需要考虑的因素,与商务部禁止此项收购无关",前后是否存在不一致之处值得商榷。其实,关于外资并购中的民族品牌保护问题,可口可乐并购汇源案并非第一次遇到。早在法国达能公司并购中国娃哈哈公司时,就有许多关于民族品牌保护的争议。在该案中,达能公司遭受垄断指责，主要不是因为并购限制了竞争，而是因为被并购方涉及所谓的"民族企业"、"民族品牌"。在这一过程中，很多地方政府也参与了对达能公司的声讨，甚至书面公开表态"最终的胜利将属于娃哈哈"、"支持娃哈哈保护民族品牌"。这无疑转移了人们的视线，实质上的垄断之争被保护民族企业之争遮盖。①

"一国利用外资的根本目的在于发展本国经济，提高国际竞争力，而一国在经济发展和国际竞争中，民族工业起着基础性、主导型的作用。"② 近年来，外资并购对国内企业造成的损害主要表现在：抢占民族产业的市场份额，控制某些产业、民族品牌的消灭，民族产业竞争力下降，争夺高级人才等。外资企业凭借其在技术、人才、资金、品牌、营销和管理经验以及国家政策等方面的优势，目前已在中国诸多产品市场占据了垄断地位，打垮了一批民族企业。对此，反垄断法是否应当伸手干预？

笔者认为：应当区分并购行为本身涉及的民族品牌和并购完成后可能危及的其他民族品牌两个方面作出不同的对待。作为被并购方的民族品牌，反垄断法不应当给予特别优待，尤其是在外国企业不存在违法行为的情况下。现代市场经济强调市场主体平等，企业的资产（包括商标等无形资产）可以转让，在激烈的市场竞争中所出现的自愿或非自愿的并购行为，都符合市场规律。国内企业被外资企业并购时，"民族品牌的保护"不应当作为本国企业和外国企业进行纷争的后盾。尽管《关于外国投资者并购境内企业的规定》第 12 条明确规定"外国投资者并购境内企业并取得实际控制权，涉及重点行业、存在影响或者可能影

---

① 参见商务部条法司编、尚明主编：《反垄断法理论与中外案例评析》，北京大学出版社 2008 年版，第 5 页。

② 杨忠：《关于我国利用外资与发展民族工业问题的思考》，载《国际经济合作》1996 年第 10 期。

响国家经济安全因素或者导致拥有驰名商标或中华老字号的境内企业实际控制权转移的,当事人应就此向商务部进行申报",但此项审查与反垄断审查并无关联。反垄断审查的是竞争机制是否遭到破坏,而作为被并购一方的民族品牌很难与竞争机制扯上关系。否则,基本上所有的外国公司并购国内企业案都难以获得批准,因为其中多少能够扯上一点民族因素。

但是,如果一项并购完成后可能危及该国其他民族品牌的竞争力,是否可以成为阻碍并购的因素呢?竞争力下降的原因有很多,可能是企业自身原因所致,也可能是正常的市场竞争引起,还可能是市场机制遭到破坏后的结果。只有在正常的市场竞争机制遭到破坏而导致的民族品牌竞争力下降,才可以成为反垄断审查考量的利益。而反垄断法上的"公共利益"原则正是这里要保护民族品牌的法律依据。

(四)产业和投资政策是否可以作为反垄断审查的考量利益?

商务部第 22 号公告在"审查内容"中提到其审查了"经营者集中对国民经济发展的影响",并在"审查决定"中提到"此项经营者集中……将对中国……果汁产业健康发展产生不利影响",似乎隐含了将产业政策作为考量利益的意思。此后面对国内外提出的贸易保护和投资政策方面的质疑,尽管商务部多次强调没有改变我国的外资政策,没有实行投资保护主义,但是依然充满争议。正如前文所述,反垄断法解决的是竞争机制的保护问题,并不直接涉及产业和投资政策问题。反垄断审查与产业政策、投资政策审查分属于两个不同的层面,后者应当交由其他相关法律来规制。从立法实践来看,我国已经制定了《关于国有企业利用外商投资进行资产重组的暂行规定》、《外商投资产业指导目录》、《关于外国投资者并购境内企业的规定》、《外资金融机构管理条例》、《外资保险公司管理条例》、《外商投资电影院暂行规定》等一系列相关法律制度,用于应对外商投资的产业和投资政策问题。

那么这是否就意味着产业和投资政策不应成为反垄断审查的

考量利益呢？就可口可乐并购汇源案而言，商务部的否决决定实际上并不利于我国的产业政策调整。因为在果汁饮料产业链中，利润最为丰厚的是处于上游的果汁原浆的生产和加工环节，下游的果汁灌装出售环节在果汁饮料行业地位并不高。汇源在全国十多个省市拥有 100 多个总面积达 300 多万亩的生产基地和果园，从事果汁原浆的生产加工项目，同时汇源也拥有自己的灌装销售业务。然而，汇源原有的灌装销售模式十分落后，其 2008 年的灌装销售已经出现了一定的危机，正在走下坡路。此次可口可乐收购汇源果汁，其实只涉及整个产业链的灌装销售环节，而不涉及其果汁原浆生产加工环节。而可口可乐现在最大的浓缩果汁和果浆供应基地在巴西、智利和匈牙利，可口可乐承诺收购后将在同等条件下优先采购汇源的浓缩汁，这有利于汇源的果汁原浆进入可口可乐的全球采购系统，从而为汇源实现产业升级和转型创造了大好时机。此外，汇源在果汁原浆生产加工环节的升级，还将惠及我国的大批果农。因此，商务部否决该项并购实际上使我国错过了这样一个产业升级调整的契机。

因此，如果反垄断审查仅是为了维护竞争机制而维护竞争机制的话，将使反垄断法的魅力大减，其追求的多元价值目标将无法实现。在现代反垄断法引入"公共利益"原则的情况下，反垄断审查的思路也应当有所改变。既然国家安全审查能够进入反垄断法的视域，则与国家安全相似的一国产业和投资政策也完全有理由进入反垄断法的视野之中。但是，因受限于反垄断法的立法原理和运行机制，其不可能替代外商投资产业法律而对外资并购的产业和投资政策作出全面有效的审查，而只能借助于对自由竞争机制的审查而间接地促进一国产业和投资政策的实现。具体而言，如果一项并购增强了并购一方的市场力量，从而限制了相关经营者的自由竞争，而这种限制将不利于一国产业和投资政策的实现，则有必要禁止此项并购；如果一项并购有利于一国产业政策和投资政策的实现，则在审查该项并购对竞争机制的损害程度时，可以适当从宽处理，只要该项并购尚未对自由竞争机制造成严重的损害，则可以通过类似损益相抵的方式尽量允许该项并购的实现。

（五）"经济民族主义"与"社会公共利益"的融合：关于《反垄断法》第 28 条的私见

上述将"公共利益"作为保护民族品牌和产业政策的法律依据之解释，肯定会遭致诸多质疑，认为笔者有滥用"公共利益"之嫌。《反垄断法》除了在第 1 条规定维护社会公共利益的价值目标外，还专门在"经营者集中"一章的第 28 条中重申了"社会公共利益"问题，将"符合社会公共利益"作为经营者集中的豁免理由。

由于"公共利益"向来就是一个开放的法律概念，至今未有一种解释能够得到学术界和实务界的公认，这也引发了是否有必要在包括《反垄断法》等诸多法律中规定"公共利益"原则的争论。争论仍在，法律已定。既然"公共利益"已被明确纳入我国《反垄断法》所保护的利益之中，我们就应当探讨如何运用。从反垄断法价值目标多元化的趋势出发，紧密结合反垄断的立法原理，将"公共利益"限定为"通过维护市场竞争机制而间接保护的社会整体利益"，这种理解并不会破坏反垄断法的运行机制，相反还拓宽了反垄断法的视域，使其真正承担起经济法应有的使命，积极地去维护一国社会的整体利益。"从本质上讲，反垄断法是国家干预经济的法律表现形式。作为反垄断法，它的意义决不仅仅限于维持一个良好的市场秩序，同时它还是一个现代民主国家使政治与经济各自保持其相对独立性，实现经济民主与政治民主的基础性法律之一。"[①] 尽管政治问题和经

---

① 赵万一：《我国反垄断法的立法价值目标界定及制度架构》，载游劝荣主编：《反垄断法比较研究》，人民法院出版社 2006 年版，第 74 页。

济问题需要分开讨论,但是仔细研究则会发现两者在很多情况下都是捆绑在一起的。"经济问题不能政治化"只是西方发达国家在发展中国家谋求更大利益的一个借口。①事实上,包括美国和欧盟在内,政治力量对企业并购的反垄断审查也经营发挥作用。经济民族主义的因素只要具有正当化的理由,也不是不能拿到台面的。前提是进行充分的论证,寻找竞争机制与经济民族主义相关利益之间的因果关系,从而得以从反垄断法的层面寻求对本国社会整体利益的保护。真正的悲哀不在于经济民族主义的"狭隘",而在于因胆怯而导致的真实意愿与意思表示之间的不一致。基于反垄断机制的应有之义而表现出的经济民族主义,具有合法的法理基础,可以避免犹抱琵琶半遮面的尴尬。

此外,《反垄断法》第28条仅将"符合社会公共利益"作为某项本应禁止的经营者集中的豁免理由,那么是否可能将"符合社会公共利益"作为禁止某项经营者集中的理由呢?笔者认为存在这种可能性。但是,在反垄断法上,如果希望通过禁止某项经营者集中来实现诸如"经济民族主义"等社会公共利益时,则必须借助于"维护市场竞争机制"这一桥梁,否则便超越了反垄断法的能力所及,即只有当该项经营者集中产生了限制竞争的效果时,才可通过禁止此项经营者集中来间接实现相应的社会公共利益。与之不同的是,如果某项经营者集中具有限制竞争的效果,但是却符合诸如"经济民族主义"等社会公共利益,则可以直接以公共利益为由予以豁免。无论如何,通过对公共利益及其与竞争机制之间因果关系的解释,"经济民族主义"得以成为企业并购反垄断审查的考量利益。

---

① 吴汉洪、李秀玉:《外资并购的反垄断审查和国家安全审查的比较》,载《国家行政学院学报》2008年第1期。

三、正当程序：企业并购反垄断审查中利益考量结果的合法化途径

本案引发的争议如此之多也如此剧烈，原因为何？一个十分重要的原因便在于审查过程的不透明。对裁决结果存在争议在任何一个案件中都很正常，但审查过程的透明度同样也是体现法律权威的重要方面。国内外对本案的高度关注在很大程度上并不是对结果而是对透明度的关注。受实践和立法经验的局限，2007年8月30日通过的《反垄断法》的相关规定偏原则，缺乏操作性，而配套制度也远未完善，迄今通过的主要配套法规只有2008年8月3日公布的《国务院关于经营者集中申报标准的规定》。这一规定短短5条，仅对经营者集中申报标准做了规定，至于申报程序、审查程序和标准等问题均未明确。

程序缺失和过程的不透明，引发了外界对商务部审查公正性和结论正当性的质疑。商务部如果能将此前论证会、座谈会和听证会上得到的结果性信息和数据予以公开，并据此分析其最终决定的合理性，笔者相信外界的质疑将会减少很多。透明和正当的审查程序，是审查结论取得合理性和合法性的必要条件，如果降低了审查过程的透明度，即便审查结论没有什么问题，也会遭到社会舆论对其公正性的质疑。尤其是在当今国际社会，面对诸多跨国并购案件，国内的竞争执法机构很难将本国企业和外国企业一视同仁，从而经常遭遇其他国家的指责。为此，不论反垄断实体审查是否仍然带有政治色彩，至少应当在程序上做到客观公正，由此可以通过各种堂而皇之的经济学理论或者法律上的理由来掩盖实质结果的政治化色彩。

也许是本案争议的催化抑或加速作用，就在否决该并购案前五天的3月13日，商务部通过国务院法制办的"法规规章草案意见征集系统"，公开了五部《反垄断法》配套规章的草案，向

社会公开征求意见。这五部配套制度全部与"经营者集中"有关，分别是《经营者集中申报暂行办法（征求意见稿）》、《经营者集中审查暂行办法（征求意见稿）》、《关于对未依法申报的经营者集中调查处理的暂行办法（草案）》、《关于对未达申报标准涉嫌垄断的经营者集中调查处理的暂行办法（草案）》、《关于对未达申报标准涉嫌垄断的经营者集中证据收集的暂行办法（草案）》。对于这五部配套制度草案的出台，可口可乐并购汇源案功不可没。

（一）五部配套制度草案存在的主要问题

尽管这五部配套制度的出台，对于完善我国反垄断审查程序问题具有重大意义，但是草案存在的问题不容忽视。

首先，草案分裂式的立法方式存在重复立法和衔接不当的问题。这五部配套制度草案将经营者集中的申报、审查、对未依法申报者的集中调查处理、对未达申报标准涉嫌垄断的经营者集中调查处理和证据收集等五方面问题各自制定一个办法，一方面导致在立法目的和依据、执法机构、保密义务、送达等方面的重复规定，仅这五部草案之间就有多个规定相互援引的条文，行文繁琐；另一方面也导致申报和审查环节上的衔接不够，在使用上也造成极大的不便。因此，笔者建议将这五部草案合并，分别成为合并后的一部草案中的五个章节，并进一步统筹完善五个章节的条文之间的关系。

其次，有关期限的规定需要进一步明确。总的来说，五部草案对于申报期限、补充材料期限、送达期限、立案受理期限、审查期限的计算等方面的规定，都还比较粗糙，仅仅是提出了一个简单的程序框架，尽管这些规定相较于《反垄断法》而言已经较为细致，但相比国外先进国家的并购控制程序规定而言还只能算是粗线条的。比如，《关于对未依法申报的经营者集中调查处理的暂行办法》（草案）第3条中有关"启动调查"和《关于对未达申报标准涉嫌垄断的经营者集中证据收集的暂行办法》（草案）第3条中有关"启动证据收集程序前的初步分析"的条款中，都规定了可以"根据举报、媒体信息、相关部分的意见等合法渠道获取的信息"来启动相关程序，但是对于举报人的举报方式、需要提交的材料、执法机构收到举报材料后的初步审查期限和决定是否立案受理的期限、要求举报人补充举报材料的时间和次数、相关人员的配合调查等内容都没有具体展开，这种粗线条的规定只会使得借助于举报等信息来启动相关程序的规定落空。又如，《经营者集中审查暂行办法》（征求意见稿）第10条规定商务部可以设定一个允许参与集中的经营者提交书面抗辩意见的合理期限，但是却没有对可以设定的合理期限的最短和最长期限作出限定，不利于提高效率和可预见性。再如，该《暂行办法》第15条规定参与集中的经营者应定期向商务部报告限制性条件的执行情况，却未规定所谓的定期应当如何确定。

再次，规定过于粗糙，需要进一步细化。比如，《经营者集中审查暂行办法（征求意见稿）》第14条第1款规定商务部可以决定对不予禁止的经营者集中附加减少集中对竞争产生不利影响的限制性条件。该条规定实际上只是《反垄断法》第29条的重复，并未对附加限制性条件的程序予以细化，经营者是否有权以及如何对商务部的附加限制性条件提出自己的不同意见，是否存在谈判的余地，如果有是否应当遵循一定的程序，这些都没有规定。又如，该《暂行办法》第14条第2款规定商务部应当将禁止经营者集中的决定或者对经营者集中附加限制性条件的决定，及时向社会公布，却没有规定应当公布哪些内容，审查过程中的哪些内容必须公布，哪些内容可以公布，均没有明确，缺少这些规定只会导致公布内容的简单化。此外，最为典型的便是听证程序的规定，笔者将在下文详细阐述。

最后，未规定行政复议或司法审查问题。《反垄断法》第53条对行政复议和行政诉讼问题作出了原则性规定。然而，五部配套制度并没有对此予以细化。比如，司法审查程序的申请主体、与一般行政诉讼是否存在区别等。可口可乐并购汇源果汁一案，当事双方并未对商务部的最终决定提出异议，从而无缘启动对经营者集中的司法审查程序，丧失了案件全程演绎的机会，也错过了发现中国反垄断司法审查中可能存在问题的机会，未免有些遗憾。

（二）听证程序是正当程序的核心

可口可乐并购汇源案中引起很大争论的一个问题便是听证程序是否应当公开，很多学者在接受媒体采访时也认为反垄断审查中的听证程序涉及专业问题和当事人的商业秘密，且国外一般也不公开进行，因此不应当公开。对此，笔者无法完全赞同。首先，反垄断审查是否应当公开与其专业性没有关系，事实上诸多诉讼庭审也涉及专业问题，但依法照样公开。其次，关于涉及当事人的商业秘密，可以成为不公开的理由。但是并非所有的听证会都涉及商业秘密，对于此类听证会以及当事人双方都同意公开的听证会，是否可以公开呢？再次，并非先进国家都规定反垄断审查的听证程序应当公开，欧盟的正式听证程序一般不公开，但美国一般都公开进行。因此，关于听证程序是否应当公开，并无定论。尽管欧盟规定听证程序一般不公开，但这只是相对的，只是对毫无利益关系的人不公开，事实上对于个人、企业或者企业协会等第三人，只要提交书面申请并附阐明申请人与委员会调查程序结果存在利益关系的书面材料，经过听证官和调查负责人的磋商同意后，便可以参加听证会，因此欧盟并非绝对的不公开。至于保护企业商业秘密和其他保密性信息等合法权益之所需，则可以通过单独听证、分开听证等方式来予以保护。笔者认为，建立反垄断审查中有关听证的信息披露制度十分必要，听证会应当以公开为原则，在特定情形下可以不公开进行，但无论是否公开，都应有不同程序的信息披露。

听证会是执法机构作出客观、公正和具有事实基础的决定的基础，对于有关当事人利益的保护具有十分重大的意义，因而成为企业并购反垄断审查中的必经程序，同时也是正当程序的核心所在。在国外，并购当事人及相关第三方的听证权已经成为一项基本人权。听证权在欧盟的第 4064/89 号并购条例、第 1370/97 号并购修改条例、第 139/2004 号并购条例、1998 年 12 月 22 日《委员会关于欧共体条约第 85 条和第 86 条部分调查程序中当事人听证的第 2842/98 号条例》、《委员会关于企业之间并购控制第 4064/89 号理事会条例的申报、时限和听证的第 447/98 号条例》、《委员会关于实施理事会企业之间并购控制第 139/2004 号条例的第 802/2004 号条例》中均有所体现。

商务部颁布的《经营者集中审查暂行办法（征求意见稿）》第 7 条和第 8 条对听证会制度，包括听证会的组织、参加方、听证程序、是否公开、听证会笔录、单独听证等问题作出了规定，但无论在立法理念和规则制定上都存在很大的问题，具体而言：

（1）听证会召开的必要性。该《暂行办法》规定"可"召开，而不是"必须"召开，这表明商务部并未将听证会作为作出决定的一项基础性制度来对待，既不利于执法机构正确认定相关事实，也不利于并购当事人及关联第三方的听证权这一基本人权的实现。事实上，欧盟委员会在作出并购决定之前，必须举行听证会，听取有关并购当事人及其他人的现场陈述意见，为并购进行辩护或对并购提出反对意见。

（2）关于并购当事人与相关第三人的听证权。该《暂行办法》规定商务部可以通知参与集中的经营者及其竞争者、上下游企业及其他相关企业的代表参加，并可酌情邀请有关专家、行业协会代表、有关政府部门的代表以及消费者代表参加。由此可见，相关主体是否可以参加听证会，完全取决于商务部是否通知。笔者认为，此种职权式的安排不利于听证会目的的实现，难以保证听证会代表不同群体利益的全面性，从而不利于执法机构全面了解事实和作出正确决定，因此宜将此种职权式的通知参加修改为申请参加为主、通知参加为辅的模式。一般来说，如果某一主体对于一项并购交易具有较为显著的利益，即可申请参加听证会，只要向有关方面递交申请书，经一定程序审查通过，即可参加听证会并发表自己的意见。

（3）关于听证会主持人和听证官制度。该《暂行办法》规定了听证会由主持人主持，却没有对听证会主持人的来源及其职权作出规定。事实上，欧盟的听证会主持人称为"听证官"，"听证程序由委员会专门设立的听证官来执行，保护委员会竞争调查程序中的听证权是听证官的特殊职责。委员会设立听证官旨在将反托拉斯和并购案件所涉及的行政程序性行为由擅长处理竞争事务的独立人士来完成，以确保竞争执法程序的客观、透明和高效"。听证官地位独立，主要通过对有关竞争事项的决定草案的报告而对调查程序施加影响。在调查程序中进行市场检验时，要有听证官的介入，当委员会披露机密性信息、个人方面的信息时，明确授权听证官具有同意或否决的权力。听证官的职责主要是确保有关主体听证权的落实，具体则包括召集听证会、保证参加听证的权利、确保与并购直接相关的当事人查阅案卷材料，以确保并购当事人的知情权等。总体而言，欧盟的听证官制度十分强调听证官作为所有当事人基本程序权利的独立守护神的职能，以强化听证官的独立性、权威性，提高委员会竞争程序及相应决定的客观性和可靠性。[①]由此可见，我国的《暂行办法》实际上并未确立真正的听证官制度，听证主持人并不独立。

（4）关于听证笔录及其效力。该《暂行办法》第8条规定听证会"可"制作笔录。对此，笔者认为这一规定极不合理。无论听证会是否正式，制作笔录应当是必须的，笔录是反映听证全过程的一个文件，如果不是必须制作，则《暂行办法》根本没有规定的必要。此外，对于听证会参加方签名后的笔录，应当

[①] 刘和平：《欧盟并购控制法律制度研究》，北京大学出版社2006年版，第178-180页。

具有何种法律效力,《暂行办法》也未作规定。在欧盟,听证的结果一般只是作为欧盟竞争委员和委员全体决策的参考,而在美国,如果不上诉,联邦贸易委员会也不提起申诉,则听证结果就成为正式的决定。笔者认为,听证笔录的法律效力应当与听证制度在整个反垄断审查中的地位相一致。美国的听证是由行政法官主持的,行政法官既可以处理程序问题也可以处理实体问题,听证结束后行政法官还可以作出决定,因而听证程序是整个行政程序法的核心;而欧盟的听证由独立的听证官召集,听证官只有组织听证的权力,没有作出决定的权力,听证程序在整个审查程序中处于补充性的地位。[1] 由此便造成了美国和欧盟听证结果效力的差距。从我国听证程序的设计来看,听证组织者的权力似乎更类似于美国的行政法官,既可以处理程序问题也可以处理实体问题,并能在听证后作出正式决定,从这个角度看,似乎我国的听证笔录应当作为最终决定的依据。然而,从《暂行规定》中的"可制作笔录"这一表述来看,商务部并没有将听证笔录作为最终决定的直接依据的意思。

由于商务部在对可口可乐并购汇源案作出审查结论时,上述《暂行规定》草案还没有出台,所有关于听证程序之争论都仅能成为学理上的探讨。在商务部正式颁布《暂行规定》前,有必要认真研究我国反垄断审查中的听证制度,经过充分讨论后再行颁布,以免成为四不像。

四、相关市场界定中的利益考量:企业并购反垄断实体审查的基础

尽管正当的程序为审查结论提供了合法化的途径,但审查结

---

[1] 卫新江:《欧盟、美国企业合并反垄断规制比较研究》,北京大学出版社2005年版,第163-164页。

论的科学合理仍然有赖于对实体内容的审查。企业并购的反垄断审查关键点还在于"竞争",而对"竞争"的考察必然只能在一定的市场范围内进行,这便是"相关市场"。在国外的反垄断审查中,相关市场的界定往往成为执法机构和经营者争议的焦点。遗憾的是,在我国反垄断审查否决第一案中,商务部却没有开展相关市场的界定工作,或者说没有明确交待其对相关市场的界定方法和界定结论。缺乏此项基础性工作而作出的最终结论是否科学,令人生疑。

(一) 相关市场界定的方法——兼评《关于相关市场界定的指南(草案)》

"相关市场"由美国反托拉斯法的判例法发展而来,运用经济学工具、法律技术去发现市场、定义市场,是反垄断执法的起点和基础。正如经合组织(OECD)所说:"任何类型的竞争分析的出发点都是'相关市场'的界定。"[①]对于经营者集中问题来说,准确界定"相关市场"的意义尤为重大,因而有些国家在有关企业合并的立法中,对相关市场的界定方法加以了细致规定。如美国司法部和联邦贸易委员会《横向合并指南》第一节和欧盟委员会《关于界定欧共体竞争法意义上的相关市场的委员会通告》都从产品市场和地域市场两个方面对"相关市场"的界定作出了详细指导。总揽美国和欧盟界定相关市场的基本方法,都是考察价格变动所引起的替代关系。确定价格上涨到什么程度时所发生的替代性,才是界定相关市场的标准。需求替代性、供应替代性和潜在竞争是界定相关市场的三大基本原则。其中,在界定相关产品市场时需要考察产品特性、价格、用途、消费者的消费习惯,市场进入壁垒和供给替代性等因素,在界定相

[①] 转引自孔祥俊:《反垄断法原理》,中国法制出版社2001年版,第279页。

关地域市场时需要考察运输成本，消费者的购买习惯，产品的性质、价格、立法上的原因等因素。①

我国《反垄断法》第12条第2款对"相关市场"的概念虽作出规定，但并没有给出相关市场的界定方法。2009年1月5日，也就是可口可乐并购汇源果汁案的审查期内，商务部发布了《关于相关市场界定的指南（草案）》（以下简称《界定指南》），并向社会公开征求意见。该《界定指南》分为四章。第一章"总则"规定了界定相关市场的作用，并将相关市场区分为"相关商品市场"和"相关地域市场"，同时提出对于某些市场的界定还应当考虑时间性、知识产权、创新市场和技术市场等问题。第二章"相关市场界定的理论依据"将"替代性分析"作为界定相关市场的依据，并提出主要考虑"需求替代"，当"供给替代"对经营者行为产生的竞争约束类似于"需求替代"时，也可同时考虑"供给替代"。第三章"界定相关市场的一般方法"提出界定相关市场的方法不是唯一的，一般先从商品的总体特征、用途、价格差异、销售渠道以及其他重要因素等方面进行需求替代分析，必要时可以再从经营者的生产流程和工艺、转产的难易程度、转产所需时间、转产的额外费用和风险、转产后所提供商品的市场竞争力、营销渠道等方面进行供给替代分析；界定相关地域市场时同样需要从相关方面开展需求角度和供给角度的分析；经营者竞争的市场范围不够清晰或存在争议时等复杂情况下，可以进行"假定垄断者测试"。第四章"用假定垄断者测试界定相关市场"具体阐述了测试方法。

1. 该《界定指南》吸收了国外"相关市场"界定理论和实践发展中的最新成果

---

① 许光耀：《欧共体竞争法通论》，武汉大学出版社2006年版，第40-66页。

首先,《界定指南》较为显著地区分了反垄断的理论依据和一般方法。经济学上的"需求交叉弹性"理论是界定相关市场应当遵循的基本原理,然而经济学理论并非是可以用于界定相关市场并辨别需求方所认为的替代性的准则。反垄断审查是一个严肃的法律问题,据以执行的法律规则应当是对经济学上的"需求交叉弹性"理论进行的改造、补充和再构建,以使其适应法律技术和司法实践的需要。在美国,1953 年的 Times-Picayune Publishing 案中,联邦最高法院首次使用了"需求交叉弹性"(cross elasticity of demand)理论作为界定相关市场的基本原理;1956 年的 Cellophane 案中,联邦最高法院又引入了"合理的互换可能性"(reasonably interchangeable)标准,根据商品的价格、用途和品质来判断不同商品间是否存在"合理的互换可能性",从而在较为宽泛的范围内界定相关市场;1957 年的 Du Pont de Nemours & Co 案中,联邦最高法院又再次引入了"特有性质及用途"(peculiar characteristics and uses)标准,基于商品特有的性质和用途在较窄的范围内界定了相关市场,与此前的 Cellophane 案形成强烈的反差。为此,美国国内曾就"需求交叉弹性"、"合理的互换可能性"和"特有性质及用途"三者之间关系展开讨论,从而加深了人们对反垄断的经济学依据和法学方法之间关系的认识,后两者实际是司法审判机关依据"需求交叉弹性"理论所作出的适于法技术需要的改造、补充和再构建。我国的《界定指南》在第二章先行阐述"需求替代"和"供给替代"理论的概念,再在第三章对这一理论的运用方法进行阐述,明确需要具体考虑的因素。

其次,相比于供给替代,《界定指南》更注重对消费替代的考察。根据欧盟《关于界定相关市场的通告》的指导意见,界定相关市场一般应考虑三个基本的因素,即需求的替代性、供给的替代性以及潜在竞争的存在,但主要应考虑需求的替代性。为此,该通告第 13 款指出:从经济学观点来看,就相关市场的界定而言，需求的替代性构成了特定商品供应商所受到的最直接、最有效的约束力量，特别是对其定价行为更是如此。如果消费者能够很容易就得到替代商品，或者很容易地转向其他地域的供应商，那么一个或一群企业就无法对现行的销售条件（例如价格）产生重大影响。基本上，界定市场就是要弄清楚从商品或服务以及供应商所在的地理位置来看，所涉及的企业之消费者可以从哪些有效的替代来源获得供应。因此，在欧盟委员会看来，界定相关市场应主要依据需求的替代性。而对于供给的替代性及潜在的竞争的存在，则由于其对竞争所产生的约束作用并不是那么直接，而且同时还必须考虑其他的因素，因此一般情况下，只有在对市场竞争状况进行分析时，才会考虑这两个因素。① 与此类似，我国的《界定指南》第4条也明确提出了"界定相关市场主要考虑需求替代"，只有在供给替代对经营者行为产生的竞争约束类似于需求替代时，才同时考虑供给替代。

再次，引入"假定垄断者测试"方法来界定相关市场。"假定垄断者测试"全称为"微幅但显著且非暂时性价格上升"（Small but Significant and Non-transitory Increase in Price, SSNIP），美国在1982年修订的《合并指南》中首次提出SSNIP检验这个概念，欧盟也于1997年在《关于界定相关市场的通告》中选用SSNIP方法，两者的差异在于美国仅将SSNIP界定限用于企业合并的情况，而欧盟则不仅适用于企业合并规制，而且适用于《欧盟条约》第81条和第82条所规范的其他限制竞争行为。应该说，SSNIP测试法针对产品替代可能性提出了具体的标准，以价格微幅上升（《界定指南》规定5%~10%）并维持一定期限

---

① 王为农：《反垄断并购审查中相关市场界定研究——以欧美案例分析和中国的实际情况为基础》，载尚明主编：《中国企业并购反垄断审查相关法律制度研究》，北京大学出版社2008年版，第25-26页。

的检验准则取代了过去"合理性"的主观抽象判断,是市场界定中的重要突破,① 成为相关市场界定现代方法的里程碑。尽管也有不少学者提出 SSNIP 测试方法存在一些问题,但《界定指南》积极引入这一测试方法,确实能够为我国缺乏经验的反垄断执法实践提供指引和帮助,值得肯定。

最后,提出了界定相关市场时可能需要考虑时间性、知识产权、创新市场、技术市场等相关问题,顺应了现代市场情况复杂的形势,但遗憾的是《界定指南》仅是提及了这几个概念,并未能就时间市场、知识产权、创新市场、技术市场等问题予以展开。

2.《界定指南》的不足之处

尽管《界定指南》在上述方面具有合理性和可行性,但是基于"相关市场"界定实践的复杂性,摆在我们面前的这部《界定指南》仍然存在诸多不足:

首先,未能明确界定相关市场所需考虑的各因素之间的关系,由此很可能引发不同因素考察的着重力度和宽严标准上的争议。美国 1956 年的 Cellophane 案和 1957 年的 Du Pont de Nemours & Co 案中,联邦最高法院在界定相关市场时所掌握的宽严尺度存在较大差异,由此引发了较大的争议。《界定指南》第 8 条规定从需求角度界定相关商品市场,一般需要考虑的因素有:商品的总体特征、用途、价格差异、商品的销售渠道和品牌依赖程度等其他重要因素,每一项因素里面又有多个解释,比如商品外形、特性、质量和技术特点都被称为商品的特征,可以说《界定指南》规定的影响消费需求的因素非常多,然而对于这些因

---

① 黄靖元:《美国反托拉斯法专利授权案件市场界定之研究》,转引自李虹、张昕竹:《我国反垄断执法中相关市场界定标准问题研究》,载尚明主编:《中国企业并购反垄断审查相关法律制度研究》,北京大学出版社 2008 年版,第 72 页。

素的位阶却并没有作出说明。在欧美，影响消费需求的因素主要有四个，即产品特性、价格、用途、消费者的消费习惯。① 笔者认为需要考虑的因素多一点无可厚非，但是如果一味求全而不考虑各因素之间的关系，则会导致执法者无所适从。

其次，未规定证据规则。对相关市场的界定本质上属于认定一个客观事实，而对客观事实的认定不仅需要认定事实本身所应遵循的规则和方法，还需要建立运用这些规则和方法所应遵循的证据规则。因此，在界定相关市场时，应当收集哪些证据、如何收集证据、如何使用证据等问题，都显得十分重要。欧共体委员会在对相关市场进行界定时，会从各方面获得各种信息，也会尽可能广泛地对这些信息进行分析，委员会一般会向当事人及其所在行业的主要消费者和竞争者，以及该行业的行业协会了解情况，询问他们关于如何界定相关市场的看法，必要时，还会向上游市场的企业进行调查。② 1997年欧盟《关于界定相关市场的通告》规定，在界定相关商品市场时，收集的证据可以归纳为以下几类：过去产品替代性的证据、为确定市场而进行的定量测试、顾客或竞争者的观点、顾客的偏好、转向购买需求替代品有关的成本或障碍、顾客的不同分类以及价格歧视等。此外，该《通告》在界定相关地域市场时，还规定了独立的证据规则。然而，《界定指南》并未能够对界定相关市场的证据规则作出规定。

再次，《界定指南》现有的规则过于抽象，未能通过案例具体解释，也未能设置引入将来案例予以解释的规则。从国外反垄断法审查的实践来看，由于市场极为复杂，仅有成文的规则尚很

---

① 许光耀：《欧共体竞争法通论》，武汉大学出版社2006年版，第55-58页。

② 许光耀：《欧共体竞争法通论》，武汉大学出版社2006年版，第64页。

难准确科学认定相关市场,欧美很多界定相关市场的方法都是从实践的案例中总结出来的。不仅如此,反垄断的实践本身也在不断推动着反垄断法的发展。尽管我国属于成文法国家,判例并不是正式的法律渊源,但这并不影响《界定指南》对案例的引入。因为《界定指南》本身并非强制性的法律文件,而只是一个指导性的规则,即便引入案例也不会改变我国成文法的特性。笔者认为,一方面,《界定指南》有必要引入国内外的一些经典案例,对其抽象规则予以解释;另一方面,《界定指南》应当保持开放的姿态,将国内反垄断实践中出现的具有典型指导意义的相关市场界定案例引入其中,充实《界定指南》的内容并更为科学地指导我国的反垄断执法和司法实践活动。

还有,未引入"子市场"和"集群市场"的概念。"子市场"是指在较为广泛的包含具有性质、品质或价格差异的多种产品的市场概念下,按照产品不同的性质与用途、生产设备与供给者、购买者群体及其对价格变动敏感度等指标进行细分而界定出的产品市场。欧盟将子市场称为"细分市场"(market atomization),[1] 美国1962年的布朗鞋案首次提出了子市场问题。子市场方法是一种定性分析的方法,在考虑局部地理市场和特定产品市场上的行业竞争状况时,显得更为灵活和严格;结合需求交叉弹性等方法,通过分类考察的模式,为相关市场的界定带来便利和确定性。而"集群市场"则是指一系列非替代、非捆绑的商品所形成的产品集群。美国反托拉斯判例法认为,在现实中,虽然有时某一商品集合内的每个单一商品或服务并不具有构成相关市场的可能性,但是属于该商品集合的所有商品或服务作为一

---

[1] 黄靖元:《美国反托拉斯法专利授权案件市场界定之研究》,转引自李虹、张昕竹:《我国反垄断执法中相关市场界定标准问题研究》,载尚明主编:《中国企业并购反垄断审查相关法律制度研究》,北京大学出版社2008年版,第80页。

个整体是否可以形成一个相关市场,却是应该予以认真考虑的,①尤其在金融机构联合供给某些金融服务的情况下。集群市场理论,实际上将范围广泛的商业领域内并不具有相互交换的可能性及需求交叉弹性的商品包含在内的商品集合,并将其作为一个相关产品市场。②对于子市场和集群市场,《界定指南》未能引入未免有些遗憾。

最后,《界定指南》的本土适应性问题值得关注。应当说,《界定指南》中的绝大部分内容来源于西方国家的反垄断理论和实践。我国对于实施反垄断法律制度并无经验可谈,即便是借鉴西方国家的反垄断法律制度,也需要以相应的国情为基础。尽管我国的经济建设突飞猛进,但是也应当看到其中存在的诸多问题,比如整个社会的信誉程度还不高,统计数据时有掺假,消费者的消费行为还缺乏应有的理性,各类评比普遍带有行政色彩而不能客观反映市场竞争的真实性,市场中投机行为多于正常的经营行为,这使得我们很难对市场的发展趋势、消费趋势、价格的变动趋势,作出比较客观的评价和判断。③因此,《界定指南》中有关需求替代性和供给替代性等方面的判断很可能缺乏真实有效的基础性资料,对相关市场界定的科学性便值得怀疑。要解决包括《界定指南》在内的一系列反垄断法律制度的本土适应性问题任重而道远。

---

① United States V. Philadelphia Nat's I Bank, 374 U. S. 321, 356-357 [1963]; and United States V. Connecticut Nat' I Bank. 418 U. S. 656, 664-666 (1974); United States V. Central State Bank, 621 F. Supp. 1276-1292 (W. D. Wich. 1985); United States V. First Hawailan Inc, No91-00904 DAE (D. Haw. Filed Dec. 28. 1990).

② Earl W. Kintner, Federal Antitrust Law Vol. IV, at 258

③ 王为农:《反垄断并购审查中相关市场界定研究——以欧美案例分析和中国的实际情况为基础》,载尚明主编:《中国企业并购反垄断审查相关法律制度研究》,北京大学出版社 2008 年版,第 42 页。

（二）关于可口可乐并购汇源案中相关市场界定的私见

纵观商务部第 22 号公告，并未发现相关市场的界定性描述，而只是提到了"碳酸软饮料市场"和"果汁饮料市场"两个概念。在其后的答记者问时，商务部解释道："本次交易所涉相关产品主要包括无酒精饮料中的两大类，果汁类饮料和碳酸软饮料。根据商务部在审查中掌握的信息，两家公司在果汁类饮料产品类别中存在重叠，而碳酸软饮料产品只有可口可乐公司生产，汇源公司并不生产碳酸软饮料。本次并购的相关市场被界定为果汁类饮料，其中包括 100% 纯果汁，浓度为 26%～99% 的混合果汁，以及浓度在 25% 以下的果汁饮料。在界定相关市场的过程中，商务部高度注重经济学分析，对果汁类饮料和碳酸类饮料之间可替代性以及三种不同浓度果汁饮料之间的可替代性进行了深入分析。根据市场调查和搜集的证据，商务部将此案相关市场借界定为果汁类饮料市场，理由是：果汁类饮料和碳酸类饮料之间替代性较低，且三种不同浓度果汁饮料之间存在很高的需求替代性和供给替代性。"在未经具体分析和测试的基础上，商务部作出的此种判断是否科学，存在争议。主要的观点有三种：第一种意见认为碳酸饮料和果汁饮料之间存在很大的替代性，应当将碳酸饮料和果汁饮料界定为相关产品市场；第二种观点认为碳酸饮料和果汁饮料之间替代性较差，应当将果汁饮料市场界定为相关地域市场；第三种观点认为在果汁饮料市场中，还存在低浓度和中高浓度之分，低浓度果汁和中高浓度果汁之间的替代性较差，应当分别界定为不同的市场。

基于饮料的用途、特性等而对饮料进行的分类在很大程度上决定了饮料市场的划分和界定。1996 年起实施的 GB10789—1996《软饮料的分类》将饮料分为 10 大类 44 小类，而 2007 年 12 月 1 日起实施的 GB10789—2007《饮料通则》代替了原 GB10789—1996《软饮料的分类》，将饮料重新划分为 11 大类 44 中类 50 小类。这些分类的主要依据便是饮料的成分和用途，也就是《界定指南》第 8 条中的"商品的总体特征和用途"。《饮料通则》的划分体现了时代发展过程中人们对饮料的最新认识，对各种饮料的特征和用途之界定更为准确。这些分类为我们界定相关产品市场提供了参考依据。

　　正如前文所述，对相关产品市场的界定应主要考察需求替代。笔者认为，相关产品市场的界定并非一成不变，随着人们生活水平和消费理念的提高，人们对某些产品的特性、品质的认识也在发生变化，由此也会影响商品之间的需求可替代性。饮料市场便是一个典型的例子。饮料的基本用途便是解渴，在数年前，饮料市场的产品比较单一时，人们对于饮料的需求主要还是局限在解渴之类的基本需求上，所以不同品种的饮料之间的品质和特性并未引起人们的特别关注，此时饮料之间的需求替代性便较高。但是随着现代生活质量和理念的提升，饮料的品种不断增多，消费者的选择面不断扩大，人们对于饮料的需求已经不局限于其基本功能，而更多地关注饮料的营养、功效、口味等特征，同时也引发了人们对饮料需求的改变，很多之前被作为碳酸饮料替代品的其他饮料品种的特性受到关注，从而导致不同饮料消费需求之间的替代性降低。也正是如此，笔者认可商务部界定相关市场时所提出的碳酸饮料、果蔬汁饮料之间的需求可替代性较低的观点。但是，对于其所谓的"三种不同浓度果汁饮料之间存在很高的需求替代性和供给替代性"之观点则保留意见。据业内人士介绍，果汁市场的产品一般被分为三类，第一类是果汁含量为 5%～10% 的低浓度果汁饮料，市场主导品牌以统一鲜橙多、康师傅每日 C 以及可口可乐的酷儿和美汁源果粒橙为代表；第二类是几种水果和蔬菜制成的复合果汁，浓度在 30% 左右，屈臣氏的果汁先生和养生堂农夫果园是这类果汁的典型；而第三类是以汇源为代表的 100% 果汁。笔者认为中高浓度的果汁饮料和低浓度的果汁饮料之间的可替代性较低。

　　首先，中高浓度果汁饮料和低浓度果汁饮料的品质存在很大差异。在当今崇尚绿色食品的时代，中高浓度的果汁饮料因其成分更为天然，因而被认为更加健康，而低浓度的果汁饮料所含成分较杂，主要成分并非果汁，因而消费者很少会认为其属于天然、绿色、健康的饮料。从《饮料通则》的分类中来看，中高浓度的果汁饮料应属于"果汁（浆）"或"浓缩果汁（浆）"。"浓缩果汁（浆）"是采用物理方法从果汁（浆）中除去一定比例水分，加水复原后具有果汁（浆）应有特征的制品，因而"果汁（浆）"和"浓缩果汁（浆）"很相似，都具有果汁（浆）的特征。但是，低浓度果汁只能归为《饮料通则》中的"果汁饮料"，即在果汁（浆）中加入水、食糖、甜味剂、酸味剂等调制而成的饮料，可加入果粒，但《饮料通则》并未称其具有果汁特征。由此可见，中高浓度果汁饮料和低浓度果汁饮料在总体特征和用途上具有较大差异，消费者对两者的特征认识上也存在差异，可替代性较低。

其次，中高浓度果汁饮料和低浓度果汁饮料的价格存在较大差异，中高浓度的果汁饮料的价格往往是低浓度果汁饮料的两倍以上，当上游果浆市场价格发生变动时，中高浓度果汁饮料的价格随之变动的幅度也要远大于低浓度果汁饮料。正因为低浓度果汁饮料市场的低浓度，其受上游果浆市场价格变动的影响非常小。此种价格上的差异，正是两种商品可替代性较低的直接反映。

再次，从消费者的消费习惯来看，往往只会将中高浓度的果汁饮料视为真正的"果汁饮料"，购买中高浓度果汁饮料主要是看中其天然、健康、营养的果汁成分，而低浓度的果汁饮料很难被视为真正的"果汁饮料"，购买低浓度果汁饮料主要还是为了解渴等基本需求。

最后，从商品的销售渠道来看，中高浓度的果汁饮料主要是通过一二线城市的大型超市、高端消费场所等来销售，在小城市和农村，诸如汇源100%的果汁饮料的销售要少很多；而低浓度的果汁饮料的销售渠道则较为广泛。这一因素对于区分界定低浓度果汁饮料和中高浓度果汁饮料市场具有重要影响。

此外,尽管从商品的供给角度来看,中高浓度果汁饮料生产商生产和供应低浓度果汁饮料比较容易,而低浓度果汁饮料生产商生产和供应中高浓度果汁饮料的难度也不大,但是毕竟这种供应替代对经营者产生的竞争约束与需求替代还是存在较大差异,因此在界定相关市场时应当主要考虑需求替代,而不再考虑供应替代。

实际上,要理清中高浓度果汁饮料和低浓度果汁饮料两种商品是否属于同一相关产品市场,完全可以借助于"假定垄断者测试"(SSNIP)。假定某一提供中高浓度果汁饮料的经营者是一个以利润最大化为经营目标的垄断者,在其他商品的销售条件保持不变的情况下,假定垄断者能否在一年时间内持久地将其生产的中高浓度果汁饮料价格提高 5%~10%。中高浓度果汁饮料价格的上涨会导致部分需求者转向购买低浓度的果汁饮料,从而引其假定垄断者所能销售的中高浓度果汁饮料的数量减少,如果这一销售量的减少不足以阻止其盈利,则中高浓度饮料便可以成为独立的相关市场,如果销售量的减少将导致假定垄断者的涨价行为无利可图,则表明低浓度的果汁饮料与中高浓度的果汁饮料之间的可替代性较高,应将两者划归为同一相关产品市场。尽管目前尚未有任何机构开展此种测试,但根据笔者的小范围调查和了解,中高浓度果汁饮料的消费者看重的主要是高成分果汁的天然、健康之品质,如果生产商将价格提高一成,只有少量的消费者会放弃中高浓度果汁饮料,转向低浓度果汁饮料市场,此前消费群体中的大部分仍然会看重其品质特性,不会轻易转向低浓度果汁饮料市场。因而此种销量的小幅减少并不足以阻止生产者盈利,宜将中高浓度果汁饮料市场作为一个独立的相关产品市场。

五、企业并购反竞争效果分析中的利益考量

在相关市场界定完毕之后,便需要以该市场为基础,分析企业并购对该市场的竞争机制产生的影响,判断是否产生了反竞争的效果。商务部22号公告中所述的三个否决理由便是对可口可乐并购汇源反竞争效果的分析,其实际上是一个"传导效应",即从碳酸饮料向果汁饮料市场支配地位的传导,以及可口可乐品牌的传导,这也是所谓的经济杠杆作用。商务部认为,基于"传导效应",并购行为将使可口可乐获取在果汁饮料市场的支配地位,产生排除和限制竞争效果,并通过其品牌作用提高潜在竞争者的进入门槛,挤压国内中小型果汁饮料企业的生存空间,从而对我国果汁饮料市场的有效竞争格局产生不良影响。根据这个传导效应得出的上述结论是否科学?我国《反垄断法》中评价经营者集中反竞争效果的标准是什么?企业并购后能够产生的反竞争效果的具体表现又是什么?在分析是否具有此种反竞争效果时应当使用哪些方法,考虑哪些利益或因素?

(一)企业并购反垄断审查的标准

对企业并购进行审查的实体标准在国外也称为"画线标准",在决定是否反对一项企业并购时,执法机构应当以此为准绳。我国《反垄断法》第28条规定"经营者集中具有或者可能具有排除、限制竞争效果的,国务院反垄断执法机构应当作出禁止经营者集中的决定"。此条可以认为确立了我国对经营者集中进行反垄断实体审查的标准。但何为"具有或者可能具有排除、限制竞争效果",从国外关于实体审查标准的认识中,可以帮助我们更好地理解我国《反垄断法》确立的实体审查标准。

1. 美国:"实质减少竞争"标准

美国1914年《克莱顿法》第7条规定:"……任何人不得直接或间接并购其他人的全部或部分资产……如果该并购造成实

质性减少竞争的效果",从而通过成文法首次确立了经营者集中控制的"实质减少竞争"(Substantial Lessening of Competition, SLC)标准。1957 年联邦最高法院在 du Pont 案的判决中指出:"《克莱顿法》第 7 条的目的是为了在早期阻止实质性减少竞争的行为",确立了经营者集中控制法上的早期原则。但对于"实质减少竞争"这一标准的认定,美国经历了从"非法推定"的"结构主义合并政策"向"行为主义合并政策"的转变过程。

美国起初对经营者集中采取极其严厉的禁止态度。1962 年的"布朗鞋公司诉美国案"(Brown Shoe Co. vs US)① 是美国最高法院对经营者集中作出的第一个重要判决,该判决体现了美国结构主义的合并政策。此外 1963 年美国最高法院在"美国诉费城国民银行案"(US vs. Philadelphia National Bank)的判决中,确立了"非法推定"原则,即参与合并的企业的市场份额达到一定的标准就被推定为非法。美国司法部反托拉斯局于 1968 年颁布的《企业合并指南》是结构主义合并政策的具体体现。

1974 年的"美国诉通用电力公司案"(US vs. General Dynamics),② 标志着美国企业合并政策由结构主义向行为主义的转变。法院认为市场份额和市场集中度这两个因素尚不能有说服力地推定企业合并将会产生严重削弱竞争的后果。1982 年美国

---

① 在本案中,布朗鞋公司既是皮鞋的制造商,又是皮鞋的销售商,他们于 1962 年合并了当时最大的一家皮鞋零售商店金奈公司。两家公司合并后,它们控制了几个城市 20% 以上的女鞋和儿童皮鞋商场,在 118 个城市的妇女、儿童和男人皮鞋市场上占有 5% 的市场份额。联邦最高法院认为该起合并将对市场结构产生减少竞争的影响,是非法合并。

② 本案涉及一个地方煤炭市场上的合并,合并前该市场已经高度集中,市场上 4 家最大企业的市场份额已经达到了 75%,且合并后企业的市场份额将从 33.1% 提高到了 37.9%。然而法院却认可了驳回以市场份额为基础的非法推定的证据。

司法部颁布了新的合并指南,体现了从结构主义转向行为主义的合并政策变化。

1992年美国发布《横向合并指南》,通过对市场集中、潜在的反竞争效果、市场进入、效率和破产等因素进行五大步骤的详细分析,主管机关可以得出一项经营者集中是否严重减少竞争的结论,这便是美国"实质减少竞争"标准的真正内涵。

2. 欧盟:从"市场支配地位"标准到"严重损害有效竞争"标准

1957年的《欧共体条约》(《罗马条约》)没有专门的控制经营者集中的规定,在第4064/89号并购条例实施前的33年中,除煤钢产业外,欧共体并没有成文法规定的经营者集中实体审查标准。在1973年著名的"大陆制罐公司案"(Continental Can)中,法院支持了委员会引用《欧共体条约》第86条规范经营者集中的观点,认为"居市场支配性地位的企业,通过并购手段加强该地位,导致并购行为发生前存在的市场竞争被消灭者,构成对第86条之违反",① 由此确立了"滥用市场支配地位"标准,成为这一时期的合并规制标准。

"滥用市场支配地位"标准只适用于本身已经具有支配性地位的企业,而对于通过集中才取得市场支配地位的企业无法规制。直到1989年出台的第4064/89号并购条例才改变了这一标准,确立了"市场支配地位"标准。该标准采结构型定位的规制政策,即企业通过并购所获得的或增强的支配型地位,因改变市场竞争结构,应加以规制。

然而,随着欧盟东扩后成员国数量的增加,一项并购涉及多国利益的情形增加,"市场支配地位"标准不周延,对寡头垄断

---

① 何之迈:《公平交易法专论》,中国政法大学出版社2004年版,第203页。

市场情形缺乏明确规定，出现了监管空白，① 欧盟境内也出现了关于实体控制标准的争议，于是委员会通过第 139/2004 号条例创设了"严重损害有效竞争"（Significantly Impedes Effective Competition，SIEC）标准，该标准采效果型定位的规制政策，如果一项并购尤其是因其产生或增强企业的支配性地位而严重妨碍共同体市场或其相当部分地域的有效竞争的，则应当宣布该并购与共同体市场不相容，并予以阻止，从而有效地对"市场支配地位"标准不适用于寡头垄断市场非共谋式并购地漏洞进行拾遗补阙。②

比较美国和欧盟控制经营者集中的实体标准可以发现，美国是单一标准，而欧盟则是双重标准。欧盟在创立"严重损害有效竞争"标准的同时并没有放弃"市场支配地位"标准，前者作为对后者的拾遗补阙而存在，从而使欧盟的规制标准与美国趋同。

3. 我国"可能限制竞争"标准之评价

美国对控制经营者集中的"实质减少竞争"标准的认识经历了从结构主义向行为主义的转变。相似地，欧盟也经历了从结构型定位的"市场支配地位"标准向效果型定位的"严重损害有效竞争"标准的转变。从具体行为所产生的影响市场竞争的效果这一角度来界定经营者集中反垄断实体审查的标准，这代表

---

① 根据委员会以前的判决，任何并购后企业的市场份额低于 40% 的并不构成单一企业支配性地位，因而不受并购条例规制，而且委员会在评估并购是否造成支配性地位时过于强调市场份额的作用，并在判例中始终不渝地坚持 40% 的起点标准。2000 年的 Carefour/Promodes 并购案中，委员会首次确认了并购后企业市场份额低于 40% 的也构成单一企业支配性地位，从而要求占法国消费市场份额 20%－30% 的零售商家乐福提供补救性措施，以避免过度行使市场势力。

② 刘和平：《欧盟并购控制法律制度研究》，北京大学出版社 2006 年版，第 140 页。

了世界范围内控制经营者集中标准的发展趋势。结构主义的合并政策或者结构型定位的规制标准,虽然在评价是否构成反竞争时比较方便和明确,但却是不周延的,不能很好地应对现代市场经济环境下的经营者集中现象。比如,在美国著名的 Heinz/Beech-Nut 案①中,如果采用结构标准,由于 Heinz 并购 Beech-Nut 后只占市场份额的 30%,尚达不到结构规制的起点,因而结构标准无法发挥作用,必须采用效果标准才能有效规制寡头垄断。

我国《反垄断法》规定的规制经营者集中的标准是"具有或者可能具有排除、限制竞争效果",应当说该标准借鉴了先进国家的历史演变过程及规制经验,顺应了规制经营者集中实体标准的发展趋势,能有效应对各种限制市场竞争的经营者集中行为。但是,这一标准相比起美国的"实质减少竞争标准"和欧盟的"严重损害竞争标准",显得过于"超前",在有意无意中扩大了反垄断的范围,容易将本不属于垄断的并购强行认定为垄断。美国要求对竞争的限制必须是"实质性的",欧盟则要求对竞争的限制必须是"严重的",这表明美国和欧盟并不会轻易地将一项并购认定为限制竞争,原因在于并购带来的规模效益有利于经济发展和社会效益增加。而在我国,即使一项并购尚未现实地产生限制竞争的效果,而只具有"可能性"时,就要予以禁止。然而,"可能"的判断标准又是什么?尽管《反垄断法》第 27 条规定了在判断是否"可能限制竞争"时所应当考察的因素,但是标准依旧模糊,由此便给执法机构很大的自由裁量权,极易

---

① 本案发生在美国的婴儿食品业市场,Heinz(亨氏)占有 13% 的市场份额,Beech-Nut 占有 17% 的市场份额,市场领头羊 Gerber(嘉宝)占有 70% 的市场份额。联邦贸易委员会认为,Heinz 并购 Beech-Nut 后直接导致市场只剩下两个竞争者,这无疑加大了产生协同的风险,Heinz 与 Beech-Nut 为争夺市场第二的位置便会展开激烈的竞争,从而有利于市场竞争的维持,因此禁止 Heinz 并购 Beech-Nut。

导致权力滥用。我国所采取的这种"可能限制竞争"标准，实际上造成了反垄断法立法价值的冲突。反垄断法禁止限制竞争行为的目的是要建立和维持有效竞争的市场体制，希望通过有效竞争来实现优胜劣汰，提高企业的竞争力，因而反垄断法实际上并不禁止企业提高其市场地位，甚至形成市场支配地位。只有当企业滥用市场支配地位，或者其所占有的市场支配地位已经实质性地破坏了有效的竞争机制时，反垄断法才予以禁止。我国《反垄断法》所采用的"可能限制竞争"标准，使得并购当事方的法律预期消失，无所适从，只能听从执法机构的恣意宣判。

商务部对可口可乐并购汇源案所作出的禁止性决定，便是我国"可能限制竞争"标准的典型体现，比如，第22号公告称：集中完成后可口可乐有能力将其在碳酸饮料市场的支配地位传导到果汁饮料市场，紧接着便称产生排除和限制竞争的效果。基于可口可乐现有的销售渠道、营销方式、既有市场、品牌影响力等，笔者相信可口可乐的确会将其在碳酸饮料市场的支配地位传导到果汁饮料市场，但是即便其在果汁饮料市场具有了支配地位又如何呢？反垄断法只禁止滥用市场支配地位之行为，并不禁止市场支配地位本身，商务部基于其取得的市场支配地位就认定其能够对现有果汁饮料企业产生排除和限制竞争的效果，其间的跳跃性太大，唯一的解释便是这种市场支配地位为可口可乐的"滥用"提供了基础性条件，因而"可能限制竞争"。

（二）企业并购反竞争效果的分析方法

从经营者集中反垄断审查的标准出发，是否需要禁止一项经营者集中，还需要借助于一些分析方法，通过评价某些因素和利益，从而判断该项集中能够产生何种反竞争的效果。分析集中所产生的反竞争效果是一个综合评价的过程，这种评价既有定性分析，又有定量分析。

1. 企业并购反竞争效果的类型：单边效果和协同效果

单边效果是指集中后企业无需考虑其他企业的行动而单方面

随意涨价或限制产量的能力。经营者集中后，必然会增加市场份额，如果这种增强导致产生或加强了支配地位，则使支配企业有能力凭自己的力量，不需与他人协调即可从事限制竞争行为。单边效果是建立在产生或增强市场支配地位的基础上的，如果没有达到支配地位，则一般不足以产生单边效果而显著地限制竞争。

美国 1992 年《横向并购指南》认为单边效果在主要按差异产品区分的企业和主要按生产能力区分的企业这两种情形下是有区别的。在主要按差异产品区分企业及市场竞争力时，当一项并购具备占有 35% 以上的市场份额、并购当事人产品之间具有直接替代性且其他企业不能通过重新调整生产能力扩大供给时，单边效果将出现；在主要按生产能力区分企业及相关市场竞争性质时，只要并购企业占有的市场份额之和超过 35%，且存在非并购当事人生产能力扩张不能时，并购将被视为具有单边效果。①2004 年美国司法部阻止甲骨文并购仁科一案，②便是单边效果理论产生以来一次最引人注目的运用。

欧盟在 2004 年的并购指南中规定的"非协同效果"与"单边效果"基本相同。欧盟委员会认为，一项并购是否会产生非协同效果（即单边效果）应当考虑许多因素。如果单独考虑，这些因素并不能成为必不可少的决定性因素。具体而言，包括以下六类因素：（1）并购当事人拥有大比例的市场份额；（2）并购当事人是最直接的竞争者；（3）消费者转换供应企业的可能

---

① 刘和平：《欧盟并购控制法律制度研究》，北京大学出版社 2006 年版，第 155 页。

② 美国司法部不同意甲骨文并购仁科的理由在于：甲骨文收购仁科后，新公司可能会发现，单方面上涨价格和削减产量是一条有利可图的途径，而且如果该项并购被批准，它将使美国在人力资源和财务软件领域的两大提供商之间的竞争不复存在，造成价格攀升、创新被遏制，还将减少用户对该类软件的选择余地。

性比较小；（4）在产品价格上涨时，竞争者不可能扩大供给；（5）合并后企业能够遏制竞争者生产能力的扩张；（6）并购消除了重要的竞争压力。①

企业并购的反竞争效果除了单边效果以外还存在协同效果。即使经营者集中没有导致行为人占有支配地位，也会加剧现有竞争者之间的协同倾向。如果竞争者众多，则卡特尔的成立与维持均不容易，而经营者集中后，市场主体减少，市场信息相对透明，则协同起来就容易多了，如果只余下少数寡头，则协同更加容易。这时，经营者之间的共同利益不是进一步竞争，而是共同提高价格。寡头之间通过协同彼此的行为，可以实现对市场的共同支配，这种支配能力不是来自某个企业的单方行为，而是依赖于寡头之间的协同，因而称作"协同效果"。② 1999 年发生在英国的 Airtours 收购 First Choise 一案③中，委员会便运用了这一理论，禁止了该项并购。

那么可口可乐并购汇源案中，商务部是否指出了并购可能产生两种反竞争效果之一呢？笔者认为，从公告理由来看，只能说明并购对现有竞争格局产生了一些冲击，而不能说明已经产生单边效果或协同效果。公告称，可口可乐通过并购增强了对果汁饮

---

① 刘和平：《欧盟并购控制法律制度研究》，北京大学出版社 2006 年版，第 155-159 页。

② 也有学者称之为"协调效果"，参见许光耀：《欧共体竞争法通论》，武汉大学出版社 2006 年版，第 528 页。

③ 1998 年英国短途假日旅行社市场中四家最大竞争者的市场份额分别为：Thomson 30.7%，Thomas Cook 20.4%，Airtours 19.4%，First Choise 15%。其他所有竞争者的市场份额都低于 3%。委员会认为，并购后的新企业（占 34.4%）将与其余两家大型旅行社通过限制服务能力方式，从事默示协同行为，向英国消费者收取高价，从而导致英国短途涉外假日包办游市场上的集体支配地位。

料市场的控制力,通过品牌和传导效应取得支配地位,"将使潜在竞争对手进入果汁饮料市场的障碍明显提高";同时"挤压了国内中小型果汁企业生存空间","给中国果汁饮料市场有效竞争格局造成不良影响"。仔细分析可以发现,这些表述并非是对单边效果或协同效果的描述。第一,潜在竞争对手的进入障碍提高,或者挤压国内中小果汁企业的生存空间,未必已经属于反竞争效果。只要发生了企业并购,并购后的企业的市场规模就会扩大,相应的市场份额也会有所提高,这对于潜在竞争者来说,就意味着进入障碍的提高,而对于现有竞争者来说,就意味着生存空间降低。但反垄断法并不会随时干预此种并购,正如美国对单边效果的描述一样,只有当此种并购导致现有或潜在竞争者"不能"通过调整生产能力扩大供给时,才会产生单边效果。商务部所谓的"进入障碍明显提高"是否已经属于反垄断法禁止的范围,值得商榷,而"挤压生存空间",更非反垄断法所能顾及的范围。第二,对现有竞争格局造成"不良影响",不仅未能达到美国的"实质减少竞争"标准和欧盟的"严重损害有效竞争"标准,就连我国反垄断法上的"可能限制竞争"标准,也未必能够达到。何谓"不良影响"?不良影响根本就不是一种反竞争的效果,而是正常市场竞争环境中的家常便饭。

正如我国反垄断法确立的"可能限制竞争"标准的缺陷,公告中未能对商务部所认为的"限制竞争"效果的产生原因予以具体说明,相比起美国和欧盟在确立单边效果时所要考虑的因素而言,此份公告的说服力大打折扣。事实上,按照商务部所界定的果汁饮料市场这一相关市场,可口可乐通过并购所取得的这一市场份额到底是会产生单边效果还是协同效果呢?执法机构的回避或沉默,足以说明其中存在的问题。

2. 评价企业并购反竞争效果的主要因素:市场份额与市场集中度

在分析某项并购能否产生单边效果或者协同效果时，需要考虑多种因素，市场份额与市场集中度是主要因素。

一般说来，企业拥有的市场份额越高，则其市场控制力量越大。但这一标准要受其他市场条件的制约，在不同的市场结构中，即使市场份额相同，其可能产生的限制竞争的效果也是不同的。关于可口可乐并购汇源后对市场竞争机制的影响，基于对相关产品市场的不同划分方法，并购后的市场份额也有差异。如果将相关市场界定为非碳酸饮料，根据英国加纳地亚公司的"2008年中国饮料市场年报"中的数据显示，可口可乐与汇源果汁合并后在中国非碳酸饮料市场份额低于20%；如果将相关市场界定为果汁市场，根据欧睿国际信息咨询公司的数据显示，在中国果汁市场，汇源果汁市场份额第一，为10.3%，可口可乐第二为9.7%。二者合并后为20%；如果将相关市场分别界定为纯果汁、果肉饮料、果汁饮料、水果饮料等，根据AC尼尔森的数据显示，目前国内纯果汁市场，汇源市场份额第一，为46%，后面是味全（16%）、大湖（13%）、都乐（11%）和农夫果园（6%），可口可乐并购汇源完成后，将占据中国纯果汁市场的第一。① 从理论上讲，当相关市场界定为"非碳酸饮料市场"和"果汁市场"时，对市场竞争的影响应当不同。然而从上述数据可知，两种情况下的并购后市场份额均不高于20%，这就意味着对反竞争效果的分析不能局限于市场份额，还需要综合考虑其他因素。

从先进国家的经验来看，要准确考察企业并购的影响，市场集中度比市场份额指标更为准确。对市场集中度的考察主要有两

---

① 曹虹：《对"可口可乐并购汇源果汁案"的评析》，载《现代管理科学》2008年第12期。

种方法，一是大企业集中率，一是 HHI 指数。"大企业集中率"即计算相关市场上最大的几家企业（一般是 4~8 家）的市场份额之和，如果前 4 家企业各占 15% 的市场份额，则市场集中率为 60%。"HHI 指数"，全称赫尔芬达-赫希曼指数（Herfindahl-Hirschman Index），是度量产业部门市场集中度的指数。其计算方法是把某一部门的每一家企业在市场上的份额平方后求和，其计算公式为 HHI =$\sum Si^2$，其中 Si 系第 i 家企业在某一部门中的份额。HHI 越大，则市场集中度越高，发生在这种市场上的经营者集中行为对竞争的不利影响越大。

与大企业集中率相比，HHI 指数更能准确反映市场上的竞争状况，因为后者不仅考虑大企业的情况，还考虑中小企业的情况。欧盟和美国均认为，集中后 HHI 低于 1000 的，则该项集中不会引起竞争问题，一般不会过问。在美国，集中后市场 HHI 在 1000~1800 之间的，为中度集中的市场，集中后与集中前相比，如果 HHI 指数提高不足 100 个点，则认为不会发生反竞争效果，如果提高超过 100 个点，则需要进一步分析。集中后市场 HHI 在 1800 以上，则视为高度集中市场，集中后与集中前相比，如果 HHI 指数提高不足 50，则认为不会发生反竞争效果，如果提高超过 50，则需要进一步分析。欧盟略有不同，集中后市场 HHI 在 1000~2000 之间为中度集中的市场，前后相比提高 250，则认为可能存在竞争问题，集中后市场 HHI 在 2000 以上为高度集中市场，前后相比提高 150，则认为可能存在竞争问题。

市场份额和测定市场集中度的 HHI 指数的意义在于，它能给主管机关提供一种简化的方式，对经营者集中行为进行初步审查。当然，市场集中度只是一个参考指标，在此基础上还要看集中后企业对市场的操纵能力。1998 年美国两大办公家具连锁店

（STAPLES 与 OFFICE DEPOT）的合并案就是一个很好的说明。①

我国《反垄断法》第 27 条明确规定："审查经营者集中，应当考虑下列因素：（一）参与集中的经营者在相关市场的市场份额及其对市场的控制力；（二）相关市场的市场集中度……"然而，尽管在 22 号公告的审查内容中也援引了这一法律条文，商务部却并未提及其所界定的果汁饮料市场上的现有市场份额和市场集中度，以及并购后的市场份额和市场集中度。究竟是无意的疏忽，还是有意的回避，抑或是数据信息上的搜集不能，不得而知。无论如何，缺乏详尽数据说明的反垄断审查是没有说服力的。由于缺乏相关数据，笔者尚无力对该案的市场集中度作出测算和评价。我国的反垄断法执法机构应当积极通过指南等文件方式，引入测量市场集中度的信息来源、计算方式、考察因素等，从而为今后的反垄断审查提供具体的操作指引。

3. 评价企业并购反竞争效果的抵销因素

在以企业并购产生反竞争效果作为禁止并购的实质理由的同时，也要以并购能带来大于其产生的反竞争影响的效益作为豁免企业合并的考察利益。这便是企业并购的豁免制度，我国《反垄断法》第 27 条、第 28 条以及 2006 年六部委颁布的《关于外

---

① 1998 年美国两大办公家具连锁店（STAPLES 与 OFFICE DEPOT）的合并案：家具市场是一个极具竞争性的市场，其中有成千上万的零售商。如果按照传统观点，监管机构对家具商店的合并不应存在疑问。但是，联邦贸易委员会的经济学家通过对这两个销售商的每一种商品的销售价格和销售数量进行非常细致的观测，发现在同一城市中，STAPLES 的价格要比 OFFICE DEPOT 的价格低，但是，在没有 OFFICE DEPOT 的城市里，STAPLES 的价格要贵一些。经济学家由此得到一个充分的证据：STAPLES 与 OFFICE DEPOT 并购后，很可能提高价格。因此，法院没有批准这个合并案。

国投资者并购境内企业的规定》第 54 条都规定了评价企业并购反竞争效果的抵销因素。这些因素对反竞争效果起到了制约作用，具体包括以下方面：

（1）购买力量。即使经营者在并购后拥有很高的市场份额，只要它的买方拥有抵销性的购买力量，也不会严重损害竞争，因为这样的买方不可能接受高于竞争水平的价格，并且拥有对抗供应商的力量。因此，在存在强大购买力量的市场上，集中行为不太可能产生支配性地位。1997 年美国波音并购麦道案之所以能够获得批准，很大程度上是因为存在航空公司这一强大的购买市场。① 然而，在饮料市场，购买力量十分分散且微弱，尚不足以产生对抗供应商的势力，因而不会在这一方面产生抵销因素。

（2）市场进入。潜在竞争者的存在，往往能够阻止现有竞争者滥用其市场力量，因此市场进入的难易程度对于并购的反竞争程度有重要影响。考察潜在竞争者市场进入这一因素时，应当首先分析市场进入的可能性，并购后的企业如果提高价格，潜在竞争者就有进入这一市场的动力，但是否真正进入，还要考虑市场进入的壁垒情况，包括法律壁垒、技术壁垒、资金壁垒、沉入成本壁垒、现有企业的认为壁垒等。其次，进入要及时，一般认为在两年内进入为及时，但只要能在两年内产生抵销效果，即使实际进入是在两年后，也可认为及时。再次，这种进入在数量上

---

① 波音并购麦道案中，并购后波音占有飞机制造市场 50% 以上的市场份额，只有空中客车与之竞争，尽管是寡头垄断，市场竞争企业从三家降为两家，但由于航空公司具有足够的谈判能力，能够从波音和空中客车获得足够的价格优惠，而且由于航空公司能够从并购后波音的规模经济中获益，如波音生产改进、省油的宽体客机，因此美国 FTC 批准了该项并购。

必须是充分的,可以给现有竞争者造成竞争压力。① 商务部的22号公告称可口可乐并购汇源后潜在竞争者进入障碍明显提高,实际上存在悖论。可口可乐并购完成取得果汁饮料市场的支配地位后,如果没有滥用其市场支配地位采取提高果汁饮料价格等措施,则依旧能够维持果汁饮料市场的现有竞争,这对于潜在竞争者来说,进入的吸引力不强,是否导致进入障碍提高对于现有的竞争机制影响不大;如果可口可乐滥用了市场支配地位,则可能出现市场价格的提升,这对于潜在竞争者来说到底是有利条件还是进入障碍,不能一概而论。

(3) 并购所产生的效益。企业并购能够产生重要的积极效果,如促进技术进步、提高效率、激励创新、改善环境,同时消费者也会因此得到利益,如价格下降、服务改善、新产品增加等。如果企业的产品以出口为主,并购还能提升企业的国际竞争力而不影响国内市场的有效竞争。此外,从经济学角度看,中小企业的并购有利于提高生产效率,一般不会过多地影响市场竞争,相反还可能促进竞争,是抵制大企业垄断的有效途径。② 这些利益的考察,其实又回到了本文一开始所阐述的社会公共利益原则。

(4) 破产企业。这是指如果并购企业能够证明,参与并购的一方企业即将破产,且符合相关条件,并购不受干预,从而不被禁止。其理论依据是:与其让一家企业破产,还不如让新的所有人通过并购途径来取得并管理公司的资产,以便保持市场上的

---

① 许光耀:《欧共体竞争法通论》,武汉大学出版社2006年版,第534页。

② 徐士英等:《竞争法新论》,北京大学出版社2006年版,第45-46页。

竞争状态。①

就可口可乐并购汇源一案而言,商务部考察不力的便是对消费者的影响。商务部认为该项并购将损害饮料消费者的合法权益,理由便是可口可乐将其在碳酸饮料市场的支配地位传导到果汁饮料市场,从而对果汁饮料市场产生排除、限制竞争效果,进而损害消费者的合法权益。不知这样推理的逻辑在哪里?按照此种逻辑,意味着商务部认为可口可乐在碳酸饮料市场的支配地位已经损害了碳酸饮料消费者的合法权益。根据 Euromonitor International 的统计,2007 年可口可乐在中国碳酸饮料市场的份额已经达到 52.5%,应当说已经具备足够的市场支配地位,但是我们并没有从排名第二的百事可乐公司或者其他碳酸饮料经营者处听说可口可乐滥用其市场支配地位,从而损害碳酸饮料市场竞争机制的言论,而消费者也可以通过便捷的途径和相对低廉的价格来购买到碳酸饮料。正因为如此,可口可乐在碳酸饮料市场如此高的市场份额至今尚未遭受反垄断执法机构的质疑。那现在商务部突然认为可口可乐并购汇源后会损害果汁消费者的合法权益,"传导"的逻辑在何处?笔者认为,我国目前果汁市场的竞争是一种低水平、低层次的竞争,包括生产线、销售模式等都比较落后。可口可乐并购汇源以后,依靠其现有的销售渠道、营销理念、科学的生产管理方式等,有利于提升果汁饮料行业的产品层次和竞争水平,降低果汁饮料的生产成本,从而使广大果汁饮料的消费者受惠。这一利益之考量,应当列为审查并购反竞争效果的抵销因素。

---

① [美] 马歇尔·C. 霍华德:《美国反托拉斯法与贸易法规》,孙南申译,中国社会科学出版社 1991 年版,第 152 页。

六、结语：我国可口可乐并购汇源案与澳大利亚可口可乐并购 Berri 案的比较

与可口可乐并购汇源案被否决相类似，2003 年，可口可乐并购澳大利亚果汁企业 Berri 的申请也遭到了当地反垄断审查机构的否决。当时，由可口可乐控股 30% 的澳大利亚公司 Coca-Cola Amatil 试图对本土果汁企业 Berri 公司提出全面收购。Berri 是澳大利亚第一大果汁生产商，当时在果汁市场上大约占据了 50% 的份额。与汇源在中国果汁市场的份额相比，Berri 更具有市场支配地位。2003 年 11 月 25 日，澳大利亚竞争与消费者保护委员会（Australian Competition and Consumer Commission，下称 ACCC）发布公告，否决了可口可乐 Amatil 公司收购 Berri 公司的交易申请，理由是：碳酸饮料和果汁饮料为"互补"的关联产品，并购后，可口可乐将有动机和能力利用自身的市场支配地位，增加 Berri 的果汁销售，并且通过其他非食品店渠道销售 Berri 果汁，具有排除或限制竞争的效果。ACCC 认为收购将会减少消费者的选择和市场竞争。① 这一案例，对中国商务部否决汇源并购案起到了十分关键的参考作用，尤其在"传导效应"的运用上，两案的否决理由具有相似性。然而，两案的裁决理由实际上具有本质上的区别。

在澳大利亚，可口可乐在碳酸饮料市场的份额达到 67%，在果汁饮料市场仅占有 1%，而 Berri 占据了澳大利亚果汁饮料市场的 50%。相比而言，可口可乐和汇源在中国碳酸饮料市场和果汁饮料市场的份额都要低一些。在澳大利亚，可口可乐被很

---

① http://www.caijing.com.cn/templates/inc/webcontent.jsp?id=110128621&time=2009-03-26&cl=100&page=all，[2009-05-21]．

多小零售商认为是"必须销售"的品牌,并且可口可乐拥有无法超越的店内冷藏设备销售网络。即使可口可乐没有打算将可乐和果汁捆绑销售,零售商们仍然将会有很强烈的动机从同一家供应商那里提货,以节省物流成本,这样便事实上已经具有捆绑销售的效果。而捆绑销售将会限制 Berri 和其他果汁厂商在非店铺销售渠道中的竞争,抢占竞争对手的市场份额,提高他们的经营成本。其他果汁厂商将不得不增加市场营销支出,以保持产品的货架空间,最终并购将会影响店铺销售渠道中的竞争。正是基于市场份额和既有销售网络产生的事实上的捆绑销售,ACCA 才否决了此项并购。相比中国商务部的公告,缺少了对既有销售网络产生的事实上的捆绑销售的论证,从而导致所谓的传导效应不可能引发反竞争效果。实际上,可口可乐在中国也尚不具备无法超越的店内冷藏设备销售网络,这正是两案在事实上的区别。这一区别对于传导效应的运用至关重要,否则所谓的反竞争效果便是毫无理由的强加。

上述区别足以反映我国企业并购反垄断审查中存在的最大问题,即审查标准不明确。"可能限制竞争"标准,过于模糊,极易导致执法机构混淆"占有市场支配地位"和"滥用市场支配地位"之间的关系,两者的差别本质上属于"结构主义"与"行为主义"的区别。究竟是基于一定的市场份额就要否定一项并购,还是只有当一项并购已经产生实质上的反竞争效果时才予以禁止。审查标准的模糊,导致很多本属于正常市场竞争范畴的并购被归入垄断和限制竞争的框架中,这对于我国企业规模的增大和市场力量的增强是有百害而无一利的。只有明确了反垄断的标准,才能给激烈竞争中的企业提供可靠的成长和扩容预期,从而在合法的框架下实现经济发展和社会整体效益的提升。目前我国《反垄断法》所确立的"可能限制竞争"标准及其执法现实说明,这一标准为行政权力的膨胀创造了空间。可口可乐并购汇源案所引发的争议,应当引起立法者和执法者的反思,立法层面的标准模糊问题和执法层面的不透明、论证不充分问题,如果不及早解决,不仅将导致今后争议的不断增加,还将对我国整个国民经济的发展和广大消费者利益的增加形成巨大的阻碍。只有在上述两个层面的问题都有所解决的基础上,反垄断法所规定的公共利益原则才能发挥其用武之地,并在合法且公认的范围内实现对诸如民族品牌、投资和产业政策等社会整体利益的维护。

On the Benefit Distribution Evaluation of the Antitrust Review in the Mergers and Acquisitions in China: Legal Consideration on Coca-Cola Huiyuan Case of Mergers and Acquisitions

Zhou Liang　Zheng Wenjie

(School of Law, Nanjing University, Nanjing 210093)

Abstract: The closely watched and controversial Coca-Cola Huiyuan case of mergers and acquisitions is the first case that was rejected by the Ministry of Commerce since the implementation of China's "Antimonopoly Law". This thesis proceeds from this case, carries on in-depth thinking on the native brands, investment and industrial policies, the review process, the relevant market definition, transmission effect and other related issues involved, study the value orientation, the due process, the relevant market definition, anti-competition effect analysis involved in the antitrust review of mergers and acquisitions, evaluates and analyses the Guide on the Relevant Market Definition "(draft), "Interim Measures for the Operator to Focus the Review" (Exposure Draft) and other three related matching regulations, which the Ministry of Commerce recently released for public comment as well as the relavent laws and regulations in the Antimonopoly Law, and propose to transform the law enforcement in the anti-trust review of the mergers and acquisitions, of which the review standard ambiguity that exists at legislative level needs resolving first.

Key words: Public Interest, Due Process, The Relevant Market Definition, Review Standard, Evaluation on the Benefit Distribution

我国反垄断法豁免的程序控制模式研究

——事先控制，抑或事后控制？

钟 刚[*]

摘 要：就一般意义而言，反垄断法豁免就意味着特定领域的行为或者特定类型的行为能够排除国内反垄断法的适用，它是反垄断法的重要内容，其具体实施对于反垄断法立法目的和价值追求的实现具有重大现实意义。在分析反垄断法豁免控制模式的具体选择时，区分法定豁免和酌定豁免这两个类别，是构建反垄断法豁免控制体系的前提。对于反垄断法豁免的控制模式而言，我国也应该以事后控制模式为主，以预先审查的事先控制模式为辅，这将更符合我国对反垄断法豁免的控制要求。

关键词：反垄断法　法定豁免　酌定豁免　控制模式

---

[*] 钟刚（1978— ），男，江西萍乡人，华东政法大学法学博士。

基金项目：上海市重点学科第三期—经济法学项目（S30902）建设成果，上海市高校选拔培养优秀青年教师科研专项基金资助项目"反垄断法豁免制度化研究"（HZF08017）阶段性成果，华东政法大学科研项目"竞争法的生态化研究"阶段性成果。

立法的发展呼吁着实践操作的规范和进步。在反垄断法的立法中，任何国家都不能回避反垄断法适用及其范围的问题，作为适用范围所对应的豁免就凸显出其重要性。反垄断法豁免制度是反垄断法的当然组成部分，其设计、取舍和把握也成为各国反垄断立法和具体执行必须面对和必须解决的难题。客观地说，反垄断法豁免的具体实施对于反垄断法立法目的和价值追求的实现也具有重大现实意义。只有完整的制度安排才具有可操作性，缺少豁免制度，或者豁免制度被滥用，反垄断法的实施都将难以进行，其立法宗旨将难以实现。由此，如何构建、运行和控制反垄断法豁免，将极为重要。

一、我国反垄断法豁免[①]的基本类别：法定豁免与酌定豁免

（一）豁免的客观存在

原则上说，竞争法或竞争政策应该适用所有的经济行为、主体或部门，但由于社会、经济和政治原因，实践中存在诸多豁免的情形。"没有任何竞争政策完全建立在不惜以任何代价维持竞争的基础之上。"[②] 从另一个角度看，豁免并不意味着竞争规则的弱化，实际上，这些场合它们更能体现竞争法及竞争政策其他的具体适用目标。

例如，几乎所有的反垄断法都严格禁止竞争者之间的横向价格协议，因为他们试图弱化竞争。然而，不同情形中非价格的横

---

① 本文除另有注明外，对于具体行业或者行为类型或者具体行为，从反垄断法的适用中排除出去或者说可以在同样的法律下得到不同的处理结果，统一称为"豁免"（Exemption）。

② 程卫东主编：《中国竞争法立法探要——欧盟对我们的启示》，社会科学文献出版社2006年版，第105页。

向协议并不必然有相同的消极影响，反而会由于促进产品标准化而提高质量和促进知识的创新发展，从而实现公共利益，同时，消费者也有着更好的选择，这时立法者就必然会考虑豁免。

我们必须正视反垄断法豁免的客观存在。对这种豁免及其控制模式的分析是十分有意义的，有助于正确界定不同国家反垄断法的适用范围，也能够为处于制定或修订反垄断法阶段的国家提供帮助，当然，也希望能为我国《反垄断法》的完善和适用提供有意义的参考。根据豁免产生阶段的不同，我们可以将反垄断法豁免分为两个类别即法定豁免和酌定豁免来进行分析。

（二）法定豁免

法定豁免是指，在包括反垄断法和相关产业管制法在内的法律中，明确而直接地表达出来的或者能够直接推断出，对特定主体的特定行为授予以该法律认可的豁免。典型的法定豁免一般是通过立法或者条例确立或认可豁免的形式出现。[1] 酌定豁免则往往出现在反垄断法的实践适用过程中，是由国家反垄断法执法机构以行政执法方式，或司法机构以法官的判决方式而动态产生的豁免。[2]

一般而言，法定豁免可以通过以下两种立法技术来实现。其一，确定性条款，即在法律条文中直接明确规定具体的豁免。这种例子最为普遍，如日本对行使无形财产权行为的豁免规定；又

---

[1] WTO, Exception, Exemptions, and Exclusions Contained in Members' National Competition Legislation, document WT/WGTCP/W/172 (2001).

[2] 在国内相关教材中，有类似的定义如"法定豁免"和"裁量豁免"，如符启林主编：《经济法学》，中国政法大学出版社2005年版，第395页。需要注明的是，本文的类型与其有显著的不同，该教材仅限于滥用市场支配地位和具体限制竞争协议的分类，而本文的分类则基于前注[1]中的"豁免"概念，从整体上对豁免体系构建提供分析框架，而且对"法定"的理解也有不同。

如我国反垄断法第55条规定，"经营者依照有关知识产权的法律、行政法规规定行使知识产权的行为，不适用本法"。其二，强制性条款，即在具体法律中国家强制要求实施某种行为，即便该法并未直接提及反垄断法，但显然该行为将不在反垄断法的适用范围之内，典型的例子就是要求某技术产品必须配售安全装置，该安全装置的配售就不属于非法搭售，消费者不能拒绝。如韩国《规制垄断与公平交易法》第58条规定，"本法规定不适用于经营者或者经营者组织按照其他法律或者该法律的指令行使的正当的行为"。①

无论采取何种立法技术，该豁免的范围必须首先依据法律的条文来确定。但实际上，这种法律规定的豁免可能也同样存在模糊性，因为这种豁免必须依据法律条文来进行确定，而许多反垄断法的法律条文本身就具有模糊性和不确定性。法律条文的不确定性导致法定豁免也存在模糊性的结果，在这种情况下，即便是法律直接规定，也实际上可以作为酌定豁免对待。实际上，即使法律条文非常清晰、内容非常确定，在豁免实施时，执法机构的自由裁量权仍然是客观存在的，从这个角度看，即便是法定豁免，仍然存在酌定的因素，最终的结论是：豁免都是具有相对性的，法定豁免也是需要进行适当程序控制的。

（三）酌定豁免

酌定豁免，一般都是指在反垄断法和相关产业管制法没有明确而直接的对某些行为予以法律上的豁免，而由行政或司法机关依照一定原则认可的反垄断法豁免。在竞争法中酌定豁免一般体现为一个授权性条款。即具体法律没有直接规定对反垄断法的豁免，但授权给具体机构可以按照一定条件批准一定行为，从而该

---

① 时建中：《反垄断法——法典释评与学理探源》，中国人民大学出版社2008年版，第190页。

机构在适当的履行了审查义务和注意义务后,能够实质上授予反垄断法的豁免。

我国《反垄断法》第15条和第28条都是授权给反垄断法执法机关可以遵循法定的条件来豁免一定的垄断协议行为和经营者集中行为。对于酌定豁免而言,为避免其沦为规避法律的工具和滥用裁量权的对象,我们也非常有必要对其程序进行有效的控制。

(四) 小结

对于具体的反垄断法豁免,各国基于不同的选择而实施不同的程序控制模式。这种控制模式有时候是依赖于具体的豁免类型而存在,例如酌定豁免中的企业合并就采用事先控制模式为主。有时候则依赖于各国的行政控制模式或司法控制模式的选择而存在,如司法控制模式下,被动启动是反垄断法豁免的基本特点,这时的豁免规则往往就呈现出事后控制的特征。总体来看,反垄断法豁免的控制模式主要是两种:事先控制模式和事后控制模式,那么,我国的法定豁免和酌定豁免类型又应该如何选择程序上的控制模式呢?欧共体的做法给我们提供了一个有利的参照系。

二、以1/2003号条例为界:反垄断法豁免授予程序在欧共体的演变

在抽象的法律规范与现实的案件之间存在着实际上的距离,这必须由有效的选择程序来进行弥合。随着欧共体竞争法1962年第17号条例(简称为17/62号条例)的废除和2003年第1号条例(简称为1/2003号条例)的实施,① 欧共体竞争法中反垄

---

① Regulation No. 17——First regulation implementing Article [81] and [82] of the Treaty as amended by Regulation (EC) No. 1216/1999 of 10th June 1999 [OJ1999, No. L148/5]. 现在已经为2002年欧共体理事会制定的1/2003号条例所取代,即《关于执行条约第81条和82条中有关竞争规则的1/2003号条例》。

断法豁免的程序控制模式,已经由事先控制向事后控制过渡,这也正是通过程序选择实现具体规则变化的典型例证。

1/2003号条例颁布前,欧共体委员会承担着协调各成员国之间经济行为及公正执法的责任,为保证有一个统一的执行标准,17/62号条例第9条第1款和第3款仅赋予欧共体委员会专享关于条约第81条第1款和第3款的豁免审批权,各成员国的主管部门只能依据本国法律来协调条约第81条和第82条以外的企业行为。①

在17/62号条例下,欧共体委员会是通过具体申报系统的运作来行使豁免审批权的②,该申报系统是依据17/62号条例建立的。在实施初期,欧共体委员会不受时间限制,根据自己的进度对提出申报的协议进行审查,并可以优先审查其认为相对重要的申报;而一旦申报得到批准,除欧共体委员会特别通告的,企业获得的豁免将溯及既往至其申报提交之时。而且在申报提交之日到欧共体作出豁免决定之前,企业实施的协议行为将免受罚款处罚。

20世纪90年代后,17/62号条例下的豁免申报系统逐渐暴露出了问题,欧共体委员会能够根据条约第81条第3款作出的正式豁免决议很少,只有不到每年所处理案件总数的10%能够得到最终的正式决议,并且作出每项正式决议都需要很长的时间。比如1998年欧共体委员会的年度报告中称在当年作出的11项正式决议中,最短的花费2年多,而最长的用了8年,平均用

---

① 戴雪晴:《欧共体竞争法执行的分散趋势》,载朱卫国主编:《群星闪耀欧洲》,法律出版社2003年版,第68-69页。

② W. Wils, Notification, Clearance and Exemption in EC Competition Law, (1999) 24 Eur. LR 139.

时则达到 4 年零 10 个月。①

　　这种情况的出现存在着不同的原因。对于执法者（包括法官）而言，反垄断法豁免案件②都存在一定的特殊性。执法者在按照法律规定的条件进行适用时，需要与政策性问题进行平衡，不仅涉及当事人的经济利益和相关市场的商业运作，还涉及执法者可能不太熟悉的更大范围的社会问题。对于企业而言，豁免申请时填报表格相当繁琐，难以迅速完成并满足现实商业需求，因为在填报之前，还需要事先完成所涉成员国竞争法规定的具体申报；填表时也要求在附件中分析市场情况，不仅数据要求准确，申请豁免的理由要求充分，而且一旦内容失实，不考虑主观过失都可能要受到罚款处罚。另外，个别豁免是有期限并有附加条件和义务的，甚至在市场情况变化时会随时撤销豁免，这对于企业而言是极度缺乏安全感的。而且从企业角度来看，申报豁免时欧共体委员会会提出许多问题，这可能会使其违法行为暴露出来，产生自投罗网的结果。③

　　实际上，欧共体委员会也在实践中尝试使用"宽慰信"（comfort letter）作为替代性机制。其通过向企业发送所谓"宽慰信"，告知其目前不会处理企业提出的否认违法的申请或者请求豁免的申报，但必要时，欧共体委员会仍然可能作出正式决议，即保留对申报作出决议的权力。作为宽慰性质的申明，该通知并不具有法律上的拘束力。其带来的消极后果就是使得企业不得不处于一种法律上不稳定的状态，虽然暂时避免了罚款的制裁，但

---

　　① Maarten Pieter Schinkel, Martin Carree and Andrea Gunster: An Empirical Analysis of Commission Decisions and their Appeals Histories, 1964-2001, Preliminary version for EARIE 2004, Berlin. p. 8.

　　② 此处"案件"一词不限于进入司法程序的案件，泛指各种涉及公权力的案例。

　　③ 邵景春：《欧洲联盟的法律与制度》，人民法院出版社 1999 年版，第 452-453 页。

也不能明确享受法律豁免的好处。① 豁免制度所能提供的法律上的稳定性和当事人的安全感，宽慰信都无法做到。

这些情况所产生的最终结果是，2002年欧共体理事会制定了《关于执行条约第81条和82条中有关竞争规则的1/2003号条例》，并于2004年5月1日生效从而取代了17/62号条例。② 条例第10条授予欧共体委员会可依职权主动通过决议形式宣布条约第81条和第82条不适用的权力，也取代了17/62号条例第9条授予其批准个别豁免的权力；同时，第10条也提到欧共体委员会可以决议条约第81条不予以适用的原因包括：不符合条约第81条第1款规定的条件或符合条约第81条第3款规定的条件。根据1/2003号条例规定，欧共体委员会不再需要处理个别豁免申报，③ 但获得了对违反条约第81条第3款的特殊协议中已经存在的集体豁免的撤销权，其竞争部门调查的工作重心转移至特定的市场区域和协议类型。④

概括来说，17/62号条例确立的是预先通知和预先审查基础上的事先控制模式为主的豁免制度，但随着成员国的不断增加，处理通知的负担增大后，欧共体委员会的能力和资源明显不够，

---

① 王晓晔：《欧共体竞争法》，中国法制出版社2001年版，第394页。

② Council Regulation (EC) No. 1/2003 of 16 December 2002 on the implementation of the rules on competition laid down in Articles 81 and 82 of the Treaty，见欧共体公报 Offical Journal L1，4.1.2003.

③ 1/2003号条例第34条第1款载明自其生效之日（2004年5月1日）起，所有已存在的个别豁免申报和申请都将失效，也即不再受理个别豁免申报和申请。但是业已存在的个别豁免并不会自动失效，在其规定的期限届满后才会失效，因为第34条第2款规定，任何已经依据17/62号条例以及其他特定集体豁免而采取的程序性步骤会继续生效。

④ 1/2003号条例第17条就规定了其对各经济部门的调查权和对跨部门之间特殊协议的讯问权。

且通知处理程序繁杂费时,企业相关利益在豁免之前一直处于不确定状态,损害了法律的确定性。而后者即 2003 年第 1 号条例则对豁免制度作出修改而确立了事后控制制度,欧共体委员会调查权力增加、调查责任加重,但处理通知的负担减轻。①

在豁免制度领域,事先控制机制向事后控制机制过渡的直接表现,就是预先通知和审查步骤的取消。符合条件的直接适用豁免,集体豁免名存实亡,个别豁免的审查仍然存在,但不是采取预先审查的程序,而是在有关当事人提出申诉或委员会自己启动的调查程序过程中,对个别协议是否属于法律所许可的豁免情形进行事后审查。这种演变的原因之一就在于执法机构执法效率的因素,目的是适应实践的需求,寻求成本的降低和事后效率的实现。但需要注意的是,欧共体特殊之处在于其区域太广,行政执法负担太重且成本相对较高。我国在这方面尽管同样存在行政成本,但不会太高,也不应成为豁免运行的约束性因素。下面,我们可以从具体的制约因素来对两种模式进行分析。

三、预先审查机制缺省情况下的事后控制模式

如果预先审查机制缺位,对反垄断法豁免的执行将通过事后控制程序得到实现。我们可以假设这样一种情况,一个行为者正计划实施可能违反实体法的行为。如果行为者确定地知道自己的行为违反实体法,也知道违反法律会受到审查、起诉和其他的处罚,那么在没有其他社会成本的情况下,只要使行为者的处罚成本超出了其行为的预期利益,事后控制模式就能够得到完美运

---

① 如增设寻求法院令的规定,增加搜查权,提高罚款数额等。See. Wouter P. J. Wils: The Optimal Enforcement of EC Antitrust Law, 2002 Kluwer Law International, p. 105.

作。假设行为者确定自己行为合法，则其未来收益仅仅由其行为的期待利益构成，只要期待利益是正数，行为者就会实施该行为。假设确认会违法或需要获取豁免，行为者未来的收益就等于期待利益减去其遭受处罚或获取豁免的成本。如果成本更大，他将不会实施这个行为，对实体法律的遵守将被完美保障。当然，对行为的事后控制在实践中并不会如此简单，以上每一种情况都只能反映一个可能的状态。

在没有预先审查的情况下，反垄断法豁免的事后控制模式将受到以下因素的制约。

（一）被授予豁免的可能性

在行为者获取豁免的成本不超过其行为预期的收益即豁免的益处时，行为者考虑的第一个关键因素就是授予豁免的可能性，如果具体行为的豁免可能性较小而且肯定违反实体法，行为者不会尝试进行。只有当违反实体法律的具体行为非常有利于行为者，而政治或文化因素也限制了其他可能的选择如降低违法处罚时，被授予豁免的需求就相应产生，豁免可能性才会增加。例如，对于具体决策者的刑罚或者其他刑事处分，在美国反托拉斯法中扮演着重要的角色，但是在欧共体却遭到冷遇，重要的原因就是因为触犯反托拉斯法在欧共体公众看来并不是一个非常严重的罪行，不需要予以这样的处分。成员国普遍抵制刑事氛围下的共同体竞争。① 在美国的经营者寻求豁免的动力就会大于欧共体市场中的经营者。

（二）事后控制的成本

第二个因素是确认是否违法、是否豁免或处罚等法律进程的程序成本，甚至还有执行处罚的成本。是否违法、是否豁免，可

---

① See W. P. J. Wils, E. C. Competition Fines: To Deter or Not to Deter (1995) 15 Yearbook of European Law 17, 44-46.

由一个行政机构认定，通过行政程序（接下来也会有法庭审理）启动，也可以通过一个公诉机构或者一个利益相关的社会团体启动，认定和处罚的过程不可能是无成本的，执行处罚也是有成本的，特别是非金钱的处罚。考虑到这些成本，最好的控制策略可能就是不对每一个违法都予以处罚，而是仅对一部分违法进行处罚，对另一部分根据一定的原则予以豁免，放弃更高的处罚率、降低执行的成本。实际上，如果采取事后控制方式，违法成本不仅必须高于期待利益，而且要高于惩罚可能带来的成倍利益。

（三）豁免决定的误差问题

第三个因素是与事后行政或司法决定相关的系列误差问题。误差可能以下方式出现：违反法律和豁免原理的行为被错误豁免而没有被处罚，或者应该被豁免的行为被错误地予以违法的处罚。不管这种法律错误的性质是系统性错误还是由于路径偏好或者其他情况，其直接的后果是行为者的违法行为因为豁免继续，而本应豁免的行为却被归于无效。而影响的严重性，则依赖于不应豁免的行为所造成的伤害程度以及本应豁免的行为所带来的利益的大小——不仅对于行为者而且对于社会大众。如果错误不是系统性错误而是不可预测的，那么，这种不确定性将给相关行为者带来风险。这个因素到底有多重要，除了不确定的程度，还依赖于行为者承担风险的能力以及所涉及利益的大小。

（四）寻找执法依据的难度

作为第四个因素，这与错误因素有所区别，实际上也就是发现执法依据的困难程度。行为者可以隐藏自己以逃避检查或者很难被发现问题，所以客观上不可能发现全部执法依据，仅仅能获取一部分就不错了；获得执法依据也存在着成本，也跟以上讨论的因素一样可能产生消极影响。由此，明显的结果就是豁免的执法将会遭到限制。在这个意义上说，执法依据的获取难度是影响豁免执行的重要因素之一。

(五) 行为者对相关信息的掌握程度

第五个因素实质上就是行为者决定采取涉嫌违法的行为时必须面对的不确定性,对于其行为在事后是否会被检查并确定为违法或可豁免的不确定性。这种不确定性可能归因于法律本身的不确定性,如拥有多大的市场力量才是限制竞争的表现?也可能归功于相关事实的不确定性,例如企业事实上拥有多大的市场力量或在具体时间点上有多大的市场力量?即便行为者是个敢于承担高风险的人,这种不确定性也会给他增加一些风险承担成本。在这个意义上说,不确定性是始终跟随着行为者的,他也可以改变决定,实施可能被豁免的行动或者放弃可能不会被豁免的行为。

四、通过事先预审的事先控制模式

如果通过预先审查而对经营者的行为实施事先控制,所有以上事后控制机制所产生的问题原则上都是可以避免的,也就是说,让行为者事先知道其未来行为合法性及豁免与否,可以避免以上因素的消极影响。当然,必须的前提之一是反垄断机构没有作出错误的预审决定,能够在这些即将实施的行为中鉴别出哪些可以豁免和哪些不能豁免。进一步而言,如果能满足以下条件:预审程序没有社会成本而且迅捷及时,豁免决定是最终决定并且具有约束力,能被行为者遵守,并一次性解决掉关于该垄断行为合法性的所有问题,那么通过事先预审的豁免机制将是一个完美的机制。但在现实环境下,事先控制模式也存在着以下问题:

(一) 豁免决策机构缺乏信息

决策机构通过预审形式作出豁免决定很难避免错误的出现,因为与事后审查机制相比,采取预审机制的程序存在一个系统性问题，就是作出豁免决定的决策机构无法利用行为本身的信息。① 很显然，如果是事后才判断是否作出豁免决定，决策机构会拥有更多的信息。决定某个已完成的行为是否能够豁免，要比认定未作出的行为是否豁免更容易获得信息。

当然，我们可以尝试这样一种思路，就是允许事先豁免的行为仍然在事后进行检验，并且允许被拒绝豁免的行为者仍然可以在冒险实施其行为后，通过直接起诉或参与诉讼获得机会，但这种解决方法同样回到了通过事后控制机制的豁免决策所面对的问题上来。

（二）社会成本

豁免运行过程所产生的社会成本，主要包括行为者所产生的成本、决定机关的成本以及其他第三方的成本。事先控制模式的豁免社会成本一般要比事后控制模式的社会成本更低，这主要有几个原因。其一，就像前面所指出的一样，事后决策能得到更多信息，但这也会使得行政或司法程序更漫长而复杂，当然成本也就更高。其二，事后控制程序的风险也会更高。在事先豁免程序中，行为者有从其即将冒险采取的行动获取利益的预期，而在事后程序，他的风险就只在于如何避免要施加给他的惩罚，② 行为者有更大的动力抗拒执法从而获取豁免。其三，通过豁免程序中的预先审查，决定机关更容易避免过多的法律问题争论或者说技术争论，即通过给予特定的最终期限的程序规则进行限制，因为

---

① W. Landes and R. Posner, The Economics of Anticipatory Adjudication, (1994) 23 Journal of Legal Studies, p. 690.

② 正如我们在所有的处罚中谈到成本收益一样，在设定惩罚的时候，这个惩罚（对于行为者而言的违法成本）至少必须超出其所获的利益，才能够真正有效的对行为者形成威慑。

事先豁免在程序上往往会比事后调查认定要更快些。[①]

当然，这种低社会成本也是相对的，是建立在案件数量相当的基础上的。换句话说，就单独一个豁免案件，预先审查看起来要比事后审查成本更低，但是事后审查的豁免执行仅需集中在特定的豁免案件上，而事先豁免的预先审查却往往是建立在大量案件审查的基础之上。由此，通过预先审查事先作出豁免决定需要更快的决策速度。如果事先审查延迟或阻碍了行为者的预期行为，该行为的价值将减少，有时候甚至完全消失。当然，执法机构可以强调这个问题，从而在事先程序中不作决定，允许行为者采取行动，例如，欧共体竞争法执行中出现的"宽慰信"，但这显然又将问题推到了事后豁免审查程序中，又同样产生了相应的问题。

（三）事先豁免决定的性质及约束力

实际上，要避免事后豁免执行的不足之处而采用事先控制，需要事先豁免决定有约束力和终局性，行为者都受其约束，也就是，豁免请求被拒绝的行为者不再作出行为，当然行为者也有自由继续或不继续已经被同意豁免的行为，只有这样，才能一次性解决该行为获取豁免的所有问题。

事先豁免机制普遍需要一些其他的方式如强制性申报或事后的诉讼机制对其进行修正。特别需要提到的就是强制性申报制度，确保所有涉及豁免与否的预期行为，特别是那些最有可能被证明能够豁免的，如包含在集体豁免条例中的具体协议，被要求事先进行申报。即便对于纯粹的事后执行而言，允许进行实体法层面的事先审查，也会减少成本和不确定性，并且减少误差，但不管是事后控制还是事先控制，都面临着共同的问题：由于行为

[①] S. Shavell, The Fundamental Divergence between the Private and the Social Motive to Use the Legal System, (1997) 26 Journal of Legal Studies 575, pp. 608-611.

隐蔽性强而导致调查取证困难。

五、我国反垄断法豁免的控制模式选择

(一) 控制模式选择的考虑因素

我们对事后控制和事先控制模式在实践中可能遇到的问题在前面进行了讨论,在这个基础上,我们可以从以下四个方面来分析哪种豁免控制模式更适合我国现有既定的实体法。[1]

1. 控制的有效性。行为者违法的收益越大,事后控制就越困难,成本就越高,越要求进行事先的审查和控制,而不是简单的政治或文化限制,也不是事后普通的、可行的金钱惩罚。这时,通过预先审查对豁免与否进行事先控制,就是较合理的解决办法,至少通过强制申报机制可以实现部分目标。

2. 行为者和审查机构对预期行为是否会被豁免的相关认知程度。显然,行为者对具体法律的认识往往是有限的,而且也很难通过法律咨询或者公共信息的获取来得到豁免与否的答案,而对于事先控制的预先审查机构而言,得出豁免结论则相对容易。当然,在事后控制中主管机构可以获得已经发生的活动所产生的信息,而事先预审机构却很难获得预期行为的必要的事实信息。

3. 风险承担成本。从事经济活动的行为者会本能地回避风险,但在事后控制模式中,行为者在行为前却无法充分确定他的预期行为是否会获得豁免,这种风险成本也很难得到确定。而且,事后执行也会将风险承担成本强行施加给行为者,成本的大小将依赖于不确定性的程度、行为者对行为的期待利益的大小、

---

[1] S. Shavell, The Optimal Structure of Law Enforcement, (1993) 36 Journal of Law and Economics, pp. 261-265.

可能受到惩罚的大小、行为者风险承担的心理承受能力，等等。

4. 个案控制与整体控制的成本。就像以上所分析的，单个预期行为的预审成本要低于单个事后审查程序的成本，但是预先审查意味着要检查非常大量的案件。这个数字会有多少，将决定着主管机构在控制豁免时的整体成本，当然，这种整体控制的成本也将取决于有多少预期行为会在预审机制缺位时具体实施并成为事后控制程序的审查对象，即此类型预期行为的具体数量。①

我们在选择豁免的控制模式时，最简单的做法就是在事先控制模式和事后控制模式两者中选择其一，但显然根据上面的分析，两者都是有缺陷的，由此我们需要讨论，是否两者进行部分结合是最理想的，如果这是可能的，那么两者如何结合呢？

（二）事后控制为主、事先控制为辅的模式选择

1. 以豁免具体类别为基础的控制模式选择

本文认为，以事后控制模式为主，以预先审查的事先控制模式为辅，是更符合豁免控制要求，同时也更符合我国实践需求的模式。法定豁免可以采取事后控制模式，而酌定豁免则可以考虑两者的结合模式，具体来说，我们可以通过考虑风险负担的不同或者法律知识的不同，鉴别哪一种行为或行为者的豁免需要预先审查，从而决定哪些必须预先审查，哪些可以选择性预审。② 也就是包括两部分内容：一部分强制性预先审查，决定权在立法机关和执法机关，另一部分则是自愿性或者说选择性预先审查，决定权在行为当事人。

---

① 换句话说，没有事先审查但却被事后审查的行为，在事先审查的案件数量中到底占据多大比例，这是两种控制模式的成本比较的重要数据之一。

② 决定哪种行为类型需要强制性的预先审查，一般而言是考虑特定的原因，如合并控制过程中的强制性申报，在本文中不作过多论述，重点放在分析自愿选择预先审查获取豁免的问题。

根据我国现有反垄断法规定,本文认为,在酌定豁免中,对我国"经营者集中"显然采取强制性事先预审的机制,而垄断协议豁免则应将预先审查的选择权交给当事人,但无论如何都可一律适用事后控制机制,而法定豁免则无所谓选择性的事先审查,直接采取事后控制。

2. 垄断协议豁免的选择性预先审查之利弊及其结论

关于垄断协议豁免,我们重点来看选择性预先审查,它是指根据行为者的选择决定是否预先审查,即在事后控制豁免的同时也提供预先审查的选择权,交给行为者选择是否为其预期行为提交豁免的预审,这种机制可以允许部分的自主选择,由行为者选择对其最有用的预先审查,特别是那些最害怕承担风险或者不太了解法律的人。

但自愿性的选择性预审也存在着特定的问题,第一个问题就是公共成本和私人成本的差异。行为者在考虑是否提交预审申请时,仅仅会考虑个人承担的成本。如果预审对行为者是免费的,成本将由国家承担,在行为者需要承担事后控制程序中的实质成本时,他的选择将自然偏向选择事先审查。第二个更重要的问题是行为者将努力利用提供的选择,以便获取豁免从而逃避可能的处罚。一方面,对于确定的或者可能会获取豁免的,例如因为被察觉和取证的可能性很低,行为者将没有理由要求事先审查。在另一方面,行为者要求预先审查也不会失去任何东西,至少如果不需支付预先审查费用的话,他会决定冒险提交豁免申请,要求进行预先审查,因为他们将有机会事先获得豁免:或者由于凑巧和幸运,或者由于预审机构没有充分的信息事先对行为进行正确的评估。

那么,在肯定两种豁免模式相结合,肯定事先审查对事后控制的补充,肯定强制性预审和自愿性选择预审并存的情况下,如何针对自愿性选择预先审查进行控制呢?本文认为,可以从以下三个方面进行弥补。

第一个方面,针对行为者而言,我们可以要求行为者承担预先审查程序的具体费用,从而增加其成本,慎重对待预审申请。

第二个方面,针对执法机关而言,我们必须要求预审机关谨慎处理每一个具体的事先豁免请求,或至少给予这些豁免请求一定的行政执法优先权,以便努力鉴别哪些豁免请求仅是与行为者利益有关的,哪些是与公共利益相关的。如果该预审机关也承担事后控制的责任,那么也需要谨慎避免所有资源都被预审消耗掉,从而无法去针对利益最复杂、影响最广、不会自愿事先申请豁免的垄断案件进行事后检查和公诉。

第三个方面,针对豁免决定本身而言,我们可以限制事先豁免决定的权威性。实质上,终极性措施就是根据最终的行为性质来剥夺事先的豁免决定,从而给豁免的事后控制或诉讼留下余地和空间。

但如果削弱"豁免决定"的权威,使其不能排除以后的调整或诉讼,极端地来看,事先豁免决定也就丧失了法律权威性,而只限于给缺乏知识的当事人提供法律意见而已,这样的预先审查机制,就等于"法律建议"的公共供应机制,在行为者法律知识不足以及私人法律建议不太满意和不可行时发挥作用。宽容考虑的话,豁免决定限制了事后公诉或诉讼的可能性,但并没有完全排除诉讼,或者说,尽管豁免决定不是最终决定,也还是有一定法律权威性和法律价值的。

由此,这种调和式的解决方法,既可以节约事后控制成本、减少对行为者而言的不确定性,同时也减少了有问题的行为被错误豁免的情况,特别是当审查机关只有不完全信息而且行为者故意谋取这种豁免决定时。

我国现有对垄断协议豁免的规定显然存在缺陷,没有考虑经营者的事先审查选择权,忽视了我国目前阶段的经营者往往是缺乏反垄断法知识和信息的,而没有欧共体现有的发达竞争文化和竞争执法环境。

详细来看,我国《反垄断法》第15条明确规定了七种垄断协议豁免的情形;然而,对于豁免的程序问题,该条仅仅规定了经营者的举证义务,即"经营者能够证明达成的协议属于下列情形之一的",以及第1项到第5项的"经营者还应当证明所达成的协议不会严重限制相关市场的竞争,并且能够使消费者分享由此产生的利益。"除此之外没有其他程序规则。

那么,针对垄断协议的豁免程序,是由经营者主动申请而事先启动,还是在事后执法机构查处涉嫌违法的垄断协议或被诉至法院而事后启动呢?法律条文语焉不详并没有直接给出答案。

与我国反垄断法规定形成鲜明对比的是,在其他国家或地区的反垄断法中都有较为完善周延的程序性规定,联合国贸易和发展会议和我国台湾地区设计的程序规则就具有借鉴价值。① 联合国贸易和发展会议提供的《竞争法范本》针对限制竞争协议的豁免在第三章中规定,限制性协议或安排"若事先妥为申报,且系由受有效竞争支配的企业所为,经竞争主管官员认定协议在整体上将会产生净公共利益时,可予以批准或豁免"。我国台湾地区"公平交易法"第14条明确规定,联合行为"有益于整体经济与公共利益,经申请中央主管机关许可者,不在此限";第16条则针对许可的撤销、变更明确规定,"联合行为经许可后,如因许可事由消灭、经济情况变更或事业逾越许可之范围行为者,中央主管机关得废止许可、变更许可内容、命令停止、改正其行为或采取必要更正措施"。

总之,我国现行《反垄断法》第15条的规定,是不符合并难以满足我国反垄断法实施客观需求的,考虑现有社会公众较弱的竞争法知识以及不甚发达的竞争执法,本文建议,应该进一步

---

① 时建中:《试评我国反垄断法草案有关垄断协议的规定》,载《中国工商管理研究》2007年第6期,第34页。

规定垄断协议豁免的授予程序，并赋予经营者启动预先审查的自由选择权，逐步提升反垄断法机构的执法水平，在时机成熟后再像欧共体一样完全过渡到统一的事后控制，从而实现反垄断法豁免程序的良好运行。

On the Control Mechanism of Exemption of Anti-monopoly Law in China

Zhong Gang

(East China University of Political Science and Law, Shanghai 200042)

Abstract: The exemption from the antimonopoly law in general means that activities in given areas or conducts of certain categories can be excluded from the application of national competition law. It is the basic and essential part of the anti-monopoly law, and its implement has a great practical significance to the realization of legislative objectives of the anti-monopoly laws. Confirming the differences of statutory exemption and discretionary exemption is the analysis's basis of control mechanism. It is rational to establish an ex ante control pattern as a complement to expost pattern, then meet the requirement of exemptions' control of Anti-monopoly law in China.

Key words: Anti-monopoly Law, Statutory Exemption, Discretionary Exemption, Control Mechanism.

企业社会责任与法

公司社会责任法治化研究[*]

颜运秋[**] 彭 敏

摘 要:公司社会责任最初体现于人们的伦理道德层面的认识之中,而公司社会责任相关理论与实践从肇始至今都体现为道德责任向法律责任的过渡,这一过程为公司社会责任的法治化进程,国内外的相关实践所证明。就我国而言,新颁布的公司法对公司社会责任作了原则性的规定,但这只是公司社会责任法治化的开始,需要对国外立法和司法实践进行评析和借鉴。公司社会责任在法律上的准确定位与整合法律资源,从立法的角度为公司社会责任的法治化提供有力支撑,从公司利益相关者的权益出发落实公司社会责任保障制度以及完善救济途径都是进一步推行公司社会责任法治化

---

* 本文系作者主持的司法部 2008—2010 年度国家法治与法学理论研究项目《经济法实施机制研究》(08SFB2044) 的阶段性成果。

** 颜运秋(1968—),男,湖南攸县人,南京大学法学院博士后流动站研究人员,中南大学法学院教授、博士生导师。

的必要选择。

关键词：公司社会责任　法治化　公司法　利益相关者

对我国而言，公司社会责任是"舶来品"，有关方面对公司社会责任问题在观念和制度方面均准备不足，如我国《公司法》中涉及公司社会责任的条文并不多，并且规定得较为原则。这些规定对公司社会责任的落实难以起到全面的指导和规制作用。所以，对公司社会责任提出法治化的要求是审时度势的，是符合法理、顺应和谐理念并有利于促进公司良性发展的。本文立足于公司社会责任法治化的"静动结合"，"静"体现在分析国内外公司社会责任法治化的进程，"动"则探索进一步推行我国公司社会责任法治化的路径。

一、公司社会责任法治化的正当性

在对公司社会责任进行探讨的初期，多数学者认为公司的社会责任是道德层面上的问题，因为当时并无关于社会责任的立法，公司履行社会责任只是尽道义上的义务。但随着社会经济的发展，公司对社会、政治、经济、文化的影响逐渐加大，尤其是许多跨国公司的出现和发展，牵涉的利害关系人范围更广，不是单凭道德上的认识就可以解决的，这就产生了对公司社会责任立法与司法实践的必要。事实上，公司社会责任的发展就是伴随着法治化这一进程而实现的。本文提出公司社会责任"法治化"而非"法制化"，原因在于法制注重法律的形式特征，即统一性、普遍性、强制性和可操作性等，与法律的内容和价值取向无必然联系，就公司社会责任理论与实践的演进而言，它不仅仅局限于将道德层面的理解诉诸于法律规制，即通过立法的形式确立强制性的法律规范，而是与公司及公司法的发展理念息息相关，与各国乃至跨国公司社会责任运动或司法实践志同道合，与现代法治的价值目标及实质内容不谋而合。因为法治不仅注重法律的形式特征，更加强调法律的实质内容和价值取向，要求明确区分好法与劣法、善法与恶法，它包括立法、执法、守法、法律实施和法律监督全过程，是一个相互配合全面治理的系统工程。所以，笔者将从公司社会责任法治化的理论依据与必要性、可行性两方面来分析公司社会责任法治化的正当性。

在自由与平等的法理念影响之下，法律对公司的运作与发展持自由放任态度，或者说人们对公司应该履行社会责任尚未形成恰当的认识与定位，以至于公司社会责任并未在法律制度或实践中体现出来，即便出现因经济自由的过度放纵导致垄断的产生，也只限于道德层面的谴责。自然，垄断将限制大多数人的经济自由，不平等境况的显现必然令立法者思索这样的问题：如何平衡自由与平等，才是真正地实现正义？在当代美国哲学家约翰·罗尔斯看来，正义的要义就是要平等地分配各种基本权利和义务，同时尽量平等地分配社会合作所产生的利益和负担，坚持各种职务和地位平等地向所有人开放。公司社会责任法治化便在理论上有所归依，因为就机会的公正平等而言，公司股东与利益相关者的利益应当处于平等的地位，不能以削弱或剥夺职工、消费者、债权人等的利益来全然"成全"股东利益最大化。以此推断，公司社会责任走向法治化的征程在所难免，唯有这样，才能使公司事务得到共同参与，公司权益得到共同分享，公司外部与公司内部实现治理上的调和以及公司维持良性的可持续的发展。正义的法理念作为公司社会责任法治化的理论基础，具体体现在以下三个方面：首先，彰显正义为公司社会责任法治化的价值目标。公司应履行的义务与其享有的权利是对等的，其在社会经济生活中占用的社会资源越多，应该承担的社会责任则相应地增加，不仅要通过经营行为创造社会财富，还要顾及经营行为本身是否造成对其他利害关系者的利益乃至社会整体利益的损害，导致不公平的现象产生。公司社会责任的法治化则要求通过法律强制的方式确定公司对社会所应承担的最低限度的道德义务，将停留在道德层面的"理想"与"追求"实际化——诉诸于立法、司法乃至法治的各个层面,实现实质正义。其次,正义是公司社会责任法治化应遵循的指导方针。正义乃法律精神上进化的观念源头,使自由、民主、平等、人权等价值观念深入人心,而将正义落实到公司社会责任法治化的推行之中就必须平衡各方利益,如确立人力资本的投入者职工参与公司治理的法律制度就能体现机会平等的原则,也符合正义的公平观;明确公司的环境责任就能遏制公司毫无顾忌追求一己利益忽略社会公共利益,从而实现代际公平。最后,正义本身是衡量公司社会责任法治化的标准。正义是法的评价体系,一方面它是法律必须着力弘扬与实现的价值,另一方面它可以成为独立于法之外的价值评判标准。基于这一点,公司社会责任法治化的构建是否合理有效,仍必须以正义这一法的价值来衡量。

在资本主义早期,社会秩序以个人之间由合意所形成的关系为基础,各种关系的发生,均以个人意思为依归,个人的独立主体地位凸显出来。从封建身份枷锁中解脱出来的社会,特别珍视对个人主体意识的呵护,于是产生了以保护个人权利、崇尚个人自由、尊重个人意识自治的以个人为本位的中心观念。与此相呼应,在法律制度的设计上,极度尊重个人财产,坚持所有权绝对的原则。在这个时期,个人利益被作为一种绝对的利益被法律自始至终地推崇和保护着,对个人利益的尊重,就是对社会利益的尊重,因为个人利益和社会利益是一致的,正如亚当·斯密所言,无数自私自利的"经济人"在一只无形的手指挥下,从事着对整个社会有益的经济活动,"并非因为事非出自本意就对社会有害,他追求自己的利益,往往使得在出自本意的情况下更有效地促进社会利益"。① 这种个人权利本位的思想极力保护了个

---

① [英]亚当·斯密:《国民财富的性质和原因的研究》(下卷),郭大力译,商务印书馆1974年版,第25页。

人财产权,刺激了自由竞争,但该思想的泛滥导致了个人谋求私益的欲望膨胀,形成垄断、损害中小竞争者利益、劳资对立等严重后果。就公司而言,股东作为公司的所有者,公司即被视为股东的财产,所以坚持股东本位思想一定程度上便是这种个人权利本位思想在公司领域的映射。19世纪末期,兴起了社会利益理论,这一理论的诞生昭示着个人本位思想向社会本位思想的转变。德国法学家鲁道夫·冯·耶林从法律目的论的角度出发,认为法律并不仅仅只是保护单个个体,法律要在个人与社会间达到一种平衡,"使个人的劳动——无论是体力的劳动还是脑力的劳动——尽可能地对他人有助益,从而也间接地对自己有助益,亦即使每种力量都为人服务"。① 耶林虽看到了个人利益与社会利益的区别,看到了法律对二者的协调作用,但未提及两种利益间的冲突及价值取舍。而20世纪30年代社会学法学的创始人庞德则对社会利益这一问题有了进一步的认识,并提出著名的"社会利益理论",他将把法律秩序所保护的利益划分为三类:个人利益、公共利益和社会利益,而且强调法律的主要任务是明确各利益所处的位阶以尽可能保护最大范围内的社会利益,并采取与保护所有这些利益相一致的行动来实现多种不同利益间的平衡和协调。在利益主体多元化、经济关系复杂化的局势下,各种利益之间的冲突"既有各类社会个体之间的利益冲突,又有社会个体与社会整体之间的利益冲突,而且相互交融,如现代社会中普遍存在的雇主与雇员关系,股份制企业的大股东与小股东的关系,单个消费者与厂商的关系"。② 在公司法领域,公司社会责任的确立无疑能起到平衡和调和各方利益主体之间利益冲突的作

---

① 转引自[美]E·博登海默:《法理学——法律哲学与法律方法》,邓正来译,中国政法大学出版社1999年版,第109页。
② 颜运秋:《论经济法的根本价值取向及其实现》,《法商研究》1999年第4期。

用。公司社会责任的法治化符合社会本位的要求。社会利益包含个人利益,但不是个人利益的简单相加。公司股东在谋求利益最大化时固然创造了社会财富,但股东的趋利性导致其私权恶意扩张,造成对其他利益主体和社会利益的损害,或者与社会目标不协调。对其权利以必要的、最低限度的限制便势在必行。公司社会责任法治化以整和与协调多方利益为主旨,在维护和增进社会利益的基础上更加促进公司的营利,这种良性循环的基点是以公司长远的、可持续的发展为目标的。总而言之,社会本位思想也为公司社会责任的法治化奠定了理论基础。

20世纪30年代,国家干预理论逐步取代亚当·斯密的自由放任理论,凯恩斯就是该理论的集大成者。他认为,近代资本主义市场经济存在两大缺陷:一是分配欠缺公平合理,二是不能提供充分就业,因此他摒弃了传统市场经济理论的自由放任论和自动调节论,承认资本主义市场存在着经济危机、失业和分配不公等弊端。而传统的自由放任和市场自动调节理论,不能解决充分就业和解决经济危机问题,要解决这些问题,就必须加强国家干预和政府调控。市场经济是当今世界各国普遍采用的经济体制,它在运行过程中存在一些难以避免的弊病,如收入与财富分配不公、外部负效应、竞争失败与市场垄断的形成、失业、区域经济不协调、公共产品供给不足以及公共资源过度使用等问题,这些统称为市场失灵。市场失灵为政府进行某种形式的干预提供了空间,在市场经济条件下,国家干预的表现形式不限于行政手段的干预,而注重经济、法律手段对市场主体的间接干预。这种干预不能将市场主体"管死",而是要"适度干预",在公司内部自治与外部干预中把握合适的度,既避免放任自由态度下公司过分追求利润最大化带来的一系列弊端,又防止政府盲目干预使公司陷入"在夹缝中生存"的困境。国家的这种适度干预给公司社会责任法治化提供有利的契机,因为公司社会责任的法治化正是遏制公司私欲的恶意膨胀,以法律强制性地限定公司经营行为的最低底限。具体而言，国家运用反不正当竞争法、反垄断法对公司不正当竞争行为、垄断独占行为加以规制；以自然资源法、环保法等明确该领域内的所有权利，确保公众环境权益得到切实有效的保护；以劳动法、消费者权益保护法等保护利益相关者的权益等。当然，这种国家干预应是适度的干预，也是基于社会本位的适度干预。

2005年10月27日第十届全国人民代表大会常务委员会第十八次会议通过了《中华人民共和国公司法》修改案。新修订的《公司法》第5条明确规定："公司从事经营活动，必须遵守法律、行政法规，遵守社会公德、商业道德，诚实守信，接受政府和社会公众的监督，承担社会责任。"在我国，这是第一次以法律的形式明确提出公司的社会责任问题，可以说它标志着我国公司社会责任法治化的开始。这一规定可谓法律规范中的倡导性规范，虽然有法律的约束力但不具有很明确的操作性。所以我们也必须清醒地认识到，我国《公司法》中规定的公司社会责任，仅仅是法定的公司社会责任的一部分，而非理论中的公司社会责任的全部，亦非法定的公司社会责任的全部。并且，公司社会责任法治化的推进也任重道远。尽管如此，在中国推行公司社会责任法治化仍然具备客观与主观条件，是完全可行的。首先，现代中国经济发展的时代背景为公司社会责任法治化提供了良好的平台。随着中国市场化的改革不断深化特别是加入WTO以后，中国经济正式步入经济全球化，同时，也随着以人为本、构建和谐社会、坚持科学发展观、追求可持续发展理论的深入人心，公司的社会责任运动在我国也逐步开展起来，这些理念与公司社会责任法治化的理论内核恰好不谋而合。正是在这样的社会环境的营造下，公司社会责任的法律规制与法律实践也具备了丰富的社会资源与明确的理论引导。其次，国际的合作和成功经验为我国公司社会责任法治化创造了有利的条件。随着世界性公司社会责任问题的日益重要，各国就公司社会责任的实现开展了一系列的跨国合作，并达成广泛共识。1999年1月在瑞士达沃斯世界经济论坛上，联合国秘书长提出了"全球协议"并在2000年7月在联合国正式启动。该协议号召公司遵守在人权、劳工标准和环境方面的九项基本原则。这九项基本原则是国际社会对公司企业承担的社会责任的一种呼吁，它对各国如何加强企业社会责任具有重要指导作用。① 我国在加入世贸组织之后已经成为国际投资的热点，成为众多跨国公司的生产制造基地，并正在进一步发展成为令人瞩目的"世界工厂"。由于我国外贸出口目的地主要集中在欧美发达国家，而欧美国家正是提出和推动公司社会责任的主要国家，这些国家纷纷出台涉及公司社会责任问题的立法，或者在已有的立法中增加有关公司社会责任的内容，最典型的如公司或企业立法。在其他法律实践中也相应地体现公司社会责任法治化的内容。因此，我国的公司社会责任法治化也可以借鉴其经验，结合国内关于公司社会责任立法的司法实际，实现与国际形势的接轨。

二、公司社会责任法治化进程的比较

"公司社会责任运动不仅是一种理念，也是一种实践"②，更是一种从道德责任演化到法律责任，伦理道德上的呼吁与倡导到法律实践上的规范与践行的过程。国内外公司社会责任法治化的进程也从初探逐步走向成熟，但基于各国法律文化传统与国情相异，公司社会责任法治化的程度也不尽相同。从公司社会责任的由来及发展看，走向法治化的征程绝非偶然，而是世界各国对

---

① 吴凡：《企业社会责任法律化范畴的思考》，载《煤炭经济研究》2003年第2期。

② 刘诚：《公司社会责任的定位》，载《中外法学》2006年第5期。

促进公司可持续发展、维护社会利益采取的有利措施，具有历史必然性。对于我国公司立法及司法实践而言，公司社会责任法治化仅仅处于开始阶段，仍需要逐步加强与完善。

美国关于公司社会责任实践的进程表现为从加强公司法领域内授予公司管理者进行公司捐赠等社会行为的权利开始，此时公司社会责任得视为附属于公司组织章程所赋予的公司权利的行为而加以合法化；继而随着公司社会责任对公司自身以及整个社会产生的积极影响日益显著，曾经判断公司社会责任适当性的司法标准由严格转向松动，"直接经济利益"的要求逐渐退出历史舞台；最后表现为立法领域，许多州立成文法或成文法的修改为公司社会责任法治化的进程起到推波助澜的作用，影响到相关法领域（最重要的是税法）的制定法系列规章出台，到最终在公司法中确立"利害关系人条款"。具体而言，美国公司社会责任法治化的进程可以归纳为以下三个阶段：第一，20世纪30年代以前，公司管理者的行为必须严格遵循"越权原则"，不得违反为股东营利的目的。法院在判断和审查公司行为是否得当时，一律按照越权原则，公司仅享有从事其组织章程所明定的行为之权利；超越公司组织章程目的条款的行为，即便经股东会批准，亦不产生法律效力。因此，在这个时期，对公司社会责任的认识仍处于雏形阶段，即便公司管理者或公众对公司社会责任的承担有了道德层面的体会，但得不到司法上的支持，而且在公司立法宽松自由的态度下，公司章程成了判例法引经据典的源泉，自然而然，旨在为股东谋利的传统公司法理论得到彰显，而公司社会责任的合法性便大打折扣。第二，20世纪30年代之后，"哈佛论战"后多德教授的观点逐渐得到认同，公司社会责任法治化的进程大大推进，主要表现在一些鼓励或许可公司承担社会责任的制定法迅速增加，赋予公司为捐赠和其他社会责任行为的权力。公司社会责任在这一阶段主要由劳动法、社会保障法、环保法、反垄断法、消费者权益法、税法等法律调整。例如，《清洁空气法》、《水污染控制法》等体现公司对社会公众的责任,《雇员退休收入保障法》、《职工安全和健康法》体现公司对职工的责任,《消费者产品安全法》、《食品、药品和化妆品法》体现公司对消费者的责任,《统一商法典》和《联邦破产和重组法令》体现公司对债权人的责任。① 第三,20 世纪 80 年代之后,美国公司社会责任法治化进程发展到新阶段,诸多州立公司法纷纷确立公司社会责任或对公司法进行修改增加公司社会责任的内容,由此,促使公司社会责任逐步实现法律上的确立。1984 年,美国法学会向社会推出建议性蓝本——《公司治理的原则:分析与建议》,其中第 2 条第 1 款就企业的社会责任明确写道:公司"(a) 与自然人有相同的在法律范围内行事的义务,(b) 负责任的经营行为可以被认为是首要因素,(c) 可以把合理数量的资财用于公共福利、人道主义、教育和慈善的目的"。② 这为公司法将公司社会责任列入立法者的视线提供了学理上的支持。与此同时,美国公司法变革则标志着公司社会责任法治化进程迈出了关键性的步伐。州立公司法纷纷修改旨在解决美国 1980 年代兴起的公司之间"恶意收购"浪潮所引发的一系列社会问题。在"恶意收购"中,股东虽获暴利,但公司长期发展所依赖的人力资本资源、供销网络和债务关系等均遭到破坏。这场"恶意收购"使包括公司高级管理人员、雇工、债权人、供销商在内的众多利益相关者的权益受到不同程度的损害,社会影响极其恶劣。为了遏制"恶意收购",1989 年宾夕法尼亚州议会率先决定修改公司法,提出了新的公司法议案,以制定法的形式赋予公司经理对"利益相关者"负责的权利。截至 1998 年,30 个州公司

---

① 张国平:《公司社会责任的法律意蕴》,载《法学研究》2007 年第 5 期。

② 张国平:《公司社会责任的法律意蕴》,载《法学研究》2007 年第 5 期。

法对公司的社会责任作出肯定性规定。美国各州的此种立法都旨在保护其他利害关系人的利益，落实公司的社会责任，当中的"利益相关者条款"（Other Constituency Statutes）则彰显出公司社会责任法治化发展到了较为完善的阶段，将各方利益相关者与公司管理者的权益进行平衡，公司的目标与职能得到拓宽与充实，不再限于股东利益最大化，公司承担社会责任又一次提供了制定法上的依据。美国公司社会责任法治化的进程历来为其他国家所参考，它从最初学理上的认识与探讨、道德层面的意识与舆论，逐渐由判例以司法标准的形式确立，最后经制定法以明确的条款确立下来，并在公司立法之外的其他部门法中得以体现。另一方面，美国作为重判例的国家，其公司社会责任的法治化很大程度上体现于各种具体的判例以及由此形成的司法标准。

在强化公司社会责任方面，欧盟也发挥了积极影响。1957年的《罗马条约》要求各成员国追求某些社会目标，而公司则是实现欧盟所定社会目标的主要手段和载体。1986年的《单一欧洲法》和1992年的《马斯特利赫条约》（或称欧盟条约）更是在《罗马条约》之外新增了某些社会目标。为了实现这些社会目标，欧盟还通过了一系列指令以协调各国的公司立法。例如，1968年的《第1号公司法指令》、1975年的《关于协调各成员国有关集体裁员的法律的指令》（1992年再次修正）、1977年的《关于维护公司转让时职工权利的指令》、1980年的《关于协调各成员国有关保护职工在雇主破产时应有权利的法律的指令》、1994年9月22日的《关于为尊重职工的知情权和被征询权，在欧盟范围内的公司和欧盟范围内的公司集团中建立欧洲工人理事会或者相应程序的理事会指令》等。此外，历经磨难的《第5号公司法指令草案》，也是强化公司社会责任的一个重要尝试。随着欧盟单一市场的形成，经济与贸易壁垒的清除和欧元的启动，欧盟公司在承担社会责任方面起着举足轻重的作用。通过对这些立法的粗略了解，可以获悉：与美国重在确立公司参与公益性活动的保障与激励法律机制不同,欧洲国家(英国除外)公司社会责任法治化的重点是落在有利于公司社会责任得以落实的公司内部治理结构的构建上,尤其体现在职工参与制度上。笔者以德国公司社会责任法治化进程为代表,分析公司社会责任在欧洲大陆国家法治中的发展。德国关于公司社会责任的理论虽然不够深厚,却是较早在立法中贯彻公司社会责任观念的国家。1919年《魏玛宪法》第153条规定"所有权包含义务,于其行使,应同时顾及公共利益",这就是所有权社会性的最早立法。在《魏玛宪法》的指导下,1937年的《股份公司法》又明确规定:"董事必须追求股东的利益、公司雇员的利益和公共利益。"这一规定,被一些学者视为开创了在公司法中规定公司社会责任的先河。随着第三帝国的灭亡以及《魏玛宪法》的被废除,1965年的《股份公司法》略去了这一规定,但是在德国,尊重雇员的利益和谋求公共福利,被视为是不言而喻的。[①] 德国公司社会责任的法治化进程中影响最大也是实践最成功的是职工参与制度的构建。德国将劳资双方的利益冲突作为制度构建的核心,利用工会在劳资冲突中扮演的地位,力求衡平双方的权义。为了体现劳资双方的公平待遇,德国形成了市场经济国家唯一规定劳资双方等额或接近等额参与公司机关的立法体例,并以职工参与公司机关的全面性而著称于世。按照德国公司法的规定,公司实行双层制公司机关体系,即公司设立监事会和董事会,监事会负责任命董事会成员,并对董事会的活动进行监督;董事会则负责公司的经营管理活动。对于这两种公司机关,职工与股东原则上都有平等的参与权。为了贯彻这一精神,德国先后制定了《煤钢共同决定法》(1951年)、《企业宪法》(1952年)、《共同决

[①] 张开平:《英美公司董事法律制度研究》,法律出版社1998年版,第165页。

定法》(1976年)等法律,规定煤炭、钢铁或者具备一定规模的公司,其监事会应由资方代表、劳方代表和"中立的"成员组成,公司的董事会中须有一名"工人委员"(即劳方董事);①在监事会中,劳资双方的代表名额应当相等。德国的职工参与制反映了对劳资双方平等地位的重视,作为公司非股东利益相关者的劳动者受到平等的尊重,无不体现公司社会责任的主旨。德国的这种模式曾被欧盟看好并试图在欧盟其他国家推广,这就是欧盟于1972年制定的《关于公司法的第5号指令草案》。即使该第5号指令草案经过多次修改,还是因为得不到成员国的一致同意而始终没有变成欧盟的法律。②尽管如此,近10年来在欧洲,社会责任运动仍是开展得如火如荼。1995年欧委会主席雅克德洛尔宣布并呼吁欧洲的公司制定和实施有关公司社会责任的政策。1996年欧洲公司社会责任协会建立。2000年欧盟里斯本峰会发出宣言,强烈呼吁各欧盟公司关注可持续发展,创造更多的就业机会。2001年欧委会大绿皮书中正式引入了公司社会责任的概念,提出了如何促进和发扬公司社会责任;2002年又在文件中提出了具体的落实方案和措施。

日本在践行公司社会责任法治化的道路上在亚洲国家中起到先锋的作用。日本的经济界早在1956年就提出了企业的社会责任问题,并把承担社会责任视为现代企业的基本特征。甚至进一步认为,如果一个企业仍像过去那样,只追求企业的个别利益而无视企业个别利益与社会利益的协调发展,则会影响国民经济的繁荣稳定。"今天的企业,本已摆脱了单纯朴素的私有领域,而

---

① [德] 罗伯特·霍恩等:《德国民商法导论》,楚建译,中国大百科全书出版社1996年版,第305-306页。

② Henry Hansmann, Yale Law School, and Reinier Kraakman, Harvard Law School, The End of History for Corporate Law [EB/OL]. http://www.law.harvard.edu/programs/olin_center/

作为社会制度有力的一环,其经营不仅受到资本提供者的委托,而且也受到包括提供者在内的全社会的委托……换言之,即无论在理论上或实际上,已再不允许片面地追求企业一己的利益,而必须在与经济和社会的协调中,最大效率地与各种生产要素相结合,并须立足于生产'物美价廉'的商品而提供服务的立场。因此,只有这种形态的企业经营才能称之为现代化的企业,而所谓经营者的社会性责任也就不外乎是要完成这个任务。"① 作为与1974年商业法修正案相关的一部分,企业社会责任被引入日本。日本经团联开始倡议优秀公司行为规范。在公司层面,新的部门开始建立,专门处理污染问题的机构也急剧成型,负责返回社会其应偿的部分利润。此乃日本公司社会责任法治化的起步阶段,为公司社会责任立法规制的完善及公司社会责任的实现奠定了基础。20世纪80年代,日本学者指出,公司对劳动者以及受该企业影响的地区社会的责任,要作为公司的目的,并以一般条款载入基本章程。由于在日本,"职工主权"的精神由来已久,尤其在大公司,很多职员潜意识里认为"公司是属于从业人员的",② 所以,在日本企业中职工利益较早地受到了重视。日本在1981年修改商法时,曾经就对企业的社会责任进行一般性规定还是在具体法规解释时加以考虑有过争论,而最终的结果是后者得以采用。③ 这些具体法规解释比起一般性规定而言更具有操作性和可行性。2005年《京都议定书》生效,其所提出的政策

---

① [日]金泽良雄:《经济法概论》,满达人译,中国法制出版社2005年版,第148页。

② [日]伊丹敬之:《日本企业的人本主义体系》,载《财经问题研究》1997年第4期。

③ [日]末永敏和:《有关企业社会责任与环境问题的法律规制[EB/OL],张凝译,http://linlaifan.fyfz.cn/blog/linlaifan/index.aspx? blogid = 288433.

和原则、制定的评价体系和认证制度，都与倡导企业的社会责任有关，简单说就是指企业在创造利润、对股东负责的同时，还应承担起对环境、社会、劳动者和利益相关者的责任。由此看来，日本公司社会责任法治化也经历了从学理到具体的司法实践，从基本承认公司社会责任到明确通过立法践行公司社会责任，进而与国际接轨实行新的法则的进程。

我国的许多公司是在计划经济条件下成长发展起来的。一方面承担着大量的本应属于政府或社会的责任，即所谓的"企业办社会"，这是长期以来背在企业身上的一个沉重的包袱，它是在计划经济体制下，企业与政府职能错位、政府社会保障服务功能不健全的必然结果。另一方面，对公司本应负担的社会责任却没有很好地负担起来，经常出现浪费社会资源、销售劣质商品、损害职工利益、污染破坏环境等逃避社会责任的现象。其原因不外乎公司只看到承担社会责任的成本负担，而没有看到承担社会责任给公司带来的发展机会和潜在利益，这是一种在市场经济条件下很容易出现的短视行为。如此境况使社会各界对公司承担社会责任的重要性逐渐有了清晰的认识。在市场经济的发展过程中，公司整体发展水平低下以及社会民众权利意识的缺失等诸多因素决定了我国的公司社会责任理论只能处于探索阶段，公司社会责任长时间内被定位为仅仅是道德上的责任。而公司社会责任是市场经济的产物，同时市场经济又是不折不扣的法治经济。因此公司社会责任的理论研究必须体现到法律制度之中方显其作用，公司社会责任的具体实践必须纳入到法律框架之中方能有章可循，从而获得可持续发展。我国公司社会责任的规制首先是散见于具体的法律规范中，如《劳动法》、《消费者权益保护法》、《反不正当竞争法》、《合同法》、《环境保护法》、《产品质量法》、《工伤保险条例》、《担保法》、《破产法》等均有关于保护公司职工、消费者、供应商、债权人和社区居民权益的规定。通过这些法律制度初步确立了公司社会责任机制。这些法律规定虽然为公司履行其相应的社会责任提供了有力的法律依据和保障，但很明显的是，它们比较零散，不够系统，有一定的局限性。令人欣喜的是，2005年10月27日第十届全国人民代表大会常务委员会第十八次会议通过的新《公司法》，针对公司社会责任作了较为详尽的规定，不仅对公司社会责任内涵予以界定，而且还强化了对各个利害关系人尤其是职工的保护，较原公司法有了很大进步。其确定公司社会责任的条款包括：第一，原则条款：《公司法》第5条第1款规定："公司从事经营活动，必须遵守法律、行政法规，遵守社会公德、商业道德，诚实守信，接受政府和社会公众的监督，承担社会责任。"这是我国首次以法律的形式明确公司应当承担社会责任。第二，公司对员工的责任条款。新法第17条、第18条规定了公司职工有权依照《工会法》组织工会，开展工会活动。公司应当为本公司工会提供必要的活动条件。公司工会代表职工就职工的工资、福利、保险和劳动生产、卫生等事项依法与公司签订集体合同。第三，职工参与管理的规定。新法第45条、第68条、第109条规定了国有独资公司和两个以上的国有企业或者其他两个以上的国有投资主体设立的有限责任公司应当有职工董事，其他的有限责任公司和股份有限公司可以有职工董事。第52条第1款、第71条第1款、第118条第1款规定了职工代表应在监事会中占1/3比例。特别是可以设立职工董事，这一制度设计在世界上也是具有前沿性的。第四，对债权人的保护。新法第20条首次规定了公司法人格否认制度，即公司股东不得滥用公司法人独立地位和股东有限责任损害公司债权人的利益，股东滥用法人独立地位和股东有限责任，逃避债务，严重损害公司债权人利益的应当对公司债务承担连带责任。新《公司法》是公司社会责任法治化的重要一环；其在公司设立、治理、运营、重组等各个环节的适用弘扬了公司社会责任的精神，明确规定公司社会责任可谓具有里程碑的意义。

在我国，无论是公司法还是其他法律，都从不同角度、不同程度对公司社会责任进行了规定,约束并激励公司完成其"社会职能",即实现包括股东在内的所有利益相关者的利益最大化,从而维护和增进社会整体利益。然而,部门法之间的整合并未真正实现,许多部门立法还存在诸多的不足,对公司社会责任的规定仍不完备。比如,我国《劳动法》的保护范围略显狭窄,大量农民工的权益难以得到有效保护,而我国《劳动合同法》应运而生之际,却又出现诸多规避该法规制而无法寻求有力的救济的现象,如沸沸扬扬的华为解聘老员工事件。我国《环境保护法》的规定难以约束众多生产型公司为追求利润最大化而破坏环境的行为。这种外部法规制的形式能辅佐公司立法甚至填充公司立法方面某些空白,但是其本身所引发的弊端难以解决自然也影响公司社会责任的落实。而公司法已经将公司社会责任作为一项正式法律制度,新《公司法》第5条对公司社会责任进行了宣示性规定,表明了我国《公司法》接受了公司社会责任的法律理念。这一宣示性规定是公司法中的总则性规定,为公司法中的公司社会责任具体制度的建立奠定了基础,亦填补了我国公司法由于呈阶段性立法特征导致的法律漏洞与具体制度的缺失,并成为法律适用过程中法官审判此类案件时无具体法律依据时可参照的准则。[①] 但是作为原则性或者说宣示性的条款,只是标志着一种价值取向,其可操作性不强的弊病是显而易见的,适用起来只能诉诸于法官的自由裁量权,因而学界有人认为此种立法使公司社会责任的规定陷入"道德教化"的误区。就公司法的具体制度而言,公司法虽然规定了职工建议权、知情权、职工监事制度、职工董事制度和职工代表大会等民主管理的条款,但事实上职工的经营权及其他权益并没有得到很好的保障。另外,公司

---

① 李铁民:《新〈公司法〉中公司的社会责任》,载《中国工商管理研究》2007年第4期。

法重点规定了公司股东对公司的监督和请求权,但公司债权人对公司的监督和请求权没有得到立法支持和制度保障。新《公司法》中规定的公司社会责任,仅仅是法定的公司社会责任的一部分,而非理论中的公司社会责任的全部,亦非法定的公司社会责任的全部。所以,公司社会责任的法治化的进一步推行并不能单纯依靠部门法的整合或公司法的规制,而是要在两者各自发挥功用的同时积极融合它们共同的作用,从而进一步实现公司社会责任的法治化。

三、我国进一步推行公司社会责任法治化的对策建议

公司社会责任法治化的内涵是立体的,不限于公司法对公司社会责任的确立与规范,而涵盖诸多经济法律法规中的企业社会责任相关规范,也包括执法和司法等多个方面建立公司社会责任的落实机制和监督机制,并且它的内容仍可不断地充实与深化,它的践行与整个公司法、经济法发展轨道是并行的。因此,如何进一步推行公司社会责任的法治化是目前法制建设面临的难题。充分整合分散于诸多经济法律法规以及其他法律法规中的公司社会责任相关规范,贯彻社会利益本位理念,以社会责任为导向,从不同的范围和角度全方位建构促进公司履行社会责任的法律框架,为我国公司社会责任法治化的必然选择。

(一)公司社会责任在法律上的准确定位

我国新《公司法》第1条规定:"为了规范公司的组织和行为,保护公司、股东和债权人的合法权益,维护社会经济秩序,促进社会主义市场经济的发展,制定本法。"确定了公司法的立法宗旨与目的,第2条至第4条则对公司的性质、概念、责任承担方式、股东权利进行了规定,但未涉及职工、消费者及其他非股东利害关系人的利益的保护,无疑表明新《公司法》仍传承

传统公司法理论，以股东利益最大化为公司的价值目标。第 5 条却鲜明地指出"公司从事经营活动，必须遵守法律、行政法规，遵守社会公德、商业道德，诚实守信，接受政府和社会公众的监督，承担社会责任"。值得肯定的是这条规定为公司社会责任的法治化打开了良好的局面，但一条原则性的规定并不能囊括所有。公司社会责任在法律上的定位必须作如下考虑：法律上的利益选择必须遵循个体选择与整体选择相结合的原则，这样才能调动不同社会主体的积极性，有利于利益关系的协调发展，促进生产力和社会的全面进步。法律上的利益选择的结果是把社会主体的利益关系以权利和义务关系的机制表现出来。公司社会责任在公司立法及其他法律法规中的意旨不外乎公司作为个体与整个社会这一整体之间利益的平衡，或者说公司的价值目标为实现追求利润合理化与公司社会责任的二元目标。公司的价值目标是公司制度设计的根据与起源，传统的公司治理模式和公司运行目标表现为股东利益最大化，这一逐利本质从个体选择而言为公司的存续与发展创造了利润，但必然与其他个体以及整体的利益产生冲突。这样就使公司原本的价值目标不再符合时代需要，必须通过制度构建与法律规制确定公司必须履行的义务。因此，将公司社会责任在法律中明确规定——不仅是原则性的规定，还从具体法律制度中全面、综合地确定下来是公司社会责任法治化的开端，而公司的二元价值目标也能因此体现出来。公司社会责任在法律上准确定位对公司法理论起着高屋建瓴的作用，所以公司的二元价值目标是公司制度设计的根据，所有公司组织结构、法规制度都应以公司价值目标为核心而展开。关于公司社会责任法治化的构建，学界有人主张为了公司社会责任的顺利、有效落实，应该制定一部专门的《公司社会责任法》，将与之关联的法律法规纳入到一部法律中来，但是现阶段我国对公司社会责任的规定是通过各部法律相互配合、共同落实的。将诸多法律中的相关内容融入一部法律实属牵强，立法成本也很大，这是欠考虑的。同时，公司社会责任法治化并不是将公司道德责任法律化，而是将应由法律调整的，以及公司的道德责任上升到法律调整的公司社会责任在立法中系统化、规范化，将社会本位的理念与公司利润最大化的价值目标合理地融合在法律规范中，使其在司法、执法、法律监督等各个环节具体实行。

（二）整合现有法律资源，完善公司社会责任的法律规制

就我国目前的立法体例而言，法与社会关系并非一一对应的关系，一种社会关系的调整可能需要多部法律的协调配合才能实现。我国《公司法》对公司社会责任的调整亦是如此。一部《公司法》不可能涵盖公司社会责任的所有内容，因此需要同其他法律资源进行配合，将公司社会责任落到实处。将法律中的强制性规范和授权性规范结合起来，相辅相成地解决公司社会责任法治化问题。两者的作用具体表现为："法律上的强制性条款解决的是公司对社会造成负的外部性问题，确保实现权利负有义务的原则。这通常通过诸如消费者权益保障法、劳动法、产品质量法、反不正当竞争法等强制性规定进行规制。法律上的授权性条款解决的是引导企业尽可能地为社会带来正的外部性，提升社会整体利益"，① 后者正如前述公司职工参与公司共同治理通过授权性条款得以确立的制度构想。至于环境保护，强制性法律措施比公司监管和自我约束要可靠得多。② 因此，仅依靠公司法远不足以确立企业的社会责任，必须整合法律资源，通过劳动法、担保法、证券法、税法、环境资源保护法、消费者权益保护法、产品质量法等多部法律的积极配合，充分利用现有法律资源，对之加以整合，共同解决公司社会责任不失为一条可行的途径。

---

① 刘新民、谢志华：《企业社会责任若干问题研究》，载《学术论坛》2007年第7期。

② 刘连煜：《公司治理与公司社会责任》，中国政法大学出版社2001年版，第1页。

当然，我国公司社会责任法治化的进一步推行不单单体现为国内公司法的逐步健全、配套法律法规的日益完善，而应将视野扩至国际间的合作与对国外成功经验的借鉴。目前在全球范围内兴起的公司社会责任运动主要有两种形式，一种是公司各自订立生产行为守则，即跨国公司制定的具有自我约束性质的、针对生产经营过程中的规范。此类规范经常通过跨国公司的经济影响力影响跨国公司自身、子公司和分公司以及关联公司推行一定的劳动标准和环境标准。另一种是统一的社会责任国际标准。统一的社会责任国际标准是公司生产行为守则的新发展。目前在全球范围内兴起的公司 SA8000（即"社会责任国际标准"）自 2001 年诞生，在世界各地迅速扩散和发展，并非一个孤立和偶然的现象。① SA8000 对公司社会责任提出了包括童工、强迫劳动、安全卫生、结社自由和集体谈判权、歧视、惩罚性措施、工作时间、工资报酬及管理体系等 9 个基本要素要求。实施 SA8000 对规范我国公司社会责任具有重要的法律启示意义。我国应建立自己的公司社会责任标准，这既是推动中国公司履行社会责任的规范体系，又能为公司社会责任法治化提供可遵循的标准，中国公司社会责任标准的体系结构可以借鉴国外标准的通行做法，但在标准的具体要求和优先序列等问题上，应符合中国公司发展及基本国情，突出中国转型发展阶段的特点。

（三）落实公司社会责任的保障机制

公司社会责任法治化的落实与公司社会责任受益主体受保障程度息息相关。前文论述到公司社会责任的相对方是公司的非股东利益相关者，即职工、产品或服务的消费者、债权人、环境受益者等，因此，落实公司社会责任的保障机制应以这些利益相关

---

① 李立清、黄薇薇：《SA8000 对完善我国企业社会责任的法律启示》，载《企业经济》2005 年第 7 期。

者的权益为出发点和落脚点,促进公司社会责任法治化的进一步推行。

在我国,职工参与公司机关制度在我国《公司法》中是有所体现的。例如《公司法》第52条第2款与第124条第2款均规定:"监事会由股东代表和适当比例的公司职工代表组成,具体比例由公司章程规定,监事会中的职工代表由公司职工民主选举产生。"第45条第2款规定:"两个以上的国有企业或者其他两个以上的国有投资主体投资设立的有限责任公司,其董事会成员应当有公司职工代表,董事会中的职工代表由公司职工民主选举产生。"虽然我国《公司法》对职工参与公司机关作出了规定,但却存在几个明显的缺陷,不利于公司对职工实现其社会责任。首先,我国《公司法》中规定职工监事的具体比例由公司章程规定,而公司章程是由股东们制定的,在股东与职工利益存在冲突的情况下,股东当然要尽量压低这一比例。而这样一来,通过职工监事的作用来维护职工利益的愿望就很难得到实现。笔者认为,《公司法》对这一比例的规定可以调整为依据公司规模来确定比例大小,从而使职工权益能最大程度地得到维护。其次,职工董事和职工监事的具体权利有待进一步细化。职工董事和职工监事的权利应包括董事会在审议决定公司重大决策及涉及职工利益的重大事项时,职工监事有权代表职工充分发表意见,有权依照法律规定和公司章程履行监督职责,职工董事、职工监事因故不能出席董事会、监事会会议时,有权委托其他董事、监事代为行使职权。另外,还应建立健全职工董事、职工监事合法权益的保障机制,为其提供特殊的法律保护。因为职工董事、职工监事在参与公司经营决策、管理、监督过程中,很有可能在领导层与职工意见有分歧时,因为坚持原则而被经营者或股东大会随意剥夺其任职资格,或被克扣工资,或以解雇、强迫辞职相威胁,所以为使职工代表最大限度地发挥作用,应在公司法中明确规定职工代表的法定身份和地位。除个人故意或严重过失,公司经营者或股东会不得随意剥夺或终止其资格。因此，建立侵犯职工董事、职工监事合法权益的责任追究机制是非常重要的，我国《公司法》应增加相关保护性条款，保证职工董事、监事不因行使相关职责原因遭辞退、受罚或其他不公正待遇，并规定，职工本人或工会对违反这一保护性条款的有提起诉讼的权利。① 再次，职工代表大会制度有待完善。我国《公司法》第 18 条第 2 款规定："公司依照宪法和有关法律的规定，通过职工代表大会或者其他形式，实行民主管理。"但是该条对职工代表大会的法律地位没有作出规定，在国有公司中，职工代表大会是法定机关，而在非国有公司中，职工代表大会不是法定机关，即便在国有公司中，我国《公司法》也没有对职工代表大会的地位、作用作出明确的规定，故应明确职工代表大会是职工参与公司运营的基本形式，将其地位确定为职工的最高权力机构。

我国《公司法》第 20 条首次规定了公司法人格否认制度，即公司股东不得滥用公司法人独立地位和股东有限责任损害公司债权人的利益，股东滥用法人独立地位和股东有限责任，逃避债务，严重损害公司债权人利益的，应当对公司债务承担连带责任。这个条款是我国公司法立法上的重大突破，但在实践当中滥用公司法人独立地位和股东有限责任损害公司债权人的利益往往不是股东直接通过行使股东权，而是公司经营者通过对公司实际控制来实现的。在传统的公司治理结构中，公司的董事就是公司的股东，加之现代公司制度中所有权和控制权进一步分离，公司的经营大权往往集中在公司经理层手中，所以只规定公司股东滥用公司法人独立地位和股东有限责任，逃避债务，严重损害公司债权人利益的，应当对公司债务承担连带责任不足以保护公司债

---

① 李立清、黄薇薇：《SA8000 对完善我国企业社会责任的法律启示》，载《企业经济》2005 年第 7 期。

权人的利益,必须赋予公司债权人对公司的监督和请求权。比如,债权人对有过错的公司董事、经理应当有直接的赔偿请求权,但限于公司或股东怠于行使权利,而使债权人不能从公司获得清偿的情形,对此可借鉴我国《合同法》债权人代位权的规定。银行参与公司内部治理,这在日本、德国是一个普遍的现象,并且这一做法已经受到美国学界和实践部门的重视。① 从我国实际情况来看,银行应该是公司最主要的债权人。除采用一般债权人的保护制度外,应当积极拓展对银行的保护途径。可以充分利用银行的信息优势和人力资源优势,吸纳银行董事、监事参与公司治理。1996 年中国人民银行《关于进一步改进对国有大中型企业财务信息金融服务的通知》确立的主办银行制度,现在已经在全国推行,这表明我国有意让商业银行成为公司的监控主体。② 具体可作这样的规定:"董事会中各种来源代表的具体比例如何,都要保证有银行代表参加。董事会中至少要有 1 名银行代表,由享有公司最大债权的前 2 名银行债权人独立派出,这样做有利于银企合作关系的稳定;监事会中至少要有 1 名银行代表,以确保银行能真正参与共同治理。"③ 从而有利于实现权力平衡以保护小股东和银行的利益。

消费者作为公司产品的购买者,是公司的重要利益相关者。公司与消费者的关系集中体现于公司所提供的产品与服务上,公司为消费者提供质优、价廉、安全、舒适和耐用的商品,满足消费者的物质和精神需求是公司的天职,这其中,涉及两个最为核

---

① 卢代富:《企业社会责任的经济学与法学分析》,法律出版社 2002 年版,第 270 页。

② 曾培芳:《公司社会责任背景下的职工参与权问题》,载《江苏社会科学》2007 年第 5 期。

③ 刘丹:《利益相关者与公司治理法律制度研究》,中国人民公安大学出版社 2005 年版,第 260 页。

心的问题：产品（服务）的质量和安全。公司保护消费者的责任主要体现在两个方面：一是为消费者提供可靠的信息，使消费者对其所购买是商品或服务的性能、价格、质量、使用方法以及保养和修理等都要获得全面的了解。二是产品的质量瑕疵担保责任。具体来讲，公司应注重和确保其产品或服务的质量以确保消费者的人身和财产安全不受损害即产品或服务的质量瑕疵担保责任，应对其生产或销售的产品负验明责任，保障消费者对其产品或服务的知情权、自主选择权、对产品或者服务的瑕疵的补救请求权、损害赔偿请求权，以及采取适当的措施保障消费者通过适当的方式（如通过消协等消费者组织）对公司的产品或者服务的监督权等。以上所述责任皆为我国《消费者权益保护法》、《产品质量法》业已规定的内容，属于消费者的基本权利或称基本需求，但消费者与商家之间经济实力差距大、信息不对称、地位悬殊的情况令消费者的权益并不能得到充分的保护，因此有必要进一步完善对消费者权益的保护机制，使公司更好地承担对消费者的社会责任。首先，就消费者权利而言，我国《消费者权益保护法》通过列举的方法规定了消费者的9项权利，关乎公司应承担的社会责任就是经营者8项义务。但这种列举方式的规定并不能满足社会的发展对消费者权益保护的需要，应扩大对消费者权益保护的范围。一是规定消费者隐私权的保护。隐私权遭受侵害时并不能局限于民事法律上的调整与救济，在消法中增设关于消费者隐私权的保护是十分必要的。二是对消费者个人信息资料保护的规定，消费者从事消费活动过程中，难免留存一定的个人信息，但被用于商家逐利的其他用途，如公司以提供良好售后服务之名推销各类产品与服务甚至影响消费者正常生活，消费者个人信息资料的"自决权"由此遭到侵害，所以应在消费者权利中对此予以规定。此外，随着网络和信息技术的发展，网络交易的新形式、新途径令"消费"一词的涵义得到大大的扩充，虚拟财产的消费也应纳入消费者权益保护法的规制范围中，适时地加大对消费者的保护力度,为公司社会责任的进一步践行提供相应的依据。其次,在消费者因产品缺陷受到侵害寻求救济的制度方面,笔者认为可以纳入严格责任原则,即采取举证责任倒置的原则,由生产者承担举证责任,减轻消费者的负担,激励消费者的维权意识,有利于公司方积极承担对消费者的社会责任,也凸显出利益相关者对公司的有效监督。

环境、资源的保护与合理利用不仅关系到当代人的切身利益,而且事关子孙后代的生存和发展,是实现人类社会可持续发展的前提和关键。公司对环境、资源的保护与合理利用承担责任,这是公司对全人类和后代负责的体现,公司的此项责任是一种典型的公司社会责任。《中华人民共和国环境保护法》为公司设定了多项保护环境的义务,在保障公司承担社会责任方面起到重要的作用。但是我国现行的《环境保护法》是1989年12月通过公布实施的,在很多方面已经不能适应环境保护现实的需要。笔者认为公司法作为公司的组织法和行为法,有必要对公司的环境责任作出明确的规定,在公司的法律责任一章中明确规定公司破坏环境的法律责任以强调公司对环境保护义不容辞的责任。当然,在这里也并不否认我国《环境保护法》作用,只不过我国《公司法》作为规定公司社会责任的主要部门法,它的规定更有助于公司践行社会责任。强化公司的环境责任,还要健全环境法规和标准体系,加强执法监督。要抓紧拟订有关土壤污染、化学物质污染、生态保护、遗传资源、生物安全、臭氧层保护、核安全、循环经济、环境损害赔偿和环境监测等方面的法律法规草案,配合做好《中华人民共和国环境保护法》的修订工作。通过认真评估环境立法和各地执法情况,完善环境法律法规,加大对违法行为处罚的力度,对环境执法人员行政不作为的要追究法律责任,重点解决"违法成本低、守法成本高"和不严格执法的问题。环保标准要切合实际,要加大环境执法力度,加大对各类工业开发区的环境监管力度,规范环境执法行为,实行执法责任追究制,同时要加强舆论监督,对环境违法行为加大曝光力度。此外,公司除了积极承担法律规定的责任外,还应主动承担法律以外的一系列环保社会责任。其主要表现在以下几个方面:第一,节约成本,合理利用资源;第二,自觉自愿处理"三废",防止环境污染;第三,慷慨解囊,资助环保事业。①

四、结 论

公司社会责任最初是以道德责任为表现的,然而在传统的公司理论下,公司的逐利本性令公司自身之外的利益相关者乃至整个社会利益遭到损害,这样,公司就必须对此承担一定的社会责任。而仅仅凭靠道德层面的约束已不能有效落实公司社会责任,实现社会正义,因此公司社会责任法治化的践行便成为必然。我国 2005 年 10 月对《公司法》作了重大修订,新《公司法》在追求股东利益最大化的同时,强化了公司的社会责任。新《公司法》第 5 条明确要求公司从事经营活动,必须"承担社会责任"。公司理应对其职工、债权人、供应商、消费者、公司所在地的居民、自然环境和资源、社会的全面发展承担一定责任。但这仅是公司责任法治化的开端,要建构全面、综合而有效的公司社会责任法治化体系,必须通过审视国内外公司社会责任法治化的进程,结合相关理论的指导来完成,从而促进公司社会责任的落实,进而实现公司社会责任的良性、可持续发展,并创造公司与整个社会和谐发展的良好氛围。

---

① 金鑫:《论公司的社会责任》,载《现代企业教育》2007 年第 9 期。

On Corporate Social Responsibility Ruled by Law

Yan Yunqiu Peng Ming

(School of Law, Central South University, Changsha 410083)

Abstract: At first corporate social responsibility are reflected in people's awareness of ethical and moral level, and the theory and practice has been manifested that it was transiting from moral responsibility to the legal responsibility since the inchoation of it. This process is the one of corporate social responsibility ruled by law which has testified by the relevant domestic and international practice. As far as our country to be concerned, even New Corporation Law of China on corporate has stated principled stipulation over corporate social responsibility, this is only the beginning of corporate social responsibility ruled by law. It is still needed that assessing upon foreign legislation and judicial practice as well as using it for reference. It can provide strong support for corporate social responsibility ruled by law that positioning corporate social responsibility in law precisely and integrating legal resources from the legislative perspective. And in order to further the implementation of corporate social responsibility ruled by law, it is necessary to carry out the system of safeguarding based on the interest of stakeholders and improve the system of means of relief as well.

Key words: Corporate Social Responsibility, Ruled by Law, Corporation Law, Stakeholders

企业社会责任：浮动的社会需求与法律调整
——以金融危机为背景

胡智强[*]

摘　要： 金融危机对企业实现其社会责任的影响，提示人们必须从更宏观的角度考察企业社会责任和经济周期之间的关系。企业社会责任的内涵在总体上持续扩张的同时，又处于经常性的波动之中。企业社会责任的无限性和波动性决定了难以进行统一的立法，公司法设立社会责任条款符合历史规律。应以提倡性的规范为主，通过法定保护机制和契约性调整机制相结合的方式实现对企业社会责任的法律调整。

关键词： 企业社会责任　经济周期　法律调整

一、引　言

自 Oliver Sheldon 于 1924 年提出"企业社会责任"的概念以来，这一思想逐渐得到了学界和社会公众中越来越多的人的热烈

---

[*] 胡智强（1966— ），安徽石台人，法学博士，南京审计学院法学院副院长、教授。

拥护和期盼。生产力的高速发展带来的社会问题越来越多，引发了人们对社会发展的可持续性产生了深刻的焦虑。这些社会问题中很多是直接伴随企业的发展而产生的，如，产品质量问题，碳减排与汽车、摩托车行业的发展等，更多的问题则与企业有着间接的关系。即便不是如此，由于现代社会实际上是工商业社会，企业在社会生产力和生产关系体系中占据了重要的地位，人们也完全有理由相信："对众多困扰社会的问题的解决，企业负有直接的责任，甚至，它们有能力单方面解决这些问题。"[1]管理大师彼得·德鲁克的名言："企业并不是为自己的目的，而是为着实现某种特别的社会目的，并满足社会的某种特别需要而存在着的。"深刻揭示了企业的本质及其在社会关系网络中的地位，人们因此对企业社会责任的要求也在与日俱增地持续膨胀，企业社会责任似乎成了一个没有边界的可以无限拓展的疆域。

2008年，金融危机的到来给人们的热望浇了一瓢冷水。自金融危机以来，国际企业出现了"裁员风暴"，裁员的企业不仅包括沃尔沃、花旗、西门子、伊莱克斯、力拓等属于制造、采矿、银行传统行业中的企业，还包括雅虎等新兴网络企业，裁员的地区遍及美洲、欧洲、亚洲、大洋洲各个国家和地区，裁员人数从几千人到数万人不等。国内的企业也出现了类似的情况，如"农民工回流潮"的出现，"根据相关省份的预计，2009年春节前，湖北省农民工回流数将破百万，湖南省将突破280万，贵州省将超过120万人"。[2]在金融危机的影响下，企业对员

---

[1] R. Gunnes, Social Responsibility: The Art of the Possible. Business and Society Review, 1986. p. 26.

[2] 张笑秋：《金融危机背景下农民工回流的新特点》，载《北方经贸》2009年第4期。

工的责任尚且受到如此深重的影响,更何况要求企业履行更多的社会责任。对企业社会责任问题早就存在的不同观点成了人们思想"回归"的基础,认为"企业仅仅负有一项社会责任,在规则许可的范围内,尽最大可能,增加利润"。①

金融危机和企业社会责任之间存在的这种紧密关联性,启发了人们对企业社会责任与经济运行之间相互关系的深入思考。经济学告诉人们,经济的周期性波动是一个不可避免的客观规律,人们必须考虑不同经济态势下企业社会责任的内容,才能予以针对性的法律调整。

二、企业社会责任:浮动的社会需求

早期,人们一直对企业的社会责任持否定态度,经济学家弗里德曼认为,公司的社会责任仅包含赚取利润,公司承担社会责任是根本上颠倒是非的。在自由经济社会中,公司有且仅有一个社会责任——使用它的资源从事所涉及的活动以增加其利润,当公司除了为股东赚取尽可能多的利润外再接受一个社会责任时,会削弱自由经济社会的基础。② 直到今天,这种观点仍然极具影响力,国内的一些经济学家认为:一个组织进行决策的时候,往往需要一个相对单一的目标。如果企业要兼顾多个目标,经常没有办法决策。此外,还因为缺乏好制度,企业的社会责任是难以考核与落实的。对企业家来说,他们的真正责任是在诚实守信的基础上,通过为客户创造价值,赚取利润,同时给更多的人创造

---

① M. Firedman, The Social Responsibility of Business Is to Increase Its Profits. New York Times, September 13, 1970.

② Milton, Friedman. Capitalism and Freedom. Chicago: University of Chicago Press, 1962: 133-136.

就业机会，给国家上缴更多的税收。利润就是一种社会责任。①对企业社会责任的上述观点是与较低的生产力发展水平和较小因而影响有限的企业规模相适应的。近代以来，生产力的高速发展，企业的社会影响日益广泛，促使人们在新的历史条件下对企业与社会关系进行理性思考。1929年世界性的经济危机造成了普遍的经济大萧条，特别是在美国，众多企业倒闭、工人失业率升高，社会问题空前恶化，因此使得人们不得不重新认识公司在复杂社会中的定位及其作用。20世纪70年代，在世界范围内的工业发展所带来的环境污染及石油危机的背景下，公司承担社会责任的问题之研究和实践从美国扩展到了欧洲、澳洲以及亚洲的日本等国家和地区。

  由于生产力的发展，有限责任制度和信用制度的出现决定了现代工商企业有了新的"生命形式"，②公司制企业成了最重要的企业形态。企业内部的风险分担也出现了新的特征。股东在企业只是承担有限的责任（风险），剩余风险已经转移给了经营者、员工、债权人和其他人，他们有时可能承担了比股东更大的风险。所以，企业应该为所有利益相关者的利益服务，而不应该仅仅为股东的利益服务。考虑到企业经营活动外部性的存在，企业的社会责任还包括对环境的责任等，因此，它是一个开放的体

---

  ① 张维迎：《正确解读利润与企业社会责任》，2007年第十四届中国企业家成长与发展调查结果发布暨企业社会责任研讨会会议论文。法学界的学者更重视社会本位理念，对企业社会责任多持肯定的态度。刘俊海：《公司的社会责任》，法律出版社1999年版，第173页；刘连煜：《公司治理与公司的社会责任》，中国政法大学出版社2001年版；第93页；赵万一：《公司治理法律问题研究》，法律出版社2004年版，第161页；张向前：《和谐社会的企业责任》，中国文史出版社2005年版，第113页；田虹：《和谐社会的企业责任》，经济管理出版社2006年版，第157页。

  ② Werner Somebart. Capitalism, Encyclopedia of Social Science (New York, 1930), III, p. 200.

系,当经济稳定运行时其内容在总体上是不断扩张的;当经济运行不稳定,甚至出现危机时,又会在某种程度上收缩。从历史的角度看,资本主义的经济发展史经历了"原始资本主义—资本与股东至上—所有权分离与公司治理—利益相关者关系和企业社会责任"的演进阶段。目前,企业社会责任已经成为优秀企业国际竞争的一项重要内容。高盛的实证研究证明,履行社会责任好的企业,经营业绩也会得到一定的提升,公司的股价也会超过全球指数平均值25%,企业社会责任即使和收益之间不存在因果关系,也存在一定的关联。① 目前,很多跨国公司在进行采购时甚至会进行供应商社会责任——尤其是劳工保护情况调查,从而对企业提出了更高的要求。

2008年以来的金融危机发生的重要根源之一就是企业过分追求利润。在美国的次贷危机中,商业机构为了自己的利益不负责任地给不具备贷款能力的人贷了款,投行又把不良资产打包成CDO,然后卖到了全世界。"把灵魂出卖给魔鬼"的评级机构在其中起了推波助澜的作用,使金融危机殃及全世界。人们清醒地认识到,企业社会责任最深刻的根源在于在社会生产力高度发展的时代条件下,社会化大生产导致社会关系急剧变化对企业提出的新要求。"巨型商事公司对美国政府、社会及经济的控制已经达到可以称之为'公司国家'的地步,依照人们的看法,公司已使所有的社会机构——政府、消费者甚至教育制度——成为达成其目的的工具,它已达到对某一社会目的之独占,实际上掌握着无拘束的政治与经济权力。"② 以公司为代表的现代企业在社会生产力领域、生产关系领域以及人们的社会关系领域都起着

---

① 《企业仅仅关注赚钱不能说是好的企业》,《南方周末》2007年11月1日。

② 转引自梅慎实:《现代公司治理结构与规范运作论》,中国法制出版社2002年版,第113页。

日益深刻的作用，因而，必然应承担起经济责任以外的更多的社会责任。

在我国，计划经济时代的企业根本就不是独立的社会经济细胞，国有企业是按照列宁1917年搞的"国家辛迪加"模式建立起来的，全社会只有一个企业，全体成员是其雇员，其所属的任何一个经营单位都没有决策、财务和责任上的独立性。我国的企业——国有企业一直就承载着相应的社会职能，国有企业一般都有食堂、澡堂，甚至医院、学校等承担社会职能的附属机构，企业就像一个"小社会"。这种经营体制严重束缚了国有企业的发展，在市场竞争中国有企业背上了沉重的包袱，影响了整个国民经济的发展。进行市场经济体制改革以后，企业被定位为自主经营、自负盈亏的独立的微观经济主体，通过减员增效、下岗分流和剥离改制等一系列措施，①"企业办社会"这一被视为企业制度之弊的社会现象被尽可能地革除。但随着社会主义市场经济的深入发展，企业在追求利益最大化过程中同样带来不少的社会问题，如农民工工资问题、职工工资不能与经济发展同步增长、垄断企业福利与社会福利的巨大差异以及日益严重的环境问题等。由于企业社会责任理念的缺失，企业增加了利润，但是加剧了内部及整个社会的经济分化，社会整体福利水平没有同步增进，企业的经济职能和社会职能之间的关系重新引起了人们的思考。

在我国，社会资源的存在方式主要是两条途径：其一政府控制，其二以企业（又以国企为甚）的方式存在。企业在社会生产关系和社会关系体系中占有重要的地位，企业存在的意义已经不再局限于自身，"企业是一种社会存在，它必须使自己的存在

---

① 这一时期的国有企业纷纷进行了力度较大的改制活动，如仅武钢公司一家通过体制改革就分离出7万人从事非钢铁经营开发。武钢近7万人不再吃"钢铁饭"。《长江日报》1993年2月10日。

方式与社会相适应，使企业的利益与社会的利益统一起来，在维护社会利益的前提下去追求实现企业利益，同时它还必须履行自己对社会的责任和义务"。① 在新的经济条件下，在明确企业独立的微观市场主体地位的同时，企业必须处理好经济职能和社会职能的关系。

2002年1月9日中国证监会和国家经贸委联合发布的《上市公司治理准则》第六章专门对利益相关者问题进行了规定。明确上市公司应尊重银行及其他债权人、职工、消费者、供应商、社区等利益相关者的合法权利，为维护利益相关者的权益提供必要的条件，如向银行及其他债权人提供必要的信息，以便其对公司的经营状况和财务状况作出判断和进行决策。当其合法权益受到侵害时，利益相关者应有机会和途径获得赔偿。上市公司应鼓励职工通过与董事会、监事会和经理人员的直接沟通和交流，反映职工对公司经营、财务状况以及涉及职工利益的重大决策的意见。上市公司在保持公司持续发展，实现股东利益最大化的同时，应关注所在社区的福利、环境保护、公益事业等问题，重视公司的社会责任。上市公司应与利益相关者积极合作，共同推动公司持续、健康的发展。②

三、分类指导：企业社会责任的角色担当

尽管企业的社会责任理论为公司法的发展指明了一个新的价值方向，但该理论中的许多基本问题还有待明确。企业社会责任的性质如何？企业社会责任是否为每一个企业的强制性义务？企

---

① 李贤沛：《李贤沛文选》，经济科学出版社2004年版，第73页。
② 中国证券监督管理委员会和国家经济贸易委员会：《上市公司治理准则》，http://www.sse.com.cn/cs/zhs/xxfw/flgz/html/t0074.htm#18.

业应在何种程度上承担社会责任？企业社会责任和企业的经营责任之间的关系如何？利益相关人的范围如何？利益相关人和公司的利益关联程度如何？这些问题还存在着极大的争议。

（一）主体：企业社会责任的角色基础

企业社会责任是社会基本矛盾发展的必然要求，不能将企业社会责任归结为政府和各类社会组织的社会责任。一些经济学家认为，只要社会制度健全了，利润自然和社会福利一致。这实际上是经不起推敲的，因为，即使社会制度很健全，资本也会以损人利己的方式追求利润，这已经为人类历史发展所证明。必须通过强调企业社会责任对传统的股东利润最大化原则和资本的本性进行社会性的修正和补充。社会领域一般可以划分为私人领域和公共领域，两者功能各有不同，公司和企业属于私人领域，政府和各类社会组织从公共领域的职能角度承担社会责任。企业以商事主体的角色承担企业社会责任，与政府和各类社会组织的社会责任形成良性互动。企业的社会责任必须是面向社会，而不是面向企业自身，从这个意义上说，过去国有企业的企业办学校、企业办医院还不是严格意义上的承担社会责任，其在本质上仍然是企业的自我服务功能。

企业的社会责任必须是与企业的经营过程和企业自身最基本的社会角色相联系，而不能脱离企业的基本社会功能角色定位。从社会学的角度分析，商事主体达成了盈利目标就是最好地承担了其应有的社会责任，实现了企业的基本社会功能。因为"利润是社会考核企业，或者说考核企业家是否真正尽到责任的最重要指标"。[①] 绝不能本末倒置地认为，企业的社会责任是利益相关者利益最大化，并以此取代股东利益最大化。事实上，一旦商

---

① 《长江日报》1993年2月10日。

主体的营业活动进入非正常状态,利润受到影响,企业的社会责任就成了无本之木。

北京数字100市场咨询有限公司进行的市场调查表明,在金融危机的冲击下,企业采取的应对危机的各项措施中"降低管理成本,缩减开支"成为主流选择,有67.8%的受访人群选择了该项,同时"裁员"、"降低员工薪酬"等短期的应对措施选择的比例也较高。而"降低管理成本,缩减开支"的主要内容就是大幅缩减企业承担的社会责任。

(二)企业社会责任的角色区分

对企业社会责任漫无边际的界定,使得在实证研究和应用推广时几乎寸步难行,也无法得出令人信服的结论。企业社会责任概念的历史演变表明,其逻辑基础是"利润"责任和"非利润"责任的二元划分;而社会对企业"非利润"责任的内容实际上是无限的,因此,企业社会责任既非法律责任,也非道德责任,而是包括了法律责任和非道德责任在内的综合责任。Carroll(1978)对此进行了详尽的分类,他认为任何给定的公司行为和责任都包括经济责任、法律责任、道德责任和自由决定责任。经济责任是公司必须负有生产、盈利和满足消费者需求的责任;法律责任是公司必须在法律范围内履行其经济责任;道德责任是公司行为必须符合社会准则、规范和价值观;自由决定责任是公司所具有的意志和慈善等,自由决定责任是那些公司无明确的信息——甚至比道德责任信息还少的那些相关责任,它们可以留给个体自行判断和选择。公司社会责任包括社会在某个时间点上对组织在经济、法律、道德和自由决定方面的期望,这四部分并不是等量的,它们的权数依次为4:3:2:1。履行自由决定责任是自愿的,既非命令式的,也非法律要求,甚至不是一般意义上具有道德感的公司期望,如慈善捐赠,对长期失业者进行培训等。即使公司不参与这些活动,也不会认为是不道德的。①

在笔者看来,企业的社会责任并非仅仅局限于对企业利益相关者的责任。企业社会责任作为一个体系,包括企业对职工的责任、对消费者的责任、对债权人的责任,对环境、资源的保护与合理利用的责任,对所在社区的责任和慈善行为等诸多方面。从二分法的角度看,企业的社会责任包括了人与人的关系和人与自然的关系。而利益相关者主要是从人与人的关系考察企业的社会责任。前者的外延比后者更为宽广。企业的资本所有者拥有企业治理权,其利益以利润的方式实现,不是企业社会责任的履行对象。资本所有者以外的其他利益相关者的利益依赖企业的社会责任体系实现。应当将董事、控制股东(股东)和高级管理人员的自身社会责任和企业的社会责任加以区别,董事、控制股东(股东)和高级管理人员等均非企业社会责任的承担者,其原理犹如企业法定代表人的个人行为不应当被视为企业法人的行为一样。

现代企业是社会关系体系之网的纽结,不同类型的企业在社会生产力和社会关系体系中的地位角色不同,某些企业对社会公共政策的影响会更加明显。我国的中国石油股份公司在其上市招股说明书中就骄傲地宣称"作为在行业中占据重要地位的企业,本公司通常能够对行业监管政策的制定和调整提出合理建议"。——其实就是对行业产生实质性影响。因此,不同企业的社会责任也应当有所区别,绝不能一哄而起、"一刀切",应当做到分类指导、逐步推进。总的原则是:国有企业应当比非国有企业承担较多的社会责任,上市公司应当比非上市公司承担较多的社会责任,垄断企业应当比非垄断企业承担较多的社会责任。

---

① Carroll, Archie B. A. Three—Dimensional Conceptual Model of Corporate Performance [J]. Academy of Management Review, 1979, (4): 497-505.

四、法定义务：在任意与强制之间

目前，世界各国对企业社会责任的规制趋势在加强，1997年美国非政府组织"社会责任国际"制定了企业社会责任标准，并在全球范围逐步推广。在美国很多州立公司法中就明确规定了公司"其他利害关系人条款"（other constituency statutes）。公司"其他利害关系人条款"究竟属于强制性条款还是属于任意性条款，美国立法有两种截然不同的做法。康涅狄格州公司法（Connecticut Stock Corportion Act）将其界定为强制性规范，公司董事在进行公司决策时，必须考虑利益相关人利益，即使公司董事会所做的决策有利于非股东利益相关人时，董事对公司及其股东亦不负法律责任。[1] 但是，大多数美国州的公司法均采非强制性的立法模式，授权公司管理层以自由裁量权，要求公司董事会将利益相关人的利益列入决策考虑范围。

我国目前对企业社会责任的立法状况是，立法还没有对企业社会责任进行统一规定，各个部门法从各自的角度涉及企业的社会责任，但是，并非从调整企业社会责任角度进行的有意识规定。我国《公司法》第5条对公司的社会责任进行了规定，不过，该规定只是作为宣示性规范和原则性条款存在。意思自治是商主体的基本特征，企业社会责任应当由商主体自行决定，根据我国《公司法》的规定，公司承担社会责任必须遵守公司法规定的公司内部程序性规则。

（一）应当区分企业的社会责任种类，以便有针对性地予以规制

Charkham曾按照相关群体与公司是否存在交易性合同关系，

---

[1] 参见刘连煜：《公司治理与公司的社会责任》，中国政法大学出版社2001年版，第165页。

将利益相关者分为契约型利益相关者（contractual stakeholders）和公众型利益相关者（community stakeholders）。前者包括股东、雇员、顾客、分销商、供应商、贷款人；后者包括消费者、监管者、政府、压力集团、媒体、社区。[①] 对利益相关者的分类研究有助于有针对性地予以规制。在有关企业社会责任的立法问题上，应将企业的政治责任、道德责任和慈善责任等非法律性质的社会责任与企业的法定义务区别开来。法律规范不能够规范所有类型的企业社会责任，法律只应当提供最低限度的行为准则，更高境界的社会责任诉求应以社会倡导为宜。在立法形式上，"立法者不需要，也没有足够的智慧制定一部包罗万象的《公司社会责任法》"。[②] 对于那些达成共识的、底线式企业社会责任——劳动者权益、债权人权益、消费者权益、产品质量责任、税法和环境保护法上的义务等应通过各种法定保护机制予以制度化，如，被雇佣的机会均等（在性别、民族、种族以及对残障者的雇佣均等）通过劳动法实现；在公司产品以及服务消费过程中，公司对不特定消费者在产品的安全以及服务质量上的保障通过《产品质量法》和《消费者权益保护法》实现；等等。这样可以避免企业的社会责任沦为难以落实的道德化呼吁和说教，毕竟劳资纠纷、"血汗工厂"和职业病现象不是依靠企业家道德觉醒和说教可以实现的。

美国学者米切尔认为，利益相关者的认定和特征是利益相关者理论的核心，谁是公司的利益相关者以及公司管理层应当依据什么来给特定群体的利益予以关注，可以从三个属性上进行评分，然后根据分值的高低确定某一个人或者群体是否公司的利益

[①] Charkham, J., Corporate Governance: Lessons from Abroad, European Business Journal, 1992, 4（2）: 8-16.

[②] 刘俊海：《新公司法的制度创新：立法争点与解释难点》，法律出版社2006年版，第556页。

相关者,是哪一类型的利益相关者。这三个属性是:第一,合法性,即某一群体是否被赋有法律上的对于公司的索取权;第二,权力性,即某一群体是否拥有影响公司决策的地位、能力和手段;第三,紧急性,即某一群体的要求能否立即引起公司管理层的关注。米切尔认为,要成为一个公司的利益相关者,至少要符合以上一个属性,即要么对公司拥有合法的索取权,要么能够紧急引起公司管理层关注,要么能够对公司决策施加压力,否则不能成为公司的利益相关者。根据公司的具体情况,对上述三个属性进行评分后,公司的利益相关者又可以被细分为以下三类:第一,确定型利益相关者(definitive stakeholders),他们同时拥有对公司问题的合法性、权力性和紧急性。为了公司的生存和发展,公司管理层必须十分关注他们的愿望和要求,并设法加以满足。典型的确定型利益相关者包括股东、雇员和顾客。第二,预期型利益相关者(expectant stakeholders),他们与公司保持较密切的联系,拥有上述三项属性中的两项。这种利益相关者又分为以下三种情况:(1)同时拥有合法性和权力性的群体,他们希望受到管理层的关注,也往往能够达到目的,在有些情况下还会正式参与公司决策。这些群体包括投资者、雇员和政府部门。(2)对公司拥有合法性和紧急性的群体,但却没有相应的权力来实施他们的要求。这种群体要想达到目的,需要取得另外的更强有力的利益相关者的拥护,或者寄希望于管理层的善行。他们通常采取的办法是结盟、参与政治活动、唤醒管理层的良知等。(3)对公司拥有紧急性和权力性,但没有合法性的群体。这种人对公司而言是非常危险的,他们常常通过暴力来满足他们的要求。比如,在矛盾激化时不满意的员工会发动鲁莽的罢工,环境主义者采取示威游行等抗议行动,政治和宗教极端主义者甚至还会发起恐怖主义活动。第三,潜在的利益相关者(latent stakeholders),是指只拥有合法性、权力性、紧急性三项特性中一项的群体。只拥有合法性但缺乏权力性和紧急性的群体,随公司的运作情况而决定是否发挥其利益相关者的作用；只有权力性而没有合法性和紧急性的群体当他们实际使用权力时会被激活成一个值得关注的利益相关者；只拥有紧急性但缺乏合法性和权力性的群体麻烦不断但无需太多关注，除非他们能够展现出其要求具有一定的合法性，或者获得了某种权力，否则管理层并不需要、也很少有积极性去关注他们。①

米切尔评分法的提出大大改善了利益相关者界定的可操作性，极大地推动了利益相关者理论的推广应用，并逐步成为利益相关者界定和分类的最常用的方法。我国对企业社会责任立法应当采用具体的、历史的分析方法，结合所研究公司的具体情况，利用这种方法给公司的社会责任进行类型化处理，使之具有可操作性。

（二）规制方式：提倡性规范、法定保护机制和契约性调整机制相结合

提倡性制度规范对遵照该法律规范创设的行为模式的行为赋予以下肯定式的法律后果：或鼓励、或表彰、或奖励，充分体现了法的导引与激励功能②；体现出一定历史阶段的政策性原则，反映了社会经济、政治、文化的进步和发展的需要，"表达国家对公民或组织的希望或对某种行为的价值肯定"。③ 通过激励和诱导性规则，鼓励企业积极承担社会责任，如：我国一些银行在

---

① Mitchell RK, Agle BR, Wood D. J. Wood Toward A Theory of Stakeholder Identification and Salience: Defining the Principle of Who and What Really Counts [J]. The Academy of Management Review, 1997, 22 (4): 853-886.

② 汪习根：《发展权法律规范的比较》, http://www.riel.whu.edu.cn/juris/show.asp? ID=267.

③ 汪习根：《论当代中国法律体系的重心定位》, http://www.jus.cn/include/shownews.asp? newsid=669.

审核公司贷款时，要求公司提供其承担社会公益方面的书面材料的现象就值得关注。此外，在政府采购、名牌申报和招投标等制度中纳入企业社会责任观测指标也是可以尝试的举措。2007 年 7 月，上海正式推出《浦东新区推进企业履行社会责任的若干意见》、《企业社会责任导则》和《三年行动纲要》，形成了中国地方政府推进企业履行社会责任的第一个完整体系，不仅全面定义了企业履行社会责任涵盖的劳动保护、环境责任、诚信责任以及政府关系和社会关系等社会和谐的各个方面，还实行达标企业的评估报告制度，对达标企业给予直接的一次性奖励。

考虑到公司董事会对公司股东负有的信托义务和公司最基本的社会角色，以及我国公司控制权的实际状况决定了强制性规定立法模式无现实可能性。我国公司法中公司社会责任的规定应当区别对待并以任意性规定为主，表现形式应当为指引、指南和指导意见等"软约束"规范。与此同时，契约性调整机制对于推行企业社会责任极为必要。第一，法定保护机制的缺位和不足需要契约性机制弥补；第二，立法中有关的倡导性和任意性规定可以通过契约变为约束性的强制规定；第三，法定保护机制不可能涵盖丰富多彩的现实情况，其原则性规定需细化和完善，契约性调整机制在尊重当事人意思自治的前提下，扩张了对企业社会责任规制。公司是契约的联结体，每个契约都联结着公司和相应的利益相关者，体现着公司的社会责任。首先，公司与股东之间存在合约关系，典型的股东至上主义认为企业经营的最终目的是股东利益最大化，这在资本主义发展初期发挥了巨大的作用。而青木昌彦和钱颖一指出这种运行模式使经理人处于短期目标压力之下，而无暇顾及公司的长远发展，最终正好损害了股东的利益。企业社会责任思想则在股东"个人本位"观念中引入"社会本位"的理念，注重公司与社会的二元互动背景下公司的长远利益。其次，公司与员工之间存在劳资合约。公司与员工之间的劳资合约需要劳动法等相关法律制度的监督和维护。再次，公司与上下游企业和债权人（如商业银行等）之间存在买卖合约。契约之网的存在使得我们可以借助契约法上的请求权制度，对企业的社会责任提供契约性的强制规范。

（三）公权力的外在关怀与权利主体能动性的发挥相结合

单纯依靠外在力量难以保障企业社会责任的充分实现，因为建立一个纠察式的监管体制，通过行政力量和行政责任来落实责任和实现权利需要具备四个条件。其一，监管者具有足够的认识能力；其二，不存在信息不对称或者监管者能承担信息搜寻成本以克服信息不对称；其三，监管者全心全意而没有私利偏好；其四，监管者具有足够的执法力量并无需考虑执法成本。而这些条件实际上是无法做到的，因此，在制度供给上除了依靠行政力量的一般性保护之外，还应当坚持群众路线，使普遍的制度关怀和个别保护结合。同时，应注重把法律交给人民，加大司法介入的程度和权利主体对法律的主动运用，法定义务的实现应当具有可诉性，使实体法上所规定的权利义务现实化。

实现企业的社会责任需要依靠社会力量推动，社会制约权力是一个有效渠道，应当落实宪法规定的结社权，充分发挥工会和各类协会的作用。比如，职工工资不能随着经济发展相应增长以及农民工工资等问题，通过宏观调控机制加大社会初次分配力度固然必要，各种形式的集体协商制度和劳动报酬的可诉性同样是一个必不可少的途径。2006年中国企业社会责任同盟（CFCSR）成立，截至2007年9月该同盟的会员单位已经发展到17家。同盟致力于联合企业力量，推广企业社会责任理念，推动中国企业社会责任发展，已经初有成效。

行业协会在推动企业履行社会责任方面可以起重要作用，自中国纺织工业协会自2006年底启动CSC9000T"10+100+1000"项目以来，严格按照企业自我评估、专家初始评估、体系建设培训、体系试运行和专家复评的工作流程工作。2008年9到12月，参与CSC9000T"10+100+1000"项目的浙江省平湖市、广东省虎门镇、福建省石狮市等产业集群的试点骨干企业陆续进入复评阶段,扎实有效地推进了企业履行社会责任项目实施。早在2006年3月,中国外商投资企业协会投资性公司工作委员会(ECFIC)就在北京召开了《企业社会责任北京宣言》新闻发布会。66家会员公司郑重承诺将致力于企业社会责任,在规范企业自身发展的同时用实际行动响应中国政府共建和谐社会的号召。中国外商投资企业协会在推动企业履行社会责任方面的努力得到了商务部的高度关注,2008年9月,商务部在厦门举行第12届中国国际投资洽谈会期间,专门发布《外商投资企业履行企业社会责任指引(草案)》,引导外资企业履行社会责任。中国有色金属工业协会也在推动企业履行社会责任方面迈出了坚实的一步。2008年11月24日,中国有色金属工业协会发布《社会责任指南》对于培育企业承担社会责任意识,督促企业社会责任报告的发布,核实企业社会责任报告。正如欧盟官员戴安娜·亚伯隆丝卡所表示,除了消费者和法律,投资者更加看重企业的环保记录和公益贡献等社会责任方面的情况,这将是推动企业承担社会责任的一股强大力量。行业协会对企业履行社会责任情况的信息披露工作不仅本身可以是"硬约束",在引导消费和投资上也起到了关键作用。

五、结　论

我国《公司法》第5条对公司的社会责任进行了规定,但是,由于作为宣示性规范和原则性条款,被指为内容模糊、边界不清,因而,有部分学者持怀疑态度,甚至主张予以取消。① 笔

---

① 冯兴俊:《中国法学会商学研究会2009年年会综述》,载《法商研究》2009年第6期。

者认为,学界的质疑源于我国特定的政企关系历史,直到今天包括上市公司在内的企业仍然受到公权力的强势干预,为了使企业免受漫无边界的社会责任过滥的社会诉求,杜绝公权力随意干扰公司意思自治,侵犯企业利益,保持适当的警惕是完全有必要的。关于企业社会责任的法律调整应当坚持以下几点:

1. 我国公司法设立公司社会责任条款符合企业制度发展的客观规律和公司法立法的共同趋势,应当予以保留。

2. 在理论研究储备不充分的情况下,以宣示性规范的方式予以规定符合立法规律。宣示性的原则性条款可以通过具体的法律制度予以补充。

3. 由于企业社会责任涉及内容的无限性和处于不断的变动之中,很多事实上属于企业社会责任的内容和各个具体部门法重叠,并为它们所"吸收",因此,没有必要也不可能进行统一的"企业社会责任"立法。

4. 在我国有关企业社会责任的立法中,尤其应当注意保护企业的权利。其现实根源在于我国的企业具有独特的产权基础,大量的国有企业本身就以国有资产为基础运行,其存在发展离不开公权力的各种倾斜式照顾。至于公司制企业,情况也好不到哪里去。公司制度改革的基本定调就是作为公有制的实现形式而存在的,这一点在"十五大"报告中说得很清楚,国有股权的存在甚至掌握公司控制权决定了股份制公司很容易受到公权力的干预。因此,我国《公司法》总则第 5 条在明确规定公司承担社会责任的同时,亦指出公司的合法权益受法律保护,不受侵犯。防止公权力对商主体意思自治过度干预的根本之道在于深化转变政府职能和产权关系的持续改革,而不是从公司法中删去有关公司社会责任的条款。

Corporate Social Responsibility: Floating Social Needs and Legal Regulation
—From the Perspective of Finacial Crisis

Hu Zhiqiang
(School Law of Nanjing Audit University, Nanjing 211815)

Abstract: The impact of financial crisis on CSR suggests that one must take a broader perspective of the relationship between CSR and economic cycles. Contents of CSR continually expand with regular fluctuation. It is difficult to unify legislation because of the infinity and volatility of CSR. The statutes of CSR in Company Law is in line with history regulation. The legal regulation should be carried out through a combination of the statutory protection mechanisms and contractual adjustment mechanism.

Key words: Corporate Social Responsibility, Economic Cycle, Legal Regulation

企业社会责任与法：从自治、管制到回应的演进[*]

刘芳雄[**]　吴宗金[***]

摘　要：企业社会责任在本质上属于受社会因素和市场因素驱动的自治性质的事项。近年来，它的这一属性正越来越多地受到社会力量、市场力量和法律力量的质疑。这三种力量一起推动着 CSR 运动向前发展。与此同时，企业社会责任运动的发展，不仅有助于促成负责任的商业实践，也有助于强化法律实施的有效性。然而，CSR 与法的相互积极作用，均以存在一个充满活力、富于自主精神的公民社会为必要前提。对中国而言，要想促成 CSR 与可持续发展及法治之间的良性循环，应该积极促进公民社会的建设。

关键词：企业社会责任　CSR 企业治理　公民社会　法治

---

[*] 基金项目：江苏省人事厅 2009 年度"江苏省博士后科研资助计划"资助项目"企业社会责任的法律规制：比较和实证的视角"（0901099C）。

[**] 刘芳雄（1973—　），男，湖南涟源人，南京大学法学博士后流动站工作人员，温州大学法政学院副教授。

[***] 吴宗金（1964—　），男，江西九江人，江苏省经贸职业技术学院副教授。

前　言

企业社会责任（Corporate Social Responsibility，CSR）已经成为企业管理的常见话题。这一概念的提出乃基于如下前提：企业本质上属于社会的成员之一，它们对企业的各类利益相关者承担着特定的责任。就其内涵而言，CSR 意味着企业的经营原则必须作出从仅仅关注"企业利润（profit）"向同时关注"利润、地球（planet）和人（people）"的转变，也即由一条"底线"向"三重底线"发生的转变。① 在商业实践中，CSR 所涉问题的范围一直随着社会期望的变化而拓展，包括了从保证产品质量、爱护环境、尊重劳工权益和基本人权到反商业贿赂和腐败等诸多广泛的事项。如今，发表 CSR 年度报告的企业日益增多，接受 CSR 理念的企业高管日益增多，采取 CSR 政策的行业也日益增多，这标志着 CSR 理念已经在商界得以制度化。

在中国，CSR 理念得以制度化的迹象已经显示出来。就 CSR 报告的数量而言，CSR 报告于 1999 年第一次出现在中国后，在 2006 年迎来了井喷式的增长并于其后持续保持增长势头。就采取 CSR 政策的行业而言，以 2008 年为例，可以发现，房地产业、金融业和食品业三大行业独领风骚，众多行业紧追其后。②

---

①　Ramon Mullerat, Corporate Social Responsibility : the Corporate Governance of the 21st Century, Kluwer Law International, 2005, p. 300.

②　在实践中，不同企业所发布的关于 CSR 的报告，因为各种原因，往往名称并不一样，包括可持续性报告、企业社会责任报告、企业责任报告和企业公民报告等，本文为方便计，一律称之为 CSR 报告。2006 年，我国企业共发布 CSR 报告 23 份，超过了自 1999 年至 2005 年共 22 份的总和。2007 年，报告数量继续稳步上升，达 77 份；2008 年，报告数量仅前 11 个月就达到了 121 份。其中，房地产业、金融业和食品业各发布 CSR 报告达 14 份；金属与采矿业及信息技术业次之，各发布 CSR 报告达 13 份；紧随其后的依次是电力业、能源业和汽车业等。郭沛源等：《价值发现之旅 2008 中国企业可持续发展报告研究》，第 10-14 页，http://www.sustainabilityreport.cn/index.asp，[2008-12-25]。

在企业高管对于 CSR 理念的看法方面，2008 年，《财富》（中文版）和全球智囊机构 AccountAbility 曾面向 2 万名中国企业高管、学者与官员等进行了一次年度非公开调查。在被问及"您认为企业社会责任在中国已经成为一个明显的大趋势了吗"时，56% 的人作出了肯定回答，而在一年前，这个数字还是 49%。①这些数据显示，CSR 的理念在中国商界也获得了广泛的认可。

但是，CSR 理念迄今在全球范围内取得的突破式进展并非意味着在这一领域不存在任何挑战。对之常见的质疑有：好企业（good corporate）一定有好结果（good result）吗？如果答案为"否"的话，对企业而言，做好事（behave well）重要还是活下去（survive）重要？等等。考虑到企业是否应该履行社会责任在今天已经不再是一个令人困惑的问题，本文主要关注如下三个问题：一、自治乃 CSR 的基本属性吗？或者说，CSR 本质上是自愿性质的吗，企业为何会愿意承担社会责任？二、可以通过哪些方式推动企业履行社会责任？三、CSR 运动除了推动企业从事负责任的商业实践之外，还有何价值？

一、自治：CSR 的基本属性

回答 CSR 属于自治性质的事项还是非自治性质的事项这一问题的意义在于：如果 CSR 本质上属于强制性质的事项，履行社会责任是企业的法律义务，则有关 CSR 推动机制的研究重点就在于如何根据 CSR 这一概念的特点有针对性地强化相关法律的实施；如果 CSR 本质上不属于强制性的事项，在推动企业履行社会责任时，就必须跳出"新的问题出现——创设新的法律

---

① 《2009 中国企业调查》，载《财富》（中文版）2009 年第 3 期，第 50 页。

加以调整"的反应型立法模式,在思考企业为何愿意履行CSR的基础上,从更广泛的制度范畴内,寻求诱导企业履行社会责任的机制。笔者认为,可以从两个方面探寻上述问题的答案。其一,分析关于CSR的主流定义。其二,分析企业接受CSR这一理念的现实原因/驱动力。分析表明,迄今,CSR本质上属于自治性质的事项,尽管这一想法已经受到诸多质疑,遭遇诸多挑战。

(一) CSR的主流定义

到目前为止,对于何谓CSR,政界和学界彼此之间及其各自内部均未达成完全一致的意见,甚至同一机构就此给出的定义都有所不同,① 譬如:

世界可持续发展工商理事会在1999年把CSR定义为:"公司致力于为持续的经济发展做贡献,与雇员、他们的家庭、当地社区以及社会进行协作,以提高他们的生活质量。"2000年,该理事会提出了另一个类似的定义,"企业社会责任是企业承诺不断致力于行为上遵循道德,并在改善所有员工和他们家庭生活质量的同时,为经济发展做贡献"。

欧洲共同体委员会于2001年提出,CSR是指"在自愿的基础上,公司将社会和环境关系结合到公司经营和与利益相关者相互作用的过程中"。同年,委员会也认为,"公司社会责任本质上是这样一个概念,公司自愿决定为一个更好的社会和一个更清洁的环境做贡献"。

商业社会责任组织(Business for Social Responsibility)把企业社会责任界定为"公司决策的制定遵守伦理价值,符合法律

---

① Alexander Dahlsrud, How Corporate Social Responsibility Is Defined: an Analysis of 37 Definitions, http://www3.interscience.wiley.com/journal/90513547/home, [2008-10-02]。

要求，并且尊重人、社区和环境"。它提出的另一项定义是："公司经营满足或者超出伦理、法律、商业和公众对于公司的期望。社会责任是在每一个商业领域，公司制订每一个决策的指导原则。"

国际工商领袖论坛于 2003 年就 CSR 提出的定义是："公司以伦理价值为基础，进行开放和透明的商业实践，并且尊重员工、社区和自然环境，因此对可持续的商业成功作出贡献。"除此之外，还有很多机构提出了自己对于 CSR 的定义，但使用频率都低于上述定义。综观这些定义，其内容大同小异，均认为 CSR 指的是企业在自愿的基础上，针对利益相关者应履行的义务，和企业在社会、环境和经济方面的责任。从这些主流定义所指向的目标来看，CSR 的内容显然超出了法律的要求。

（二）企业接受 CSR 理念的驱动力

企业为何会自愿超出法律的要求行事多少让人有些困惑。原因在于，一方面，资本的本性乃逐利已是不争的事实，另一方面，一些巨型企业就其经济力量而言，相比很多国家已经毫不逊色甚至更为强大，这意味着国家有效管制它们行动的可行性似乎不大。显然，唯有跳出单纯的法律框架才能解释上述现象。回溯 CSR 运动的产生，不难发现，从一开始，企业接受 CSR 理念确实更多出于被动的反应而非主动的选择。但在社会因素、市场因素等的驱动下，企业开始了由"被动反应"向"主动选择"转变的过程。

1. 驱动力之一：社会因素

以非政府组织为代表的公民社会已经通过其表现证明了它是驱动企业履行社会责任的一个关键推动者。长期以来，非政府组织通过各种宣传和抵制活动，对企业提出了增加行为透明度，从事负责任的商业实践的要求和压力，客观上促成了企业行为的良性变化。典型的事件有：1990 年代，耐克公司设在印度、印尼等发展中国家的工厂大量雇用童工，所有工人都在狭小昏暗的厂房中连续工作十五六个小时的情况曝光，使之成为"血汗工厂"的典型。在非政府组织倡导的大规模、持续性的抗议、抵制运动的压力下，为挽回公司形象，耐克公司最终不得不同意支付赔款，并成立"公平劳工协会"，以监督改善劳工环境。①

公民社会发出的强有力的、不断扩大的声音显然受益于不断进步的新技术的支持。②尤为值得一提的是，以互联网技术为代表的新技术促进了信息在世界范围内的即时传递，使得全球的联系更为便捷，从而为公民社会提供了针对不负责任的企业行为进行"作战的最佳场所和武器"——一个随时可供利用的用于批评和宣传的论坛、一个可指向任何特定企业所有问题的空间。互联网的出现，意味着即便是一个人也可具有很强的"战斗力"。

商界不断兴起的专注于外包（out-sourcing）和品牌经营的趋势也为公民社会作为一种有效的驱动力提供了另外一个背景因素。③为节约成本等原因，越来越多的企业倾向于将其业务重点放在经营品牌上，具体的产品生产过程常通过承包和分包合同加以完成。随着品牌所附有的"影响市场份额、打入新市场、吸引和留住有能力的雇员、分享超额利润和应对混沌的市场"等商业价值的不断强化，以品牌为中心的无形资产越来越被理解为

---

① 夏炉娟：《企业社会责任在全球的 80 年》，载《华人世界》2007 年第 5 期，第 88 页；[美]埃米·多米尼著，兴业全球基金管理公司译：《社会责任投资》，上海人民出版社 2008 年版，第 44-45 页。

② William B. Werther, JR. David Chandler, Strategic Corporate Social Responsibility: Stakeholder in a Global Environment, Sage Publications, 2006, pp. 52-56.

③ William B. Werther, JR. David Chandler, Strategic Corporate Social Responsibility: Stakeholder in a Global Environment, Sage Publications, 2006, p. 57.

企业最有价值的资产或头号资产。① 一个有趣的悖论随之产生：外包和承包一方面意味着企业无需在产品的生产方面进行投入，从而使得其在市场竞争中占据了某种优势；另一方面，品牌在企业总价值中所占的决定性比例又使得企业在面临因不能直接控制生产过程而产生的声誉风险时更为脆弱，从而必须对来自公民社会的压力作出积极的回应。

在上述三方面社会因素的共同作用下，互联网时代已经见证了太多的类似于三鹿集团因为三聚氰胺事件被迫倒闭的情形。在今天，一件丑闻会导致一个企业一蹶不振甚至突然死亡已不再是让人惊讶的新闻。

2. 驱动力之二：市场因素

市场因素同样是一个关键的推动因素。道理很简单：如果投资者和消费者不在乎企业是否履行社会责任，以 CSR 为理由攻击一个企业将发挥不了什么作用；如果实践 CSR 对于企业没有任何商业价值可言，CSR 理念也不可能持久存在。

近年来，在世界各地，融合了投资者金融目标和对社会、环境问题关注的对社会负责任的投资（Socially Responsibility Investment，SRI）有了很大发展。越来越多的投资公司依据"三重底线原则"而非仅仅依据企业的金融表现或市场价值对其计划投资的企业进行审查，有力地推动和支持了 CSR 运动。其中，养老基金发挥着尤为重大的作用。这一方面的著名事例有：挪威政府养老基金（世界上最大的养老基金之一，可投资额高达2300亿美元）2006年6月以人权和环境方面的理由撤出了它在 Wal-

---

① 乔恩·米勒、戴维·缪尔著：《强势品牌的商业价值》，叶华、周海昇译，中国人民大学出版社，2007年版，第21-65页；[美] 斯科特·M. 戴维斯、迈克尔·邓恩著：《品牌驱动力》，李哲、刘莹译，中国财政经济出版社2007年版，第6页。

Mart 公司和 Freeport McMoRan Copper and Gold 公司的投资。① 这一事例显示，鉴于压力直接来自于企业的所有者或股东，SRI 代表了促成企业行为变化、将价值观念转化为积极行动和促进社会与环境进步的有力方式。

在负责任的投资者不断增多的同时，也存在着 CSR 导向（CSR-Oriented）的消费实践在不断增多的证据。譬如，依 "Fair Trade"（公平贸易）组织的统计，在 2006 年，消费者为经过公平贸易认证的产品花费了 16 亿欧元。到 2007 年，这个数字扩大到了 23 亿，已有 60 个国家销售经公平贸易认证的产品。② 另一方面，有机食品的市场从 1990 年代起即有了迅速的增长，全球的销售额据估计在 2005 年达到了 300 亿美元，在 2006 年达到了 400 亿美元。③ 有关国家开展的市场调查也显示了同样的行为趋势。在作为 CSR 运动的起源国之一的美国，LRN 公司曾于 2006 年进行了一次市场伦理调查，结果显示：72% 的被调查者表示愿意以更高价格选择从以符合伦理的方式从事商业实践的企业购买产品和服务，而非以较低价格从存在商业实践伦理问题的企业处购买；70% 的人已经有过因为确信某个企业道德有问题而拒绝从其购买产品和服务的经历。④

---

① Bill Bau: Norwegian Government Pension Fund Dumps Wal-Mart and Freeport on Ethical Exclusions, http://www.socialfunds.com/news/article.cgi/2034.html, [2008-12-20].

② 数据来源："Fare Trade" 官方发布的 2006 年度和 2007 年度报告，http://www.fairtrade.net/annual_reports0.html, [2008-12-20].

③ 联合国贸易与发展会议组织官方文件：UNCTAD/DITC/TED/2007/3, www.unep.ch/etb/publications/UNCTAD_DITC_TED_2007_3.pdf, [2008-12-20].

④ LOS ANGELES, New research reveals business impact of ethics, signals the importance of ethical cultures, http://www.lrn.com/press-releases (30 January 2006), [2008-11-10].

CSR 得到很多企业的首肯还源于它们认识到了如下事实:哪怕是从短期来看,至少在部分场合,CSR 也并非仅是一个有待解决的问题,而是在追求竞争优势的过程中有待抓住的一个机会。已经有企业注意到了如下事实:即便是世界上很穷的人,其购买力加起来也是很大的市场。在满足消费力相对不足的人的需求并同时从事有利可图的商业实践这一方面,新的被称之为 BOP(Bottom of the pyramid,金字塔底层)的市场正越来越多地出现。① 在可以被视为一种赚钱的途径之余,CSR 也可以被视为一种省钱的途径。已经得到证实的情形有:采用节约能源的技术和其他绿色措施,不仅可以保护环境,同样可以节约成本。

综上所述,企业之所以采取 CSR 政策,更多地源于来自外部的、强大的社会和市场力量的推动而非法律的要求。从其驱动力来看,CSR 理念的推行显然超出了法律的要求。正是因为 CSR 无论是从其内容还是从其驱动力来看,均超出了法律的要求,笔者认为,CSR 本质上属于自治性质的事项。

(三) 对 CSR 自治属性的担忧与质疑

毋庸置疑,将 CSR 界定为属于自治性质的事项极易引起担忧:"自治"二字,常常意味着自由裁量的权力,而企业应该履行社会责任已由各种具有恶劣社会影响的事件证明为不容置疑之事。纵观国外各界对于 CSR 的看法,对 CSR 常见的批评有:(1) CSR 的内涵不确定,每个人都可以有自己的概念或定义;(2) CSR 只是唬弄不断增多的持怀疑态度的公众的公关手段;(3) CSR 仅仅是企业慈善的另一种说法;(4) CSR 是一种迷惑人的讲法,它转移了人们对关键问题的注意力,它是问题产生的根源而非解决问题的对策;(5) CSR 像以前的很多概念一样,

---

① 崔生祥:《挖掘金字塔底层的财富》,载《WTO 经济导刊》2006 年第 5 期,第 90 页。

忽视了包括发展经济的重要性在内的很多东西；（6）商业界所承担的社会责任都以不断增加的利润作为开始和结束，CSR 是一种不必要的、令人困惑的说辞；（7）CSR 是一种虚假的东西，不能听任企业进行自我管制。①

在笔者看来，上述对 CSR 的质疑大都指向该如何回答如下两方面的问题：（1）如果 CSR 属于自治性质的事项，企业将何以应对稀缺的商业机会产生的诱惑？一种典型的困境是，在或者选择与一个因侵犯人权而臭名昭著的专制政府合作，或者选择失去一个急需的、有限的商业机会二者之间，企业该如何作出选择？如果选择后者，有多少企业将能长久地坚持这样的选择？（2）市场方式能否推动公认的应予以遵守的道德价值的实现？一个类似的困境是，当我们发起一场声势浩大的抗议运动抵制"三鹿奶粉"时，我们是否能接受"伊利"和"蒙牛"所含三聚氰胺较少的事实？换而言之，在商业道德水准普遍低下、某种产品的 A 生产者与 B 生产者的表现是"五十步笑一百步"时，我们该如何反应？

正是基于上述担忧与质疑，下述共识逐渐在社会各界之间得以形成：尽管 CSR 理念在促进更好的商业实践方面可能有所助益，但它不能被视为良好的公共政策的长期替代品；企业的自愿承诺不是确保负责任的企业行为的坚实基础，只有法律管制才能提供系统的、有效的影响。与此同时，在全球各地，加强对 CSR 事项进行法律管制的现实逐渐成型。

二、管制：各国当前的 CSR 政策选择

从各国已有的实践看，法律在推行自治性质的 CSR 政策方

---

① Ramon Mullerat, Corporate Social Responsibility: the Corporate Governance of the 21st Century, Kluwer Law International, 2005, pp. 474-482.

面所起的作用越来越大。在政府不断创造新的法律工具以培育各种自治性质的 CSR 行为和有助于推进 CSR 实践的市场压力之余，公民社会也正创新性地利用已有的法律机制向各种不负责任的企业行为宣战。

（一）立法管制：各国政府间接推进 CSR 的途径

各国政府迄今为止的实践显示它们并不愿意通过包括企业（公司）法在内的法律框架直接实施强制性的 CSR 要求。以欧美为例，在美国，为了调和公司的利益与公司利益相关者的利益，宾夕法尼亚州于 1983 年首创以制定法的方式——在公司法中引入"其他利害关系人条款"——特别授权公司董事于决策时，得考虑股东以外团体的利益。其后，这一做法被美国各州群起仿效。但是，在此立法模式下，该条款似乎只是用以保护公司董事因在决策时选择考虑股东以外之人的利益而遭以违反义务之名被诉时，可以免除责任。[①] 在欧洲，对企业员工这一利益相关者的保护，主要是通过职工参与公司董事会、监事会等机关的制度和集体协商模式等途径加以进行，对于其他利益相关者的利益保护，在企业法中并没有直接的规定。[②] 与此相反，有证据显示，随着 CSR 运动的不断深入，国家更加倾向于采取各种间接方式来培育 CSR 行为，并已收到了一定的成效。

增强透明度和获得企业信息的可行性在当前是各国培育 CSR 行为和有关市场压力的主要手段，这一方式甚至被称之为"CSR

[①] 刘连煜：《公司社公司治理与会责任》，中国政法大学出版社 2001 年版，第 159-161 页。

[②] 刘俊海：《公司的社会责任》，法律出版社 1999 年版，第 214-247 页。

战役的前沿阵地"。① 譬如，法国于 2001 年 5 月修改了公司法，要求上市公司在其年度报告中披露公司如何考虑其行为带来的社会及环境后果。② 英国于 2000 年 6 月立法要求各种养老金基金披露它是否及如何在其投资决定中考虑有关社会、环境和伦理事项。法国、德国和澳大利亚也都进行了类似的立法。③ 值得一提的是，英国的这一立法乃针对投资者而非企业，客观上却达到了充分创造市场压力的目的。情况显示，尽管这一要求并非硬性要求养老基金这么做，而只是要求养老基金披露它们是否这么做了，各种养老基金几乎无不选择了在进行投资时考虑其所计划投资的企业的 CSR 政策的做法。④

利用透明度促进 CSR 实践的做法在欧盟层面也存在。2003 年 6 月，欧盟议会和委员会发布第 2003/51/EC 号指令，修改以前的 78/660/EEC 号指令，要求公司在其法定年度报告就其面临的主要风险和不确定性作出自我评价，"在理解公司的发展、表现或地位必要的范围内，这一自我评价应该包括财务方面的内容，和在适当的场合，包括非财务方面的、涉及特定商业、包括

---

① Jennifer A. Zerk, Multinational and Corporate Social Responsibility: Limitations and Opportunities in International Law, Cambridge University Press, 2007, p. 171.

② Jose Allouche, Corporate Social Responsibility (Volume 1): Concepts, Accountability and Reporting, Palgrave Macmillan, 2006, pp. 299-302.

③ 经济合作与发展组织：《公司治理：对 OECD 国家各国的调查》，中国财政经济出版社 2006 年版，第 135 页。

④ 据认为，这一现象出现的原因是：没有哪家公司胆敢公开宣称它认为伦理、社会和环境事项与己无关。Occupational Pension Schemes (Investment, and Assignment, Forfeiture, Bankruptcy, etc.) (Amendment) Regulations 1999, S. I. 1999/1849.

有关环境和雇员事项信息在内的关键的衡量公司表现的因素"。①2004年修改的《OECD多国企业指引》也在信息披露这一章中鼓励企业交流额外的信息,包括:用于公开披露的价值声明或商业行为声明,包括企业的社会、道德和环境政策以及公司遵循的行为准则等信息。

在透明度之外,全球范围内存在着很多将公共采购与CSR相联系的例子。譬如,2001年3月,法国在其公共采购法引入可持续发展和环境标准,授权在公共采购合同条款中考虑社会和环境事项。在丹麦、荷兰、挪威和瑞典等国家中,相关法律要求特定种类的行业必须或者在其财务报告中,或者在其专门的环境报告中做出环境声明。2004年,欧盟委员会下属的环境委员会更是出台了绿色购买手册和绿色公共购买指南,就如何通过生态标签的方式来利用和促进绿色公共购买为成员国提供具体指南。② 2005年,欧洲委员会在其成员国中进行的关于绿色公共采购的状况的调查显示,7个成员国(奥地利、丹麦、芬兰、德国、荷兰和英国)已经有了大量绿色公共采购的实践。③

在美国,政府管制企业CSR实践的手段显得独具一格。除其他手段外,联邦政府通过制定和实施《联邦组织判罚指南》(以下简称《指南》)和《2002年萨班斯—奥克斯利法案》(以下简称《萨班斯法案》)等法律,逐步通过他律的机制将社会责任或道德伦理的企业自律行为上升为企业实践中不可回避的议题,从而有效地推动了众多美国企业的伦理管理行动。

---

① Directive 2003/51/EC of the European Parliament and of the Council, at 10 (a) 1.

② See European Commission, Buying Green: A Handbook on Environmental Public Procurement, 2004.

③ See EU, Green Public Procurement in Europe 2005 http://ec.europa.eu/environment/gpp/pdf/Stateofplaysurvey2005_en.pdf, [2008-12-01].

根据《指南》的规定，在企业有违法行为存在时，如果该行为的发生并非出于法人及其管理者的本意，并且有证据表明企业已尽力去杜绝违法行为的发生，法官在量刑或判决时，可以对该法人减轻判罚。而且，相关高管人员在民事诉讼中可以将伦理和合规（compliance）项目的落实作为替自己辩护的理由。在判定该法人是否为杜绝犯罪行为而作出了积极努力时，可将该法人是否在违法行为发生前就已经构建了一套"有效的合规及伦理管理计划"作为标准。《指南》这样规定引起的后果是，企业纷纷制定有关商业伦理的内部行为准则。①

《萨班斯法案》制定于安然事件发生之后不久。该法案第406条规定了高级财务管理人员的道德准则，要求发行人以《美国1934年证券交易法》第13（a）条或第15（d）条要求的定期报告的方式披露其是否制定了适用于高级财务管理人员道德准则。没有制定的，发行人应说明原因。如果高级财务管理人员道德准则发生变化，应该以表备案的方式，通过国际互联网发布或其他电子方式进行立即披露。通过将企业道德方面的自律行为上升为无法回避的立法要求，《萨班斯法案》的这一规定有着极为重要的里程碑意义：剑指企业高管的伦理能力，开创了将制定企业内部行为守则上升为法律义务的先河，为衡量企业之间的表现创造了另一个可对比因素。

综上所述，CSR 政策作为一种自愿商业实践，已经得到了各国政府主要表现为间接立法或管制措施的支持。

（二）社会管制：公民社会直接推进 CSR 的方式

在政府通过间接的方式促进和支持企业的 CSR 行为时，公民社会也越来越多地超出传统的、通过游说来改变政府立法的行

---

① 郑若娟：《推动企业伦理实践的法律环境：美国经验》，载《WTO经济导刊》2007 年第 4 期，第 77-79 页。

为模式，转而直接利用法律机制促使商业实践发生更多积极的变化。①

1. 利用公司法推进 CSR

在传统的点名批评、抵制产品之余，各种非政府组织已经开始利用公司法提供的机会寻求在企业内部发出自己的声音，使得以往来自公民社会的压力由仅构成企业的外部压力向外、内部压力同时并存演变。非政府组织实施这一策略的途径大致如下：购买某个企业的股票—使自己成为该企业的股东—在该企业行使股东权—在企业的年度大会上提出涉及有关 CSR 事项的决议。非政府组织促使美国社会在吸烟态度上的转变乃这方面的典型例子。自 1990 年代起，美国的非政府组织"婴儿喂养行动联盟"和"妇女天主教会"等即积极倡导禁烟运动。它们通过递交股东议案的方式，要求飞机航班与餐馆提供禁烟区，要求企业集团剥离烟草业务，向保险公司的董事会质疑经营健康险或是人寿险的保险公司持有烟草公司的股票是否有违职业道德等，致使烟草议题得到很多企业的重视并很快被有关州政府提上议事日程，最终导致那些原本可以吸烟的场所如餐馆、政府大楼等迅速采取行动，相继成为无烟环境。②

显然，企业股东通过提出关于 CSR 的倡议的举动，拓宽了传统的"企业的责任在于使股东利益最大化"的观念，开启了促使企业履行社会责任的新的大门。

2. 利用合同法与侵权法推进 CSR

---

① 本文所称的公民社会，是在比较广泛的意义上使用，泛指国家或政府系统以及市场或企业系统之外的所有民间组织或民间关系的总和，它是官方政治领域和市场经济领域之外的民间公共领域。其组成要素主要是各种非政府组织。俞可平等：《中国公民社会的制度环境》，北京大学出版社 2006 年版，第 2 页。

② [美] 埃米·多米尼：《社会责任投资》，兴业全球基金管理公司译，上海人民出版社 2008 年版，第 92-93 页。

公民社会采取创新性的方式推动 CSR 运动的第二种表现是：它们不再仅仅寻求影响国家或国际立法，而是同时转而求助于主要包括侵权法和合同法在内的私法所提供的机制，利用这些机制来压缩 CSR 的自愿和弹性空间。

富于创造性的例子之一是对美国《外国人侵权申诉法》的利用。该法颁布于 1789 年，在经过多年的演变之后，给外国人提供了就国际人权犯罪提出法律诉讼的权利。[1] 当前，该法提供了经由美国法院狙击被指控侵犯人权的跨国公司的手段。第一起这方面的例子发生于 1996 年。这一年，15 名缅甸平民在宪法权力中心（The Centre for Constitutional Rights）、地球权利国际（Earth Rights International）和大赦国际（Amnesty International）三个非政府组织的协助下，在美国起诉石油巨头 Unocal 公司，指控该公司应为在缅甸建设达纳天燃气管道的过程中，具体由缅甸军队犯下的谋杀、强奸、酷刑、驱逐、强迫劳动和强制迁徙等罪行负责。其依据是：作为该项目的合作经营者之一，Unocal 公司曾和缅甸军队签订了有关合同，规定由后者为该项目提供安全服务；Unocal 公司被指控受益于缅甸军队的行动，尽管它没有参与或支持这些行动。该案最终于 2005 年经由庭外和解的方式加以终结。Unocal 公司承诺对原告进行赔偿，通过赔偿基金改善管道经过地区居民的生活、医疗和教育条件，并重申了它在人权保护领域的有关行为准则："公司在其所有行动中尊重人权并通过开展有关教育项目强化这一原则。"但是，Unocal 一案的法律价值远不止于此，该案引发了一系列涉及同样主题的案件，给机构投资者提供了要求公司尊重人权的武器，鼓励了其他国家在其管

---

[1] Jennifer A. Zerk, Multinational and Corporate Social Responsibility: Limitations and Opportunities in International Law, Cambridge University Press, 2007, p. 207.

辖权之内寻求企业尊重人权的努力。①

显然，非政府组织利用《外国人侵权申诉法》的意义在于，迫使跨国公司清楚地意识到，只作出承诺而不实现承诺是远远不够的，因为至少在一些场合中，已经有了迫使它们实现其承诺的途径。

富于创造性的例子之二是通过诉讼谋求让企业就其自愿承诺承担法律责任。这方面的典型案例是 Kasky v. Nike 案。在该案中，Marc Kasky——一个环境事项和劳工权利活动家，针对 Nike（耐克）公司提出诉讼，诉由是，耐克公司在 1990 年代末期，为了回应就其提出的"Nike 的供货商使用了血汗劳工"的批评，做了虚假声明。换而言之，Marc Kasky 指控 Nike 在其 CSR 报告作出的"它的供货商遵守了它的不允许使用血汗劳工的行为准则"的声明有假，Nike 因而违反了加利福尼亚州有关不公平竞争和虚假广告的法律。像 Unocal 案一样，Kasky 案最终经由庭外和解的方式得以解决，Nike 向公平劳工联盟这一非政府组织支付了 150 万美元以表明支持解决血汗劳工问题的立场。② 很有意思的是，作为对这个案件的回应，Nike 首先宣布从此不再发表 CSR 报告，但却没有真的这么做——它其后不仅继续发表 CSR 报告，报告的内容反而更加透明。来自商业界其他企业的 CSR 报告也一直在稳步增加。企业界唯一作出的反应是更加小心谨慎，以确保它们所做的 CSR 报告更为精确。

上述情形充分显示了私人诉讼的影响。在推动企业开展逐顶竞争（race to the top）而非逐底竞争（race to the bottom）方面，

---

① Unocal Corp. v. Mesa Petroleum Co., 493 A. 2d 946 (Del. 1985); 王彦志：《经济全球化、可持续发展与国际投资法第三波》，载陈安主编《国际经济法学刊》第 13 卷第 3 期，北京大学出版社 2006 年版，第 187-189 页。

② Kasky v. Nike, Inc., 45 P. 3d 243 (Cal. 2002).

即便是一个单个的案件也可能存在重大的连锁反应效果。

　　富于创造性的例子之三是在供应链上通过合同控制的方式要求其他企业实施 CSR 政策。① 当前,企业之间存在着越来越明显的如下趋势:大企业凭借其占优势的市场力量,在同供应链上的供应商签订合同时,要求后者遵守某些 CSR 承诺。在我国东南沿海地区,近年来大量出现的跨国公司派人对其供应商进行"验厂"的现象即属于这一情形。事实上,在国际劳工组织等国际组织的推动下,企业通过利用合同机制要求其供应商和它们自身适用同样的 CSR 行为准则的做法如今已日益被认为是将 CSR 标准制度化的最佳实践。显然,大企业要求其供应商遵守 CSR 标准的举动并非纯粹出于坚定的道德理想,而是同时出于某些自利原因。一些企业,在其声誉因其供应商漠视 CSR 而遭遇 CSR 运动的巨大打击之后,不得以加强了对其供应商的控制。简而言之,市场压力和公民社会压力的结合,导致了企业对企业进行法律控制以促使"供应链"向"责任链"转变这一骨牌效应的产生。

　　综上所述,在 CSR 领域,政府的管制并非约束企业的唯一途径,公民社会同样正越来越多地利用法律机制积极督促企业对其社会和环境责任作出承诺和实现这些承诺。CSR 自治性质的属性,正越来越多地遭受高度创新性地、策略性地使用的社会力量、市场力量和法律力量的挑战。这三种力量彼此间交互作用,每一种力量都在促进另一种力量的同时被另一种力量所促进,② 共同推动着 CSR 运动向前发展。与此同时,随着 CSR 运动的不

---

① Matthew J. Hirschland, Ph. D., Corporate Social Responsibility and the Shaping of Global Public Policy, Palgrave Macmillan, 2006, pp. 114-117.

② Josep M. Lozano and Others, Governments and Corporate Social Responsibility: Public Policies beyond Regulation and Voluntary Compliance, Palgrave Macmillan, 2008, pp. 25-26.

断发展,其价值并未局限于促进负责任的商业实践,而是开始向强化法律的有效性这一领域蔓延。

三、回应:CSR运动推动法律的有效实施

无数的事实已经表明,法律在管制企业行为一事上并非人们所期待它的那样有效。这主要源自如下原因:1. 迄今为止,无论是在国家层面还是国际层面,管制企业行为的法律机制都远未完善。国家之间的激烈竞争,更是给跨国企业提供了进行法律规避游戏的机会。凭借资金在全球流动的可行性,它们不断从管制健全的地区转移到法律要求较低的地区以获得某种竞争优势,或通过威胁进行这样的转移寻求经营环境的最优化。① 2. 企业如今已经在影响有关国际、国内立法方面积累了充足的经验,能够非常娴熟地通过游说和私下交易等途径,对有关针对其实施的法律的实质性内容与程序性内容施加影响。3. 在市场失灵之余,政府失灵的场合屡见不鲜——并非在所有场合,政府都会将企业社会责任一事优先于有关国家或商业利益加以处理。此外,即便是在国家管制企业行为意愿很强烈的场合,其资源、能力也可能有限。4. 最主要的是,即便是在国家有心有力的情况下,法律的执行效率依然有待于守法主体的自觉遵守。制度经济学表明,监督外在规则服从情况的成本和执行外在规则的成本会限制政府靠外在规则所能取得的成就。② 据研究,如果没有形成自发性服

---

① [意]阿尔贝特桑塔马里雅著:《欧盟商法》,单文华、蔡从燕译,北京大学出版社2007年版,第235-238页。

② 这里的外在规则指的是外在地设计出来并靠政治行动由上面强加于社会的规则,相应的内在规则指为群体内随经验而演化的规则。[德]柯武刚、史漫飞著:《制度经济学》,韩朝华译,商务印书馆2001年版,第119页。

从，政府靠强制在任何时候最多只能执行全部法律规范的3%～7%。①

综上所述，针对企业实施的法律管制无法摆脱必然存在局限性的宿命，"阳奉阴违"的现象在各种法律实施的过程中大行其道的事实已经证实了这一点。可喜的是，CSR运动的进展显示，它可以对此起到积极的对冲作用。

（一）法律实施中的难题："阳奉阴违"现象

如上所述，法律管制最大的局限性之一并非源于法律本身，而是源于企业如何对法律作出反应的事实。当前，各国政府都不同程度面临的一个法律难题是，企业非常擅长于"阳奉阴违地服从法律（creative compliance）"。这一情形的具体表现常是：或者通过寻找法律规范的缺陷和利用法律规定的弹性空间使自己位于法律管制的范围之外，或者通过设计特定的商业实践以使有关法律不能正常发挥作用。在我国，近期相关的例子有，可口可乐公司在我国各地的装瓶厂，通过大量使用派遣工的方式，故意逃避我国的劳动法规；② 大量合资企业针对"我国对进口整车征收25%的关税，而对零部件征收10%的关税"的规定，采取将成套散件进口到中国来组装的方式以赚取税差。③

"阳奉阴违地服从法律"的吸引力在于企业能宣称它遵守了法律，或者说，在严格解释法律的基础上，企业的某种做法并非

---

① ［德］柯武刚、史漫飞著：《制度经济学》，韩朝华译，商务印书馆2001年版，第167页。
② 徐春柳：《可口可乐装瓶厂被指派遣工占九成》，http://followcoca.blog.163.com/blog/static/10426922620081114411579241/，[2008-12-17]。
③ 段秀杰：《世贸组织做出终审裁决 中国入世后首次败诉》，http://www.access-mc.cn/Article/newzx/200802/20329.htm，[2008-12-05]。

不合法。① 因此，在很多场合，"阳奉阴违地服从"不仅被认为是合法的，而且还是值得学习和佩服的机敏表现，并因而成为许多企业的日常实践。② 显然，这一现象难以单纯通过加强法制予以对付的原因在于，法律不可能将所有企业行为纳入管制范围，法律规范的有效实施最终有赖于人们遵守基本的价值与原则而非限于特定的命令规则。换而言之，"阳奉阴违地服从"之所以难以对付，是因为这一现象的存在与其说是法律存在缺陷的后果，不如说是企业寻求利用法律缺陷的心态和认为这样做合法的心态的后果。对那些"阳奉阴违地服从者"而言，法律的适用就是一场游戏，在这场游戏中，设想出规避法律的技巧是合法的、值得称道的行为，法律存在缺陷的责任应由法律的制定者而非法律的管制对象来承担。

（二）CSR 运动：强化法律有效性的积极推动力

作为本质上属于自治性质的事项，CSR 的要义乃企业应该"超出法律的要求而作为"，"阳奉阴违地服从"无疑明显与 CSR 的这一要义不合。譬如，利用法律规范的缺陷规避职业安全保护法规明显是对社会不负责任的表现，平时逃税，却在汶川大地震之后进行巨额捐款的举动并不见得比日复一日的诚实纳税来得高尚。正是因为遵守法律不仅要求遵守法律的字面意思，同时也要求遵守法律的基本精神，推行 CSR 理念的价值在于：CSR 运动具有潜力成为推动企业重新评估它们对法制的态度、促使企业超

---

① 针对本文中所提及的合资企业的赚取税差的行为，中国作出了对超过整车 60% 以上的零部件进行进口按整车征税的对策，但是，世贸组织已经裁定中国的这一做法违反了相关贸易规则。段秀杰：《世贸组织做出终审裁决 中国入世后首次败诉》，http：//www. access-mc. cn/Article/newzx/200802/20329. htm，［2008-12-05］。

② 事实上，"阳奉阴违地服从"存在于所有管制环境中。只要存在规避法律控制的技巧和资源，几乎所有法律规定都是这一行为的潜在针对对象。

出法律基本要求行事的手段。作出如此判断的事实依据是：CSR运动已将"阳奉阴违地服从"现象置于其议程之上；CSR运动有助于推动企业"言出必行"。

1. 关注"阳奉阴违"现象：CSR议程正在不断拓展

"阳奉阴违地服从"现象已经因为非政府组织等社会团体对其关注的不断增多而开始出现在CSR议程之中。税收规避行为乃这方面最典型的例子。一直以来，税收规避行为都不是CSR运动关注的对象，因为通过利用法律的缺陷而少缴税款与逃税并非一回事——前者是合法的，后者则是非法的。但是，税收规避行为显然不是值得夸耀的行为，显然不是声称愿以最高的商业伦理道德准则要求自己行事的企业所应该从事的行为。随着社会对企业的期待不断扩展，税收规避这种以前充其量只能称之为"不诚信行为"的行为开始被置于CSR运动的议程之上。

达沃斯经济论坛是非政府组织利用来推行它们对于税收规避行为关注的一个引人注目的场所。2005年1月11日，达沃斯世界经济论坛第一日，两个非政府组织the Berne Declaration和Pro Natura-Friends of the Earth Switzerland针对不负责任的企业行为颁发了全球第一届"吸引公众眼球奖"，被提名者包括20多个在人权、劳工权利、环保或税收方面表现不佳的跨国公司。该活动的组织者称：设立这一奖项的目的在于提醒达沃斯经济论坛的成员和其他大企业，公众希望它们做环保方面的负责任的成员，尊重对人权和劳工权利，不进行税收规避。① 自那以来，"吸引公众眼球奖"的颁发每年都和达沃斯经济论坛同时进行，至2008年，该奖项已经颁发了四次。为扩大影响，组织者在2008年甚

---

① Sonja Ribi, First "Public Eye Awards" for Irresponsible Corporate Behaviour, http://www.commondreams.org/cgi-bin/newsprint.cgi?file=/news2005/0111-04.htm, [2008-12-15].

至设立了专门的网站（www. publiceye. ch）。

除非政府组织之外，专业咨询机构也发表了它们对于税收规避的看法，提醒企业必须以对社会负责任的方式行事。作为会计行业中的佼佼者，毕马威在其2004年的报告——《董事会会议上的税收》中指出，企业的"非所有者"利益相关者，包括政府、压力团体和社会公众，对于企业的要求和批评日益尖锐。董事会正面临着越来越大压力来监管税收事务，以调和他们对股东的义务和其他利益机构的期待；企业有责任以一种对社会负责任的方式管理税收事务。毕马威警告说，董事会必须认识到，在负责税收策略和政策的设计和监管时，当前关于企业治理、CSR和伦理的争论意味着即便是合法的税收最少化举措也能导致毁掉股东价值的声誉责任。①

考虑到税收问题乃一个关系到公众福利问题的事实，税收规避行为招致CSR运动的关注应该毫不令人惊讶。毕竟，自古以来，在商业领域就存在这样的传统：企业的一举一动，不仅必须经受得起法律的审视，也必须经受得起公众舆论的审视。符合逻辑的推测之一因而是，在税收规避行为之外，必将有更多的"阳奉阴违地服从"行为被纳入CSR议程之中；CSR运动产生的压力，也必将不断压缩"阳奉阴违地服从"现象的生存空间。

2. 超越公关手段：CSR运动促使企业"言出必行"

如前所述，作为一个企业自愿超出法律要求行事的概念，CSR一直被批评者指责为是一种公关手段。②但是，即便CSR仅仅被视为一种公关手段，它也在推动企业履行对社会和环境事

---

① KPMG:Tax in the Boardroom, pp. 7-8, http://www.kpmg.com/Global/IssuesAndInsights/ ArticlesAndPublications/Pages/TaxInTheBoardroom. asp,［2008-12-10］.

② Ramon Mullerat, Corporate Social Responsibility: the Corporate Governance of the 21st Century, Kluwer Law International, 2005, p. 475.

项的承诺方面发挥重大作用。

首先,对诸如尊重基本人权、反对商业贿赂等一些公认的价值准则而言,企业对其明确加以承认和倡导显然胜过对其沉默不语和甚至公开反对。对于基本价值公开认可这一事实本身就说明了这些基本价值是值得追求和坚持的。

其次,在社会力量和市场力量的推动下,出于公关目的而宣称将采用的 CSR 政策不会被允许仅仅停留在只说不做的水平。宣传策略是有其自身的动力机制的,一旦企业作出了某种承诺,它就受到来自企业内部和外部两方面要求它实践诺言的压力。在企业内部,采取了某种宣传策略的企业管理人员,不管是为了维护其道德权威,还是为了实现公关手段的应有效果,都将被迫尽可能地落实其宣传策略。在企业外部,一个企业固然可以采取辞藻华丽的宣传而言不由衷,但是,一旦事实的真相揭晓,它在面对舆论批评和市场打击时就会更加脆弱。言行不一将遭受严重打击的可怕前景,无疑也将迫使企业尽可能认真地履行自己作出过的诺言。正如大赦国际的 Witness Peter Frankental 先生所言:"在非政府组织看来,一个公司,如果挂上维护人权的旗帜,就等于将其财产作为了人质。如果它未能做到所作出的承诺,它的信誉将处于危险之中。"[①] 换而言之,公关手段是一柄双刃剑,它在被企业用来进行华丽包装的同时,也将给企业穿上一层紧身衣。CSR 运动对于推动企业奉行法治理念的价值即在于此。只要你说了,就有压力迫使你去做。

综上所述,人们在利用法律强化由社会和市场驱动的 CSR 理念的有效性之余,也可以利用由社会和经济驱动的 CSR 理念

[①] Tom Campbell and Seumas Miller, Human Rights and the Moral Responsibilities of Corporate and Public Sector Organisations, Springer Netherlands, 2005, p. 79. 笔者认为,尽管这一评论是针对人权而言,但它无疑同样适用于任何社会、环境方面的承诺。

来强化法律实施的有效性。可以说,在提升法律实施的效率方面,寻求制定更完美的法律固然是一种可行之举,由社会力量和市场力量驱动的 CSR 运动同样可以发挥巨大的作用。

四、结束语

　　CSR 本质上是一种自治性质的自我管制,由社会和市场力量所驱动。但这一主张确实有其局限性,以至于一直存在着加强对 CSR 的法律管制的压力。实践已经证明,利用法律管制 CSR 并非政府的专利。政府的管制也并非管制企业的唯一有效途径,法律的力量和社会及市场的力量各有其用武之地。迄今为止,在各国日益通过间接法律方式干预 CSR 事项的同时,公民社会在通过创新性地利用已有法律机制促进企业实践 CSR 方面表现出了令人赞叹不已的能力,大大拓宽和丰富了既往的基于国家权力的"命令和控制"管制模式的内容。一幅新的图景正在逐步展开。社会的、市场的和法律的力量,正以不同于传统的方式,相互作用和相互促进,共同推动 CSR 运动向前迈进。与此同时,CSR 运动的向前迈进,也为法律的有效实施提供了另一条可行且可能的途径,其作用的模式是:(1)一旦 CSR 运动形成良好的势头,到了某个特定的时刻,不管"你(企业)"愿不愿意,"你"都必须"说(承诺)"——必须对某些社会事项及环境事项作出超出法律要求的承诺。从世界范围内公民社会对法律的创新性利用的情况来看,促进 CSR 运动不断发展的社会力量和市场力量是有其自身的动力机制的。不管法律怎么规定,非政府组织、消费者和投资者组成的"舆论法院"将对于他们认为合法的事情制定自己的标准——一个高于法律基本要求的标准,达不到这些标准的企业,将被出示"黄牌(市场份额减少)"或"红牌(被迫退出某个市场)"。(2)只要你"说(承诺)"了,各种外在的压力机制和内在的动力机制将迫使你去"做(行动)"——不仅遵守法律的字面意思，也遵守法律的精神，而不得阳奉阴违。由此可见，CSR 与法的良性相互作用，既是值得追求的图景，也是可行且可能的目标。当然，这需以政府、企业和公民社会三者均存在并为之积极努力作为必要前提。

　　经过 30 年的改革开放，我国当前正面临深刻的社会转型。中国既需通过完善市场与加强法制推动 CSR 运动在中国的发展，以期建成一个和谐社会及实现可持续发展，也需要借助于负责任的企业的力量、资源与专业技能实现各种公共政策目标，促成一个法治社会的成形。显然，要完成这两大任务，必须在政府、企业和公民社会三者的作用之间找到合理的平衡点。前述 CSR 与法之间的相互作用关系表明，无论是通过法律来推动 CSR 运动，还是通过 CSR 运动来促进法律的有效实施，均需以存在一个富于活力和自主精神的公民社会为必要前提。但是，我国当前的现状是，在国家、企业和公民社会这个大三角关系中，公民社会缺位的情形依旧比较明显，以至于在遭遇"三聚氰胺"之类的事件时，除了仰仗个别有良知的媒体和其从业人员或等待党政高层关注此事之外，整个社会集体缺乏自救能力。2008 年 12 月 29 日起"三鹿奶粉系列案"的开庭，固然昭示了政府推行法治的决心，但由企业与政府自行决定对受毒奶粉影响儿童的赔偿额和法院集体拒绝受理与毒奶粉事件相关的诉讼等事，显示了在推动企业履行社会责任、推行法治等至关重要的领域，政府依然未能充分认识到公民社会可发挥的建设性作用，未能摆脱"打造全能政府"的路径依赖。因此，在 CSR 领域，除政府和企业必须作出应有的努力之外，采取一种符合国情的方式逐步推进公民社会的建设，也是我国时下必须努力的方向。

Corporate Social Responsibility and Law: the Evolution from Self-government and Control to Response

Liu Fangxiong　Wu Zongjin
(School of Law, Wenzhou University, Wenzhou 325035)

Abstract: Corporate Social Responsibility (CSR) belongs in nature to the self-government matters driven by social factors and market factors. In recent years, this attribute has been increasingly doubted by social power, market power and legitimate power. The three types of powers have put forward the development of CSR movement. At the same time, the development of CSR movement helps not only to procure responsible business practice but also to strengthen the validity of the enforcement of law. However, the positive actions between CSR and law have all taken a dynamic and self-governed civil society as their preconditions. China should actively promotes the construction of civil society in order to realize the virtuous circle between sustainable development and rule of law.

Key words: Corporate Social Responsibility (CSR), Business Management, Civil Society, Rule of Law

域外经济法制

加拿大贸易救济法中的公共利益问题研究

黄文旭[*]

摘　要：公共利益调查是加拿大贸易救济法的一个重要特征。加拿大国际贸易法庭在作出损害终裁后，可基于利害关系人的申请或依职权发起公共利益调查。加拿大法律没有对反倾销反补贴调查中的公共利益作出定义，但规定了在公共利益调查中应考虑的因素，并规定了操作性很强的调查程序。价格问题、竞争问题以及消费者与公共健康问题是加拿大反倾销反补贴公共利益调查中考虑的核心因素。如果我国政府与企业在应对加拿大反倾销反补贴调查时利用好公共利益调查程序，可在损害终裁作出后最大限度地维护我方利益。

---

[*] 黄文旭（1982—　），男，湖南邵阳人，华东政法大学国际法学专业 2008 级博士研究生。

关键词： 反倾销　反补贴　加拿大　公共利益　贸易救济

近年来，公共利益成为一个热门话题，不管是物权法中的征收还是国际投资法中的国有化，都涉及公共利益问题。同样，在各国的贸易救济法中也存在着公共利益问题，因为反倾销税或反补贴税的征收可能导致物价上涨，从而损害消费者或工业用户的利益，甚至威胁到公共健康。加拿大《特别进口措施法》规定了专门的公共利益调查程序，这是世界上反倾销措施的主要使用国，因此对加拿大贸易救济法中的公共利益问题进行研究就颇具意义。

一、加拿大贸易救济法中的公共利益调查程序概况

一般情况下，加拿大国际贸易法庭的损害终裁将导致征收反倾销税或反补贴税。但国际贸易法庭可基于利害关系人的申请或依职权作出决定，认为有合理的理由表明部分或全部反倾销税或反补贴税的征收不符合公共利益，并根据加拿大《特别进口措施法》进行公共利益调查。① 公共利益调查的结果可能是向财政部长提交一个报告，建议减征或免征反倾销税或反补贴税。公共利益调查是加拿大反倾销反补贴法律制度的一个重要特征，其目的是维持较低的进口价格，降低最终由加拿大公众承担的反倾销税或反补贴税的成本。

从1984年加拿大贸易救济法规定了公共利益调查制度以来，加拿大国际贸易法庭频繁拒绝公共利益调查的申请。国际贸易法庭很少进行公共利益调查的原因之一是它对有关条款进行了狭窄

---

① Section 45, Special Import Measures Act.

的解释。然而，在一些最新的案例中，国际贸易法庭对公共利益问题采取了更为自由的态度，开始接受公众与消费者的主张，建议加拿大政府减征反倾销税或反补贴税。这些案例表明公共利益的概念得到了扩展，并预示了国际贸易法庭未来处理公共利益问题的方式。在这些案例中，考虑最多的三个因素是：价格或价格竞争、产品供应状况和公共健康。①

二、WTO 反倾销反补贴制度中的公共利益问题

加拿大《特别进口措施法》第 45 条规定了公共利益调查，这一调查是事后调查，只能在征收反倾销税或反补贴税之后进行。加拿大反倾销反补贴法中的公共利益调查制度是独具特色的，WTO《补贴与反补贴措施协定》并没有具体规定公共利益调查程序，欧盟反倾销反补贴法中虽然也涉及了公共利益问题，但没有规定加拿大这样详细的事后审查程序。

WTO 有关协定虽然没有明确要求各国反倾销反补贴立法规定公共利益调查程序，但其立法精神是否要求各成员的法律规定这一制度值得讨论。例如，《补贴与反补贴措施协定》第 12.1 条规定："应将主管机关要求的信息通知反补贴税调查中的利害关系成员和所有利害关系方，并给予它们充分的机会以书面形式提出其认为与所涉调查有关的所有证据。"利害关系方包括被调查产品的出口商或生产商、进口商以及国内同类产品的生产商，《补贴与反补贴措施协定》允许各成员将其他各方列为利害关系方。② 《补贴与反补贴措施协定》第 12.10 条规定，"主管机关

---

① Lawrence Herman, Public Interest Elements in Canadian Trade Law: Recent Developments, Canadian Journal of Administrative Law and Practice, Vol. 14, pt. 3, October, 2001, p. 269.

② Section 12.9, Agreement on Subsidies and Countervailing Measures.

应向被调查产品的工业用户，或在该产品通常为零售的情况下，向具有代表性的消费者组织提供机会，使其能够提供与关于补贴、损害和因果关系的调查有关的信息"。虽然这一规定只和补贴调查和损害调查有关，而不是关于损害终裁作出后减征反补贴税的问题，但这表明了乌拉圭回合对公共利益问题的关注，并要求在整个反补贴调查程序中考虑公共利益因素。《补贴与反补贴措施协定》还规定，如果反补贴税小于补贴的全部金额即足以消除对国内产业的损害，则应该征收该较小的反补贴税，并宜建立程序以允许有关主管机关适当考虑其利益可能会因征收反补贴税而受到不利影响的国内利害关系方（包括接受调查的进口产品的消费者和工业用户）提出的交涉。① 虽然《补贴与反补贴措施协定》没有明确要求各成员国内法中规定与加拿大反补贴法中的公共利益调查程序类似的程序，但加拿大国际贸易法庭认为，WTO有关协定为平衡受征收反补贴税影响的不同利益提供了有用的背景。②

三、加拿大贸易救济法中公共利益调查制度的发展

加拿大贸易救济法中的公共利益调查制度规定在《特别进口措施法》第45条中，而1999年对该条款的修改，使加拿大反倾销反补贴法中的公共利益调查制度发生了重大改变。

加拿大《特别进口措施法》制定于1984年，该版本对公共利益调查的规定比较概括且留下了不少空白。1984年《特别进

---

① Section 19.2, Agreement on Subsidies and Countervailing Measures.

② Refined Sugar, Refined from Sugar Cane or Sugar Beets, in Granulated, Liquid and Powdered Form, Tribunal's Consideration of the Public Interest Question, 4 April 1996, PB-95-002, p. 3.

口措施法》只是简单地规定，如果国际贸易法庭作出损害终裁后，"认为"征收反倾销税或反补贴税与公共利益不符，则应立即报告财政部部长并提供事实陈述及理由。在1996年至1997年对加拿大贸易救济制度进行议会审查后，这一规定发生了改变。这次议会审查由众议院的一个联合专门委员会进行。① 该委员会给予《特别进口措施法》中的公共利益条款特别关注，并强调了透明度的重要性。该委员会在其最终报告中指出，"公共利益在加拿大贸易救济法律制度中起着非常重要的作用，《特别进口措施法》需要对公共利益调查作出更清楚的规定。因此，《特别进口措施法》应在第45条中列入非排他性的考虑因素，以指导国际贸易法庭决定是否以及如何进行公共利益调查。应在法律或条例中对公共利益进行明确且具有操作性的定义"。② 然而，该委员会没有修改《特别进口措施法》的权力，其能做的只是要求对公共利益进行"明确且具有操作性的定义"。根据该委员会的建议，加拿大在C-35法案中授权以颁发枢密令的形式来规定公共利益调查中应考虑的因素，但没有涉及"公共利益"的定义。然而，规定了公共利益调查中应考虑的因素可视为符合了"具有操作性的定义"要求。③

---

① 1996年5月，加拿大财政部部长请求众议院常设财政委员会和常设外事与国际贸易委员会对《特别进口措施法》进行审查。该请求的结果是两个常设委员会分别设立了一个专门委员会，由两个专门委员会联合进行审查。

② Report on SIMA, House of Commons, Issue No. 2, Minutes of Proceedings and Evidence of the Sub-Committee on Trade Disputes, 9 December 1996, p. 35.

③ Lawrence Herman, Public Interest Elements in Canadian Trade Law: Recent Developments, Canadian Journal of Administrative Law and Practice, Vol. 14, pt. 3, October, 2001, p. 269.

在上述委员会审查后，加拿大于 1999 年对《特别进口措施法》第 45 条进行了修改，修改后的条文规定，如果国际贸易法庭对补贴进口作出了肯定性的损害终裁，且国际贸易法庭有合理的理由认为征收反倾销税或反补贴税不利于公共利益，则国际贸易法庭应主动发起或根据利害关系人提出的申请而进行公共利益调查。① 这一修改并不是实质性的，但增加了重要的程序性规定，从而使公共利益调查更容易发起。1984 年《特别进口措施法》第 45 条只是规定国际贸易法庭在"认为"征收反倾销税或反补贴税与公共利益不符时可以发起公共利益调查。虽然在实践中国际贸易法庭会在是否应发起公共利益调查这一问题上征求利害关系人的意见，但是法律并没有授予利害关系人提出申请的权利。1999 年《特别进口措施法》第 45 条则增加了"根据利害关系人的申请"这一措词。虽然是否发起公共利益调查仍然取决于国际贸易法庭的自由裁量权，但"根据利害关系人的申请"这一措词将之前的实践写进了法律，明确承认了贸易救济程序要维护公共利益。

此外，1999 年《特别进口措施法》第 45 条规定，国际贸易法庭发起公共利益调查应基于"合理的理由"。而 1984 年《特别进口措施法》第 45 条并没有包括"合理的理由"这一规定。也就是说，根据新的《特别进口措施法》，如果没有合理的理由，则不能发起公共利益调查。因此，"合理的理由"这一措词使国际贸易法庭进行公共利益调查的权限更为清楚。

另一个重要的改变是 1999 年《特别进口措施法》第 45 条提到了国际贸易法庭在决定是否发起公共利益调查以及决定是否应当建议减征反倾销税或反补贴税时应考虑的"因素"。第 45 条第（3）款规定，"在公共利益调查中，国际贸易法庭应考虑

---

① Section 45（1），Special Import Measures Act.

包括规定的因素在内的所有其认为有关的因素"。《特别进口措施法实施细则》第40.1条列举了公共利益调查应考虑的因素。该列举是非排他性的，其列举的非排他性因素有：适用反倾销税或反补贴税的产品的供应情况；征收反倾销税或反补贴税对加拿大市场竞争的影响；反倾销税或反补贴税对使用该产品作为投入物以进一步生产的用户的影响等。① 除此之外，国际贸易法庭还可考虑其认为有关的任何其他因素。

经过二十多年的发展，加拿大贸易救济法中的公共利益调查呈现出以下特点：（1）除了应利害关系人的请求以外，国际贸易法庭可根据案情需要主动发起调查；（2）公共利益调查与产业损害调查结合在一起，并具有独立于损害调查之外的单独程序；（3）法律并未明确公共利益的定义，而是交由国际贸易法庭在实际案例中灵活掌握，即国际贸易法庭在公共利益的解释上存在着很大的自由裁量权；（4）公共利益调查结论包括定性和定量两个方面，即国际贸易法庭须量化消除产业损害所必需的价格水平或重估反倾销税或反补贴税率。②

四、加拿大贸易救济法中公共利益调查的程序

加拿大贸易救济法中公共利益调查程序分为开始阶段与调查阶段。在开始阶段，国际贸易法庭决定是否存在合理的理由以开始公共利益调查。在调查阶段，国际贸易法庭进行调查并在必要时准备向财政部部长提交报告。

---

① Section 40.1, Special Import Measures Regulations.
② 驻加拿大使馆经商处：《加拿大反倾销反补贴公共利益调查的立法、实践及启示》，at http://ca.mofcom.gov.cn/aarticle/ztdy/200612/20061204006891.html，[2007-10-16]。

（一）公共利益调查的开始

国际贸易法庭在开始最终损害调查的通知中应概括地指出，如果作出损害终裁将怎样考虑公共利益问题。国际贸易法庭在作出损害终裁后，可依职权发起公共利益调查，也可根据利害关系人提出的申请，发起公共利益调查。

最终损害调查中的当事人以及受损害终裁影响的人和群体可申请公共利益调查。该申请必须在损害终裁作出后 45 天内提出。国际贸易法庭将对该申请进行审查，以确保符合以下条件：1. 包括申请人及其律师的姓名、营业地址、电话号码、传真号码、电子邮箱地址以及申请人及其律师的签名；2. 包括受征收反倾销税或反补贴税影响的公共利益的陈述，指出受影响的程度；3. 提供关于反倾销税或反补贴税的征收是否不符合公共利益的足够信息；4. 提出所有相关的因素，包括：（1）从不适用损害终裁的国家或出口商处获得同类产品的可能性；（2）征收反倾销税或反补贴税对国内市场竞争、使用该产品作为投入物以生产或提供其他产品或服务的加拿大生产商或服务商、通过限制在生产或提供其他产品或服务时使用的产品或技术而形成的竞争、消费者以竞争价格选择产品或获得产品的可能性或可能产生的影响；（3）减征或免征反倾销税或反补贴税对同类产品的生产所需原料（包括初级商品）的国内生产商可能产生的影响；5、包括其他有关信息。①

不符合上述要求的申请将被退回给申请人，申请人应在上述 45 天期限内提供完整的申请。如果收到符合要求的公共利益调查申请，国际贸易法庭将通知所有收到损害终裁副本的当事人，并邀请他们对该申请作出回复。该申请的副本还将发布在加拿大国际贸易法庭的官方网站上。

---

① Subsection 40.1 (2), Special Import Measures Regulations.

有关当事人可在国际贸易法庭发出收到申请的通知后不超过21天的期限内提交对申请的回复。回复应对申请中的事实与证据作出回应，并提供有助于国际贸易法庭确定是否有合理的理由考虑减征或免征反倾销税或反补贴税的其他信息。

在提交回复的期限结束后不超过10天，国际贸易法庭将确定是否有合理的理由认为全额征收反倾销税或反补贴税可能不符合公共利益。如果国际贸易法庭认为存在上述理由，则发布开始公共利益调查的通知，该通知应包括与随后的调查程序有关的信息。开始公共利益调查的通知还应发布在《加拿大公报》上。如果国际贸易法庭决定不进行公共利益调查，则应通知所有提交了申请和回复的当事人，并在15日内发布作出该决定的理由。

在实践当中，国际贸易法庭由于申请人提交的材料表明其关注的是商业利益而不是真正的公共利益而好几次拒绝了公共利益调查申请。在热轧钢板案（Hot-Rolled Steel Sheet）中，国际贸易法庭认为，"公共利益比私人商业利益更为广泛，申请公共利益调查的当事人必须向国际贸易法庭证明，征收反倾销税产生的影响不限于当事人的商业利益，而扩展到了更为广泛的公共领域"。[①]

公共利益调查开始阶段的时间安排见表1。

（二）公共利益调查的进行

国际贸易法庭开始公共利益调查的通知应包括进行审查的程序安排。审查的程序根据公共利益问题的复杂性以及当事人的数量而有所不同。在公共利益调查中，当事人可提交陈述并对其他当事人提交的陈述作出回复，通常还会进行公开听证。想要提交公共利益陈述的当事人应于国际贸易法庭发出开始公共利益调查的通知后21日内提出书面申请。

---

① Flat-Hot-Rolled Carbon and Alloy Steel Sheet Products, PB-99-001, Statement of Reasons, 20 September 1999, p. 5.

表1　　　　　　　公共利益调查开始阶段的时间表

损害终裁作出后的天数	事件
1～45	申请开始公共利益调查
45	国际贸易法庭发出收到公共利益调查申请的通知
66	对公共利益调查申请作出回复
76	国际贸易法庭决定是否开始公共利益调查
91	如果国际贸易法庭决定不进行公共利益调查，则发布作出该决定的理由

在进行公共利益调查时，国际贸易法庭应考虑所有其认为有关的因素，包括：

1. 是否可从不适用损害终裁的国家或出口商处获得同类产品。

2. 全额征收反倾销税或反补贴税是否将产生以下效果：(1)实质性地减少同类产品的国内市场竞争；(2)对使用该产品作为投入物以生产或提供其他产品或服务的加拿大生产商或服务商造成重大损害；(3)因限制获得这种产品及相关技术，而对以这种产品为投入物而生产或提供其他产品或服务的本国生产商或服务商的竞争力造成重大损害；(4)对消费者以竞争价格选择产品或获得产品的可能性产生重大限制或对消费者造成其他重大损害。

3. 减征或免征反倾销税或反补贴税是否会对同类产品的生产所需原料（包括初级商品）的国内生产商造成重大损害。①

当事人在陈述与回复中，应对其认为有助于国际贸易法庭形

---

① Subsection 40.1 (3), Special Import Measures Regulations.

成意见的所有因素作出说明。如果国际贸易法庭认为减征反倾销税或反补贴税符合公共利益，则当事人还可对可能的减税救济作出讨论。

在开始公共利益调查后大约100天，国际贸易法庭将发布减征反倾销税或反补贴税是否符合公共利益的意见。如果国际贸易法庭认为不应该减征反倾销税或反补贴税，则应发布一个简短的报告并附理由。如果国际贸易法庭认为公共利益需要减征反倾销税或反补贴税，则应向财政部部长提交包括其观点的报告。国际贸易法庭应将其报告的通知发布在《加拿大公报》上，并将其报告的副本发送给公共利益调查中的所有当事人，该报告还可在国际贸易法庭的网站上获得。国际贸易法庭在向财政部部长提交的报告中应包括具体的建议，即减征反倾销税或反补贴税的额度或足以消除对内国产业的损害、阻碍或损害威胁的货物价格，以及该建议的理由。①

公共利益调查进行阶段的时间安排见表2。

表2　　　　公共利益调查进行阶段的时间表②

开始公共利益调查后的天数	事件
35	当事人提交陈述
46	当事人提交回复
56	举行公开听证
100	国际贸易法庭发布其意见

从损害终裁作出到国际贸易法庭提出公共利益建议，大约要

---

① Section 45 (5), Special Import Measures Act.
② Guideline on Public Interest Inquiries, http://www.citt-tcce.gc.ca/publicat/PubInt_e.asp, [2007-10-14].

180 天的时间。而产品受反倾销税或反补贴税影响的期间实际上远远超过 180 天。因为在征收最终反倾销税或反补贴税之前通常已经征收了 120 天的临时反倾销税或反补贴税,因此在提出公共利益建议之前,通常已征收了 300 天的反倾销税或反补贴税。

五、公共利益调查考虑的核心问题

加拿大《特别进口措施法》没有对公共利益进行定义,这一问题在 1987 年玉米案(Grain Corn)中引起了注意。在该案中,国际贸易法庭认为:"公共利益这一措词本身几乎没有给予国际贸易法庭任何指导,加拿大的司法实践也没有提供可适用于国际贸易环境的公共利益的定义。考察美国与欧共体的判例法,也无助于为公共利益这一措词提供准确且具有可操作性的含义。"[1] 在 1998 年婴儿食品案(Prepared Baby Food)中,这一问题再次引起了关注。在该案中,国际贸易法庭认为,法律没有对公共利益进行定义意味着将对该措词的解释权留给了国际贸易法庭。[2] 但国际贸易法庭也没有对公共利益进行定义,而是列出了一些考虑因素,这些因素共同形成了国际贸易法庭眼中的公共利益概念。"考察有关司法实践,公共利益是一个宽泛、没有准确定义且灵活的概念,但无论如何其超越了争议当事人的利益。"[3] 婴儿食品案以及随后的造影剂(Contrast Media)案确定了一项原则,即在公共利益问题上应考虑产品消费者的性质以及产品对加拿大公共健康的直接或间接影响。[4] 还有什么比婴儿食品以及医院诊断程序所需的 X 光成像液更关涉公共利益呢?在

---

[1] Grain Corn, Report on the Public Interest, Statement of Reasons, p. 2.
[2] Prepared Baby Food, PB-98-001, Statement of Reasons, p. 7.
[3] Prepared Baby Food, PB-98-001, Statement of Reasons, p. 10.
[4] Iodinated Contrast Media, PB-2001-001, Statement of Reasons, p. 5.

每一个案件当中，国际贸易法庭都考虑了对公共健康和福利产生重大影响的一系列因素。在造影剂案中，国际贸易法庭考虑的因素包括：反倾销税对成像产品的价格影响；放射线学者选择的机会；医院的供应问题；由于加拿大只有一个生产商而引起的竞争问题；其他供应来源的可获得性。这些因素并不是必须限于X光成像产品，而是可以扩展适用于其他产品。在造影剂案中，最主要的考虑因素是产品对放射成像是必须的。在婴儿食品案中，最主要的考虑因素是产品的价格与可获得性将对加拿大公共健康与福利产生直接影响。这些不同的考虑共同构成了"公共利益"的概念。虽然2000年修订的加拿大《特别进口措施法实施细则》第40.1（1）款列出了公共利益调查时应考虑的因素，但"公共利益"的核心含义仍然没有得到定义。这些需考虑的因素最后还是取决于国际贸易法庭在每一个案件中的观点。根据加拿大国际贸易法庭进行公共利益调查的实践，公共利益调查所考虑的核心问题是价格问题、竞争问题和消费者与健康问题。

（一）价格问题

价格问题和竞争问题紧密相关，国际贸易法庭通常会分别考察反倾销税或反补贴税对进口价格以及因此对投入或消费成本产生的影响。以玉米案为例，国际贸易法庭认为反补贴税对进口产品的价格影响本身不足以引起公共利益问题，但价格问题实际上是国际贸易法庭最终建议减征反补贴税的主要原因。在该案中，本来应对涉案产品征收每蒲式耳1.10加元或每吨46.00加元的反补贴税。玉米的农业用户（主要是猪和猪肉生产商，也包括家禽和牛肉生产商）强烈要求减免反补贴税。而加拿大玉米生产商则要求维持全额反补贴税的征收。国际贸易法庭设法在保护加拿大生产商和用户对有成本效益且价格稳定的产品的需求两者之间保持平衡。在考虑了大量证据之后，国际贸易法庭建议将反补贴税由每蒲式耳1.10加元或每吨46.00加元降至每蒲式耳0.30加元或每吨12.00加元。国际贸易法庭在该案中对价格问题做了极有说服力的陈述:"超过市场能承受的溢价的反补贴税是不必要的,这对用户和玉米生产商都带来了不确定性。对玉米生产商来说增加了没有保证的价格预期,而对用户来说引起了对未来玉米价格不合理的恐慌。因此,加拿大玉米生产商与玉米用户都能从减征反补贴税中受益。如果减征反补贴税,玉米用户面对的不确定性风险将大大减轻,而玉米生产商也将从市场稳定中获益。"① 在美国牛肉案中(Beer from the United States),加拿大国际贸易法庭认为,不必要地征收较高的反倾销税将对市场价格产生有害影响,并减少消费者的合理选择范围从而产业缺乏有效竞争,这对产业的长期发展是不利的。②

(二) 竞争问题

从美国牛肉案开始,公共利益调查就必须包括反倾销税或反补贴税将限制进口并减少国内市场的竞争这样的陈述。这一做法援用了加拿大《竞争法》的政策。虽然《竞争法》与《特别进口措施法》的内在目的是相似的,即促进与保护公平的商业环境,增强加拿大的经济福利,但这两部法律也存在着冲突。《特别进口措施法》旨在保护加拿大生产商免受补贴进口(低价进口)的损害。《竞争法》旨在确保一个竞争性的市场,在该市场中低价销售是允许的优势,只要该销售是在竞争条件下进行。对国际贸易法庭来说,要解决这一问题并不是非常困难。国际贸易法庭反复表示,如果存在这种冲突,《特别进口措施法》优先适用。"当事人向国际贸易法庭寻求保护,以免受不公平的补贴进口的损害,其根据的是《特别进口措施法》而不是《竞争法》。给予国际贸易法庭对反补贴调查以管辖权的是《特别进口措施

---

① Grain Corn, Report on the Public Interest, Statement of Reasons, p. 46.

② Beer, PI-91-001, Opinion, 25 November 1991.

法》,因此,对于两部法律之间存在冲突的地方,国际贸易法庭必须遵守《特别进口措施法》的规定。"①

反倾销税或反补贴税限制了竞争性价格。支持公共利益调查的陈述通常会提出这个问题,而国际贸易法庭也会谨慎地考察市场因素以决定是否进行公共利益调查。在自行车案中,国际贸易法庭认为,即使征收反倾销税,由于可从国内产业以及国外获得同类产品,加拿大市场将继续保持高度的竞争性。② 该案由于缺少竞争受到有害影响的证据,国际贸易法庭拒绝进行公共利益调查。在聚异丁烯隔热板案(Thermal Insulation (Polyiso) Board)中,国际贸易法庭接受了反倾销税将严重减少价格竞争并造成产品高价的主张。但国际贸易法庭又得出结论认为,即使征收反倾销税,国内以及美国将继续有大量的聚异丁烯隔热板供应。此外,现有的加拿大生产设施没有得到充分利用,其产能还可得到提高。③ 因此,国际贸易法庭也拒绝进行公共利益调查。在罐头盖与罐头案(Caps, Lids and Jars)中,加拿大竞争局在其陈述中指出,反倾销税将减少竞争并对消费者产生重大影响,因为市场上只剩下一个加拿大生产商。但国际贸易法庭认为消费者利益以及竞争政策不能优先于《特别进口措施法》对国内生产商提供的保护。④ 虽然以上几个是反倾销案例,但其中有关公共利益的问题同样适用于反补贴案。

精制糖案(Refined Sugar)是加拿大反倾销反补贴公共利益调查案件中有关竞争问题的典型案件。在该案中,国际贸易法庭对来自欧盟的补贴糖作出了损害终裁,随后进行了公共利益调

---

① Prepared Baby Food, PB-98-001, Statement of Reasons, pp. 10-11.

② Bicycles and Frames, PB-92-001, Opinion, 27 January 1993.

③ Polyisocyunurate Thermal Insulation Board, PB-97-001, Tribunal Report, 13 June 1997, p. 4.

④ Caps, Lids and Jars, PB-95-001, Tribunal Report, 26 February 1995.

查。在损害终裁作出后,7个当事人提出了公共利益调查申请,得到了国际贸易法庭的同意。竞争问题占据了整个公共利益调查阶段,市场状况的每一个方面都被触及。包括竞争局在内的反对征收反补贴税的当事人强调,将外国供应商阻挡在外之后,加拿大的精制糖生产商所剩无几,将导致 Redpath Industries Ltd 控制加拿大市场,从而给加工商及消费者带来危险。① 实际上在损害终裁作出后,从涉案国家的进口已经停止,但仍然有可选择的足够进口来源以及足够的国内市场竞争,从而确保了一个健康的国内市场。最后,国际贸易法庭认为反补贴税对市场竞争没有产生不利效果,从而没有损害公共利益。

(三)消费者与健康问题

婴儿食品案(Prepared Baby Food)是第一个有关婴儿健康的重要消费品的公共利益案件。这是一个很大的案件,大约有50个当事人、公司和利益集团提交了支持或反对发起公共利益调查的陈述。整个加拿大婴儿食品市场只有 Heinz 和 Gerber 两家公司,且只有 Heinz 公司在加拿大生产婴儿食品。征收反倾销税导致 Gerber 公司出口至加拿大的产品大大减少,而这一市场结构加大了征税的负面效果。由于该案明显关系到公共利益,因此国际贸易法庭毫无悬念地发起了公共利益调查。国际贸易法庭分析的核心是损害终裁作出后 Gerber 公司退出市场,Heinz 公司成为唯一的加拿大婴儿食品生产商这一事实。② 在向财政部部长提交的报告中,国际贸易法庭特别强调了反倾销税对消费者的价格影响,特别是对低收入家庭带来的经济负担以及对婴儿健康的影响。如果全额征收反倾销税,消费者承受的价格将大幅上涨,而

---

① Refined Sugar, Refined from Sugar Cane or Sugar Beets, in Granulated, Liquid and Powdered Form, Tribunal's Consideration of the Public Interest Question, 4 April 1996, PB-95-002, pp. 5-8.

② Prepared Baby Food, PB-98-001, Statement of Reasons, p. 5.

证据表明价格上涨将对婴儿健康产生影响，因而最好的解决办法是尽可能使价格长期保持在较低的水平。① 要做到这一点，减征反倾销税是最佳选择。全部免除反倾销税将使倾销产品重返加拿大市场，从而对加拿大产业造成损害，这不符合制定《特别进口措施法》的保护目的。② 如果减征反倾销税，则价格将得到控制，从而减轻对低收入家庭以及婴儿的健康和福利产生的影响。国际贸易法庭指出，加拿大是在国际上享有声誉的生活标准较高的国家，但同时儿童贫困率位居发达国家榜首。令人担忧的不仅仅是儿童的贫困问题，贫困与营养不足给儿童心理、身体和社会发展带来的不良影响同样令人担忧。③ 因此，国际贸易法庭建议减征反倾销税或反补贴税。

造影剂（Contrast Media）案是另一个有关公共健康的案件。造影剂并不是婴儿食品那样的现成消费品，但在医院的诊疗程序中非常重要。医院和行业协会关心的是反倾销税对价格的影响，因为反倾销税将使国内市场只剩下一个加拿大生产商。造影剂价格的上涨将对医院预算产生不利影响并最终对患者产生影响。造影剂的价格上涨 1% 将使加拿大医院每年多支出 20 万加元。这可能导致医院放弃使用低渗造影剂，转向使用高渗造影剂，从而使医疗质量下降，因此不符合公共利益。④ 最后，国际贸易法庭认为应减征反倾销税至公共利益可以承受的水平。⑤

---

① Prepared Baby Food, PB-98-001, Statement of Reasons, p. 32.
② Prepared Baby Food, PB-98-001, Statement of Reasons, p. 34.
③ Prepared Baby Food, PB-98-001, Statement of Reasons, p. 29.
④ Iodinated Contrast Media, PB-2001-001, Statement of Reasons, p. 11.
⑤ Iodinated Contrast Media, PB-2001-001, Statement of Reasons, p. 14.

六、公共利益调查的例外性

加拿大反倾销反补贴法的主要目的是贸易救济以及征收反倾销税或反补贴税以平衡补贴造成的影响。国际贸易法庭多次强调，公共利益调查只有在反倾销税或反补贴税给产品的下游用户和消费者造成不必要的重大负担等例外情况下才能适用。在实践当中，国际贸易法庭由于申请人提交的材料表明其关注的是商业利益而不是真正的公共利益而好几次拒绝了公共利益调查申请。在热轧钢板案（Hot-Rolled Steel Sheet）中，国际贸易法庭认为，"公共利益比私人商业利益更为广泛，申请公共利益调查的当事人必须向国际贸易法庭证明，征收反倾销税或反补贴税产生的影响不限于当事人的商业利益，而扩展到了更为广泛的公共领域"。① 这些实践确证了加拿大公共利益调查的例外性，而加拿大反倾销反补贴法律制度的主要目的是保护国内生产商免受补贴进口造成的损害。因此，申请人必须使国际贸易法庭相信存在着特别有说服力的特殊情形，而必须考虑公共利益问题，国际贸易法庭才会发起公共利益调查。② 仅仅指出反倾销税或反补贴税导致了价格的上涨是不够的。在预制玻璃纤维绝缘导管案中（Preformed Fibreglass Pipe Insulation），国际贸易法庭拒绝由于价格的上涨与供应的减少而进行反补贴调查，并认为价格的上涨与供应的减少是征收反倾销税或反补贴税的必然结果。③ 不管商业利益多么巨大，都不能构成国际贸易法庭发起公共利益调查的例外

---

① Flat-Hot-Rolled Carbon and Alloy Steel Sheet Products, PB-99-001, Statement of Reasons, 20 September 1999, p. 5.

② Prepared Baby Food, PB-98-001, Statement of Reasons, pp. 8-9.

③ Preformed Fibreglass Insulation, PB-93-001, Tribunal Consideration of the Public Interest Question, 28 January 1994, p. 4.

情形。

七、加拿大对华贸易救济调查中有关公共利益问题的实践

自加拿大《特别进口措施法》颁布以来,加拿大共对我国发起了27起贸易救济调查,其中纯粹的反倾销调查19起,反倾销与反补贴调查8起。其中只有碳钢焊接钢管案一起调查中的利害关系方提出了公共利益调查申请。

在碳钢焊接钢管案中,提出公共利益调查申请的为碳钢焊接钢管的进口商Portin进口有限公司和加拿大栅栏行业协会西部分会(其会员包括碳钢焊接钢管的最终用户、进口商与分销商)。加拿大国贸易法庭认为,申请人没有提供其进口碳钢焊接钢管的数量与价格信息,也没有基于其实际销售或预期销售碳钢焊接钢管及其制品的数量与价格证明公共利益受到负面影响。虽然申请人指出碳钢焊接钢管的价格将会上涨,但其计算的基础是存在倾销和补贴的涉案产品的价格,而不是一般市场上碳钢焊接钢管的价格。征收反倾销税和反补贴税必然会使从涉案国进口的涉案产品的价格有所提高。而公共利益调查要考虑的是征收反倾销税与反补贴税是否对一般市场上产品价格与产品可获得性的影响足够大,以至于对公共利益产生负面影响。申请人也没有提供足够的证据证明所有客户不能适应市场价格的调整,而只是指出了一小部分人不能适应市场价格的调整。申请人也没有提供有说服力的证据证明碳钢焊接钢管的可获得性受到限制。相同产品或替代产品可从加拿大生产商及中国之外的国家获得。根据国际贸易法庭在损害调查中获得的信息,在调查期间碳钢焊接钢管同时还从至少7个非涉案国家进口。本案中的证据还显示,碳钢焊接钢管还可继续从中国之外的其他来源获得。对于加拿大市场的竞争性,没有足够的证据证明,国内生产的碳钢焊接钢管不会或不能进入

申请人所在的地理区域与其他来源的产品进行竞争。相反,证据显示的是,加拿大生产商进入了申请人所在的地区,但由于倾销和补贴产品的出现,其遭受到了销售增长的困难。基于以上理由,国际贸易法庭认为没有合理的理由考虑对涉案产品征收或全额征收反倾销税或反补贴税可能不符合公共利益,因此国际贸易法庭将不发起公共利益调查。①

在加拿大对华贸易救济调查中,这是唯一的一起公共利益调查申请,且是由加拿大进口商与行业协会提出的。这一调查在开始阶段便被国际贸易法庭拒绝了,没能进入调查阶段。这一结果再次反映了加拿大贸易救济法中公共利益调查的例外性。中国生产商和出口商则从未申请过一次公共利益调查,这也反映了中国当事方申请公共利益调查的积极性不高。

八、结　　语

在《特别进口措施法》颁布后的头几年,该制度很少得到适用。而最近的实践表明公共利益调查制度适用的可能性有所增加。消费者与公共健康是公共利益调查中考虑的主要因素。对于我国政府与企业来说,即使加拿大作出了补贴与损害终裁,我们还可以利用加拿大反倾销反补贴法律制度中的公共利益审查程序,尽可能达到减征反倾销税或反补贴税的目的,甚至还有反败为胜的希望。在具体操作当中,则应该争取加拿大进口商与消费者的支持。从某方面来说,加拿大进口商与消费者与我国出口商是具有共同利益的,因此要取得他们的支持并不困难。当然,由于加拿大贸易救济制度中公共利益调查的特殊性以及实践中因公

---

① Carbon Steel Welded Pipe, Public Interest Inquiry No. PB-2008-001, Statement of Reasons, p. 7.

共利益而减征或免征反倾销税和反补贴税的比例极小,提出公共利益调查申请也需相当谨慎,以免浪费人力与物力。此外,加拿大反倾销反补贴法中的公共利益调查制度对我国立法具有借鉴意义。加拿大反倾销反补贴立法对公共利益调查中各个阶段的时间进度,以及公共利益调查中应考虑的因素作了十分详尽的规定,使得公共利益调查有完善的程序保障,保证了公共利益调查立法的可操作性。① 我国《反倾销条例》和《反补贴条例》都有征收反倾销税或反补贴税应符合公共利益的表述,这是我国反倾销反补贴法的一大进步。但这一表述没有任何可操作性,很难发挥作用。我国可仿照加拿大国际贸易法庭制定的《公共利益调查指南》,由商务部制定《公共利益调查规则》,对公共利益调查的程序以及应考虑的因素作出规定,以避免反倾销反补贴制度这一双刃剑在保护国内生产商的同时伤及社会公共利益。

---

① 梅盛军、陈曦:《加拿大反倾销公共利益立法与实践》,载《世界贸易组织动态与研究》,2005 年第 3 期,第 39 页。

Study on Public Interest Issues in Canadian Trade Remedy Law

Huang Wenxu

(East China University of Political Science and Law, Shanghai 200042)

Abstract: Public interest investigation is a special feature in Canadian Unti-dumping Law and Countervailing Duties Law. The Tribunal may decide, either as a result of a request from an interested person or on its own, to commence a public interest investigation. There is not a definition of "public interest" in Canadian law, but there is a list of factors and provisions of operational process in Canadian law. Price issues, competition issues, consumer and public health issues are key factors in public interest investigation. If our country and corporation can make use of public interest investigation, we can protect our interest after injury finding.

Key words: Unti-dumping, Unti-subsidy, Canada, Public Interest, Trade Remedy

其他

关于"人民币"、"元"的正名问题

汪吉友[*]

摘 要：《中国人民银行法》规定中国法定货币的名称是"人民币"，法定货币单位名称是"元"，这是不科学的。"人民币"的称谓太过政治化，也没有使用货币发行国的国家名称或其简称（"中国"或"中"），而且货币的名称与货币单位的名称是二元的，有违对本位货币以及货币单位命名的国际惯例，给中国货币单位的运用带来了麻烦和混乱。建议将中国本位货币的名称与货币单位名称加以统一，改为"中元"。人民币的国际化日益引人注目，为中国货币名称"正名"适逢其时。

关键词：本位货币 货币单位 人民币 中元

导 言

货币制度是一个国家在历史上形成的并由国家以法律形式规

---

[*] 汪吉友（1965— ），男，黑龙江海伦人，燕山大学文法学院副教授。

定的货币流通的组织形式,包括货币金属、货币单位、本位币、辅币以及其他货币符号的流通和组织程序;货币单位、本位货币是货币制度的构成要素。货币制度最基本的内容是确定货币名称和货币单位。货币名称就是一个国家或者地区货币的名字,而货币单位名称是货币计数单位的名称。各国为了要建立一个具体的货币制度,就不能不先决定一个货币的标准及计算单位,这就是所谓货币本位问题。任何社会制度中,有多种货币同时在社会流通,但物品与劳务的交换及公私会计之处理则以其中之一种作为计价标准,被称为本位货币,即标准货币。本位货币既是一个国家统一使用的标准就需由国家法律对其名称加以规定。① 本位货币本身也有一个用什么单位来计量的问题,即货币单位问题,同样需要由国家法律对本位货币的单位名称进行法律规定。然而,对本位货币名称以及货币单位名称的规定和使用存在着科学与否、合理与否的问题。

根据《中国人民银行法》的规定,中华人民共和国法定货币的名称是"人民币"(第15条),法定货币单位名称是"元"(第16条)。但是,将"人民币"规定为法定货币的名称、将"元"规定为货币单位名称是不科学、不合理的。

一、用"人民"来限定货币有失妥当

(一)"人民"与货币具有不相容的属性

1. "人民"具有阶级性、政治性

"人民"是一个与"敌人"相对应的政治概念、阶级概念,它是与阶级关系、政治斗争相联系的,并且是以在历史发展面前

---

① 参见周大中主编:《现代金融学》,北京大学出版社1994年版,第12页。

所起的作用作为最终划分标准的。这一概念的使用将一定国家或者地区的居民（国民、公民）分为"人民"与"敌人"两个对立部分。凡是以它的存在和活动推动历史向前发展的阶级、阶层、社会势力和集团，以及个人，都属于人民的范围；反之，一切以它的存在和活动阻碍历史向前发展的阶级、阶层、社会势力和集团，以及个人，就是人民的敌人①。

"人民"又是一个历史的范畴，其内涵和范围不是固定不变的，在不同的国家和各个国家的不同历史时期都有着不同内容，比如中国共产党对"人民"的认识和界定，在不同时期就很不相同。关于抗日战争时期、解放战争时期以及中华人民共和国成立初期的"人民"的内涵与范围，毛泽东曾指出，在抗日战争时期，一切抗日的阶级、阶层和社会集团，都属于人民的范围，日本帝国主义、汉奸、亲日派都是人民的敌人。在解放战争时期，美帝国主义和它的走狗即官僚资产阶级、地主阶级以及代表这些阶级的国民党反动派，都是人民的敌人；一切反对这些敌人的阶级、阶层和社会集团，都属于人民的范围。在现阶段，在社会主义建设时期，一切赞成、拥护和参加社会主义建设事业的阶级、阶层和社会集团，都属于人民的范围；一切反抗社会主义革命和敌视社会主义建设的社会势力和社会集团都是人民的敌人。关于新中国成立初期"人民"的范围，周恩来在中国人民政治协商会议第一届全体会议所作的题为《关于〈中国人民政治协商会议共同纲领〉草案的起草经过和特点》的报告还具体指出："'人民'是指工人阶级、农民阶级、小资产阶级、民族资产阶级，以及从反动阶级觉悟过来的某些爱国民主分子。而对官僚资产阶级在其财产被没收和地主阶级在其土地被分配以后，消极的是要严厉镇压他们中间的反动活动，积极的是更多地要强迫他们

---

① 参见董和平：《宪法学》，法律出版社2004年版，第182-183页。

劳动，使他们改造成为新人。在改变之前，他们不属于人民范围，但仍然是中国的一个国民，暂时不给他们享受人民的权利，却需要使他们遵守国民的义务"①。

根据现行的《中华人民共和国宪法》，在社会主义现代化建设时期，"人民"的范围就只包括全体社会主义劳动者、拥护社会主义的爱国者、拥护祖国统一的国民；那些反对社会主义、反对祖国统一的国民就只是"敌人"而不是"人民"。

"人民"是个不平等的概念，这不但是指"人民"与"敌人"的不平等，而且是指"人民"具有层次性，内部有不同的阶级，阶级内部还有不同的阶层、集团，其地位也是各有不同的。

中华人民共和国仍是一个存在阶级和阶级斗争的国家，并非"全民国家"。"在我国，剥削阶级作为阶级已经消灭，但是阶级斗争还将在一定范围内长期存在。中国人民对敌视和破坏我国社会主义制度的国内外的敌对势力和敌对分子，必须进行斗争。"②全体公民仍然被划分为"人民"和"敌人"，"人民"的范围不但小于"公民"，而且内部还包括了工人、农民、知识分子以及拥护社会主义的爱国者、拥护祖国统一的爱国者等具有不同地位的阶级、阶层和集团。中华人民共和国是工人阶级领导的、以工农联盟为基础的人民民主专政的社会主义国家，工人、农民和知识分子是社会主义建设事业必须依靠的力量，拥护社会主义的爱国者和拥护祖国统一的爱国者与全体社会主义劳动者一道结成爱国统一战线。当然，中国"人民"的内涵和范围还是发展变化的。

---

① 周恩来：《周恩来选集》（上），人民出版社1980版，第368-369页。

② 《中华人民共和国宪法·序言》。

2. 货币天然具有平等性、普遍性

货币本身没有阶级性和政治性，同社会政治制度并没有直接关系。货币是固定地充当一般等价物的特殊商品，① 是商品经济基本矛盾的产物，是价值形式发展的最终结果，是在商品交换过程中自发产生的，并不是什么阶级意志的产物。它并不是专门为某个阶级服务的工具，而是为一切商品生产者、经营者、消费者服务的。商品经济中的商品生产经营者之间、商品生产经营者与消费者之间的社会经济关系都是以货币为媒介而发生的。货币的基本职能对于一切被卷入到商品经济中的人们也是统一的、共同的。即使是在剥削阶级存在的社会中也不能说货币是专属于剥削阶级的，因为事实上在这一社会中被剥削阶级也是使用这一货币的。"如果硬要给货币打上阶级的烙印，说货币在资本主义经济中可以转化为资本，是阶级剥削的手段，在社会主义经济中货币是计划核算社会劳动的工具，体现互助合作关系等，那么这显然是社会制度外加给货币的"，② 而并非是货币自身所固有的。在奴隶社会，货币是购买奴隶的工具，反映了奴隶主对奴隶的剥削关系。在封建社会，封建主通过货币地租的形式来剥削农民，货币体现着封建主对农民的剥削关系。在资本主义社会，货币可以转化为资本，便成为资本家剥削雇佣劳动者的工具。但是，这些不同性质的生产关系并不是货币本身所固有的属性，也不是由于

---

① 马克思主义经济学家在货币本质的认识上也有不同的观点，概括起来大体上有两种：其一，货币的本质就是充当一般等价物的特殊商品；其二，货币的本质除了一般等价物之外，还有一个基于一定生产关系而产生的特殊本质，即货币作为商品交换的媒介，还体现着一定的社会生产关系。我们认为货币是固定地充当一般等价物的特殊商品，这是在不同的社会形态下货币的共同本质。货币是否体现一定的社会关系，以及能否将其作为货币的本质问题，充其量是第二位的问题。

② 余力：《货币理论创新》，经济管理出版社2000年版，第9页。

货币的存在而产生的。相反,正是由于这些关系的存在,货币才反映这些关系。①"尽管货币在不同的社会形态下可能体现不同的社会生产关系,但那不是货币本身的属性,因为作为一般等价物的货币,是由商品交换过程中的矛盾运动决定的,而不是由某一特定的生产关系决定的。一定的生产关系只能影响一般等价物发挥作用的条件、范围和对一般等价物的利用,它不能改变一般等价物的本质和反映这一本质的基本特征。那些将货币的本质看成是阶级性的反映,甚至将其打上阶级烙印的观点都是不科学的见解。应当承认,货币是中性的,本身并无'铜臭气'。"②货币在不同的社会制度中作为统治阶级的工具,这是由社会制度所决定的,而不是货币本身固有的属性。从货币的社会属性来看,货币反映着商品生产者之间的关系,货币是没有阶级性的,也不是阶级和剥削产生的根源。"货币是商品生产和商品交换发展的必然产物,在社会主义社会既然还存在着商品生产和商品交换,也就必然要有货币。社会主义制度下的货币,就它的本质和职能来看,与其他社会经济制度下的货币并无区别。""在我国社会主义初级阶段由于社会主义商品经济与其他性质的商品经济同时存在,社会主义社会的货币作为商品经济的润滑剂也同时为沟通各种不同性质商品经济之间的联系服务,为各种非社会主义和半社会主义商品经济服务。由此可见,那种认为货币有阶级性、有资本主义货币与社会主义货币之分的观点是不科学的。"③

(二)"人民币"的革命意义、"左"倾根源和时代性

1."人民币"的革命意义

---

① 参见汪祖杰:《现代货币金融学》,中国金融出版社2003年版,第7页。

② 马小南主编:《金融学》,高等教育出版社2004年版,第8页。

③ 蒋学模主编:《政治经济学教材》(第13版),上海人民出版社2005年版,第264-265页。

关于"人民币"、"元"的正名问题

"人民币"作为一种纸币具有纯粹象征的性质,也没有阶级性和政治性,并不体现"人民"的意志,因此没有"人民"的货币与"敌人"的货币的区分,而且,人民民主政权、中华人民共和国只有一种货币,除了"人民币",也并没有"敌人币"。一个政权、一个国家的货币当然适用于该国的一切组织和自然人,对"人民"与"敌人"并没有什么不同,"人民"可以而且应当使用该货币,"敌人"也是可以而且应当使用该货币。

货币具有地域性,而不具有身份性,一个国家或者地区所发行的货币适用于这个国家或者地区的全部区域,以及这个国家或者地区的全部国民,不分"人民"还是"敌人"都是适用的。货币也具有统一性,而不具有差别性,货币不能歧视居民,区别对待"人民"与"敌人",在一个国家或者地区不存在"为人民服务的货币"以及"为敌人服务的货币"。

作为一种普遍的交易手段,货币是商品经济的货币,而不是阶级的货币,天生具有平等性,而不是阶级性。在货币交易中,人人平等,货币对每个人都有同样的使用价值,同样的平等权利。货币是"激进的平均主义者",① 相同数量的货币享有同等的权利,数量相同的货币不会因为由属于不同阶级的人持有而具有不同的价值。可自由兑换的货币还会在其他国家或地区流通,而这些国家或地区可能就是这种货币发行国的敌对国家或地区。例如美国的法定货币美元是可自由兑换的货币,在世界范围内流通,是世界货币,接受美元的国家或地区既有与美国社会制度完全不同的社会主义国家,也有美国的敌对国家或地区,使用美国货币的人可能就有美国的"敌人",或者说其他国家的"人民"使用了"敌人"美国的货币。

在中国革命战争时期,国民党统治的地区不使用人民民主政

---

① 马克思:《资本论》(第1卷),人民出版社1975年版,第152页。

权发行的纸币，解放区也不使用国民党政权发行的法币和金圆券等货币。在国民党统治的地区有"敌人"，也有"人民"，"敌人"固然使用国民党政府发行的货币，国统区"人民"也并不因为是"人民"而使用人民政府发行的纸币，也要使用"敌人"的货币即国民党政府的货币；同样在解放区有"人民"，也有"敌人"，"人民"固然使用人民政府发行的纸币，解放区的"敌人"也并不因为是"敌人"而不使用人民政府发行的纸币，使用国民党政府的货币。因此，不管是国民党统治的地区的货币，还是解放区的货币，对"人民"和"敌人"都是一视同仁的。"货币没有臭味，无论它从哪里来"，① 同样也可以说"货币没有香味，无论它从哪里来"！如果说，在中华人民共和国成立以前，存在共产党领导的解放区和国民党政府统治的地区，建立了不同性质的政权，相应地发行了适用范围不同的货币，在这种情况下为了区别于国民党反动统治地区发行的货币，将解放区政权发行的货币称为"人民币"还可以理解的话，那么在建立了政权统一的民主国家，而这个国家只发行一种货币的情况下，不用国家的名称（或简称）来称谓而仍然称之为"人民币"，显然就不是"与时俱进"，而是静止僵化了。

  当然，各个国家或地区都要发行本国或本地区的法定货币，规定自己的货币制度。但这只是为了保障法定货币在本国或本地区的流通，实现货币的职能，促进商品经济的发展，并不是要使货币反映统治阶级的意志或者反映人民的意志，从而具有阶级性或人民性。

  另外，"人民"是一个含义极其广泛的政治名词，它不只是代表中国人民，在全世界范围内都可以通用，很难反映出中国特色。随着中国的货币走出国门，"人民币"将中国"人民"强加

---

① 马克思：《资本论》（第1卷），人民出版社1975年版，第129页。

给了对方接受,他们的"人民"不知作何感想。要确切反映中国的货币是属于中国人民的货币,似乎叫做"中国人民币"才恰当;而"中国"又有"新中国"、"旧中国"之分,好像更应该叫"新中国人民币",这样的命名显然没有什么意义。

2. "人民币"的"左"倾根源

将中国的法定货币定名为"人民币",同对货币与社会主义的关系的错误认识有关。

人民币即人民的货币,将法定货币定名为"人民币"有着深刻的认识根源。资本主义经济是最发达的商品经济,一切都商品化了,都镀上了金或银,表现为货币关系;而在社会主义者所设想的社会主义中是不存在商品货币关系的,因此社会主义者往往就错误地把商品货币关系同资本主义划等号,把资本主义的弊端强加于商品货币关系,一提到货币就想到资产阶级法权、资本主义铜臭味。

在社会主义的历史上,空想社会主义者把货币看成是人类社会存在罪恶和非正义的一个根源,认为资本家只是利用货币剥削工人,货币是资本家欺骗工人的工具,因此应当消灭货币。马克思恩格斯所设想的共产主义社会也是消灭了商品货币关系的社会,货币是无用之物,当然没有存在的必要。列宁对货币的认识同样存在偏差,把商品货币关系等同于资本主义生产关系,认为货币是资产阶级和资本主义的东西,似乎只要消灭了商品货币关系就等于消灭了资本主义的一切关系,建成了社会主义,依然不适当地认为货币"是向一切劳动者征收贡物的凭证,货币是昨天的剥削的残余",① 资产阶级"利用仍是私有财产的纸币,利用这些使剥削者有权领取社会财富的凭证,来投机、发财和掠夺

---

① 列宁:《列宁选集》(第3卷),人民出版社1975年版,第837-838页。

劳动者",①"社会主义就是消灭商品经济",②当然首先就是要消灭货币。斯大林虽然承认在社会主义条件下商品经济存在的必要性，但仍把货币看做"资产阶级的工具"。毛泽东也没有解决商品货币关系与社会主义的关系问题，还是认为社会主义条件下的货币交换是资产阶级法权，跟旧社会没有多少差别，只能在无产阶级专政下加以限制。

一方面理论上认为货币只是私有制社会中阶级剥削的工具，社会主义社会不应有货币的一席之地，另一方面在实践中却又摆脱不了货币对社会主义的"纠缠"，因此不得不羞羞答答地承认社会主义社会离不开货币；又要强调社会主义货币与资本主义货币的所谓本质不同，即社会主义制度下的货币已不再是剥削工具，而是为人民服务的工具,③"私有制经济中的货币，作为一般等价物，反映着私人商品生产者之间的劳动换算关系。在资本主义制度下，货币连同商品生产和商品交换一起都是为资本主义制度服务的。社会主义经济中的货币作为一般等价物反映着联合劳动者之间的劳动换算关系。它是为社会主义经济服务的"。④这样，称之为"人民币"似乎也就顺理成章了。

3. "人民币"的特殊时代背景

"人民币"的称谓具有历史性，是特定历史时期的产物。货币名称也应适应经济国际化、货币世界化的要求。

"人民币"是"中国人民银行券"的简称，它的诞生和发展，是和中国共产党领导下的中国人民革命的发展过程分不开

---

① 列宁：《列宁选集》（第3卷），人民出版社1975年版，第750页。
② 列宁：《列宁全集》（第15卷），人民出版社1975年版，第112页。
③ 蒋学模主编：《政治经济学教材》，上海人民出版社1983年版，第278页。
④ 蒋学模主编：《政治经济学教材》（第13版），上海人民出版社2005年版，第264页。

的。在国民党建立了全国统一的政权后,建立了中央银行,发行了流通全国的货币。共产党领导的与国民党反动政权完全对立的进步的人民民主政权成立后,全国统一的政权瓦解了,直至中华人民共和国成立之前,再没有建立起全国统一的政权,在中国的领土上既有为大地主大资本家等极少数人服务的国民党反动政府统治的地区,也有为广大人民的利益服务的新民主主义政权领导的根据地、解放区。在根据地、解放区,各银行发行的银行券,就以该发行银行的名称"××银行"中"银行"前一个或两个字加"币"构成,即"×币"或"××币",作为所发行的货币的简称,如陕甘宁边区的陕甘宁边区银行发行的陕甘宁边区银行券,简称为"边币",晋察冀解放区的晋察冀边区银行发行的晋察冀边区银行券,简称为"边币",山东解放区的北海银行发行的北海银行券,简称"北海币",晋冀鲁豫解放区的冀南银行发行的冀南银行券简称为"冀南币"等。1948 年冬,辽沈、淮海等几个大战役取得胜利,华北和华东、中原等几个解放区,基本上连成一片。全国解放和统一的形势,要求改分散发行为统一发行。12 月 1 日,把华北银行、北海银行和西北农民银行合并为"中国人民银行",开始发行中国人民银行券,① 即"人民币"。作为人民民主政权的货币,为了区别于作为敌人的国民党政权发行的货币,名称定为"人民币",以示是为人民利益服务的货币,是人民自己的货币,在新民主主义政权领导的解放区流通。这样,国民党政府所发行的货币不再是流通全国的货币,而只能在国民党政府统治的地区流通。中华人民共和国成立后,建立了统一的全国政权。由于受"左"倾思想的干扰,长期错误地把商品经济等同于资本主义,把社会主义与资本主义的对立看

---

① 千家驹、郭彦岗:《中国货币史纲要》,上海人民出版社 1986 年版,第 240 页。

成就是社会主义与商品经济的对立,将属于商品经济的概念、范畴阶级化、政治化,将为全体国民服务的或者具有公益性质的事业、工具随意以"人民"称之。如把中国的银行称为"人民银行",把中国的保险称为"人民保险"等。同样,也将本来是中性的中国货币仍然不适当地称为"人民币"(1995年颁布的《中国人民银行法》正式以法律的形式将中华人民共和国法定货币的名称定为"人民币"),好像还有专门为反动势力服务的"敌人币"似的。随着对商品经济、资本主义、社会主义正确认识的形成,货币的工具性、中立性以及非阶级性、非政治性日益被人们所接受,中国法定货币——人民币的改名(非"人民"化)也就势所必然。

"人民币"的称谓不能不说与当时解放区的自力更生、中华人民共和国的长期闭关锁国有直接关系。"人民币"是中国人民自己的货币,中国人民不需要与其他国家或地区的货币打交道,当然也无需将"人民币"同其他国家或地区的货币进行比较、兑换。

4. 人民币的国际化,要求中国货币更名改姓

"一国的经济实力是使该国货币成长为国际货币的基本条件。"[1] 近年来,随着我国经济的高速增长、国际贸易影响的扩大,中国对全球经济增长所发挥的作用越来越重要,人民币的币值也持续稳定,人民币的国际声誉和国际地位大大提高。人民币国际化是指人民币能够跨越国界,在境外流通,成为国际上普遍认可的计价、结算及储备货币的过程。人民币已经越过国界,在周边国家或地区广泛流通,开始了它的国际化进程。人民币首先在边贸中开始被采用为结算货币,之后影响不断扩大,在我国与

---

[1] 高材林:《美元国际化及对中国的借鉴》,载《上海金融》2008年第5期,第62页。

周边国家和地区的边境贸易中,人民币已经被普遍用做支付和结算的硬通货。中国部分周边地区居民已把人民币作为交易媒介和国际清算手段而大量使用。"东南亚区域内美元的危机使人民币越来越成为人们的一种选择",马来西亚、菲律宾都将人民币作为其外汇储备之一。"目前,在香港已经可以开人民币账户,消费时也可以直接使用人民币。银联卡也可以直接在香港消费或提取港币现金。"① 截至 2009 年 3 月 31 日,中国先后与俄罗斯、蒙古、缅甸、越南、韩国、马来西亚、白俄罗斯、阿根廷以及我国香港等 13 个国家或地区签署了货币互换协议。国务院常务会议 2009 年 4 月 8 日决定,在上海市和广东省广州、深圳、珠海、东莞 4 城市开展跨境贸易人民币结算试点,"此举将成为人民币国际化征程的关键一步,并为今后人民币国际化的推进奠定重要基础"。② 人民币的国际化迈出了关键一步。人民币虽然现在还谈不上是国际货币,但是人民币境外流通的扩大最终必然导致人民币的国际化,使其成为世界货币。人民币在部分领域已有了一些国际化的趋势,人民币国际化已进入起步阶段。中国货币的国际化,必然要求中国货币名称的国际化,按照国际惯例对中国的法定货币名称加以规定。

二、"人民币"(元)不符合货币命名的国际惯例

将本位货币的名称规定为"人民币"、货币单位名称规定为

---

① 刘丁:《人民币崛起东南亚》,载《新华月报》2009 年 1 月号(上半月),第 51 页。

② 王宇、姚均芳、余小洁:《新闻分析:透视人民币国际化路径图》,http://finance.sina.com.cn/g/20090408/23076078745.shtml [2009-04-09]。

其他

"元"不符合规定本位货币名称、货币单位名称的国际通行做法。规定本位货币名称、货币单位名称的国际通行做法首先是在本位货币名称中包括两部分,即标明货币发行的国家或者地区的名称(简称),标明本位货币的货币单位名称,模式为"国家或者地区的简称+货币单位名称",如美元(UNITED STATES DOLLAR)=美(UNITED STATES,国家名称或简称)+元(DOLLAR,货币单位名称),日元(JAPANESE YEN)=日(JAPANESE,国家名称或简称)+元(YEN,货币单位名称),马来西亚林吉特(MALAYSIA RINGGIT)=马来西亚(MALAYSIA,国家名称或简称)+林吉特(RINGGIT,货币单位名称)。其次本位货币名称与货币单位名称是一元的,二者完全一致,如"美元(USD)"既是美国的本位货币名称,又是其货币单位名称;"日元(JPY)"既是日本的本位货币名称,又是其货币单位名称;"欧元(EUR)"既是欧盟的本位货币名称,又是其货币单位名称。

(一)"人民币"没有标明货币发行国的国家名称(简称)

适应货币的地域性要求(货币是一种交换媒介,具有非常突出的地域性,原则上一个国家或者地区所发行的货币只适用于该国家或者地区的全部区域),① 规定本位货币名称应当标明货币发行的国家或者地区的名称(简称)。

货币主权是国家主权的重要内容,其中包括了国家对货币制度的选择权,如确定货币名称、规定货币单位。货币是由主权国家或者地区发行的,货币的名称中标明货币发行国家或者地区的名称,可以反映该货币的发行是本国或者本地区的主权行为,并

---

① 欧元(EURO)是欧元区各个国家的单一货币,也是具有地域性的。

以此区别于其他国家或者地区发行的货币。① 由于国家或者地区的全称一般都比较长，在货币名称中使用全称多有不便，因此，货币的名称中所标明的货币发行国家或者地区的名称一般使用该国或者地区的简称。世界主要货币的英文名称、中文名称一般都包括国家或地区的国家简称。

货币是现代经济的中心，作为一种交换工具（交换的媒介和价值的标准），它具有提供经济计算单位、便利消费的作用。为了降低交换成本和提高交换效率，货币的使用应当符合简便的要求。货币的名称中包括了货币发行国家或者地区的名称（简称），人们就很容易判断某一货币是哪一个国家或者地区发行的，适用于哪一个国家或者地区。商品经济发展所导致的经济国际化、世界化使得各个国家或者地区的人们越来越多地同其他国家或者地区的货币打交道，需要对其他国家或者地区的货币有所了解，并进行简单的比较，而各个国家或地区本位货币的不同，最明显、最直观地表现于货币名称的不同上，各个国家或地区货币名称的不同又主要体现在货币名称中所包括的货币发行国家或者地区的名称（简称）上。人们一般只需了解其他国家或者地区的法定货币的名称，进而了解这些货币与本国法定货币以及对美元等世界主要货币的比价关系，货币名称中包括货币发行国家或者地区的名称（简称），就为此提供了便利条件。

"人民币"的货币名称中没有包括标明货币发行国国家名称

---

① 欧洲联盟（简称欧盟）是有关主权国家自愿结成或加入、集政治实体和经济实体于一身、在世界上具有重要影响的区域一体化组织，欧元是主权国家结成的联盟（欧盟）的货币，也是有关主权国家自愿接受的，"欧元"还是属于主权货币。中国人民银行行长周小川2009年3月23日在中国人民银行网站发表文章《关于改革国际货币体系的思考》提出"创造一种与主权国家脱钩、并能保持币值长期稳定的国际储备货币"（即"超主权储备货币"），引起国际反响，但是创造超主权货币，还只是一个设想。

其　他

（简称），人们从"人民币"的货币名称中无从知晓这种货币是由哪一个国家或地区发行的，适用于哪一个国家或者地区，从而在事实上强加给了使用人民币的人一项义务，即使用人民币，就必须自己想办法知道人民币是中华人民共和国的本位货币，而不是像美元（UNITED STATES DOLLAR）、欧元（EURO）、日元（JAPANESE YEN）等货币那样，发行的国家或者地区自己履行了通过货币名称告知谁是该货币发行者的义务，从而方便了货币的使用者。中国大陆的组织和个人对中国的"人民币"是非常熟悉的，不会感到别扭，而港澳台地区以及其他国家的组织和个人则会非常困惑和不适应，① 而且中国的货币及其单位也无法与

---

① 世界各国的货币名称都是包含有发行国或地区的简称的（中国除外）。有些国家本位货币英文名称中包含了包括货币发行的国家或者地区的名称或其简称，但是在翻译成汉语时，将发行国的国家或者地区名称或其简称不适当地省略掉了，如阿尔巴尼亚的"列克"，英文名称是"AIBANIAN LEK"，保加利亚的"列弗"，英文名称是"BUIGANRIAN LEV"，朝鲜的"圆"，英文名称是"KOREAN WON"，印度的"卢比"，英文名称是"INDIAN RUPEE"等；有的外国货币名称在翻译成汉语时，有两种译法，一种带有国家或地区简称，另一种则是省略掉了，如"RUSSIAN RUBIE"，有的翻译成"俄罗斯卢布"，有的翻译成"卢布"；"SPANISH PESETA"有的翻译成"西班牙比塞塔"，有的翻译成"比塞塔"；"ARGENTINE PESO"有的翻译成"阿根廷比索"，有的翻译成"比索"。"POUND STERLING"比较特殊，有着独特的历史形成轨迹，"STERLING"是"英国货币的"的意思，虽不是国家名称的简称，但是使用者也能够从名称上知道是英国货币。"EURO"是欧洲联盟（EUROPEAN UNION）的货币名称，也是其货币单位名称，中文翻译为"欧元"，"欧"是欧洲联盟的简称。有的将人民币的英文名称写为"RENMINBI"，有的写为"RENMINBI YUAN"。其他国家货币的英文名称与国际标准代码是对应的，后者是前者的缩写。中国货币的国际标准代码是 CNY（是中元 Chinese Yuan 的缩写），主要在国际上使用；英文简写却是 RMB（实际上是汉语拼音 RENMINBI 的缩写），主要在国内使用。尽管"CNY"是统一标准代码，但是中国人更喜欢山寨版的代码"RMB"。"RMB"用的是人民币汉语拼音首字母组合；因为汉语拼音在世界范围内影响力较小，不利于中国货币走向世界，成为自由兑换货币后为世人所认识。

其他国家的货币及其单位进行对应比较。

（二）货币名称"人民币"中没有包括货币单位名称

本位货币的货币名称中应当标明货币单位名称，如美元（UNITED STATES DOLLAR）、英镑（POUND STERLING）、瑞士法郎（SWISS FRANC）、马来西亚林吉特（MALAYSIA RINGGIT）、葡萄牙埃斯库多（PORTUGUESE ESCUDO）、巴西克鲁赛罗（ARGENTINE PESO）、南非兰特（SOUTHAFRICA RANT）等本位货币名称中的"元（DOLLAR）"、"镑（POUND）"、"法郎（FRANC）"、"林吉特（RINGGIT）"、"埃斯库多（ESCUDO）"、"比索（PESO）"、"兰特（RANT）"等。当然，某一货币单位可能是一个一般的货币单位，有许多国家或地区在使用。如"元（DOLLAR）"就是一个一般货币单位，以"元"为货币单位的国家很多，如美国、新加坡、澳大利亚、加拿大等，这些国家都是在"元"前冠以国家名称的简称作为本国货币的单位：美元（U.S. DOLLAR）、澳元（AUSTRALIA DOLLAR）、加元（CANADA DOLLAR）、新加坡元（SINGAPORE DOLLAR）等，①以与其他以"元"为货币单位的国家或者地区的货币单位相区别。同样，"法郎（FRANC）"、"克朗（KRONE）"、"第纳尔（DINAR）"、"比索（PESO）"、"先令（SCHILLING）"、"镑（POUND）"等也是一般货币单位，这些国家和地区也都是在其前面冠以国家或者地区的名称或其简称作为本国本位货币的单位，以此区别于使用同样货币单位的其他国家的货币。

---

① 使用"元（Dollar）"的国家还有文莱、新西兰、牙买加、圭亚那、特立尼达和多巴哥、巴哈马、巴巴多斯、利比里亚、伯利兹、纳米比亚、津巴布韦等。有些国家的货币单位（英文名称）并不使用"DOLLAR"，但是汉译时，习惯译为"元"，如日元（JAPANESE YEN）、韩元（KOREAN）、欧元（EURO）、缅元（Burmese Kyat）等。人民币的单位元英译是"YUAN"（汉语拼音），也不是"DOLLAR"。

其 他

（三）货币单位的名称（元）与本位货币的名称（人民币）是二元的

一国货币单位的名称往往就是该国货币的名称；几个国家同用一个货币单位名称，则在前面加上国家名号，这是一个国际惯例。① 本着简便的原则，一个国家或者地区的本位货币名称与货币单位名称是一元的，二者完全相同。各个国家或地区的本位货币名称与货币单位名称都是完全一致的，没有例外。

本位货币名称与货币单位名称相一致，给货币工具的使用带来了方便：货币单位名称就是法定货币名称，因此，采用某种货币单位作为计算单位，只需使用这种货币的货币单位名称，无需另行标明法定货币名称。

由于世界各国的货币尚未统一，因此国际经济交往使用货币作为价值计量工具，就需要指出是采用哪一个国家的货币来计量，明确这一货币的名称；由于需要计算出具体的交易数量，因此，还必须明确所采用的货币的单位，指明其名称。

如果本位货币名称与货币单位名称相一致，那么指明了所采用货币的名称，同时也就明确了这一货币的单位，因此非常简洁方便。相反，如果法定货币名称与货币单位名称不一致，那么就

---

① "按照国际惯例，一国货币单位的名称往往就是该国货币的名称；几个国家同用一个货币单位名称，则在前面加上国家名号。如 FRANC，音译法郎，是很多国家采用的货币单位名称，前面加上国名，就是各该国的货币名称。法国法郎是法国的货币名称，瑞士法郎是瑞士的货币名称，等等。再如 DOLLAR，意译为元，也是很多国家采用的货币单位名称，前面加上国名，美元就是美国的货币名称，加元就是加拿大的货币名称等"，"中国的情况有些特殊，货币名称是'人民币'，货币单位名称是'元'，两者不一致。外国人搞不清，往往按照他们的习惯，把中国的货币叫做'中国元'"。黄达主编：《金融学》，中国人民大学出版社2003年版，第40页。

不但要指明所采用货币的名称，同时还要另行指明这一货币的单位名称，显得比较啰唆、麻烦。

把"元"作为一个国家本位货币的货币单位名称，而不冠以国名简称，既不符合国际通行做法，也不够合理。"元"是一个一般的货币单位，以"元"为货币单位的国家和地区很多，这些国家和地区都是在"元"前冠以国家或者地区名称的简称作为本国货币的单位，如美元、日元、欧元、港元等，以与其他以"元"为货币单位的国家或者地区的货币单位相区别。中国将"元"作为本位货币的货币单位，无视本货币单位应有的特殊性（标明货币发行国的简称），将一个通用的一般货币单位不加区分地作为本国的货币单位，既不利于准确地计量事物，不便于进行货币单位的国际对比，给实际应用带来不方便，也表现出在货币单位命名上的"霸权主义"。采用"元"作为计算单位，人们无从像"美元""英镑""欧元"那样非常直观地知晓这是哪一国家或地区发行的、哪一种法定货币的货币单位名称。

三、中国货币及其单位名称使用的乱象

中国本位货币的名称与货币单位的名称是二元的，二者不一致，本位货币的名称是"人民币"，货币单位的名称是"元"。这种不一致给我国货币及其单位名称的使用带来不便，甚至带来混乱。采用"元"作为计算单位，有时，为了避免与"美元"、"日元"、"欧元"等相混淆，就不得不既要使用货币单位名称"元"，又要另行标明本位货币名称"人民币"，在"元"的前边或后边用"人民币"来限定，实际上是将货币单位的名称（元）与法定货币的名称（人民币）一起作为货币单位名称（或者作为货币单位）来使用。

（一）国家正式文件对货币单位名称使用上的混乱

中华人民共和国的国家正式文件是以国家名义发布的，其所

其 他

具有国家的严肃性和权威性,也应当体现在对货币及其单位的正确、规范使用上。但是,国家正式文件对货币单位名称使用上还存在混乱现象。

有的国家正式文件将中国的货币单位用做"元",前后都不加"人民币"来限定,如《关于××年国民经济和社会发展计划执行情况与××年国民经济和社会发展计划草案的报告》、《关于××年中央和地方预算执行情况与××年中央和地方预算草案的报告》、国家统计局的《中华人民共和国国民经济和社会发展统计公报》、国务院的《政府工作报告》、国务院新闻办公室的《西藏民主改革50年》等;有的使用"元人民币",如"2003年新疆地区生产总值为1877.61亿元人民币"(国务院新闻办公室:《中国的民族区域自治》),"2006年和2007年,中国年度国防费为2979.38亿元人民币和3554.91亿元人民币"(国务院新闻办公室:《2008年中国的国防》),"据1990年统计,中国劳改系统罪犯生产的年产值仅25亿元人民币"(国务院新闻办公室:《中国改造罪犯的状况》),"当年养老保险基金支出达4040亿元人民币"(国务院新闻办公室:《中国老龄事业的发展》)。

国务院新闻办公室13日发表的《国家人权行动计划(2009—2010年)》有时用"人民币××元",有时用"元":"努力提高国民收入水平,城镇居民年人均可支配收入达到人民币15 781元以上,农村居民年人均纯收入在2008年的4761元的基础上,每年实际增长6%左右","到2010年,各级财政对城镇居民医疗保险和新型农村合作医疗的补助标准提高到每人每年120元","2009—2010年,中央政府将筹集彩票公益金30亿元"。

国家发展和改革委员会《汽车产业发展政策》(2004年5月21日)同一条同一款,有的用"元人民币":"项目总投资不得低于2亿元人民币"(第47条第1款第1项),"专用汽车生产企业注册资本不得低于2000万元人民币"（第47条第1款第2项）；有的用"元"："近3年税后利润累计在10亿元以上"（第47条第1款第4项）。

国务院在同一年份关于组建中国××集团公司有关问题的批复中，对于注册资本有时用"元"："集团公司暂按55亿元作为注册资本"（《国务院关于组建中国航空集团公司有关问题的批复》（国函〔2002〕62号））；有时用"人民币××元"："集团公司暂按人民币49.2亿元作为其注册资本"（《国务院关于组建中国东方航空集团公司有关问题的批复》（国函〔2002〕67号））。

（二）立法上对货币单位名称使用上的混乱

《中国人民银行法》规定了中国的货币名称和货币单位名称，但是立法本身也没有完全遵守这一规定。

1. 对以"元"作为货币单位不够自信，而代之以"元人民币"、"人民币……元"、"人民币元"。如"设立商业银行的注册资本最低限额为10亿元人民币。城市合作商业银行的注册资本最低限额为1亿元人民币，农村合作商业银行的注册资本最低限额为5000万元人民币。"（《商业银行法》第13条第1款），设立拍卖企业应当"有100万元人民币以上的注册资本"（《拍卖法》第12条），这里在"元"后面用"人民币"来限定，事实上是以"人民币元"作为货币单位，① 反映了对以"元"作为货币单位的不自信。再如设立保险公司，"净资产不低于人民币2亿元"（《保险法》第68条），"股份有限公司注册资本的最低限额为人民币500万元"（《公司法》第81条第2款），公开

---

① 在有些文献中就以"人民币元"作为中国的法定货币单位名称，参见世界经济年鉴编辑委员会：《世界经济年鉴》（2008年版），中国社会科学出版社2008年第1版，第99页；何盛明主编《财经大辞典》（下），中国财政经济出版社2008年版，第2179页。

发行公司债券,"股份有限公司的净资产不低于人民币3000万元,有限责任公司的净资产不低于人民币6000万元"(《证券法》第16条第1款),"对个人的罚款金额,为人民币1万元以下。对单位的罚款金额,为人民币1万元以上30万元以下"(《民事诉讼法》第104条第1款),这里在"元"前面用"人民币"来限定,事实上也是以"人民币元"作为货币单位,同样反映了对以"元"作为货币单位的不自信。还有"国库券以人民币元为计算单位"(1992年3月18日国务院颁布《国库券条例》第3条)。①

2. 混淆了"人民币"与"元",将"人民币"作为货币单位加以使用。如"预算收入和预算支出以人民币为计算单位"(《预算法》第11条),"各项所得的计算,以人民币为单位"(《个人所得税法》第10条),这里的本意是要规定以"人民币"为本位货币,以"元"为货币计算单位,却没有注意到与"美元"的不同,"人民币"不能既作为货币名称,又作为货币单位名称来使用。正确的用法应当是"预算收入和预算支出以人民币为本位货币,以元为计算单位","各项所得的计算,以人民币为本位货币,以元为单位。"② 再如"本法所称计算单位,是指国际货币基金组织规定的特别提款权;其人民币数额为法院判决之日、仲裁机构仲裁之日或者当事人协议之日,按照国家外汇主管机关规定的国际货币基金组织的特别提款权对人民币的换算办法计算得出的人民币数额"(《海商法》第277条)。特别提款权是国际货币基金组织于1969年建立的一种只能用于政府之间结算的账面资产的名称,同时也是一种记账单位。"人民币"与

---

① 如果改用"中元",这一条可以表述为"国库券以中元为计算单位"。

② 如果改用"中元",则可表述为"预算收入和预算支出以中元为计算单位"、"各项所得的计算,以中元为单位"。

"特别提款权"也不是完全对应的概念。在这里，鉴于前面已经有了"本法所称计算单位"的说明，因此应当认为是在"货币单位"意义上使用"特别提款权"的，与其对应的不是货币名称"人民币"，而应是货币单位名称"元"。"人民币数额"、"对人民币的换算办法"却是在"货币单位"意义上使用"人民币"的，混淆了"人民币"与"元"的区别，"人民币数额"应当为"元数额"（即用中国法定货币单位计算的数额），"对人民币的换算办法"应当为"对元的换算办法"。①

3. 同一部法律使用"元"、"人民币××元"两种单位或者"元"、"元人民币"两种单位，"元人民币"、"人民币××元"两种单位

《公司法》、《证券法》等，对于注册资本数额用"人民币××元"做单位，"法律责任"一章（第十二章）对罚款数额用"元"做单位。

《商业银行法》、《证券投资基金法》等，对于注册资本数额用"元人民币"做单位，"法律责任"一章（第十二章）对罚款数额用"元"做单位。

国务院《旅行社管理条例》（2001-12-11）对"保证金"数额的规定用"元人民币"（第 15 条），"罚则"（第六章）对罚款数额的规定用"人民币××元"。

4. 同一部法律使用"元人民币"、"元"、"人民币××元"三种单位

中国银监会《农村合作银行管理暂行规定》（2003-09-12）："注册资本金不低于 2000 万元人民币"（第 9 条）、"自然人股东每增加 2000 元投资股增加一个投票权"（第 18 条）、"农村合作

---

① 如果改用"中元"，则可表述为"中元数额"、"对中元的换算办法"。

银行每股金额为人民币1元"（第19条）。

5. 对于注册资本有"元"、"人民币××元"、"元人民币"不同单位

《公司法》、《证券法》等用的是"人民币××元",《商业银行法》、《证券投资基金法》用的是"元人民币",新闻出版总署《音像制品出版管理规定》（2004-06-18）、中国证监会《证券公司债券管理暂行办法》（2004-10-18）用的是"元"。

6. 在法律条文中，"法律责任"（"罚则"）一章中，一般使用"元"，但也有使用"元人民币"、"人民币××元"的

人事部、商务部、国家工商行政管理局《中外合资人才中介机构管理暂行规定》（2003-09-04）、商务部《对外援助物资项目管理暂行办法》（2006-07-07）用的是"元人民币"，海关总署《中华人民共和国海关报关员执业管理办法》（2006-03-20）和对外贸易经济合作部、外交部、公安部《办理劳务人员出口手续的办法》（2002-03-12）用的是"人民币××元"。

7. 有的法律文件，对同样的概念，却使用不同的货币单位

国务院《基金会管理条例》（2004-03-08）对"原始基金"的规定，有的地方用"元"："原始基金超过2000万元"（第6条）；有的地方用"元人民币"："原始基金不低于800万元人民币"（第8条）。

8. 同一条目中有的用"元人民币"，有的用"元"

中国银监会《农村商业银行管理暂行规定》（2003-09-12）第8条"设立农村商业银行应当具备下列条件：……（三）注册资本金不低于5000万元人民币，资本充足率达到8%；（四）设立前辖内农村信用社总资产10亿元以上，不良贷款比例15%以下……"

9. 法条中的同一句话，有的用"元"，有的不用

商务部《关于外商投资举办投资性公司的规定》（2004-11-17）中，同一句话"申请前一年其所投资企业资产总额不低于

30 亿人民币，且利润总额不低于 1 亿元人民币"（第 22 条），前面用"人民币"（没有单位），后面用"元人民币"。

10. 同一部法律对"注册资本"，有的用"元人民币"，有的用"人民币××元"

国务院《旅行社管理条例》（2001-12-11）第 7 条用"元人民币"："国际旅行社注册资本不得少于 150 万元人民币"；第 28 条用"人民币××元"："中外合资经营旅行社的注册资本最低限额为人民币 400 万元。"

11. 同一部法律对"注册资本"，有的用"人民币××元"，有的用"元"

国家经济贸易委员会《典当行管理办法》（2001-08-08）第 8 条"典当行注册资本最低限额为人民币 300 万元"；第 17 条"注册资本由低于 1000 万元达到 1000 万元或者超过 1000 万元"。

12. 用"元（人民币）"做单位

国家电力监管委员会《电力安全生产监管办法》（2004-03-09）第 21 条："死亡 3 人以上或 500 万元（人民币）以上直接损失的特、重大事故。"

13. 有的是"××元人民币以上"，有的是"××元以上的人民币"

《律师法》第 15 条"有 10 万元以上人民币的资产"，交通部《公路工程勘察设计招标投标管理办法》（第 2001-08-21）第 2 条"建设项目总投资额在 300 万元人民币以上的"。

（三）司法上对货币单位名称使用上的混乱

法院的判决书是代表国家作出的，规范性、逻辑性、严密性是其基本要求，判决书对货币单位的使用却不完全符合这一要求。

1. 同一份判决书，有的地方用"元"，有的地方用"元人民币"

《最高人民法院民事判决书》（2005）民四提字第 1 号（《武

汉中联证券劳动服务公司与港澳祥庆实业返还财产纠纷案》）有一处是"1994年11月底澳门祥庆出资11 000 000元"，另一处是"要求澳门祥庆偿付投资本金9 000 000元人民币"（《最高人民法院公报》2007年第5期第30页）。

2. 同一份判决书，有的地方用"元"，有的地方用"元人民币"，还有的地方用"人民币××元"。

《最高人民法院民事判决书》（2006）民二终字第90号（《湘财证券有限责任公司与中国光大银行长沙新华支行、第三人湖南省平案轻化科技实业有限公司借款合同代位权纠纷案》）有一处是"光大新华支行提供了充分有效的证据证明其对平案轻化享有8 000万元借款本金债权的事实"，另一处是"甲方向乙方借款8 000万元人民币用于经营周转"，还有一处是"湘财证券有限责任公司……支付人民币8 000万元本金及利息"（《最高人民法院公报》2007年第1期第23、26、27页）。

3. 将"元人民币"等同于"美元"

《最高人民法院民事判决书》（2003）民二终字第93号（《中国东方资产管理公司大连办事处诉辽宁华曦集团公司等借款担保纠纷上诉案》）："省中行于1995年1月16日、同月23日分别向畜产公司发放贷款83 057 769美元和116 942 231美元"，"合同签订后省中行依约履行了合同义务，于1997年10月28日将25 200 000元人民币转到畜产公司账户"（《最高人民法院公报》2003年第6期第15页）。

4. 套用"人民币"、"元"的二元结构来理解"美元"、"港元"

在《最高人民法院民事判决书》（2004）民四终字第23号（《农银财务有限公司与广东三星企业（集团）公司车桥股份有限公司担保合同纠纷案》）中，"一审案件受理费美元92 435元和港币417 292.25元，由原被告双方各负担二分之一"（《最高人民法院公报》2007年第2期第32页），"美元""港币"（港元）

既是货币名称，又是货币单位名称，这里误将"美元"、"港币"（港元）只当做货币名称，将"元"当做"美元"、"港币"（"港元"）的单位。改为"一审案件受理费92 435美元和417 292.25港币（港元）"更为妥当。

（四）最具权威的党报对货币单位名称使用上的混乱

《人民日报》是中国共产党中央委员会机关报，是中国最具权威性的报纸，它对中国货币名称及货币单位名称的使用也存在混乱现象：

1. 同一篇报道，标题用的是"元"：《奇瑞汽车获50亿元出口信贷支持》，正文用的却是"元人民币"："中国进出口银行和奇瑞汽车有限公司签署了金额为50亿元人民币的《出口信贷支持国际经营合作协议》"（《奇瑞汽车获50亿元出口信贷支持》，载2005年3月5日第10版）。《去年旅游进账8 850亿元》（载2007年1月19日第2版）也是标题用"元"；正文前面用"元人民币"："预计2006年全年旅游业总收入8 850亿元人民币"；后面用"元"："预计2007年旅游业总收入将超过1万亿元。"①

2. 同一篇报道，有的地方用的是"元人民币"："保留财政部原在工商银行的资本金1 240亿元人民币"；有的地方用的却是"元"："2000年以来工商银行不良资产余额下降了2 000多亿元"（《工商银行股改方案透露：中央汇金公司财政部各持股50%》，载2005年4月25日第6版）。《四川长虹蓄势"量变到质变"》（载2007年3月7日第15版）也如是使用："斥资60亿元人民币打造中国第一条PDP"、"长虹集团实现销售收入231亿元"。

3. 同一篇报道，有的地方用的是"人民币××元"："涉案

---

① 同一篇报道对"旅游业总收入"，前面用"元人民币"，后面却用"元"，对中国货币单位缺乏应有的尊重。

款物折合人民币 3 200 余万元",其他地方却用的是"元":"犯罪金额在几十万元、几百万元甚至上千万元的屡屡出现"(《构筑职务犯罪的预防屏障》,载 2005 年 2 月 16 日第 13 版)。

《十起银行业商业贿赂案件曝光》(载 2007 年 1 月 31 日第 6 版)不但有的地方用"元":中国农业发展银行海南省三亚分行潘在琼等三人"收受贿赂共计 8 万元";有的地方用"人民币××元":交通银行南昌分行中山桥支行原副行长陈文峰"收受贿赂人民币 23 万元";而且,将"人民币"("元")与"美元"、"港元"混淆:辽宁省抚顺市商业银行原副行长薛元明"收受贿赂人民币 32.8 万元、美元 1 万元、港元 2 万元"。

4. 甚至同一句话里,前面用"元",后面用"元人民币":"新疆去年实现生产总值 2 203 亿元,比上年增长 11.4%,同时全年人均生产总值达到 1.11 万元人民币"(《新疆人均产值首次突破万元》,载 2005 年 2 月 25 日第 1 版)。"去年'标王'马琳身价高达 501 万元人民币、次席王晧的租借费也超过 400 万元"(《王励勤以 245 万元身价成为标王》,载 2007 年 3 月 3 日第 11 版)。

5. 标题没有单位:《甘肃投资百亿建特大型火力发电厂》,正文用"元人民币":"景泰电厂……总投资约 100 亿元人民币"(《甘肃投资百亿建特大型火力发电厂》,载 2005 年 4 月 25 日第 6 版)。《国产影片海外收获 19 亿》(载 2007 年 1 月 8 日第 11 版)也是标题没有单位:"国产影片海外收获 19 亿";正文用"元人民币":(2006 年国产影片)"海外销售收入达 19.1 亿元人民币"。

6. 同一份报告有的地方使用"元":"2006 年累计发放新农村建设贷款 322 亿元,贷款余额 772 亿元";有的地方用"人民币××元":"至 2006 年末,国开行为累计 6.8 万多个中小型企业、个体工商户及农户提供了支持,贷款余额达人民币 232 亿元";还有的地方用"元人民币":报告中所附表格"单位:10

亿元人民币或百分比"(《增强国力,改善民生》,载 2007 年 3 月 9 日第 9 版)。

7.《近年来职务犯罪概览》(载 2005 年 2 月 16 日第 13 版)列出了成克杰等人的受贿(索贿)犯罪金额,丛福奎、李真索贿、受贿的既有人民币,又有美金,为了区别前者用"人民币××元",似乎还有道理。成克杰、李嘉廷、潘广田、田凤山、王雪冰等人只受贿人民币,成克杰、李嘉廷、潘广田、田凤山等人的受贿金额用的是"人民币××元",而王雪冰的受贿金额用的是"元",就难以解释了。丛福奎、李真受贿了"美金××元","美金"是"美元"的俗称,是不规范的用法,在这里使用显然不妥;"元"不是美金或美元的单位,"美元"本身就是货币单位,"美金××元"改为"××美元"比较规范。

(五)人民币汇率表示上对货币单位名称使用的混乱

1. 我国汇率表示上的困惑

汇率是两个国家或者地区的本位货币的比率,一般可用两种货币单位的对比来表示。如美元与欧元、日元、港元、英镑的汇率可以表示为:

1 美元兑换若干欧元,1 美元合若干欧元,或者 1 美元 = 若干欧元

1 美元兑换若干日元,1 美元合若干日元,或者 1 美元 = 若干日元

1 美元兑换若干港元,1 美元合若干港元,或者 1 美元 = 若干港元

1 美元兑换若干英镑,1 美元合若干英镑,或者 1 美元 = 若干英镑

在这里"美元"与"欧元"、"日元"、"港元"、"英镑"是完全对应的概念:都既是本位货币名称,又是本位货币的货币单位名称。上面的表达式既定性地说明了两种货币的对比,又定量地说明了两种货币的货币单位的对比。

其他

但是，如果将中国的本位货币"人民币"及其单位"元"与"美元"、"欧元"、"日元"、"港元"、"英镑"的汇率进行同样的表示，则需表示为：

1美元兑换若干人民币，1美元合若干人民币，或者1美元=若干人民币

1欧元兑换若干人民币，1欧元合若干人民币，或者1欧元=若干人民币

1日元兑换若干人民币，1日元合若干人民币，或者1美元=若干人民币

1港元兑换若干人民币，1港元合若干人民币，或者1港元=若干人民币

1英镑兑换若干人民币，1英镑合若干人民币，或者1英镑=若干人民币

或者：

1美元兑换若干元，1美元合若干元，或者1美元=若干元
1欧元兑换若干元，1欧元合若干元，或者1欧元=若干元
1日元兑换若干元，1日元合若干元，或者1美元=若干元
1港元兑换若干元，1港元合若干元，或者1港元=若干元
1英镑兑换若干元，1英镑合若干元，或者1英镑=若干元

这样的表示都有不妥。前者，只是定性地说明中国本位货币与其他国家或地区货币的对比，但是，由于"人民币"不是货币单位名称，因此不能与美元等货币单位进行数量对比，这里的表示没有任何意义。后者，只是定量地说明中国货币单位与其他国家或地区货币单位的对比，但是，由于"元"不是货币名称，因此这里的表示不能定性地说明是中国本位货币与其他国家或地区本位货币的对比。

鉴于"人民币"或"元"与"美元"、"欧元"、"日元"、"港元"、"英镑"都不是完全对应的概念，作为货币名称"人民币"或货币单位名称"元"都缺乏与"美元"、"欧元"、"日

元"、"港元"、"英镑"等国际主要货币名称的可比性，有人把"人民币"与"元"结合起来，使用"元人民币"（或者"人民币元"），将中国货币对"美元"、"日元"、"港元"、"英镑"的汇率表示为：

100美元兑换若干元人民币（或者"人民币元"），100美元合若干元人民币（或者"人民币元"），或者100美元＝若干元人民币（或者"人民币元"）

100欧元兑换若干元人民币（或者"人民币元"），100欧元合若干元人民币（或者"人民币元"），或者100欧元＝若干元人民币（或者"人民币元"）

100日元兑换若干元人民币（或者"人民币元"），100日元合若干元人民币（或者"人民币元"），或者100日元＝若干元人民币（或者"人民币元"）

100港元兑换若干元人民币，100港元合若干元人民币，或者100港元＝若干元人民币

100英镑兑换若干元人民币（或者"人民币元"），100英镑合若干元人民币（或者"人民币元"），或者100英镑＝若干元人民币（或者"人民币元"）。

这样的表示既有些不伦不类，也不够简便。

2. 我国的汇率对货币单位的使用不够统一

汇率是国家的外汇买卖价格，对货币单位的使用应当是统一的、唯一的，但是，我国的情况并不尽然。

公布外汇牌价时，对于中国的货币，中国人民银行有时使用"人民币××元"："2005年12月30日，银行间外汇市场美元等交易货币对人民币汇率的收盘价为：1美元兑人民币8.0702元"（中国人民银行2005年12月30日《人民币汇率交易收盘价公告》）。

有时使用"元人民币"："2005年7月21日19：00时，美元对人民币交易价格调整为1美元兑8.11元人民币"[《中国

人民银行关于完善人民币汇率形成机制改革的公告》（2005）第16号]。

有时使用"人民币元"：中国人民银行公布2009年4月9日人民币汇率中间价时用的是"人民币元/1美元"、"人民币元/1欧元"、"人民币元/100日元"、"人民币元/1港元"、"人民币元/1英镑"。交通银行、浦发银行、国家外汇管理局用的也是"人民币元"，中国银行、中国工商银行、招商银行、华夏银行使用的都是"人民币"。

"元人民币"（或者"人民币元"）的使用似乎解决了作为货币名称"人民币"或货币单位名称"元"缺乏与"美元"、"欧元"、"日元"、"港元"、"英镑"可比性的问题，其实不然。"美元"、"欧元"、"日元"、"港元"、"英镑"都是专门的概念，既是本位货币名称，又是本位货币的货币单位名称，用起来简洁、经济；而"元人民币"只是本位货币名称与其货币单位名称的简单相加，并不是一个专门的概念，甚至不是一个概念。"元人民币"（或者"人民币元"）中的"元"似乎与"美元"、"欧元"、"日元"、"港元"、"英镑"中的"元"、"镑"相对应，其实也不然："元"是中国本位货币的货币单位名称，"美元"、"欧元"、"日元"、"港元"、"英镑"才是有关国家或地区本位货币的货币单位名称。"元人民币"不伦不类，用起来也显生硬、啰唆。虽然都是货币名称，但是"人民币"与"美元"、"日元"、"欧元"等不是完全对应的概念："美元"、"日元"、"欧元"等不但是本位货币名称，还是货币单位的名称，有货币计算单位的含义；而"人民币"只是本位货币名称，而不是货币单位的名称，没有计算单位的含义，人民币的货币单位名称是"元"。

比较而言，"美元"、"日元"、"欧元"等的使用要简便得多。由于本身既是货币单位名称，同时又是货币名称，所以

"美元"、"日元"、"欧元"等在作为货币单位名称使用时,也就明确了货币名称,不会产生误解。

四、建议中国的法定货币名称、货币单位名称一元化,使用"中元"

中华人民共和国的法定货币名称、货币单位名称应当进行修改。修改后的货币(单位)名称应当顺应货币名称、货币单位名称的发展规律,符合货币名称、货币单位名称使用的国际惯例。有鉴于此,建议将中华人民共和国的法定货币名称、货币单位名称加以统一,都使用"中元"(Chinese Yuan)。

(一)"中元"符合货币命名的国际惯例

1. "中元"中包括了货币发行国家的简称"中"

前已论及,为了反映货币发行的主权,便于使用者识别货币发行的国家或地区以及使用的范围,如美元、日元、英镑等国际主要货币的货币名称中都有货币发行国家或地区的名称(简称)。建议使用的中国货币名称"中元"中就包括了"中华人民共和国"的固定简称"中",较之"人民币"能直观地说明货币的发行是中华人民共和国的主权行为,使用者也很容易地弄清楚它是中华人民共和国发行的货币以及使用的范围。"中国"两个字是特有名词,特指亚洲某一区域领土,具有专用性,从而增强了我国本币货币名称特征。本位货币名称,即对法定货币的称说也要通顺、上口。汉语有音节平衡搭配规律,即词语组合一般要求双音节与双音节搭配、单音节与单音节搭配,从而使音节和谐平稳,① 如"中医"、"中文"、"中餐"、"中共"、"中美"、"中

---

① 王希杰:《修辞学导论》,浙江教育出版社2000年版,第574页。

外"、"中药"、"中西"、"中式"、"中日"就都是单音节与单音节搭配使用,念起来顺口,听起来顺耳。同样,"中元"是单音节的"中"与单音节的"元"搭配使用,具有同样的表达效果。对于其他以"元"为本位货币单位的国家,其货币名称翻译成汉语,一般也是单音节与单音节搭配使用,如"美元"、"日元"、"欧元"、等;而没有称为"美国元"、"日本元"、"欧盟元"或"欧洲元"等。"中华人民共和国"也可简称"中国",但"中国元"是双音节词与单因节词搭配,不符合汉语音节平衡的要求,听说不够顺畅,效果不如"中元"。① 将"人民币(元)"改为"中元",与国际货币简写标识接轨,其简写正好与我国货币在国际金融市场上现行的标准货币符号"CNY"相接近,能广为世人所接受。

另外,香港地区本币单位名称为香港元、澳门地区本币单位名称为澳门元、台湾地区本币单位名称为(新)台币,均以地区名称命名,所以,"中元"这一货币名称更能反映出中华人民共和国是唯一合法政府,香港元、澳门元、新台币只表示出香港、澳门和台湾的地区地位,是中国的区域性货币。将来中国实现了完全统一,"中"仍将是这一国家的简称,"中元"也仍将是它的本位货币名称和货币单位名称。人民币国际化首先必须考虑中国"一个国家四种货币"的现实,即大陆、港澳台两岸四地有统一的国家主权,却没有统一的货币。整合"一国四币"可以作为人民币国际化的初始选择。由于台湾问题的特殊复杂性,两岸的货币一体化存在着巨大障碍。可以先在大陆和港澳地区实现货币的统一,整合"一国三币"实现货币一体化。有学

---

① 实际上,在"人民币"中不但没有标明货币单位的名称,而且其中的"人民"是双音节的,"币"是单音节的,二者连用也不符合汉语音节平衡的要求,念起来不够顺口,听起来也不够顺耳。

者曾建议将"人民币"改称"中华元"似有不妥。① 抛开音节平衡问题不谈,"中华"也不是中国常用的正式简称,"中华元"不能反映货币主权。至于"华元",也存在同样的问题。

2. 货币名称"中元"中包括了货币单位名称"元"

前面曾经指出,在"美元"、"欧元"、"英镑"等国际主要货币的货币名称中包括了货币单位的名称,如"元"、"镑"。当然"元"、"镑"等都是一般的货币单位名称,采用"元"、"镑"等作为货币单位的国家和地区都是在"元"、"镑"前冠以国家或者地区名称的简称作为本国货币的单位,以与其他以"元"、"镑"为货币单位的国家或者地区的货币单位相区别。建议使用的"中元"中也包括了货币单位名称"元",当然由于"元"是一般的货币单位,为了与采用"元"作为货币单位的"美元"、"欧元"、"日元"、"港元"等区别开来,在"元"前冠以国家的简称"中",即以"中元"作为中国的货币单位。

3. 本位货币名称与货币单位名称相一致

前面也曾经指出,为了货币工具使用的便捷,货币名称与货币单位名称应当是一致的。如在国际主要货币中,"美元"、"欧元"、"英镑"、"日元"、"港元"等既是货币名称,又是货币单位名称,二者完全一致;而按照现行的《中国人民银行法》,中国货币的货币名称与货币单位名称是不一致的。建议使用的"中元"则既是中国的货币名称,又是货币单位名称,做到了货币名称与货币单位名称的统一,可以使中国货币工具的使用更加

---

① 全国政协委员吴刚在全国政协十一届二次会议上建议将"人民币"改称为"中华元"并就此专门提交了提案。理由是改名有利于增强在世界经济中的话语权,有利于增强中华民族认同感,有利于实现国家统一,有利于促进人民币成为世界货币(参见郑春峰:《委员建议改称人民币为"中华元"有利国际化》,载《南方日报》2009年3月4日第2版。吴刚的提案遭到了广泛的非议,甚至是讽刺、挖苦、谩骂。笔者支持改名,但是不赞成改名为"中华元"。

便利、简捷。

（二）"中元"考虑了货币单位名称的历史连续性，修正了中国的货币单位名称传统

作为交换工具，货币的使用应当简便、易行，因此货币名称（货币单位名称）的规定、使用应当考虑到货币名称的历史连续性，照顾国民使用本国货币的习惯，不能随意改变。例如尽管有时代的变迁、政府的更迭甚至国家制度、社会制度的改变，但美元、日元、卢布以及马克、法郎等货币名称的使用都没有受到影响。

1．"中元"的使用符合货币单位名称演变规律

最初的货币单位与货币商品的自然单位是统一的，例如，中国历史上白银就是以"两"来计价流通的，"两"就是包含一两重白银的货币单位，又如英国的"镑"最初就是包含一磅重白银的货币单位。后来，价格单位与自然单位逐渐分离了，货币单位采取了另外的名称。比如中国的白银很长时间以"两"为单位流通，外国银元流入后排挤银两的流通，从而中国的货币单位名称逐渐脱离了重量名称而改称为"元"。"废两改元"以后，"元"就成为中国正式的唯一货币单位。

"元"的使用符合中国货币单位名称的确定传统。中国在唐以前，货币大多以其重量为名称（如秦"半两"、汉"五铢钱"），以金属重量单位"铢"、"两"为单位；自唐以后不再以重量为名称而改称"宝"或"通宝"、"元宝"，仍以金属重量单位"两"为单位。

银两是旧中国以银锭为主要形式的一种称量货币单位，[1] 将白银的重量单位名称作为其货币单位名称，以金属币材所含的重

---

[1] "中国在明朝形成银两制"。见千家驹、郭彦岗：《中国货币史纲要》，上海人民出版社1986年版，第178页。

量来计值,把计算重量的名称"两"借用来作为计算白银的货币单位。它跟英镑不同,英镑的"镑"与重量的"磅"根本脱节,仅保留其历史上的旧名称,不再用金属重量来计值,变成一种独立的货币单位。银两却仍然保留着用金属重量来计值的历史形态。①

中国使用"银两"具有悠久的历史,清朝初期沿用百年。"大约在15世纪,外国银元流入中国。"② 18世纪末叶以后,银元大量自国外输入中国③(主要是西班牙银元和墨西哥"鹰洋"),成为流通货币。后来中国自己铸造银元,先是民间仿铸,后是政府铸造,光绪十三年(1887年)中国正式开始自铸银元。④ 与银两不同,银元不是以其自身重量单位为货币单位,而是以"元"("圆")为单位。⑤ 宣统二年(1910年)清政府颁布《币制则例》,规定银元本位制,货币单位定为"元"。民国三年(1914年)中华民国北京政府公布《国币条例》,基本沿袭清代的《币制则例》,规定以银元为本位,一圆银币为国币,新币("袁头币")币面有"一圆"字样,国币的单位为"圆"(《国币条例施行细则》规定货币单位为"元")。虽然1914年《国币条例》规定以银元为本位,但是,银两制度仍然继续存

---

① 参见千家驹、郭彦岗:《中国货币史纲要》上海人民出版社1986年版,第240页。

② 千家驹、郭彦岗:《中国货币史纲要》,上海人民出版社1986年版,第189页。

③ 参见魏见猷:《中国近代货币史》,黄山书社1986年版,第98页。

④ 石毓符:《中国货币金融史略》,天津人民出版社1984年版,第89页。

⑤ 银元形状为圆形,一枚就称为一圆。这个"圆"字既是货币名称,又是单位名称,为了书写方便,后来人们就使用同音字"元"来代替。"元"作为货币单位以后一直沿用。

在，形成"两""元"并用的局面。1933年4月6日南京国民政府"废两改元"，规定一律使用银币，不得再使用银两，并确定以银本位币的"元"为统一货币单位。1935年11月4日南京国民政府实行"法币改革"，废止银本位制，实行纸币制，发行"法币"，以"元"为单位。1948年8月19日国民党政府又实行"币制改革"，发行"金圆券"，还是以"元"为单位。新民主主义时期革命民主政权发行的货币，无论是土地革命时期革命根据地的货币、抗日战争时期边区和抗日根据地的货币，还是解放区货币也都是以"元"为货币单位的。中国人民已经习惯于使用"元"作为货币单位。建议使用的"中元"，作为中国的本位货币单位名称就考虑了自清末以来以圆（元）为货币单位名称的历史国情。

2. "中元"修正了中国的货币单位名称传统

中国自清朝末年开始实行的银元本位制，本位货币名称和货币单位名称是一致的，都是圆（元）；但是在本位货币名称（货币单位名称）上没有冠以国家简称。1935年国民党政府进行法币改革，实行纸币制，却使本位货币名称和货币单位名称不但没有冠以国家简称，而且二元化了，① 改变了历史的连续性（当然，货币单位仍然使用"元"则坚持了历史的连续性）。中国共产党领导的根据地、解放区银行发行的纸币是如此，1948年中国人民银行发行的人民币也是如此，《中国人民银行法》更是将中国货币名称、货币单位名称二元化以及货币名称不冠以国家名称（简称）的做法法律化（尽管法律上规定中国货币单位是"元"，但是货币上使用的却是"圆"而不是"元"）。

建议使用的"中元"不但可以改变中国自1935年发行纸币以来本位货币名称和货币单位名称二元化的局面，而且可以改变

---

① 我国台湾的货币名称是"台币"，货币单位名称是"元"。

中国历史上本位货币名称（货币单位名称）不冠以国家简称的传统做法。

（三）"中元"的使用可以消除中国货币单位使用上的混乱

在立法、司法上，在国家的政治、经济、文化、军事等文献中以及私人的经济生活中，常常是"元"、"人民币××元"、"元人民币"混用，既不严肃，也不方便，统一改用"中元"，一切问题就都解决了。

另外，使用"中元"，可以实现中国货币名称与国际主要货币名称的可比性。前文已经说明，"人民币"、"元"与"美元"、"日元"、"欧元"等都不是完全对应的概念，不具有国际可比性。但是，使用"中元"就可实现中国货币名称与国际主要货币名称的国际可比性，都是"国家简称+一般货币单位"的名称模式，货币名称与货币单位名称也是一致的。

如果使用"中元"，中国的本位货币与"美元"、"欧元"、"日元"、"港元"、"英镑"等的汇率就可作如下简洁的表示：

100美元兑换若干中元，100美元合若干中元，或者100美元=若干中元

100欧元兑换若干中元，100欧元合若干中元，或者100欧元=若干中元

100日元兑换若干中元，100日元合若干中元，或者100美元=若干中元

100港元兑换若干中元，100港元合若干中元，或者100港元=若干中元

100英镑兑换若干中元，100英镑合若干中元，或者100英镑=若干中元。

中国经济金融对亚洲乃至全球经济具有举足轻重的影响力，随着人民币在周边邻近国家和地区流入流出量的逐年增加并日益走向世界，中国的本位货币对中国香港、澳门和台湾地区、整个

亚洲以至世界经济体系和货币体系都产生了重大影响,所以,更名为"中元"可以提高中国货币在全球的知名度,给中国货币一个全新概念,为最终实现人民币成为自由兑换货币目标,成为国际货币奠定良好的基础。

《中国人民银行法》将中国的货币定名为"人民币",将货币单位定名为"元",是不够科学的,有违对货币及其单位命名的国际惯例,也给中国货币单位的运用增加了不必要的麻烦和混乱,不能满足中国货币国际化的需要。已有学者指出中国货币名称"人民币"之种种不足,并建议更名,更有全国政协委员提出将"人民币"改为"中华元"的议案。① 尽管有相当多的人质疑、反对"人民币"改名,但是正如孔子所言"名不正,则言不顺;言不顺,则事不成"。国人已经习惯了"人民币",更何况还有浓重的"人民"情结。但是,我们应当"以世界的眼光看中国",人民中国已经不是局限于一隅的"陕甘宁边区",也不再是闭关锁国的中国,而是开放的、日益走向世界的中国,"人民币"不但中国人在用,越来越多的外国人也在用。既然已经认识到了错误,就不应当听之任之,将错就错。这是一个与时俱进、开放进取,日益融入世界的国度,这是一个"坚持真理,修正错误"的社会,中国货币名称、货币单位名称的"中国特色"必将退去,"中元"时代必将到来!

---

① 参见郑春峰:《委员建议改称人民币为"中华元"有利国际化》,载《南方日报》2009年3月4日第2版。

The Issue of the Rectification of the Names on "RMB"、"Yuan"

Wang Jiyou

(School of Law, Yanshan University, Qinhuangdao 066004)

Abstract: "People's Bank Law" stipulates that the name of Chinese legal tender is "CRY", and the name of Official Currency Unit is "Yuan". It is unscientific. The name of "CRY" is too political, at the same time it does not use the national name or its acronym of the country of currency issue. And the name of the currency and monetary unit is binary. It runs counter to international practice of naming based currency and monetary units, and brings trouble and confusion in using Chinese monetary unit. Therefore, we propose that the name of China-based currency and the name of monetary unit are to be uniformed, changed to "Zhongyuan". Internationalization of the RMB is striking increasingly, and the name of Chinese currency is changed in the right time.

Key words: Standard Currency, Currency, Chinese Yuan Renminbi, Zhongyuan

GATS 第 6 条中的正当程序与"良好"管制探析

曾 炜[*]

摘 要：由于许多服务部门无不具有浓厚的管制色彩，因此在服务贸易中，国内管制是个非常重要的概念。GATS 第 6 条致力于规范非歧视性的管制性措施，要求 WTO 成员方遵守正当程序义务并通过完成第 6 条第 4 款的工作计划制定"良好"的管制规则。通过对第 6 条的结构和价值进行详细分析，指出该条在贸易自由化与管制主权之间保持微妙的平衡。

关键词：国内管制 贸易自由化 管制主权

---

[*] 曾炜（1976— ），男，湖南邵阳人，武汉大学国际法专业博士研究生。

前　言

　　WTO 争端解决机构审理的美国博彩案①是继墨西哥电信案②之后的第二个完全涉及服务贸易，且第一个经过上诉阶段的案件。在此案中，关于国内规制的 GATS 第 6 条仅被稍稍提及。尽管申诉方安提瓜声称美国的措施违反了 GATS 第 6 条第 1 款和第 3 款，但是专家组裁定安提瓜没有提供足够的证据证明争议的美国措施初步违反上述条款。③ GATS 第 6 条是《服务贸易总协定》中颇具争议的条款，它要在服务贸易自由化和 WTO 的国内管制主权之间保持微妙的平衡。事实上，能否保持这两种价值的平衡，第 6 条尚待考验。其因有二，首先，因为 GATS 第 6 条主要针对服务贸易中的非歧视规则，即没有任何对外国服务和服务提供者的差别待遇，并为这些非歧视规则可能给服务贸易带来的负面作用提供救济；其次，因为管制服务的国内法规意味着每个成员国内管制权的行使，这同时成为大多数服务贸易壁垒的来源。在整个 GATS 体系中，第 6 条有着重要的作用，但是长期以来缺乏对第 6 条的深入研究。不幸的是，这不仅是由于该条款概念的复杂性，而且因为该条款所拟定的实体义务，即第 6 条第 4

---

　　① See Panel Report, United States—Measures Affecting the Cross-Border Supply of Gambling and Betting Services (US—Gambling), WT/DS285/R, 10 November 2004, adopted 20 April 2005, as modified by the Appellate Body Report, United States—Measures Affecting the Cross-Border Supply of Gambling and Betting Services (US—Gambling), WT/DS285/AB/R. On 19 July 2006.

　　② See Panel Report, Mexico—Measures Affecting Telecommunications Services (Mexico—Telecoms), WT/DS204/R, adopted 1 June 2004.

　　③ See Panel Report, United States—Measures Affecting the Cross-Border Supply of Gambling and Betting Services (US—Gambling), WT/DS285/R, 10 November 2004, adopted 20 April 2005, para 6.437.

款规定制定规范国内规制的多边规范依然遥遥无期。

一、探寻 GATS 第 6 条之谜

（一）作为服务贸易壁垒的国内规制

国际服务贸易不仅包括传统跨越国境的交易，还包括境外消费、在外国设立营业机构以及临时性的自然人流动。① 依据 GATS 第 1 条第 2 款，可以以上述四种方式提供服务。因此，任何国内政策只要限制服务提供者和消费者以上述四种模式交易的能力，就潜在地构成了服务贸易障碍。② 由于服务提供者和服务消费者之间一定程度的接近或交往通常是必需的，对于任何服务的有效提供，跨境提供或当地存在已成为必不可少。因此，大多数最"有效的"服务贸易壁垒都是在两个关键因素上大着笔墨，即限制资金和人员。这样，服务和服务提供者就受国内规制的限制。事实上，许多有效的服务贸易障碍涉及设业前和设业后的司法管辖和自然人流动。

由于服务的无形性而难以在边界控制服务的流动，各国政府倾向于通过国内规制程序来管制服务贸易。因此，服务部门的保护主义往往在国内规制中可寻踪影。这样，服务贸易的自由化较之货物贸易自由化要困难得多。量度贸易管制的贸易影响，无论是积极的或消极的，都极其困难，这是由于影响服务贸易的国内法律、法规、行政性命令和其他的法律制度都是在各国政府国内

---

① 参见 GATS 第 2 条。
② See Organization for Economic Co-operation and Development (OECD), Working Party of the Trade Committee, Assessing Barriers to Trade in Services: Revised Consolidated List of Cross-Sectoral Barriers, TD/TC/WP (99) 58/FINAL, 28 February 2001.

活动的基础上巧妙设计的。各国政府的每一个管制行为都加剧了国际经济的碎片化，而且有可能对有效提供服务产生负面影响。

为了追求经济的或非经济的政策目标，政府倾向于在服务产业采取严格的管制措施。关于经济目标，一个良好管理的政府致力于解决如下困难，如市场失灵、信息不对称、垄断、公共商品、保护知识产权和改善贸易与投资环境。除了涉及经济目标的措施之外，还有许多措施与经济目标无关，非经济目标有分配正义、公平考虑和国家安全考虑等。

从上述可以得知，服务部门的国内规制被广泛认为是具有正当性的公共政策手段。但是，在不少情形中，由于管理者的权力是如此广泛和特定利益集团的压力之大，使国内管制成为众所周知的保护国内服务产业的工具和服务贸易壁垒。尽管有这样的认识，但却于事无补。在实践中，很难区分合法的政策目标与歧视外国服务和服务提供者的保护主义措施。总之，给各国在国内管制方面套上缰绳以减少或消除负面的贸易影响极其重要，如果GATS缺乏强有力的规则来钳制不适当的限制贸易的国内规制，那么任何市场准入的自由化都是空中楼阁。

（二）GATS 第 6 条的结构：谈判者压力下的创新

在乌拉圭回合谈判中，谈判者对GATS减少服务部门的保护主义水平寄予了厚望，但在谈判结束时并没有取得预期的成果。毋庸置疑，作为多边贸易协定，GATS为处理服务部门中明显的歧视创建了足够的制度，但它没有产生必要的谈判动力并缺乏能够减少这些歧视的适当规则。

由于GATS前言第 4 段明确承认成员方政府管理服务贸易的重要权利，成员方考虑到需要一种机制，以管制成员方政府实施抑制贸易的国内管制措施。这样，GATS第 6 条就应运而生了，它被设计为用来鉴别限制贸易的国内措施是否是实现合法的国内政策目标所必需的。

这样，第 6 条提供了这样一种机制，可以纠正那些超出了为实现合法政策目标所必需的非歧视性的国内管制措施。在实践中，GATS 第 6 条的内容包括：（1）程序上的规定；①（2）规范资格要求和程序、技术标准和许可要求的授权；（3）临时适用的规则。第 6 条目前所存在的缺陷可归因于乌拉圭回合谈判中成员方所作的一个决定，即在彻底解决第 6 条之前，应该先完成涉及市场准入和国民待遇的相关规则。② 事实上，在 20 世纪 90 年代初，成员方就意识到乌拉圭回合结束后需要成立一个工作组来完善第 6 条，因此，该条在 GATS 文本中的不完整也是不可避免的。

冠以"国内规制"的 GATS 第 6 条主要为成员方在具体承诺表中列入的服务部门详细规定了一般义务。该条作为第 16 条和第 17 条的补充，一起构成了推动服务市场准入的有效手段。第 6 条旨在处理隐形贸易与投资障碍，这种障碍表面上是非歧视性的国内措施，通常采取数量限制的形式。③ 第 6 条所指的措施包括第 28 条 a 项所定义的各种措施和自 GATS 生效之日起规范国内规制的规范（大多数为正当程序要求），以及第 6 条第 4 款授权的机构在将来所制定的规则。目前国内规制工作组被授权在资格要求、许可要求和技术标准方面制定普遍适用的规范。

---

① See Panel Report, United States—Measures Affecting the Cross-Border Supply of Gambling and Betting Services (US—Gambling), WT/DS285/R, 10 November 2004, adopted 20 April 2005, para 6.432.

② See GATT, "Note of the Meeting of 10-25 July 1991", MTN. GNS/44, 28 August 1999, para 46.

③ See Geza Feketekuty, "Assessing and Improving the Architecture of GATS", in Pierre Sauvé and Robert M. Stern (eds), Services 2000: New Directions in Services Trade Liberalization, 101.

二、GATS 第 6 条具体规定透析

（一）第 6 条第 1 款：以合理、客观和公正的方式实施影响服务贸易的普遍适用的措施

第 6 条第 1 款明确地规定了第 6 条其他条款都得遵守的一个基本原则，即影响服务贸易的普遍适用措施以合理、客观和公正的方式实施。① 但是这一义务并非绝对的，相反有三个重要的限制：

首先，成员只有在其已经作出具体承诺的部门中实施普遍适用的措施时才需要遵守该义务。相反，对于没有作出具体承诺的部门，不会要求成员以该方式实施任何措施。因此，与 GATT 不同，在 GATS 中透明度原则的适用有显著的特征，即依部门或成员的不同而不同，这取决于 WTO 成员所作的具体承诺。

其次，就如美国博彩案专家组所确认的那样，这一义务并没有涉及普遍适用国内规制的实体内容，其关注的焦点是国内规制适用的方式。② 这意味着影响服务贸易的普遍适用措施本身并不

---

① Hence, the GATS, like other WTO Agreements, recognizes that "the way rules are applied can be as significant as the substance of the rules themselves". See WTO, Working Group on the Relationship between Trade and Investment, 'Transparency', WT/WGTI/W/109, 27 March 2002, at 1.

② See Panel Report, *US—Gambling*, above n 2, para 6.432. The Appellate Body reached a similar conclusion in its interpretation of Article X of the GATT, where the wording is identical vis-à-vis Article VI: 1 of the GATS. See also Appellate Body Report, European Communities—Regime for the Importation, Sale and Distribution of Bananas (EC—Bananas III), WT/DS27/AB/R, adopted 25 September 1997, para 200; also Appellate Body Report, European Communities—Measures Affecting the Importation of Certain Poultry Products (EC—Poultry), WT/DS69/AB/R, adopted 23 July 1998, para 115.

要求是合理、客观和公正的。①

最后,这一义务不适用于解决特殊情形的措施,而仅仅适用于那些影响"数量不详的经济经营者"②的措施,或者适用于"一系列情形或情况,而非有限的适用范围"。③

这样,第6条第1款要求成员在作出具体承诺的部门以合理、客观和公正的方式实施那些影响服务贸易的普遍适用的措施。这一义务与GATT第10条第3款a项不同。GATT第10条第3款a项的范围可能大于或小于GATS第6条第1款的范围,这取决于比较的角度。GATS第6条第1款适用于所有影响服务贸易的措施,而GATT第10条第3款a项仅适用于特定种类的措施,从这个角度看,GATS第6条第1款的范围较之GATT第10条第3款a项要广。④但是换一个角度来看,GATT第10条第3款a项包括涉及货物贸易的全部贸易规章,而GATS第6条第1款仅包括作出承诺的部门中普遍适用的措施,因而前者范围要广。

这一分歧对服务提供者产生了不必要的困惑和不确定性。首先,GATS第6条第1款导致了两种不同类型的服务提供者。对于那些作出具体承诺的服务部门,服务提供者在其经营中可以因东道国适当的管理而受益,而在未作具体承诺的服务部门,服务提供者在其经营中可能会因为东道国严苛的管理而利益受损。其

---

① Cf. Appellate Body Report, *EC—Bananas III*, above n 23, para 197. See also Panel Report, European Communities—Selected Customs Matters (EC—Selected Customs Matters), WT/DS315/R, circulated 16 June 2006, para 7.112.

② Panel Report, United States—Restrictions on Imports of Cotton and Man-made Fibre Underwear (US—Underwear), WT/DS24/R, para 7.65.

③ See Panel Report, EC—Selected Customs Matters, para 7.116.

④ See André Sapir, 'The General Agreement on Trade in Services: From 1994 to the Year 2000', 33 (1) JWT (1999) 55.

次,由于这一义务适用于在作出具体承诺的服务部门中"影响"服务贸易的普遍适用的措施,而 WTO 争端解决机构未来对"影响"一词可能的解释将导致该款的适用范围具有不可预知性,这可能有利于某些服务提供者而不利于其他服务提供者。

(二) GATS 第 6 条第 2 款:迅速审查、适当补救行政决定

GATS 第 6 条第 2 款规定对不利的行政决定进行司法、仲裁或行政审查。它要求每一成员设立(法律上或事实上)独立的司法、仲裁或行政程序对影响服务贸易的行政决定迅速、客观和公正地进行审查。但是该款对审查机制的机构并没有额外的要求。成员方可以决定采用与其宪法结构或其法律制度的性质相一致的法庭或程序。因此,第 6 条第 2 款允许成员有权采用不独立于作出有关行政决定的机构来审查影响服务贸易的行政决定,但该成员应该保证此类程序在实际中能提供客观和公正的审查。

值得注意的是,该款对是否已经作出具体承诺的部门则在所不问,换言之,第 6 条尽管属于 GATS 第二部分,即"一般义务与纪律",但是在真正意义上属于一般义务与纪律的,则只有 GATS 第 6 条第 2 款。

在现代民主社会,有权诉诸独立的机构来审查行政决定被视为保证透明、负责任的规章制度的一部分,也是对"谁来监督守门人"这个被辩论了几千年的问题的回答。在司法(或其他形式的)审查中,允许指控法官或审查机构自由裁量权的行使是国内法律制度中必不可少的。根据这一机制,只要以公正的方式对待所有的当事方,就可以赋予审查机构合法性和可预见性,也可以提高审查结果的可预见性和法律稳定性。

迄今为止,在 WTO 争端解决中尚未出现关于 GATS 第 6 条第 2 款的案件,不过 GATT 中与之类似的条款,即 GATT 第 10 条第 3 款 b 项,在 EC—Selected Customs Matters 案中首次被专家组解释。在该案中,美国指控欧共体违反了 GATT 第 10 条第 3 款 b 项下的义务,因为关于关税问题行政决定的审查和更正的诉

讼结果或程序没有在整个欧共体领土内约束所有被授权行政实施的欧共体机构,由于在欧共体不同成员国,这些法庭或程序都是不一样的,它们的决定仅仅约束相关的成员国而不是整个欧共体。① 这个案件提出了一个重要的问题,即关于欧共体关税联盟和共同商业政策的法律制度的超国家性质和欧共体的义务以及欧共体成员国的义务。②

这一新问题给专家组提出了很大的挑战。GATT 第 10 条第 3 款 b 项是否要求关于关税问题行政决定的审查和更正的诉讼结果或程序在整个欧共体领土内约束所有被授权行政实施的欧共体机构,对于这一问题,无论是分析条款的文本的通常含义还是其上下文关系都无法回答。但专家组的答案倾向于否定。专家组的解释来源于如下两个推理:首先,既然这一条款涉及第一审,那么要求法庭或其他机构约束欧共体一成员国境内所有的机构是不合理的;③ 其次,GATT 第 10 条规定的正当程序目标是寻求通过第 10 条第 3 款 b 项确保受行政决定不利影响的贸易商能申请审查和更正该决定。④ 要求这样的审查结果对该成员全部领土发生效力将超出正当程序的要求。⑤ 这样,专家组裁定欧共体没有违反第 10 条第 3 款 b 项,因为关于关税问题行政决定的审查结果是由作为欧共体机构的成员国当局作出的,它不在整个欧共体范围内适用和发生效力。⑥

---

① See Panel Report, EC—Selected Customs Matters, para 7.495.
② The Appellate Body endorsed the Panel's view in this regard. See Appellate Body Report, EC—Selected Customs Matters, para 294.
③ The Appellate Body endorsed the Panel's view in this regard. See Appellate Body Report, EC—Selected Customs Matters, para 294.
④ See Panel Report, EC—Selected Customs Matters, para 7.107.
⑤ See Panel Report, EC—Selected Customs Matters, para 7.538.
⑥ See Panel Report, EC—Selected Customs Matters, above n 24, paras 7.554 and 7.556

上诉机构认同专家组关于这一问题的裁定,并指出结合约文的通常含义、上下文及条约的目标和宗旨可以得出这样的结论,即第 10 条第 3 款 b 项允许而不是要求一审的结果约束被指控实施行政措施的成员国领土内的全部机构的实践。① 在上诉机构看来,该条款仅仅是期待独立审查和更正负责关税管理事项的任何机构的行政决定的"可能性"。②

（三）第 6 条第 3 款：相关信息和申请决定的通知义务

正如美国博彩案专家组所强调的那样,在已经作出具体承诺的服务部门,对服务提供者提出的申请,第 6 条第 3 款对成员主管机关的批准程序规定了透明和正当程序义务。③ 具体说,第 6 条第 3 款规定,对已作出具体承诺的服务,如提供此种服务需要得到批准,则一成员的主管机关应在根据其国内法律法规被视为完整的申请提交后一段合理时间内,将该有关申请的决定通知申请人。在申请人请求下,该成员的主管机关应提供有关申请情况的信息,不得有不当延误。在 GATT 中,没有类似 GATS 第 6 条第 3 款的条文。但是这样的义务在 GATS 中是必要的,因为调整服务贸易的 GATS 到目前为止还只是一个粗线条的框架,在许多服务部门,外国服务者要进入国内市场往往需要国内主管当局的批准。不过,由于该款仅适用于已作出具体承诺的服务部门,范围的局限性削弱了其作用。

在美国博彩案中,安提瓜主张美国违反了 GATS 第 6 条第 3 款,其事实依据是,提供博彩服务需要特别批准,但是美国当局没有颁布任何程序以便安提瓜的服务提供者向美国主管当局提交申请以跨境的方式来提供这类服务。据此,安提瓜认为安提瓜的

---

① See Appellate Body Report, EC—Selected Customs Matters, para 304.
② See Appellate Body Report, EC—Selected Customs Matters, para 302.
③ See Panel Report, US—Gambling, para 6.432.

服务提供者不能向美国主管当局提交申请使得美国违反了 GATS 第6条第3款的义务。① 但是专家组没有同意安提瓜的观点。其理由如下,首先,作为原告的安提瓜没有确定要求这类批准的美国具体措施;其次,安提瓜没有证明美国的批准程序仅向美国国内的博彩服务提供者开放;最后,有证据表明安提瓜的服务提供者从未向美国的任何机构提交在美国市场提供博彩服务的申请。根据上述理由,专家组驳回了安提瓜依据第6条第3款提出的主张。②

根据上述专家组的推理,我们可以得出如下结论,如果缺乏任何批准程序,不能由此裁定一成员违反了第6条第3款下的义务。事实上,违反该款的义务是假定存在要求批准的制度。换言之,为了通知服务提供者关于其申请的相关信息,必须存在依据特定的批准程序来审查申请并提供相关信息的机构。

GATS 第6条第1款至第3款共同引进了正当程序的概念。正当程序是普通法中一个非常熟悉的原则,来源于英国1215年《自由大宪章》规定的"经适当法律程序"。这些条款要求各成员的司法程序公平,并在涉及影响服务贸易的国内规制时,确定许多重要的规则。例如,第6条吸收了不少公法的基本原则,如无人可充当自己案件的法官(nemo iudex in causa sua)和听取另一方的意见(audi alteram partem)等。这些原则是"自然正义原则"(the doctrine of natural justice)的重要组成部分。根据自然正义原则,特定法律基本原则应被普遍适用而无需法典明文规定,这一原则并不仅限于普通法司法中。例如,当提及欧共体机构遵守"诉讼武器平等"(equality of arms)原则的义务时,欧共体初审法院并不是依据任何欧共体规则或欧洲条约,而是认为

---

① See Panel Report, US—Gambling, paras 6.434-6.436.
② See Panel Report, US—Gambling, para 6.437.

其是一项基本法律原则。①

尽管正当程序原则包括程序和实体两个方面的内容，但是第6条却只包括程序上的正当，即对司法或半司法性质的个人或机构，或者行政机构加以最低限度的程序公正标准。② 因此，通过执行 GATS 第 6 条，效率或"良好"规则的重要标准就引入到 GATS 之中。③ 当然，大多数 WTO 成员的国内司法中也有这样的标准或要求。事实上，诸如参与、协商、透明、正当程序和迅速审查等法律规则和原则以各种不同的形式存在大多数成员的公法中。这些标准或要求通常出现在国内层面，与之不同，GATS 是在多边层面采用了类似的标准或要求，不过相同的是，GATS 采用的标准或要求的实施仍在国内层面。④ 然而，这样的多边标准和要求既适用于本国的服务提供者也适用于外国服务提供者，其结果是这两种类型的服务提供者都可以因正当程序和程序公正而受益。这样，GATS 创建了多边制定的针对国内公共管理者的私权，并在多边的层面审查成员是否以"来源中性的方式"（orig-inneutral manner）遵守法律法规和正当程序原则。⑤

---

① See CFI, Case T-30/91, Solvay SA v Commission of the European Communities [1995] ECR II-1775, para 83.

② Cf. Panel Report, US—Gambling, para 6.432.

③ See Anthony Kleitz, "Integrating Market Openness into Regulatory Systems: Some Experience and Emerging Best Practices", Second Workshop of the APEC-OECD Co-operative Initiative on Regulatory Reform, Merida, Mexico, April 2002, at 67ff.

④ See Anthony Kleitz, "Integrating Market Openness into Regulatory Systems: Some Experience and Emerging Best Practices", Second Workshop of the APEC-OECD Co-operative Initiative on Regulatory Reform, Merida, Mexico, April 2002, at 67ff.

⑤ See also Sabino Cassese, "Global Standards for National Administrative Procedure", 68 Law and Contemporary Problems (2005) 110ff.

■ 其 他

　　就如前文所述，GATS 第 6 条与 GATT 第 10 条第 3 款 a 项和 b 项的相似性是显见的。众所周知，在没有任何具体指导的情况下，GATS 的缔造者参照 GATT 的相关条文拟订了一些规则，因此，GATS 第 6 条与 GATT 第 10 条第 3 款包括了最低限度的程序上的正当程序标准。

　　就如 GATS 上述的条款一样，GATT 第 10 条第 3 款要求在实施和管理与货物贸易相关的贸易规则时，必须"严格遵守"最低限度的透明度和程序公平要求。① 在 US—Shrimp 案中，上诉机构在审查美国是否如 GATT 第 20 条前言所述的"武断的歧视"那样实施争议措施时，对第 10 条第 3 款的范围作了如下界定："GATT 1994 第 10 条第 3 款确定了实施贸易法规过程中必须遵守的透明和正当程序原则，在我们看来，美国没有遵守这些原则。美国海洋保护中心、美国国务院和国家海洋渔业局在依据 609 节实施认证程序的过程中充斥了不透明和单边性。另外，有些国家的申请被美国拒绝，却没有收到拒绝通知书，美国政府相关机构也没有说明拒绝的理由，而且没有正式的法律程序来审查这种拒绝行为。所有这些都与 GATT 1994 第 10 条第 3 款的精神是背道而驰的。"②

　　在 EC—Selected Customs Matters 案中，专家组在解释 GATT 第 10 条第 3 款 a 项和统一管理要求时也采用了同样的方法。专家组认为，尽管管理的方式、性质和范围因个案而不同，但是"管理不应低于特定的正当程序最低标准，通知、透明、公正和

---

　　① See Appellate Body Report, United States—Import Prohibition of Certain Shrimp and Shrimp Products (US—Shrimp), WT/DS58/AB/R, adopted 6 November 1998, paras 180-183.

　　② See Appellate Body Report, United States—Import Prohibition of Certain Shrimp and Shrimp Products (US—Shrimp), WT/DS58/AB/R, adopted 6 November 1998, para 183.

平等都是正当程序应有之义"。① 在 GATS 第 6 条的情形下，类似的解释也是被期待的。

最后，GATT 和 GATS 这两个协定都把透明度原则作为其基本原则，GATT 第 10 条第 3 款和 GATS 第 6 条都规定，对国内管理当局和私人之间的垂直关系应提高透明的程度，以保证有效的市场准入。

（四）第 6 条第 4 款：实体义务

第 6 条第 4 款目的在于保证有关资格要求和程序、技术标准和许可要求的各项措施不致构成不必要的服务贸易壁垒，为此，服务贸易理事会负责制定任何必要的规范。此类规范应旨在特别保证下述要求：（1）依据客观的和透明的标准，例如提供服务的能力和资格；（2）不得比为保证服务质量所必需的限度更难以负担；（3）如为许可程序，则这些程序本身不成为对服务提供的限制。

换言之，第 6 条第 4 款为将来出现的关于有关资格要求和程序、技术标准和许可要求的规范设立了最低标准。从长远来看，该款要求各成员通过多边谈判达成协议，作为有关资格要求和程序、技术标准和许可要求的国内规制的最低要求，这是一种加速 WTO 成员相关国内法律制度一体化的积极方式。从中期来看，可以预期这样的多边规范将会导致一些成员相当多的国内规制的变革并可能形成一定程度的协调或互相认可。

第 6 条第 4 款本身没有规定具体的实体义务，而是授权工作组来制定关于资格要求和程序、技术标准和许可要求的多边规则。第 4 款的临时性质可以归因于乌拉圭回合谈判期间风行的一种观点，即《邓克尔草案》中的这一段将严重地削弱 WTO 成员的国内管制权。事实上，根据草案关于国内规制条款措辞，这一义务将适用于所有的服务部门以及所有类型的服务法规、标准或

---

① See Panel Report, EC—Selected Customs Matters, para 7. 134.

认证。由于许多 WTO 成员对服务贸易这一崭新领域了解不多，此时制定这一义务的时机显然并不成熟。对于大多数 WTO 成员来说，这样一种影响深远的义务意味着威胁到它们调整敏感的服务贸易政策的权利。不过它们也承认任一成员通过使用国内规制来规避其义务和承诺将危及其他 WTO 成员的利益。而 WTO 成员有形形色色、名目繁多的国内规制供其使用，使得这种规避变得轻而易举。

正是基于上述两种认识，WTO 成员决定通过谈判制定多边规范来规制不适当限制服务贸易的国内规制。这一规范将适当地抑制 WTO 成员规避多边义务的动因。理想地，这一尚待制定的规范应完全消除国内规制在规范国内服务提供时限制贸易的影响。而且这样限制贸易的影响甚至可能是履行良好政府职能的国内合法政策目标带来的。在这种情形下，在不损害成员合法政策目标的前提下，将来的多边规范应将这些限制贸易的影响减少到最低程度。但潜在的多边规范却无意为 WTO 成员的国内管理当局规定特定的国内规制方式。相反，WTO 成员必须正视不透明、不公正或过分负担的国内规制对多边贸易体制带来的严重危害，它可能使 WTO 成员在具体承诺表中所作的市场准入承诺在实质意义上化为乌有。

1995 年 3 月，CTS 通过了《关于专业服务的决定》，决定依据第 24 条成立专业服务工作组（WPPS），自此正式开始实施制订多边规范的工作计划。其目的在于保证专业服务自由化工作的延续，并优先制定会计部门的规范。①

关于会计服务，WPPS 关注的焦点有三个领域：（1）制定规

---

① See WTO, WPPS, "Functions of the Working Party on Professional Services in Relation to Accountancy", Note by the Secretariat, S/WPPS/W/1, 27 June 1995, para 4.

范国内规制的规范；（2）国际标准可能的采用；（3）制定资格认证指南。① 1998 年年末，WPPS 完成了它的第一项任务，CTS 于同年 12 月通过了《会计部门国内规制准则》。② 随后，WPDR 取代 WPPS 并承担了第 6 条第 4 款授权的工作任务，即制定规范关于资格要求和程序、技术标准和许可要求程序的国内规制的适用于所有服务部门的水平规范。③ 因此，WPDR 的主要工作是制定约束所有部门的水平规范，但是并不排除制定特殊的部门规范的可能性。④

《会计部门国内规制准则》在某种意义上昭示了 WPDR 在国内规制领域后续工作可能的成果。特别值得注意的是，《会计部门国内规制准则》首次在服务贸易领域规定了必要性测试。与第 6 条第 4 款相比较，《会计部门国内规制准则》的必要性测试对必要性的要求更为清晰明确。在这方面，《会计部门国内规制准则》要求成员保证其制定、采纳或适用的关于资格要求和程序、技术标准和许可要求与程序的国内规制措施不得有意或客观上造成对会计服务的贸易壁垒，也不得超过为实现保护消费者或保证会计师的诚实等合法政策目标所必要的贸易限制。

---

① The final version of the non-binding "Guidelines for Mutual Recognition Agreements or Arrangements in the Accountancy Sector" that Members had agreed upon was adopted by the CTS on 28 May 1997. See WTO, Documents S/WPPS/W/12/Rev. 1 and S/L/38.

② See WTO, Trade in Services, "Disciplines on Domestic Regulation in the Accountancy Sector", S/L/ 64, 17 December 1998.

③ See WTO, Trade in Services, "Decision on Domestic Regulation", S/L/70, 28 April 1999; also WTO, CTS, "Article VI: 4 of the GATS: Disciplines on Domestic Regulation Applicable to All Services", Note by the Secretariat, S/C/W/96, 1 March 1999, at 2.

④ See WTO, WPPS, "Note on the Meeting Held on 9 February 1999", S/WPPS/M/25, 5 March 1999, para 2.

从第 6 条第 4 款的字面来看,依据其制定的规范的效力范围并不只限于已作出具体承诺的服务部门,因此,第 4 款具有与第 2 款一样约束所有服务部门的效力。事实上,第 6 条其他四款明确规定只适用于已经作出承诺的部门,而第 4 款却没有这样的限制,相信这是 GATS 的制定者有意而为的,这样,依据第 4 款制定的任何规范理应适用于所有服务部门,而不限于已作出承诺的服务部门。但是,就《会计部门国内规制准则》来说,WTO 成员似乎无视第 4 款的字面含义,仅将《会计部门国内规制准则》适用于在该领域作出具体承诺的 WTO 成员,① 因为将《会计部门国内规制准则》无条件地适用于其他服务部门将导致不可预见的后果并造成未预期的自由化。对 WPDR 谈判制定的水平规范也存在同样的顾虑。事实上,大多数成员认为未来制定的规范应只适用于已作承诺的部门。

(五)第 6 条第 5 款:过渡性质的实体义务

在 WTO 全体成员依据第 4 款制定具体规则达成一致前,第 5 款规定了实施关于资格要求和程序、技术标准和许可要求与程序的国内规制的主要原则,这样,可以防止 WTO 成员取消或减损它们所作的承诺。第 5 款适用的条件是:首先,关于资格要求和程序、技术标准和许可要求与程序的国内规制属于一成员已作具体承诺的部门。其次,这些国内规制的实施不得以以下方式进行:(1)没有依据客观和透明的标准,例如提供服务的能力和资格;或要求的负担超过了为保证服务质量所必需的限度;或如为许可程序,则这些程序本身构成了对服务提供的限制。(2)在该成员就这些部门作出具体承诺时,不可能合理预期的。因此,这里规范的是关于资格要求和程序、技术标准和许可要求与

---

① See WTO, Trade in Services, "Decision on Disciplines Relating to the Accountancy Sector", S/L/63, 15 October 1998, para 1.

程序的措施的实施方式,而没有涉及这些措施本身。只有同时符合上述两个条件的情况下,第 5 款才适用。

上述关于其他成员合理期望的后一个条件使得第 5 款的作用大打折扣。根据其规定,那些可能取消或减损具体承诺义务的措施可能被排除在这一规定的范围之外,但是在一成员作出具体承诺的时候,其他成员可能会合理地期望这些措施不会取消或减损具体承诺义务。① 这种类型的措施只包括在 1995 年 1 月 1 日 GATS 生效之日前已经存在的全部措施。因此,第 5 款就有使那些早就存在的国内规制具有祖父条款的作用,可能会以一成员未能合理期待的理由取消或减损具体承诺。② 这一条款的范围不仅排斥乌拉圭回合结束之前生效的措施,也不包括乌拉圭回合之后生效的对贸易更友好的规定,因为这些规定可能符合其他成员的合理预期。在这种意义上,第 6 条第 5 款可以被视为"冻结"条款。③

另外一个重要的问题是第 5 款中的"取消"或"减损"的含义具有高度的争议性。理论上,在 WTO 法中,"取消"或"减损"包括三种诉因:第一种情形,一成员的措施违反 WTO 规定(所谓的"违反之诉");第二种情形,一成员的措施没有违反任何 WTO 规定,但仍然损害其他成员的市场准入获合理预期(所谓的"非违反之诉");最后一种情形,任何其他情形导致的"取消"或"减损"(所谓的"情势之诉")。

尽管有上述区分,但是在实践中,尤其是在非违反之诉中,

---

① See Panel Report, Japan—Film, paras 10.76-10.77.

② See WTO, WPDR, "Report on the Meeting Held on 1 July 2003", S/WPDR/M/22, 22 September 2003, para 16. Members have not yet reached an agreementwhether Article VI:5 covers pre-existing measures.

③ See WTO, WPDR, "Report on the Meeting Held on 1 July 2003", S/WPDR/M/22, 22 September 2003, para 30.

"取消"或"减损"扮演着重要角色。在违反之诉中,对"取消"或"减损"的解释很好理解。迄今为止,依据 DSU 第 3 条第 8 款,一成员没有遵守 WTO 义务,而导致"取消"或"减损"了其他成员的利益,对其的指控是难以反驳的。因此,就如 Roessler 所指出的那样:"规范竞争条件的多边贸易体制并不保证贸易结果,其保证的是贸易机会,在违反之诉中,不能以通常含义来解释'取消'或'减损'的含义。"① 所以,只有在非违反之诉案件中,才需要谨慎地审查"取消"或"减损"的含义。

在非违反之诉案件中,"取消"或"减损"的结果来源于某一措施的实施,我们可以说"非违反的取消或减损"或"非违反的申诉",因为不需要指控该措施违反了 WTO 的条款。② "取消"或"减损"的概念存在的理由在于平衡适用协定下的减让,其方法是对取消或减损一 WTO 成员通过谈判获得的合法预期利益的政府措施采取矫正措施。③ 在 Japan—Film 案中,专家组强调这种救济的例外性质,WTO 成员不得不诉诸这种救济机制,因为,"WTO 成员一致同意遵守它们自己通过谈判确定的多边贸易规则,只有在例外的情况下才挑战那些没有违反约定规则的国

---

① See Frieder Roessler, "The Concept of Nullification and Impairment in the Legal System of the World Trade Organization", in Ernst-Ulrich Petersmann (ed), International Trade Law and the GATT/WTO Dispute Settlement System (The Hague: Kluwer Law International, 1997) 141.

② See Appellate Body Report, *India—Patents (US)*, para 39.

③ See also Appellate Body Report, EC—Asbestos, above n 105, para 185; also Panel Report, Japan—Film, above n 25, para 10.50, and GATT Panel Report, European Economic Community—Payments and Subsidies Paid to Processors and Producers of Oilseeds and Related Animal-Feed Proteins (EEC—Oilseeds I), adopted 25 January 1990, BISD 37S/86, para 144.

内措施"。① 因此，在非违反之诉案件中，申诉方承担了重要的举证责任，它必须提出充分的证据来支持其指控。②

欲在具体情形中确定第 5 款中"取消"或"减损"的含义，必须铭记在心的是，在起草 GATS 草案时，第 5 条被视为一个临时条款，其作用在于保证第 4 条规定的目标得以实施和 WTO 成员通过谈判所作承诺的兑现。但是 WTO 成员不愿意限制自己管制有关服务提供的国内规制的核心领域，诸如资格认证、许可和技术标准等。事实上，关于第 5 款的谈判 WTO 成员争论得非常激烈。正是由于这种不情愿，导致 WTO 成员将合理预期的概念引入到第 6 条，这样，使得那些在 GATS 缔结之前生效的国内规制具有"祖父条款"的效力。

第 5 款给人的第一印象就是该款预见了非违反的取消或减损。③ 事实上，不少 WTO 案例已经罗列出定义非违反之诉的主要因素，如措施的"适用"（而不是措施本身），"取消"或"减损"，以及"合理预期"的概念。所有的这些因素都与非违反之诉有关。但是，其他的一些因素却可能质疑这种解释。首先，从结构上来看，GATS 在第 23 条第 3 款中规定了非违反的取消或减损制度，在 GATT 中也有对应的条款，即第 23 条第 1 款 b 项。但是，为什么 WTO 协定会包含两个不同的条款，而它们都构成了非违反之诉的法律依据呢？如果认为这是因为在制定好第 4 条所要求的规范之后，GATS 第 6 条第 5 款将失去作用，而 GATS 第 23 条第 3 款将继续有效，但这也难以回答上述问题，因

---

① See Panel Report, Japan—Film, para 10.36.

② Ibid, 10.30-31. See also Article 26:1 (a) of the DSU.

③ So Joel P. Trachtman, "Lessons for the GATS from Existing WTO Rules on Domestic Regulation", in Aaditya Mattoo and Pierre Sauvé (eds), *Domestic Regulation and Services Trade Liberalization* (Washington, DC: World Bank/OUP, 2003) 67.

为它还是不能解释为什么 WTO 成员当初会在第 6 条第 5 款失效之前将两种不同的违反之诉纳入同一个协定。

另外一种观点反对将第 6 条第 5 款视为程序性质,具有同样性质的还有 GATS 第 23 条第 3 款和 GATT 第 23 条第 1 款 b 项。根据这两款,一成员被认为违反了 WTO 义务,并不是因为它违反了这两款的规定,也不是违反了 GATS 或 GATT 的其他条款,而是因为它的实施措施取消或减损了其先前所作的关税减让或具体承诺项下其他成员的合理预期。尽管如此,第 6 条第 5 款是实体性质的,换言之,它规定了具体的法律义务。它规定了 WTO 成员必须满足的要求,从另外一个角度来看,它包含了申诉方为了证明违反第 6 条第 5 款必须提供的实体因素。具体来说,包括如下因素:(1) 一成员在特定部门作了具体承诺;(2) 该成员在这一部门实施关于资格要求、许可要求和技术标准的措施;(3) 该措施的实施取消或减损该成员所作的具体承诺;(4) 该取消或减损是以违反第 6 条第 4 款 a 项至 b 项规定的透明、客观和必要性标准的方式发生的;(5) 该成员在作出具体承诺的时候不能合理预期这样的取消或减损。

尽管第 6 条第 5 款的临时性质,由于包括了详细明了的实体义务,因此仅适用于违反性的取消或减损情形。如果申诉方努力证明了上述因素,那么违反第 5 款的案件就初步成立。这意味在第 5 款下,取消或减损在两种不同的情形发挥作用,第一种情形为,为证明违反了第 5 款 a 项,申诉方必须证明对具体承诺的取消或减损是一成员作出该具体承诺时所不能合理预期的;第二种情形为,在违反任何 WTO 条款的情形下,无须证明取消或减损的存在。相反,这时可以假定当一措施依据 DSU 第 3 条第 8 款违反了特定 WTO 条款,就可以假定存在侵害了其他 WTO 成员贸易利益的取消或减损,违反第 5 款 a 项也是同样的情况。

为了总结关于第 5 款 a 项的讨论,有人可能会在上述论述的基础上,貌似合理地指出第 5 款不适用于非违反情形的取消或减损,尽管它包括了因 GATT 第 23 条第 1 款 b 项下取消或减损案件而被广为熟知的几个概念。恰恰相反,第 5 款 a 项规定了违反之诉的理由,因此,任何以此为依据的申诉都是违反之诉。事实上,上述的大多数因素都支持第 5 款规定的具体表现取消或减损概念的实体义务,但是只要证实了其中任何一个因素,就可以试用第 5 款 a 项。关于举证责任,就如 GATS 第 23 条所规定的那样,由原告来证实其诉讼理由,如果成功,举证责任就转移到被告方,当然,在第 5 款下,证实违反之诉是相当困难的任务。根本上这是 WTO 成员的共同目的,很明显,它们不愿意在多边水平过多地规范关于资格要求、许可要求和技术标准的国内规制。

第 5 款 b 项要求在确定一成员是否符合第 5 款 a 项下的义务时,应考虑该成员所实施的有关国际组织的国际标准。而"有关国际组织"指对至少所有 WTO 成员的有关机构开放的国际机构。第 5 款 b 项的出现得益于 TBT 第 2 条第 5 款和 SPS 第 3 条第 2 款规定的启示,该两款都使用了国际标准来衡量非歧视性措施的必要性和合理性。

不过,与 TBT 第 2 条第 5 款和 SPS 第 3 条第 2 款不同的是,第 5 款 b 项没有假定任何符合国际标准的措施就是必要的。因此,它没有包括类似的、鼓励 WTO 成员采用可行的国际标准的条款。①

依 GATS 长期或短期的目标,这一缺失既可以视为优点也可以视为弱点。被视为弱点的理由在于,由于缺乏这样的规定,就很难促使 WTO 成员在服务部门采用国际标准。当然,这归咎于目前服务部门缺乏足够的国际标准,因此,WTO 成员不愿意采

---

① See WTO, WPPS, "The Relevance of the Disciplines of the Agreements on Technical Barriers to Trade (TBT) and on Import Licensing Procedures to Article VI. 4 of the General Agreement on Trade in Services", S/WPPS/W/9, 11 September 1996, para 22.

取那些国际组织制定的标准。适用国际标准就假定遵守 WTO 规则的条款的存在无疑会鼓励 WTO 成员制定新的或采用既有的国际标准,以防止其国内措施被其他成员提交给 WTO 争端解决机构。值得注意的是,目前 WTO 成员一般没有认可在各个领域已经制定的国际标准。

相反,如果我们考虑到有时候国际标准的制定过程中存在的某些瑕疵,国际标准不能反映多边的共识甚至不能代表大多数成员的意见,那么目前 GATS 采取的关于国际标准的模式也可以被认为是个优点。① 像 SPS 和 TBT 协议那样假定采用国际标准就是符合 WTO 规定的做法事实上使得这种自愿的标准变成强制性的标准,WTO 成员之所以往往会采取国际标准,是因为如果采取的技术标准不同于多边制定的国际标准,就可以避免其他成员将其国内措施提交 WTO 争端解决。在这种情况下,如果所采用的国际标准没有反映国际共识,而是投票表决的结果,如果投票过程中有些成员表示反对或弃权,那么这一国际标准的采用将产生很大的扭曲。② 从这个角度来看,在采用其他国际组织制定的标准时,GATS 模式具有更大的灵活性。这种灵活性不仅对 WTO 成员很重要,对于 WTO 争端解决机构也很必要,因为第 5 款 b 项要求"应考虑该成员所实施的有关国际组织的国际标准",该规定留下相当大的策略空间,这样 WTO 争端解决机构可以仔细考虑每个案件的特殊性、争议国际标准被采取的背景和该标准被接受的程度。但是,"应考虑"具有太多的弹性,在实践中不好操作,应使之更具体化。

---

① See Appellate Body Report, European Communities—Trade Description of Sardines (EC—Sardines), WT/DS231/AB/R, adopted 23 October 2002, paras 222-225.

② See Doaa Abdel Motaal, "The 'Multilateral Scientific Consensus' and the World Trade Organization", 38 (5) JWT (2005) 871-872.

最后，第 7 条第 5 款也鼓励各成员应与有关政府间组织或非政府组织合作，以制定和采用关于承认的共同国际标准和准则，以及有关服务行业和职业实务的共同国际标准。但是这一款形同虚设。在分析第 6 条第 4 款时，我们就注意到《关于国内规章的决议》要求 WPPS 探究在会计专业领域使用国际标准的可能性，以使第 7 条第 5 款充分发挥作用。尽管 WPPS 与一些国际组织，如国际会计师联合会、国际会计准则委员会、国际证券事务监察委员会组织等，做了相当多的工作，但是 WPPS 在这一领域工作的结果令人大失所望，没有取得预期的成果。目前，WPPS 已经被 WPDR 所取代，理论上，WPDR 可以承担上述《关于国内规章的决议》第 2 段所规定的任务，而且不仅仅局限于特定服务部门，甚至可以研究在水平部门使用国际标准的可能性。

（六）第 6 条第 6 款：核验专业能力的适当程序

GATS 第 6 条第 6 款要求 WTO 成员在已就专业服务作出具体承诺的部门，应规定适当的程序，以核验那些期望进入其国内市场的其他成员专业服务人员的能力。这样，该款规定每一成员都有义务为来源于其他成员的服务提供者的跨国流动提供便利。一成员如果没有建立核验专业能力的机制，就有机会使其轻松规避在具体服务部门所作的市场准入承诺。由于在服务贸易领域没有"道德重整运动"（MRA），因此应该要求对专业服务作了具体承诺的成员遵守第 6 条第 6 款。在履行第 6 条义务时，每个成员可以自行决定何为适当的程序，因为第 6 条第 6 款没有规定任何实质性的问题以供参考，也没有对专业能力的核验程序的内容提供任何指导。

然而，核验外国专业服务能力的国内程序通常包括重新审查外国服务提供者是否符合其本国的认证或许可要求。在这种情况下，东道国当局将要求外国服务提供者的能力水平与本国要求的相当。这可能包括对服务提供者的教育资格、专业职称和许可等的承认。但是，如果东道国当局认为外国服务者母国的要求过低,这时核验程序应确定存在的差距以及改进的方法,如通过东道国组织的考试。

第6条第6款的实施,可以便利第6条的有效实施,从而推动专业资格的承认,因为通过实施第6条第6款,将明晰关于资格、许可、教育经历或职称的不同国内制度之间的区别与联系。对通过模式四提供服务在将来的发展,所有成员都抱以浓厚的兴趣,大多数发展中国家认识到第6条第6款的重要性,并努力争取尽早完全实施。例如,为了加速第6条第6款的实施,发展中国家可以寻求在成员之间制定一个协定以明确"适当程序"的确切含义,或者为专业资格的承认制定指导规则。此外一个重要的问题就是关于透明度,WTO成员应该依据GATS第18条,将那些已经生效的关于外国专业能力的核验程序列入其减让表的附加承诺栏。总之,依据第6条第4款制定的关于资格、许可和技术标准的规范和第6条第6款的实施以及第7款将来的发展一起将给模式四带来空前的自由。

三、结 语

通过分析 GATS 中规范对国际贸易造成限制性作用的国内规制的重要条款,我们可以对该条得到详细和全面的认识。第6条的主要目的在于达到两个阶段:通过第6条确定程序性义务,第一个阶段已经完成,但是除了第6条第2款,这些程序性义务的实施效果非常有限,因为它们只适用于已作具体承诺的部门。第二个阶段更为重要,其实现的标志就是 WPDR 完成第6条第4款授权制定的规范国内规制的规范。值得注意的是,制定关于必要性和透明度的水平规范担负了减少服务贸易领域国内规制的贸易扭曲效果的期望。但是,到目前为止,这一目标还没有实现,在服务领域制定有效的水平规范是一项庞大的工程,因而不可能一蹴而就。唯有通过长期逐步的自由化,促使 WTO 成员日益认识到更自由的服务贸易将带来更多的利益。在这一过程中，国际社会还会日益承认和重视必要性和透明度等原则在多边贸易体制中的重要性。

比较 GATS 中其他尚未完善的领域，如保障措施、政府采购和补贴等制度，目前 WTO 成员在 WPDR 中关于国内规制的谈判更有活力和更富有成果。这有赖于 WTO 成员日益意识到市场准入减让和目标与透明的国内规制之间存在的互补性。① 虽然如此，迄今为止 WPDR 谈判的结果与当初的预期相比相差甚远，因此，谈判结束之前究竟能取得什么成果目前仍不得而知。这归咎于多种因素。一方面，GATS 第 6 条涉及了许多复杂的问题，如：国内规制自主权的敏感性，资格、许可和技术标准涉及议题的广泛性，多边规范是否适用于没有作出具体承诺的部门的模糊性，等等；另一方面，也存在一些外部因素对第 6 条第 4 款的讨论产生了消极影响，如：在一些成员多哈回合的谈判议程上，服务明显处于陪衬的地位，甚至被当做谈判的筹码，而不是作为一个独立的议题。

---

① See, for instance, WTO, CTS (Special Session), "Report of the Meeting Held on 7 April 2006", TN/ S/M/19, 18 May 2006, paras 26, 58, 68.

Due Process and "Good" Regulation in Article VI of the GATS

Zeng Wei

(School of Law, Wuhan University, Wuhan 430060)

Abstract: Domestic regulation is arguably the overarching concept when it comes to trade in services, because of the regulatory intensity that characterizes many service sectors. Article VI of the GATS aspires to discipline non-discriminatory domestic regulatory measures. In this respect, World Trade Organization Members are required to adhere to certain due process obligations and to develop additional rules of 'good' regulation through the completion of the work program set out in Article VI: 4 of the GATS. This paper provides a comprehensive analysis of Article VI. In doing this, it explores the objective function and the mechanics of this provision bearing in mind the delicate balance between trade liberalization and regulatory sovereignty that becomes apparent.

Key words: Domestic Regulation, Trade Liberalization, Regulatory Sovereignty

《经济法论丛》稿约

一、本论丛向海内外诚征各类经济法稿件,包括经济法基础理论及市场规则法、国家投资经营法、宏观调控法等方面内容的专论、评论、立法研究、成案研究、域外法与比较法文章或资料信息、书评等。非经济法方面的稿件本论丛一般不予刊登。

二、来稿字数一般控制在 1.5 万~3 万汉字,手抄或打印均可,但最好能提交电子文档。字体务求规范、清晰,引文、资料、数据务必核实。文责自负。

三、自第十四卷开始,以后作者来稿请于文章标题与正文之间标出 200 汉字左右的中文内容摘要;列出 3~4 个关键词。在正文全文后面用英文标出文章题目和内容提要。个人信息请标注于论文首页页下,包括:作者姓名、出生年份、性别、籍贯、工作单位及职称、职务、学位等。

四、国外作者来稿请自行译成中文。有困难者也可投寄外文(英、德、日),由本论丛编辑部代行翻译。

五、凡译文稿,请译者自行解决原作的版权授权问题。

六、注释采用页脚注,同页序号连续。如引用著作,其顺序为:作者、书名、出版社、出版时间、页码;如引用文章,顺序为:作者、论文题目、发表刊物、期(卷)号、页码;如引用外文书刊,请按国际标准注释。

七、来稿请写明作者真实姓名、单位、职称和职务、详细通信地址、邮编、电话或电子邮件信箱。

八、请勿一稿多投。来稿寄出后逾 3 月未收到采用通知,可另行处理。本论丛编辑部一般不退还原稿。

九、编辑部实行匿名审稿制,三审定稿。采用标准重在稿件的学术价值。

来稿请寄:

中国湖南长沙市麓山南路中南大学法学院 302 室《经济法论丛》编辑部

邮　　　编：410083

编辑部电子邮箱：elawlc@sina.com

联　系　人：张德峰

办　公　电　话：13808453840

电　子　邮　箱：zhangdefeng68@163.com